21世纪高等院校通识教育规划教材

Sports

大学体育与健康教程

薛雨平 主编
陈贵平 丁奉 朱建勇 副主编

人民邮电出版社
北京

图书在版编目（CIP）数据

大学体育与健康教程 / 薛雨平主编. -- 北京 : 人民邮电出版社, 2012.9(2013.8 重印)
21世纪高等院校通识教育规划教材
ISBN 978-7-115-28365-8

Ⅰ. ①大… Ⅱ. ①薛… Ⅲ. ①体育－高等学校－教材 ②健康教育－高等学校－教材 Ⅳ. ①G807.4

中国版本图书馆CIP数据核字(2012)第184789号

内 容 提 要

本教材是高等院校大学公共体育课程学生使用教材。全书共有体育与健康概论，科学锻炼原则、内容与方法，体育锻炼与发展身体健康素质，体育锻炼与营养休息，锻炼中损伤与突发事故的防治，大学生体质健康标准测试与锻炼要求，现代社会与体育发展，传统养生与健康生活，运动项目的学习价值与锻炼作用等10章。

为了适应高等院校信息类高校公共体育教育在新时期的需要，本书围绕平台课程建设要求，围绕现代大学生在校体育生活的现状和需求，从体育理念与健康知识、科学锻炼方法与管理、运动实践知识与学习价值以及全面提高身体素质等方面进行编写。突出了体育教材的通俗性、可读性、知识性和指导性的作用。

本书为高等院校信息类本科平台课程“公共体育”用书，也可作为其他类高校大学生体育教材用书。

21 世纪高等院校通识教育规划教材

大学体育与健康教程

◆ 主　　编　薛雨平
　副 主 编　陈贵平　丁　奉　朱建勇
　责任编辑　武恩玉
　执行编辑　滑　玉
◆ 人民邮电出版社出版发行　　北京市崇文区夕照寺街 14 号
　邮编　100061　　电子邮件　315@ptpress.com.cn
　网址　http://www.ptpress.com.cn
　三河市海波印务有限公司印刷
◆ 开本：787×1092　1/16
　印张：16　　　　　　2012 年 9 月第 1 版
　字数：382 千字　　　2013 年 8 月河北第 2 次印刷

ISBN 978-7-115-28365-8

定价：32.00 元

读者服务热线：(010)67170985　印装质量热线：(010)67129223
反盗版热线：(010)67171154

编写人员名单

主　　编：薛雨平

副 主 编：陈贵平　丁奉　朱建勇

参加编写人员：（按汉语拼音排序）

鲍善柱	陈　锦	陈贵平	丁　奉	杜　屹	郭发明	郭晓军	黄小波
江立平	李　华	李晓武	凌　勇	马德明	邱　凯	沈祥宝	时　锋
谈　艳	谭洪论	唐玲玲	王良义	魏　强	吴　凡	吴　瑾	薛雨平
袁兰军	张冬梅	张园春	赵琳兰	朱　宏	朱建勇		

前　言

大学体育课程的教材建设是学校体育教学工作的基本建设内容之一。为了适应高校体育教育发展的需要，进一步深化提高大学体育课程的教学质量，增强大学生的体质健康；根据《中共中央国务院关于加强青少年体育、增强青少年体质的意见》中指出的“认真落实健康第一的指导思想，把增强学生体质作为学校教育的基本目标之一”的要求，以及教育部颁布的《全国普通高校体育课程教学指导纲要》和“国家学生体质健康标准”的有关规定，我们在原有教材的基础上，结合近年来高校公共体育课程教学改革发展的特点和经验，在联系学校体育教学实际需要前提下，组织部分教师修订和编写了《大学体育与健康教程》这本教材。

本次编写的教材在充分体现学校要“贯彻健康第一”的指导思想的同时，以培养大学生的体育健康意识、能力，养成锻炼习惯和全面增进身心健康为主线，讲述了体育健康知识、科学锻炼方法与价值，以及体育的人文精神。在教材编写体系上，融入体育健康教育和终身体育教育的思想；在内容上，更注重培养学生进行体育锻炼习惯的养成、知识的理解和方法的掌握。教材编写的文字注意通俗易懂，更贴近学生生活，尽量避免学生难以理解的技术术语和技术动作的文字叙述，使教材更具实用性和可读性。

在运动项目教学方面，项目技术教学主要以教师在体育课堂中实践教学为主进行，技术动作及练习在教材中不再详细叙述，主要以介绍运动项目锻炼价值与作用，从而达到增强大学生体育知识面和对运动项目的理解以及自我运动能力的提高。

本教材由薛雨平任主编，陈贵平、丁锋、朱健勇任副主编。全书共 10 章，由薛雨平与吴瑾整理与统编。主要负责各章内容编写的是：陈贵平第一章；丁锋第二章；谈燕第三章；赵琳兰第四章；朱健勇第五章；谭洪论第六章；朱宏第七章；薛雨平第八章；王良义第九章；郭晓军第十章。其他老师参加了各章节的编写。

学校体育教材建设并非一朝一夕、一劳永逸之事，需要长期的积累和修订。随着学校体育教学的不断发展，在教材使用过程中，必然会出现一些新的问题与不足，我们会不断地去研究，在了解学生使用和实践的基础上加以积极地改进。最后敬请有关专家学者给我们提出宝贵的意见与建议。由于参加编写人员水平有限以及时间仓促，书中难免有错漏之处，也恳请广大院校师生批评指正。

在本书的编写过程中，我们参考与借鉴了一些其他教材的内容与资料，借鉴了一些专家、学者的研究成果，在这里一并表示谢意。

编　者

2012 年 7 月

目　录

第一章　体育与健康概论

摘　要

本章开宗明义，围绕高等院校大学生体育与健康这个主题，比较系统地阐述了体育与健康，以及体育教育对健康促进、体育健康教育的概念、原则与方法。让大学生们了解现代社会的健康定义，以及影响健康的因素。明确大学体育与健康教育发展的重要意义。

引　言

健康与强健历来是人类发展永恒的主题，现代人类健康理念的发展趋势影响着人类健康的进程。很久以前，人类为了生存和抵御各种疾病的伤害，相互承传着有关体育与健康的防病治病、健身强体的经验，于是就有了体育健康的萌芽，但是体育与健康教育真正作为学校教育的一项事业发展，则是现代才开始的。近些年来，体育与健康教育的发展十分迅速，它已成为我国高等教育发展一个重要的组成部分。越来越多的人认识到：经常而有规律地进行运动对保持正常的健康体质和达到良好健康状态是十分重要的。当然有规律的进行运动只是许多有益增进健康生活和提高生活质量的生活方式中的一种。最新的研究表明，健康的生活方式较之任何一种单一的因素，将更加有助于保持人的良好健康状态，这就是说，现代每个人都应当加强体育运动，下决心改变自身存在的运动不足和不良生活方式与习惯，以积极健康的态度努力实践始终保持着身心的健康。

第一节　体质与健康的含义

一、体质的定义

体质是人体的质量，它是在遗传性和获得性的基础上表现出来的人体形态结构、生理功能和心理因素的综合性的、相对稳定的特征。

体质是人的生命活动和工作能力的物质基础。它在形成和发展的过程中，具有明显的个体差异和阶段性。在人的生命活动的各个阶段，从儿童、青少年到中老年，体质状况不但具有某些共同的特征，而且是不断变化的。

一个人体质的好坏，既有先天因素又有后天因素。遗传是人体发展变化的先天条件，对体质的强弱有很大影响。但它对体质的影响只提供了可能性，而体质的强弱，则有赖于后天的环境条件，即生活环境、营养卫生、身体锻炼等因素。人们通过改善物质生活条件，增强健身意识并有目的、有计划、科学地锻炼身体，从而保持良好的体质状况，并使体质不断地增强，减少疾病，同时对各种自然环境也有较强的抵抗力和适应力，使人精力旺盛，体力充沛地投入到学习和工作中去。

二、体质的范畴

体质的范畴包括身体形态发育水平、生理功能水平、身体素质和运动能力发展水平，心理发育水平、适应能力5个方面，评价一个人体质的强弱，也是从这几个方面综合反映出来的。

（1）身体形态发育水平，即体格、体形、营养状况及身体组成成分等方面的综合水平。

（2）生理功能水平，即机体的代谢水平和器官系统的工作效能。

（3）身体素质和运动能力发展水平，即速度、力量、耐力、灵敏性、柔韧性等素质，以及走、跑、跳、投、攀登等身体活动能力。

（4）心理发育水平，即智力、情感、行为、感知、个性、意志等。

（5）适应能力，即对各种环境（自然环境和社会环境）的适应能力、应急能力和对疾病的抵抗力。

上述5个方面的状况，决定着人们不同的体质水平。所以在进行体质的测量和评价，检查增强体质的实际效果时，应采用以上几个方面的测定指标来衡量和评价。

三、健康的含义

世界卫生保健组织在它的宪章中明确提出了健康的概念。“健康是身体的、精神的，以及社会的完全良好的状态，不能说没有病、不虚弱，就是健康”。这一概念表明，健康不仅仅是没有伤病，而且还包括精神的完满状态和良好的社会适应力，明确地将人体的健康与生物学、心理学和社会学的因素联系在一起。

21世纪，世界卫生组织拓宽了健康的含义，健康的标志是：

① 有足够充沛的精力，能从容不迫地应付日常生活和工作压力，而不感到过分紧张。

② 态度积极，乐于承担责任，不论事情大小都不挑剔。

③ 善于休息，睡眠良好。

④ 能适应外界环境变化，应变能力强。

⑤ 能够抵御一般性的疾病和传染病。

⑥ 体重得当，身体均匀，站立时头、肩、臂位置协调。

⑦ 反应敏锐，眼睛明亮，眼睑不发炎。

⑧ 牙齿清洁、无空洞、无痛感、无出血现象，齿龈色正常。

⑨ 头发光泽，无头屑。

⑩ 肌肉和皮肤富有弹性，走路轻松匀称。

“健康”一词含有强壮、结实、完整和安宁之意。

在古代，人们认为生命系神所赐，患病是神灵的惩罚，保护健康和治疗疾病主要依赖于求神问卜，认为健康是由眼睛看不到的神来支配。早在公元前571–433年，毕达哥拉斯就认为：“生命是由土、气、水、火四元素组成，这些元素平衡即健康。”被誉为“医学之父”的希腊人希波格拉底也认为，“人体存在血液、黏液、黑胆、黄胆四种体液，如果各种体液配合得当，人就健康；如果配合不当，人就生病。”这是人类社会国家早期对健康的认识。

16世纪中叶，自然科学有了明显进步，许多生物学家和医学家分类研究了人体结构和各种生命现象。这种以生物机体和机体生物性为研究着眼点，以人的躯体结构和功能完好作为健康唯一标志的模式，就是生物医学模式。生物医学模式的产生和发展，无疑对医学发展与进步起了巨大作用。但对健康的认识却有一定片面性。这种生物医学模式只看到人的生物性，常将人体结构及功能完好程度作为衡量健康的标准，而忽视了心理和社会因素的作用，将健康单纯地理解为“无病、无伤、无残就健康”，这种“无病即健康”的狭隘健康观，在相当长时间里占据着人们的思维领域。

18～19 世纪，由于发生了产业革命，人口集中于城市，流动性加大，生活环境恶化，流行病不断扩散，公共事业活跃。人们发现，由理化、生物刺激所致的疫源疾病死亡率已退居次要地位，而与心理社会因素有密切关系，特别是同环境因素有密切关系的高血压、癌症、溃疡病、精神病等疾病明显增加，死亡率升高。

美国学者恩格乐 1970 年首先提出了生物模式应转向生物—心理—社会医学模式。这一模式概括了影响人类健康的各类因素，突出了社会、心理因素导致疾病的作用，使人们在对待疾病和健康的总体认识上有了根本性变化。

美国专家鲍尔和霍尔提出了比较完善的健康定义：“健康是人们在身体、心情、精神方面都自觉良好、活力充沛的一种状态，其基础在于机体一切器官组织功能正常，并掌握和适应物质、精神、环境和健康生活的科学规律。”1948 年世界卫生组织在宪章中和 1978 年国际初级卫生保健大会发表的《阿拉木图宣言》中，都肯定了上述健康定义。

健康最简单的定义是身体、精神和心灵的健全。世界卫生组织将健康定义为“不仅仅是没有疾病或衰弱状态”，而且是“身体、精神和社会的健全状态”。健康是发现、利用和保护我们的身体、精神、心灵、家庭、社会和环境的所有资源的过程。

健康有很多组成部分：躯体、心理、心灵、社会、智力和环境。我们要将健康看作是一个人生活质量高低的重要标志之一。一般来讲，健康包括以下内容：

① 具有积极、乐观的态度。

② 面对应激和烦恼能够控制自我，能够自我放松。

③ 备能量和活力，没有痛苦或严重的疾病。

④ 有朋友和家庭的支持，拥有与所爱的人之间相濡以沫、亲密无间的关系。

⑤ 自己的工作感到满意。

⑥ 有清洁的环境。

越来越多的人正在努力达到最理想的健康，即整体健康状态。整体健康指的是有目的、有意义的生活，即以主动、负责、最大限度地提高躯体、精神和心灵的健康为特征的生活方式。健康不仅仅意味着没有疾病，健康还意味着主动采取实际步骤预防疾病，并努力生活得更加丰富、平衡和满足。

尽管躯体健全是健康的基础，但健康工作者所使用的“健康”一词的含义更为广泛。整体健康的概念好比是驾驶汽车：生病就像是开倒车，没有疾病时车子停在中点，积极的健康行为就如驱车前行。当你的全部生活方式都建筑于增进健康的行为之上时，就像汽车挂满了档在全速行驶，这时，你就实现了完全的健康。

在整体健康、身体健康和疾病状态中，心理、身体和心灵的功能有相当大的交叉重叠。正如科学家们在最近几十年来反复证实的那样，心理因素在增进身体健康和预防疾病中起着重要的作用，心理因素也能够引发、加重或者延长躯体的症状。有学者指出：“心理对生理功能的各方面都有深刻的影响。长期悲观、愤怒、焦虑或抑郁的人容易受到应激事件和疾病的打击，包括罹患心脏病和肿瘤。”同样地，在影响病人的生理状态的同时，基本上所有的疾病都能影响病人的心理。

四、健康的范畴

（一）躯体健康

躯体健康好坏的不同程度，如图 1-1 所示的连续统一体上的各点。左端是早期的夭折；右端是理想的健康状态，此时人的自我感觉和表现极佳；在连续统一体的中间，虽然没有需要医治的疾病，但是每天的生活并没有充满热情和活力。为了达到最理想的健康状态，我们应当采取积极步骤摆脱疾病，走向健康。我们必须满足身体对营养的需要，经常锻炼，避免不良行为，警惕疾病的早期信号，并且要注意防止发生事故。

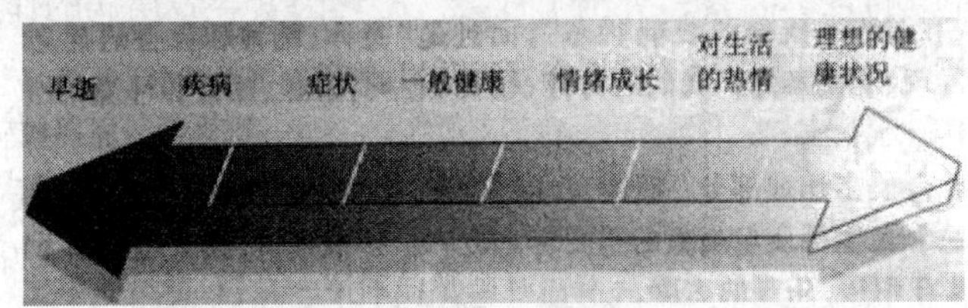

图 1-1　健康—疾病连续统一体

（二）心理健康

与躯体健康相似，心理健康也不仅是没有精神疾病。心理健康包括情感和思维状态两方面，即情与知。心理健康包括对自己和他人的复杂情感的认识和接受能力、表达情绪的能力、独立行为的能力，以及应付日常各种应激原的挑战的能力。

（三）心灵健康

精神生活的基本内容是对社会中某种意义或秩序的信念，一种给人的生命带来伟大意义的高尚力量。心灵健康的人明确其生命的基本目的，学会如何体验爱、欢乐、平和与成就，帮助自己和他人实现潜能。致力于奉献、宽恕和关怀他人，先人后己。

卫生工作者日益认识到精神生活的力量和潜能。哈佛医学院身心医学研究所主任赫伯特·本森博士进行了大量的实验，观察、记录心灵对健康的影响。他的结论是：联合应用放松和行为方法，例如，视觉想象，即想象能使你镇静和集中精神的画面，能增强免疫功能，改善自我感觉；冥想，可以使你达到内心的平静与和谐，有助于放松。加上标准的外科和内科治疗，有助于缓解患者的病情，包括慢性疼痛、关节炎、失眠和月经前的症状。

（四）社会健康

社会健康指的是与他人及社会环境相互作用、培育满意的人际关系和实现社会角色的能力。社会健康包括参与社会，为社会作出贡献，与人和睦相处，建立起积极的相互依靠的关系，以及健康的性行为。

研究显示，社会隔离引起患病的危险性增加，“孤独者”的死亡率是有紧密社会联系者的两倍。社会隔离导致发生心脏病的危险增加。那些相信自己在日常生活方面可以得到家庭和朋友的充分支持的心脏病患者，长期存活率较高。社会接触甚至可以防止感冒的发生。在一项对 276 名健康志愿者进行的研究中，同样暴露在感冒病毒下，有很多社会关系（配偶、朋友、家庭、同事和社交组织成员）的人与社会关系较少者相比，不容易患感冒。

健康教育应强调社会健康的重要性，健康的概念不再局限于传统的个人健康概念，而已经扩展为单个人的健康与社会和环境的健康之间复杂的相互关系。要提高个人的健康知识和技术水平，培养更健康的生活方式，以增进健康的水平。

（五）智力健康

头脑是唯一有自知力的器官。每天利用大脑收集、处理信息，并根据这些信息进行行动，利用大脑思索自己的价值，作出决定，制定目标，计划如何应付问题或者应对挑战。智力健康包括思考和在生活经验中学习的能力、思想对新事物的开放程度以及对信息提出的疑问、进行评估的能力。在一生中，每一个人都要借助思维的能力，其中包括评估健康信息以保证个人健康的能力。

智力健康的另一项重要内容是“情感智力”，情感智力对个人生活及事业的成功也有很大影响。情感智力包括自知力、利他主义、个人动机、移情、爱以及被朋友、伴侣和家人所爱。

（六）环境健康

我们生活在物质的和社会的环境中，环境能影响健康的各个方面。环境健康指的是周围环境对个人健康的影响。环境健康意味着通过防护空气、水和土壤污染以及使用的产品所带来的对健康的危害，保护自己，同时要为保护环境本身而努力。正如世界卫生组织指出的那样：“健康的环境不仅是我们的需要，而且是我们的权利。”政府、企业、社会和个人都有责任维护健康的环境。

五、心理健康

（一）心理健康的含义

心理健康有时又称精神健康，指的是人能积极调节自己的心理状态，顺应环境（包括自身环境、自然环境与社会环境），有效地、富有建设性地发展和完善个人生活的和谐状态。体育的基本任务在于使人增强体质，促进健康。人体的健康不仅是指躯体上、生理上的正常，还包括正常的心理和健康的人格。世界卫生组织把健康定义为“不仅没有身体的缺陷和疾病，还要有生理、心理和社会适应能力的完满状态”。因此，心理健康对人有着十分重要的意义。

躯体健康是心理健康的基础和前提，心理健康是躯体健康的保证和动力。如果人的心理不健康（或不正常），一方面会因心理障碍而影响生理的功能，对人的躯体健康造成危害，导致疾病，特别是各种常见的慢性病，如高血压、冠心病、糖尿病、溃疡病甚至癌症等；另一方面，人的心理一旦失常（轻者如神经官能症或病态人格，重者如各种精神病），人的社会适应能力就会遭到破坏，严重者甚至无法进行正常的学习和生活，这不仅给个人和家庭带来极大的痛苦和不幸，还会给社会造成危害。

（二）心理健康的标志

身体健康是有标准的，心理健康也同样是有标准的，但这一标准不那么具体和精确。不同的学者对人的心理健康的标准也有不同的看法，一般来说心理健康的标准含义有智力正常、心理特点符合年龄、有完整的人格、尊重自己、尊重他人、人际关系的心理适应等内容。概括说来可以归纳为以 5 个方面的能力为标志。

（1）社会环境的适应能力。一个人所生存的社会环境是经常变动的，这种变动作为刺激足以引起人的心理反应，如因为生活环境或工作部门的变动而产生紧张不安，甚至发生饮食、睡眠方面的改变，并迟迟不能消除者，则意味着身心状态适应环境的能力较差，心理与环境达不成平衡，表明心理健康水平低下。

（2）对精神刺激的耐受能力。精神刺激通常指那些能引起人的不良心理反应的生活事件，主要包括两种：一种是突如其来的精神刺激，如亲人故去、意外事故等；另一种是长期的慢性刺激，如家庭不合、受到不公正待遇等。如在急性刺激下能克服不愉快心境，则表明其心理健康水平较高。

（3）对心理活动的控制能力。一个人的控制能力强弱受躯体疾病、知识水平、体内生物钟的周期节律等因素的影响。自我控制能力的强弱常表现在人的谈吐、举止之中。如果一个人为一件微不足道的小事儿大惊失色，表现出悲哀情绪，说明其精神活动不协调，心理健康水平低下。

（4）对暗示的感受能力。易受暗示者容易对环境的各种刺激引起广泛的联想，随环境转移表现出思想感情和行为的改变，也影响到体内的生理过程。任何人都或多或少存在着暗示感受性，暗示感受性较强者，常表现有精神活动不稳定的特点，故其心理健康水平低下。

（5）对心理创伤的康复能力。任何人一生中都不可避免地会受到各种甚至是严重的精神创伤，但大多数人最终能经受住打击，很快康复且不留什么痕迹。有的人则康复缓慢，而且在回忆与明确创伤有关因素时，耿耿于怀、心绪不安、情感起伏。这种心理康复能力较差的人，其心理健康水平是较低的。

（三）怎样才能获得心理健康

通向心理健康的钥匙就掌握在自己的手中，平时做好以下 10 个方面，这对你的心理健康十分有利。

（1）对生活中的各种问题，从实际出发，面对现实，不退缩，不逃避，以切实的方法给以处置，做出正常有效的适应。适应客观现实环境，是个体为了满足生存需要，而与环境发生的调节作用。

（2）“不要和自己过不去”，要有自知之明和自爱之心。能做到自知之明是很不容易的，需要自我观察、自我认识、自我判断和自我评价。自爱是接受自己，悦纳自己，爱惜、保护自己。重视身体健康，珍惜自己的品德和荣誉，根据自己的能力、学历、身体、经济等具体情况，从事力所能及的工作，安排自己的生活，避免做力不从心的事，避免超越自己的家庭经济条件，追求不可能办到的事。在工作和生活中，以自己的勤奋、诚恳、品德获得别人的尊敬、友情和关怀。要善于适应环境，力求事业的进展，人际关系友好，家庭和睦，在工作中自己的才能才能得到充分的发展。

自尊、自信、自制是自爱的内涵。一个人的能力有大小，地位有高低，收入有多少，但作为社会的一员在社会生活中和别人应居平等的态度，不要自暴自弃，自认为低人一等，要表现出不退缩、不畏惧，当然也不能狂妄自大。自卑就是对自己不满，严重的自卑，甚至可以发展为自疚、自责、自罪，这样的心理状态就会危及身心健康。

自制，不但要善于控制自己的情绪，还要根据自己的能力、社会道德和法律准则，做到有所为和有所不为，掌握和支配自己的行为，克制情绪的意外发作和冲动。任性、怯懦、自卑都是意志薄弱的表现，当遇到不愉快的事或遇到困难和挫折时，要相信自己能克服困难，要相信自己能够渡过难关。

（3）扩大生活领域，积累生活经验。适应与改造是自始至终的生活内容，只有不断扩大生活领域，多接触人和事，才能积累生活经验，从而体验现实生活中的美与丑、善与恶，才能体现自己的才能和品德。

（4）善于调整“现实的我”与“理想的我”的差距。一个人应该有理想、有抱负、有自己的奋斗目标，但理想、抱负、目标应靠自己的努力去实现。当理想、抱负、目标太高，经过努力不能实现时，就要调整自己的理想和抱负，不要因此而悲观失望、情绪低落。

（5）要善于与不同性格的人相处。社会上的人是各种各样的：有的人活泼，有的人沉静；有的人谦虚，有的人盛气凌人；有的人斤斤计较，有的人宽大为怀。有的事自己理解了，别人不一定理解，对人对事，大事讲原则，小事讲风格，主动搞好人际关系。

（6）要认真对待自己的功过得失。人世间没有绝对完美的事物，也没有十全十美的人，对自己能力和品质上的短处，对工作方法的缺点和行为方式的不妥之处，要有勇气承认并努力改正。对某些诸如生理缺陷或不能改变的短处，应有勇气接受，不伪装、不隐讳，也不因此而增加心理负担。

（7）要善于疏散不良情绪。人的一生既有顺利时的欢乐，也有挫折时的痛苦，生活中的不愉快或悲痛遭遇一旦发生，就要立即设法疏散、宣泄、排解。人们认为疏散是健康的良方。疏散不良情绪的方法多种多样，如走亲访友、欣赏音乐或者痛痛快快地哭一场。心里有不愉快的事，不要独自去琢磨，可以找老师、父母、同学、好友、明白事理的人倾诉，以得到他们的启发，帮助减轻自己的痛苦。同时要有理智、有分寸，千万不要把一点不愉快的小事情搞成大问题。有时需要让步，需要忍耐。合理的让步，不仅对事情有益，也会赢得别人的尊重和爱戴。

（8）学会自我放松。这样，一来能消除和避免各种导致紧张的因素，二来能增强紧张状态的抵抗能力。

（9）参加体育锻炼和体力劳动。积极参加体育锻炼，不仅能促进身体健康，而且能使你的精神愉快。没有适当的体力劳动的人，是难以维持其身心健康的。积极参加劳动，也是促进心理健康的方法之一。

（10）保持充足的睡眠。睡眠是天然的良药，忧愁、烦恼、心灵的创伤，都可以在睡眠中得到医治。心理平衡的失调，也可以在睡眠中得到恢复。

第二节　影响大学生体质的主要因素

一、遗传对体质的影响

遗传是人体身心发育和发展的先天条件，对体质的强弱产生十分重要的影响。研究表明，人体的形态结构、神经类型、有氧代谢能力和最大摄氧量等，都在很大程度上取决于遗传因素。身体素质和运动能力与遗传也有密切的关系。据报道，形态受遗传因素的影响占75%，人体的有氧代谢能力和最大摄氧能力有75%～95%是受遗传因素的影响。

我们在认识到遗传对人体体质发育发展产生重要影响的同时，也应从遗传与变异的客观规律出发，进一步认识到身体锻炼的积极意义。

二、环境对体质的影响

人类生存的自然环境和社会环境，不仅是人类赖以生存的基本条件，而且对人体体质的发育，发展也会带来直接或间接的影响。

国民经济与社会发展水平是决定人体体质发育发展水平或体质弱强的主要因素。从人体的形态、机能以及身体素质和运动能力的发展水平来看，一般规律是经济发达国家比不发达国家高，城市比农村高，现代比近代、古代高。

不同自然地理环境对人体体质的发育、发展也会产生不同的影响。例如，生活在高原地区与平原地区的人体体质有明显差异；在极地生活的爱斯基摩人与在热带居住的非洲人形态结构上的明显不同，正是各自长期适应自然环境的结果。

三、锻炼对体质的影响

生命在于运动，运动增进体质。科学的体育锻炼是增强体质的最积极、最有效的途径。

当代社会由于生产力的提高，使得体力劳动减少，脑力劳动比重增加；工作时间缩短，物质生活的丰富，较普遍地伴有人体肥胖和心血管疾病等“文明病”的出现。这些“文明病”的治疗仅用药物很难奏效，还必须进行体育锻炼。在学生时期的合理营养与科学锻炼，比成年人更具有奠定体质基础的重要意义。

坚持长期体育锻炼，心脏会逐渐发达，兴奋性、收缩能力提高，搏动有力，容量加大，使每次搏动输出的血量增加，在 1 分钟搏动次数较少的情况下，心脏输出的血量就可满足人体的需要，从而使心脏有较多的休息时间，增加其功能储备，有利于健康。体育锻炼时需要更多的氧气，促使呼吸系统加强工作，提高生理功能，不仅大大提高肺通气量，还能不断提高人体的供氧能力。

经常进行体育锻炼能促进骨的生长，骨骼长长，横径变粗，而且骨密度增高，骨重量增加；也能使肌纤维变粗，肌肉横断面积加大，肌肉收缩能力和舒张能力增强，从而不断提高肌肉的力量、速度和耐力。此外，结合日光、空气和水的锻炼，能提高人体对外界环境的适应能力和对各种疾病的抵抗能力等。

体育锻炼使大脑的兴奋与抑制过程合理交替，避免神经系统过度紧张，消除疲劳，使头脑清醒，思维敏捷。随着神经系统机能的改善，人体各器官系统的控制和调节能力也不断提高和完善。

第三节　影响大学生健康的主要因素

一、灰色健康状态

灰色健康：医学上将情绪低落、易疲劳、不愿运动、失眠、头痛、注意力不集中，但到医院检查却没事的这种边缘状态叫灰色健康，同亚健康状态。

亚健康即指非病非健康状态，这是一类次等健康状态（亚即次等之意），是界乎健康与疾病之间的状态，故又有“次健康”、“第三状态”、“中间状态”、“游移状态”、“灰色状态”等的称谓。世界卫生组织将机体无器质性病变，但是有一些功能改变的状态称为“第三状态”，我国称为“亚健康状态”。

人体出现“亚健康状态”时，常常有以下表现：①心病不安，惊悸少眠。主要表现为心慌气短，胸闷憋气，心烦意乱，惶惶无措，夜寐不安，多梦纷纭。②汗出津津，经常感冒。

经常自汗、盗汗、出虚汗，自己稍不注意，就感冒，怕冷。③舌赤苔垢，口苦便燥。舌尖发红，舌苔厚腻，口苦、咽干，大便干燥、小便短赤等。④面色有滞，目围灰暗。面色无华，憔悴。双目周围，特别是眼下灰暗发青。⑤四肢发胀，目下卧蚕。有些中老年妇女，晨起或劳累后足踝及小腿肿胀，下眼皮肿胀、下垂。⑥指甲成像，变化异常。中医认为，人体躯干四肢、脏腑经络、气血体能信息层叠融会在指甲成像上称为甲像。如指甲出现卷如葱管、相似蒜头、剥如竹笋、枯似鱼鳞、曲类鹰爪、塌同瘪螺、月痕不齐、峰突凹残、甲面白点等，均为甲像异常，病位或在脏腑、或累及经络、营卫阻滞。⑦潮前胸胀，乳腺结节。妇女在月经到来前两三天，四肢发胀、胸部胀满、胸胁串痛，妇科检查，乳房常有硬结，应给予特别重视。⑧口吐黏物，呃逆胀满。常有胸腹胀满、大便黏滞不畅、肛门湿热之感，食生冷干硬食物常感胃部不适，口中黏滞不爽，吐之为快。重时，晨起非吐不可，进行性加重。此时，应及时检查是否胃部、食道有占位性病变。⑨体温异常，倦怠无力。下午体温常常37～38℃左右，手心热、口干、全身倦怠无力，应到医院检查是否有结核等。⑩视力模糊，头胀头疼：平时视力正常，突感视力下降（非眼镜度数不适），且伴有目胀、头疼，此时千万不可大意，应及时到医院检查是否有颅内占位性病变。

二、学习紧张与压力

学习压力，是指人在学习活动中所承受的精神负担。

（一）学习压力来源

一是来自学校方面的压力，包括校方管理层、任课老师和班主任传来的压力及同学间的竞争压力；二是来自社会方面的压力，包括高考、教育体制、社会舆论带来的压力；三是来自家长方面的压力，包括父母、亲戚、朋友的无形压力。

（二）主要表现

在生活上会表现为食量大增或很久食欲不振；睡眠质量较差，经常失眠；经常感到不舒服，容易生病，有时还会出现恶心、呕吐等生理反应；已经有较长时间没参加喜爱的休闲活动等。在情绪上会表现为容易沮丧低落，经常显得不耐烦，暴躁、易怒；说话冷言冷语，对自己、他人的评价以及对事情的描述都有消极倾向；和家长关系紧张，对父母有抵触情绪或经常与父母发生冲突等。在学习上会表现为敷衍、厌烦监督、抱怨、对自己学业过分苛责、对自己没信心等。在考试时会表现出焦虑不安、考前失眠等。

三、运动不足与运动过度

目前被世界医学专家所公认的因缺乏运动而引起的人体疾病有以下几种。

（1）心脑血管疾病：长期不活动，会使身体对心脏工作量的需要减少，导致心肌衰弱，心脏功能减退，如心率过快、过缓、不齐等。由于运动少造成了肌肉总体比例减少，致使人体的血管总开放量的减少，从而血液循环量不但变小而且变慢。另外，血管在没有外力（运动或劳动）对其刺激时其弹性能力降低，引起血管的功能退化，而会出现高血压、动脉硬化、血管栓塞、破裂等症；

（2）人体的综合免疫能力降低：劳动、运动对人体的刺激是多方面的，这对人体综合提高免疫力有着重要的意义。身体活动量的减少会使人体免疫细胞的数量减少，导致抵抗能力低下，易患各种感染症和传染性疾病，癌症的发生率要大大的超过正常人群；

（3）消化系统疾病：缺乏运动和精神紧张会使消化系统功能降低或紊乱，如易诱发胃炎、消化道溃疡等疾病，很容易导致癌症。另外，还可能造成人体营养比例的失调，如肥胖、过瘦等。

（4）对全身骨骼、关节的影响：身体不运动时，全身骨骼、关节系统就会失去良好的刺激而影响骨代谢功能。这种代谢障碍可使青少年的生长发育受阻，影响骨骼的正常发育；可使成年人的骨抗折、抗弯能力降低。过去认为骨质疏松是老年人的事，而现在中年人出现的比例明显增加。患此症的人将会丧失体力、未老先衰，并易患脊柱病，各类关节炎；在老年人身上表现为骨质疏松、关节变形、甚至卧床不起，抵抗力极低，各种疾病缠身。

（5）功能退行性病变的产生："用进废退"可以看作是人体生理机能的一种自然现象，许多器官的功能如果不经厉劳动、运动的刺激，其功能就会降低，如关节的活动减少会使关节腔变窄、变薄、关节液减少，从而使关节活动能力降低。这种降低往往会形成恶性循环。另外，人体的肌肉、人体的生理生化反应也存在这种现象。

由此可见，经常参加适当的运动确实能降低人的死亡率，延长寿命。体育锻炼的意义就在于增强体质，提高健康水平。主要表现在：一是克服现代生活带来的运动不足的危险性，二是提高机体对外界环境变化的适应能力和抵抗能力。尽管运动可能会带来一定的危险，但运动不足的危险性更大。

（6）运动过度同样会对人的健康产生不利的影响。运动过度的精确意思就是迫使身体过度劳累。如果肌肉与关节感到疲劳酸痛，它便无法好好发挥功能。因此持续性的过度，反而会使身体面临更大的受伤风险。时间一久，过度的运动还会削弱免疫系统，如果是女性还会造成停经等生理性反应。

四、环境对健康的影响

环境是由自然环境和社会环境两大部分组成，两者紧密联系，相互影响，共同作用于人体。研究人类与环境的关系、相互之间作用的规律，有利于人类科学地改造、利用和保护环境；有利于减轻、避免环境有害因素对人类的作用。

（一）自然环境

自然环境的每一个组成部分有各自的物理、化学和生物学特性。水、空气、土壤、食物与人的关系尤为密切，又被称作"生活环境"。

自然环境中的化学性因素是指空气、水、土壤等的正常化学组成。干燥空气中大约含氧21%、氮78%、二氧化碳0.03%，其他气体有氦、氖、氩、氪等，约占0.01%。此外还有少量的水蒸气、尘埃、微生物、臭氧、过氧化氢等。

物理性因素是指阳光和空气温度、湿度、气流、气压等气象条件的各种变化，阳光中的磁辐射线以及天然放射性元素产生的电离辐射线等。

人与自然环境的最本质的联系是通过食物链进行的物质和能量的交换。一方面，人体从环境中摄取空气、水、食物等生命必需物质，通过机体的分解、吸收作用，提取其中的营养成分，同化成机体合成的必需物质，同时产生维持机体正常生存、生长、发育以及新陈代谢作用所需的能量。另一方面，人体又可通过自身的活动以及排出的代谢产物等作用于环境。空气对人体的气体代谢和热代谢（体温调节）有重要作用。空气是机体获得足够氧气供应的唯一天然来源。当空气中氧含量降低到10%时，人即会出现恶心、呕吐、中枢神经活动减弱的不良反应。另外，空气中的阴离子对人体健康也具有镇静、催眠、振奋精神等调节作用。

水是良好的溶剂，多种无机盐溶于其中而被人吸收，人体内生化反应的进行也离不开水。水同样是维持个人卫生和环境清洁的因素。但若饮用水中化学成分异常，就会导致疾病，如地方性氟病，神经慢性中毒等。

太阳辐射包括紫外线、可见光和红外线三部分。在正常的辐射剂量下，辐射对机体有杀菌、促进皮下组织的维生素 D 明生成、提供照明以及产生热量等良好作用。但紫外线辐射过量，皮肤癌的患病率将会上升。气温过低易患感冒、上呼吸道炎症；气温过高会引起日射病、中暑等。气流因素也会间接地影响到人体的健康。

（二）社会环境

社会环境是人类生存的包含着政治、经济、文化、卫生等诸多因素的外部环境。社会环境因素作用于人类时，一直伴随着自然环境因素的影响。两者是密不可分的，如人类的生产环境、运动环境、学习环境都是两者结合的产物。

在社会环境因素中，经济因素是重要的因素。发达国家的人均寿命高，婴儿死亡率低；而发展中国家的人们因缺乏足够的食物而导致营养不良、抵抗力下降，易患各种疾病。政治因素会在精神和躯体两方面影响人类的健康。生活在相对宽松的政治环境中的人们，身心两方面都能保持良好的水平。文化对人的健康影响是很大的，比如有些地区科学知识不普及，迷信思想泛滥，因而影响人们对疾病的认识，也影响了人体健康。卫生服务对于人类在各类急、慢性疾病的检查和治疗及传染病的预防、健康教育工作的进行等方面都有重要作用。

人的工作环境不仅包括上面所述的社会环境因素，同样包含自然环境中的物理、化学和生物学因素。若工作环境的有害因素得不到有效控制，将会严重影响工作者的身体健康，这些有害因素包括铅、汞等生产性毒物，石棉、农药等生产性粉尘，不正常气温、气压以及噪声、振动、电磁辐射，各种人类易接触到的土壤、动物皮毛上的病毒和寄生虫等。

（三）环境污染对人体健康的影响

环境污染按照污染物的来源可以分为生产性污染和生活性污染，按照污染起因可分为自然污染和人为污染，按照物质属性又可分为化学性污染、物理性污染和生物性污染。

生产性污染是指工业生产过程中的“三废”（废气、废水、废渣）未经严格处理即直接排入大气、水和土壤中构成污染。生活性污染是指生活垃圾、粪便和污水的处理不当所构成的污染。自然污染包括火山爆发、地震、风暴、海啸、森林大火及特殊地质条件、某些化学元素的大量堆积所造成的污染。人为污染除了工农业和生活废物排放所致外，各种噪声、振动、大量电波、不适当的矿产开采、森林破坏、生物战、化学战、原子爆炸所产生的废物均是污染的重要来源。

污染对人体的危害受剂量或强度、作用时间、人体感受性等几个因素的影响。剂量是指进入人体内化学物质的数量。强度是指作用于机体的物理有害因素的数量。作用时间是指污染物经过积累达到有害浓度的时间。人体感受性是指人体对环境污染物影响的敏感性。如果几种有毒物质共同作用于人体，可使损害情况更加严重。

环境污染对人体的危害，可分为特异性和非特异性两大类。

1. 特异性损害

（1）特异性损害可造成急性、亚急性、慢性中毒以及致癌、致突与致畸作用等。有毒物质进入人体后很快产生的损害称急性中毒，如某些发达国家曾经出现过的光化学烟雾事件。低浓度长时间的有害物质作用于人体称之为慢性中毒，工业性矽肺就是典型的慢性中毒。

（2）致癌作用。有学者指出癌病的发生80%～90%与环境有关，环境因素是癌症发生的一大诱因，其中化学性因素的作用约占90%，物理性因素和生物性因素各占5%。

（3）致突作用。致突作用是指污染物引起机体遗传物质的改变，包括染色体畸变和基因突变；可遗传给后代，使后代产生变异，放射性物质和某些化工产品都可使人体产生突变作用。若污染物作用于孕妇，则可能引起死胎、流产或胎儿畸形。

2. 非特异性损害

主要表现在使一般多发病的发病率提高，人体抵抗力和劳动能力下降等。如在高温中工作，由于大量失水、失盐，会导致体内水盐代谢紊乱。二氧化硫等物质过多可使血液中吞噬细胞的吞噬能力下降，使人体的免疫力受到影响。

五、自然环境的破坏与污染

环境污染是指人类直接或间接地向环境排放超过其自净能力的物质或能量，从而使环境的质量降低，对人类的生存与发展、生态系统和财产造成不利影响的现象。具体包括水污染、大气污染、噪声污染、放射性污染等。随着科学技术水平的发展和人民生活水平的提高，环境污染也在增加，特别是在发展中国家。环境污染问题越来越成为世界各个国家的共同课题之一。

陆地污染：垃圾的清理成了各大城市的重要问题，每天千万吨的垃圾中，好多是不能焚化或腐化的，如塑料、橡胶、玻璃等人类的第一号敌人。海洋污染：主要是从油船与油井漏出来的原油，农田用的杀虫剂和化肥，工厂排出的污水，矿场流出的酸性溶液。它们使得大部分的海洋湖泊都受到污染，结果不但海洋生物受害，就是鸟类和人类也可能因吃了这些生物而中毒。空气污染：这是最为直接与严重的了，主要来自工厂、汽车、发电厂等放出的一氧化碳和硫化氢等，每天都有人因接触了这些污浊空气而染上呼吸器官或视觉器官的疾病。我们若仍然漠视专家的警告，将来一定会落到无半寸净土可住的地步。水污染是指水体因某种物质的介入，而导致其化学、物理、生物或者放射性污染等方面特性的改变，从而影响水的有效利用，危害人体健康或者破坏生态环境，造成水质恶化的现象。大气污染是指空气中污染物的浓度达到或超过了有害程度，导致破坏生态系统和人类的正常生存和发展，对人和生物造成危害。噪声污染是指所产生的环境噪声超过国家规定的环境噪声排放标准，并干扰他人正常工作、学习、生活的现象。放射性污染是指由于人类活动造成物料、人体、场所、环境介质表面或者内部出现超过国家标准的放射性物质或者射线。

环境污染会给生态系统造成直接的破坏和影响，例如，沙漠化、森林破坏，也会给人类社会造成间接的危害，有时这种间接的环境效应的危害比当时造成的直接危害更大，也更难以消除。例如，温室效应、酸雨和臭氧层破坏就是由大气污染衍生出的环境效应。这种由环境污染衍生的环境效应具有滞后性，往往在污染发生的当时不易被察觉或预料到，然而一旦发生就表示环境污染已经发展到相当严重的地步。当然，环境污染的最直接、最容易被人所感受的后果是使人类生存环境的质量下降，影响人类的生活质量、身体健康和生产活动。例如，城市的空气污染造成空气污浊，人们的发病率上升等；水污染使水质量恶化，饮用水源的质量普遍下降，威胁人的身体健康，引起胎儿早产或畸形等。严重的污染事件不仅带来健康问题，也造成社会问题。随着污染的加剧和人们环境意识的提高，由污染引起的人群纠纷和冲突逐年增加。目前在全球范围内都不同程度地出现了环境污染问题，具有全球影响的方面有大气环境污染、海洋污染、城市环境问题等。随着经济和贸易的全球化，环境污染也日益呈现国际化趋势，近年来出现的危险废物越境转移问题就是这方面的突出表现。

六、不良生活方式

（一）生活方式的定义

生活方式是指人们长期受一定社会文化、经济、风俗、家庭影响而形成的一系列的生活习惯、生活制度和生活意识。生活方式是由个人和社会群体、整个社会的性质和经济条件以及自然地理条件所决定的个人社会群体和整个社会的方式和特点。可以将生活方式理解为不同阶层人群在其生活圈、文化圈内所表现出的行为方式。

生活方式是一个内容相当广泛的概念，它包括人们的衣、食、住、行、劳动工作、休息娱乐、社会交往、待人接物等物质生活和精神生活的价值观、道德观、审美观等，这些方式可以理解为在一定的历史时期与社会条件下，各个民族、阶级和社会群体的生活模式。在一定的历史时期与社会条件下，生活方式违背了常理、伦理与价值观、道德观、审美观甚至与相关法律法规相左即是不良生活方式。

（二）生活方式的构成

人们的行为表现直接显现在外，构成生活方式的显现部分，但支配人们行为的价值观却隐含在内，仍是不可忽略的重要成分。一个人的生活方式总是客观存在的，可以是传统的，也可以是现代的。然而，不管何种生活方式，总要受许多因素制约。生活方式的构成要素是由生活的行为习惯、生活时间、生活节奏、生活空间、生活消费组成。

（三）不良生活方式的危害

不良生活方式会造成人体诸多疾病，目前社会群体中多数人体现为亚健康，体质下降状态，从而易生病，甚至引起癌症等严重疾病。不良的生活习惯会导致不良的生活关系，甚至不良的社会关系，给家庭和社会带来潜在的隐患。

1. 常见不良生活方式

方式 1：极度缺乏体育锻炼。在 932 名被调查者中，只有 96 人每周都固定时间锻炼，68% 的人选择了“几乎不锻炼”。这极易造成疲劳、昏眩等现象，引发肥胖和心脑血管疾病。

方式 2：有病不求医。调查显示，将近一半的人在有病时自己买药解决，有 1/3 的人则根本不理会任何表面的“小毛病”。许多上班一族的疾病被拖延，错过了最佳的治疗时间，一些疾病被药物表面缓解作用掩盖而积累成大病。

方式 3：缺乏主动体检。实验统计表明，932 人中，有 219 人从来不体检。

方式 4：不吃早餐。随着工作节奏加快，吃上符合营养要求的早餐已经成为办公室白领的奢求。被调查者中，只有 219 人是有规律、按照营养要求吃早餐的。不吃早餐或者胡乱塞几口成为普遍现象。

方式 5：与家人缺少交流。有超过 41% 的办公室人群很少和家人交流，即使家人主动关心，32% 的人也常抱以应付的态度。在缺乏交流、疏导和宣泄的情况下，办公室人群的精神压力与日俱增。

方式 6：长时间处在空调环境中。在上班时，超过七成的人一年四季除了外出办事外，几乎常年窝在空调房中。“温室人”的自身肌体调节和抗病能力下降。

方式 7：常坐不动。被调查者中，有 542 人的工作习惯是一旦坐下来，除非上厕所，就轻易不站起来。久坐，不利于血液循环，会引发很多新陈代谢和心血管疾病；坐姿长久固定，也是颈椎、腰椎发病的重要因素。

方式 8：不能保证睡眠时间。有超过六成的人经常不能保证 8 小时睡眠时间，另有 7%的人经常失眠。

方式 9：面对计算机或电视过久。31%的人经常每天使用计算机超过 8 小时。过度使用和依赖计算机，除了辐射外，还使眼病、腰颈椎病、精神性疾病在办公室群体中十分普遍。

方式 10：听歌长时间戴耳机。长期戴耳机易致耳聋。人的听力非常娇嫩，耳蜗上感受声音的毛细胞一旦受损，就会造成语言识辨力下降。这样重要的细胞，其数量在一个人出生时就已经定了，损伤一个就少一个，根本不可逆。已有相关试验证明，经常戴耳机对听力影响非常大，尤其是塞入式耳机危害更大。戴耳机听 MP3 睡觉，会让内耳毛细胞长时间受到破坏，耳朵超负荷工作，杀害力非常大。

方式 11：三餐饮食无规律。有超过 1/3 的人不能保证一日三餐按时进食，确保三餐定时定量的人不满半数。

方式 12：行事方式走极端。

方式 13：吸烟、酗酒、熬夜。大多数吸烟者吸烟没有节制，严重者一天可吸食七八包烟。

方式 14：用力排便。排便过于用力可使心脏收缩加强，血压会突然升高，诱发脑溢血。

方式 15：喝水太少。卫生部中国健康教育中心专家田向阳表示，每人每天最好喝够 2 升水，晨起和三餐之间都应适当补水。

方式 16：挑食。挑食容易造成维生素缺乏，一旦缺乏任何一种维生素，就会造成维生素的缺乏症，影响身体的健康和疾病的康复。挑食会导致某些营养素的摄入不足或过量，造成体质虚弱抵抗力差，容易生病或是过度肥胖。

2. 严重不良生活方式

方式 1：吸毒。吸毒者大多数骨瘦如材，身无分文，受到社会歧视，是一种严重的不良生活方式。

方式 2：长期进入网吧玩网络游戏。随着城市的日益现代化，网络越来越普及，通过网络进行游戏的网络游戏已大众化。不少青年长期沉迷于网络游戏不能自拔，而进入网吧则是常做的选择，虽然政府已严禁网吧接受未成年人，但一些网吧贪图利益，依旧让未成年人进入网吧，导致许多青少年受害。

方式 3：酒后驾车。随着城市化建设脚步的不断前进，越来越多的人选择汽车这种高速、快捷的代步工具作为自己出门的首选方式，但随之而来的交通安全问题也是文明社会永远存在的一个问题。特别是酒后驾车，危害极大，无论是对自己还是对他人，都是一种极其不负责任的社会行为，是所有人都应该引以为戒的。目前有关部门不断加大对酒后驾车的打击的力度，但这种现象仍屡禁不绝，是一种典型的严重不良生活方式。

方式 4：赌博成瘾。赌博是用钱物作注以比输赢的一种消极的娱乐活动。当今社会，越来越多的人在工作闲暇之余喜欢和朋友同事三五成群，一起打麻将打扑克。往往有很多人深陷赌博的诱惑，从而无法自拔。那些沉迷于赌桌上输赢于一线之间的赌徒们，往往到最后一贫如洗，债台高筑，更有甚者倾家荡产，妻离子散。赌博成瘾是一种严重不良的生活方式。

方式 5：恶意酗酒。现代社会，人们的生活节奏极速加快，生活压力也很大，有些人受不了金钱的压迫，每日以酒消愁，以醉抗压，导致家里不和，妻离子散。

第四节　体育锻炼与健康

体育锻炼是指人们根据需要自我选择，运用各种体育手段，并结合自然力和卫生措施，以发展身体，增进健康，增强体质，调节精神，丰富文化生活和支配余暇时间为目的的体育活动。

一、体育锻炼的意义

体育锻炼（亦称身体锻炼），是人们运用各种身体练习方法，并结合自然力和卫生因素进行以锻炼身体、促进健康、增强体质、陶冶情操、丰富生活为目的的身体活动。科学地进行体育锻炼，能给予人们健康、欢乐和满足。通过体育锻炼来扩展人们的生活空间、调整生活节奏、缓冲紧张情绪、促进新陈代谢、强健体魄；通过体育锻炼培养人们顽强拼搏精神，树立竞争意识，自觉遵纪守法；通过体育锻炼塑造人的良好个性和处事能力，建立良好的人际关系；通过体育锻炼丰富业余生活，引导人们在高雅、文明、健康向上的氛围中生活，使体育成为现代人日常生活的一个不可缺少的组成部分。所有这些不仅是个体的需要，也是提高社会生产的需要，更是保证人体健康地发展和人类正常生活的需要。

（一）体育锻炼在生理上的作用

（1）体育锻炼有利于人体骨骼、肌肉的生长，增强心肺功能，改善血液循环系统、呼吸系统、消化系统的机能状况，有利于人体的生长发育，提高抗病能力，增强有机体的适应能力。

（2）减低儿童在成年后患上心脏病、高血压、糖尿病等疾病的机会。

（3）体育锻炼是增强体质的最积极、有效手段之一，可以减少肌体过早进入衰老期的危险。

（4）体育锻炼能改善神经系统的调节功能，提高神经系统对人体活动时错综复杂变化的判断能力，并及时做出协调、准确、迅速的反应；使人体适应内外环境的变化、保持肌体生命活动的正常进行。

（二）体育锻炼在心理上的作用

（1）体育锻炼具有调节人体紧张情绪的作用，能改善生理和心理状态，恢复体力和精力。

（2）体育锻炼能增进身体健康，使疲劳的身体得到积极的休息，使人精力充沛地投入学习、工作；舒展身心，有助安眠及消除读书带来的压力。

（3）体育锻炼可以陶冶情操，保持健康的心态，充分发挥个体的积极性、创造性和主动性，从而提高自信心和价值观，使个性在融洽的氛围中获得健康、和谐的发展。

（4）体育锻炼中的集体项目与竞赛活动可以培养人的团结、协作及集体主义精神。少年是人一生中身心发育趋向成熟的重要转折时期，这时你会惊异的发现，在生理和心理方面出现许多前所未有的变化，并明显地感到，“我长大了”。随着人民生活水平和文化素质的提高，“爱美之心，人皆有之”，我们要在体育运动中茁壮成长、在运动中保持健美。

（三）体育锻炼改善功能的作用

体育锻炼是大众性体育活动的主要形式，是增进健康增强体质最积极、最有效的方法，它能促进青少年的正常发育和健康成长，能使中壮年人保持旺盛的精力，能使老年人延年益寿。体育锻炼能防治疾病和使身体健康。

体育锻炼不仅具有健身的功能，还可以调剂情感，锻炼意志和愉悦精神，发挥健心的作用；体育锻炼还能促进正确姿势、姿态的形成，改善肤色，塑造体形和矫正身体的畸形，发挥健美的作用。因而，坚持体育锻炼能同时收到“健身、健心、健美”的效果。

二、青少年锻炼的自我保健

保健，源于日语“保満”，意思为保护健康。亦指为保护和增进人体健康、防治疾病，医疗机构所采取的综合性措施，即养生。它是指合理选用养精神，调饮食，练形体，慎房事，适寒温等保健方法，通过长期的锻炼和修习，达到保养身体、减少疾病、增进健康、延年益寿目的的技术和方法。简而言之，所有促进健康、延长寿命的活动都是养生活动。

青少年是指11岁至24岁这一阶段，统称青春期。又可分为青春发育期和青年期，该段时期的保健也很重要。

（一）青少年健康心理素质

青少年处于心理上的“断奶期”，表现为半幼稚、半成熟以及独立性与依赖性相交错的复杂现象，具有较大的可塑性。他们热情奔放、积极进取，却好高骛远，不易持久，在各方面会表现出一定的冲动性。他们对周围的事物有一定的观察分析和判断能力，但情绪波动较大，缺乏自制力，看问题偏激。有时不能明辨是非。他们虽然仍需依附于家庭，但与外界的人及环境的接触亦日益增多，其独立愿望日益强烈，不希望父母过多地干涉自己，却又缺乏社会经验，极易受外界环境的影响。师长如有疏忽，往往误入歧途。针对青少年的心理特征，培养其健康的心理素质极为重要，可从以下三个方面着手。

（1）说服教育，谆谆善诱。家长和教师要以身作则，为人师表，给青少年以良好影响，同时又要尊重他们独立意向的发展和自尊心，采用说服教育、积极诱导的方法，与他们交朋友谈心，关心他们的学习与生活，并设法充实和丰富他们的业余生活。有事多与他们商量，尊重他们的正确意见，逐渐给他们更多的独立权利，为他们创造一个愉快的、愿意讲话的环境，以便了解孩子的交友情况及周围环境的影响，探知他们的心理活动与情绪变化，从而有的放矢地予以教导和帮助。可以有意识、有针对性地提出问题交给他们讨论。通过辩论以明确是非观念，再向他们提出更高的要求。要从积极方面启发他们的兴趣与爱好。激发他们积极进取、刻苦奋斗的精神，培养良好的个性与习惯。要教他们慎重择友，避免与坏人接触。要向他们推荐优秀书刊、取缔不健康的读物。要鼓励他们积极参加集体活动，培养集体主义思想，逐渐树立正确的世界观和人生观，使他们有远大的理想与追求，集中精力长知识、长身体，在实际工作中锻炼坚强的意志和毅力，以求德智体美全面发展。对于他们的错误或早恋等问题，不能采取粗暴、压制及命令的方式，要谆谆诱导。

（2）加强自身修养。青少年的身体发育虽已接近成人，可是对环境、生活的适应能力和对事物的综合、处理能力仍然很差。青少年应该在师长的引导协助下，在自己所处的环境中，加强思想意识的锻炼和修养，力求养成独立自觉、坚强稳定、直爽开朗、亲切活泼的个性。遇事冷静，言行适度，文明礼貌，尊老爱幼，切忌恃智好胜，恃强好斗。要有自知之明，正确地对待就业问题，处理好个人与集体的关系，明确自己在不同场合所处的不同位置，善于角色变换，采用不同的处事方法，从而有利于社交活动，促进人事关系的和谐，有益于身心健康。

（3）科学的性教育。贯穿于青春期的最大特征是性发育的开始与完成。正如《素问·上古天真论》云："丈夫……二八肾气盛，天癸至，精气溢泄"，"女子……二七而天癸至，任脉通，太冲脉盛，月事以时下"。男女青年，肾气初盛。天癸始至，具有了生育能力。其心理方面的最大变化也反映在性心理领域，性意识萌发，处于朦胧状态。由于青年人的情绪易于波动，自制力差，若受社会不良现象的影响，常可使某些青年滋长不健康性心理，以致早恋，荒废学业。有的甚至触犯刑法，走上犯罪道路。因此，青春期的性教育尤为重要。青春期的性教育包括性知识和性道德教育两个方面。要帮助青少年正确理解正常的生理变化，以解除性成熟造成的好奇、困惑、羞涩、焦虑、紧张的心理。要教育男青年不要染上手淫的习惯，如已染上，则要树立坚强意志，坚决克服掉。女青年要做好经期卫生保健。要注意隔离和消除可能引起他们性行为的语言、书籍、画报、电影等环境因素。安排好他们的课余时间，把他们引导到正当的活动中去。鼓励他们积极参加文体活动，把主要精力放在学习上。另外，帮助他们充分了解两性关系中的行为规范，消除性神秘感。正确区别和重视友谊、恋爱、婚育的关系。提倡晚婚，力戒早恋，宣传优生、计划生育以及性病（包括艾滋病）的预防知识。

（二）饮食调摄

青少年生长发育迅速，代谢旺盛，必须全面合理地摄取营养，要特别注重蛋白质和热能的补充。碳水化合物、脂肪是热能的主要来源，碳水化合物主要含于粮食之中，青少年应保证足够的饭量，增加粗粮在主食中的比例，并摄入适量的脂肪。女青年不应为减肥而过度节食，以致营养不良。男青年也不可自恃体强而暴饮暴食，饥饱寒热无度。对先天不足体质较弱者，更应抓紧发育对期的饮食调摄，培补后天以补其先天不足。

（三）良好生活习惯

青少年不应自[illegible]体壮、精力旺盛而过劳。应该根据具体情况科学地安排作息时间，做到"起居有时，不妄作劳"。既要专心致志地工作、学习，又要有适当的户外活动和正当的娱乐休息，保证充足的睡眠。如此方能保证精力充沛。提高学习、工作效率，有利于身心健康。要养成良好的卫生习惯，注意口腔卫生。读书、写字、站立时应保持正确姿势，以促进正常发育，预防疾病的发生。变声期要特别注意保护好嗓子，还应避免沾染吸烟，酗酒等恶习，吸烟、酗酒不仅危害身体，而且影响心理健康如吸烟可使青年注意力涣散，记忆力减退，思辨不灵，学习效率降低。青少年的衣着宜宽松、朴素、大方。女青年不可束胸紧腰，以免影响乳房发育和肾脏功能。男青年不要穿紧身裤，以免影响睾丸正常的生理功能引起不孕不育症或遗精，手淫。夏秋两季男女青年穿紧身裤，容易引起股癣或湿疹，令人奇痒难忍，影响健康。

（四）参加体育锻炼

持之以恒的体育锻炼，是促进生长发育，提高身体素质的关键因素。要注意身体的全面锻炼，选择项目时，要同时兼顾力量、速度、耐力、灵敏度等各项素质的发展，重点应放在耐力素质的培养上。力量的锻炼项目有短跑，耐力的锻炼项目有长跑、游泳等，灵敏的锻炼项目有跳远、跳高、球类运动，尤其是乒乓球。上述有些体育项目关系着几项素质的发展。如游泳，既可锻炼耐力，又可锻炼速度和力量，是青少年最适宜的运动项目之一。

三、保健按摩

保健按摩，是我国劳动人民在长期与疾病斗争中逐渐认识和发展起来的。人类的双手不仅是劳动的产物，而且也是劳动的工具。远古时代，当人类在生产劳动和生活中受到损伤或感到寒冷时，就会很自然地用手去抚摸和摩擦。手的抚摸和摩擦会使疼痛和寒冷减轻或消失。这样人们逐渐认识到抚摸和摩擦的治疗作用，经过不断实践与总结，逐渐形成了按摩疗法。按摩疗法是中国医学的一个重要组成部分，是用按摩刺激患者体表的一定部位或运动患者的肢体进行治病的一种疗法。按摩在古代的名称又叫作推拿。应用按摩治疗疾病的记载最早见于《黄帝内经》，如《素问·气血形志篇》中有“形数惊恐，经络不通，病生于不仁，治之以按摩……”中国古代名医扁鹊就曾运用按摩治病。

（一）保健按摩的作用与意义

按摩能行气活血、疏通经络、滑利关节，按摩手法的物理刺激，使作用区引起生物物理和生物化学的变化，以及局部组织发生生理反应。这种反应能使淋巴运行旺盛，血液循环良好。按摩能促进浮肿、溢血、陈旧性出血的吸收。能增加肌肉、韧带的伸缩性，恢复其功能。按摩能调整神经系统的兴奋与抑制的相对平衡。用缓和、较轻而有节律的手法，可对神经有镇静抑制的作用。急速而较重、时间较短的手法，对神经有兴奋的作用。根据脊髓节段反射，按摩颈部可以调节脑内血液循环，降低颅内压，并有降低血压的作用；在第一、二胸椎部，用振动和叩击的手法，能引起心动反射，表现为心肌收缩；振动叩击第一、二腰椎，可使小骨盆充血；捏脊、捏腹可促使胃肠蠕动增快；按压骨盆穴处的交感神经星状结节，可发生瞳孔散大、血管舒张，同侧肢体皮肤温度升高；按摩下腹部及大腿内侧，可引起膀胱收缩而排尿，可治疗尿潴留；按摩腹部可促进胃肠蠕动和消化腺分泌。按摩后人体内白细胞总数和吞噬能力增加，红细胞轻度增加，氧的需求量、排氮量、排尿量和二氧化碳的排泄量也都有增高。

综上所述，按摩的作用，有的是直接改善器质的病变，使功能障碍得到消除；有的是通过调整功能使器质病变得到恢复。

西方国家在吸收中国的按摩技术精华的基础上，又以医学科学为理论指导而整理出一套现代按摩技术。现代按摩技术是运用现代科学技术对传统按摩手法进行改造和完善，其目的不仅仅是为了治病、健身，还有使人精神爽快、肌肉松弛、情绪安定的任务。所以就产生了用途更广泛的特殊按摩，例如，旨在产生心理安定的松弛按摩术，使人获得快乐的快感按摩术，使人入睡的催眠按摩术，使人精神振奋的强力按摩术，使人体消除疲劳的按摩术等。

按摩可以治疗伤病，作为一名大学生学习并掌握一定的为健康服务的按摩知识技能，不仅能为自己的生活工作带来方便，同时还可以伸出友爱之手当别人需要帮助时，能及时地帮助别人。

（二）按摩的生理作用

1. 对皮肤的作用

按摩首先作用于局部皮肤，使衰老上皮得以清除，皮肤呼吸改善，有利于皮脂腺及汗腺分泌。按摩还可使皮肤内某些蛋白质分解，产生组织胺和类组织胺物质，使毛细血管扩张、血流量增多，皮温增高，从而改善营养，使皮肤润泽而更富弹性。

2. 对神经系统的作用

按摩能改善大脑皮层的兴奋与抑制过程。一般用力小、频率慢、持续时间较长的按摩，具有镇静作用；相反，用力大、频率快、持续时间短的按摩，则具有兴奋的作用。

3. 对循环系统的作用

按摩可使周围血管扩张，降低血流阻力，减轻心脏负担，可促进血液循环，影响血液重新分配，改善心肌供氧，因而加强心脏功能。

4. 对呼吸系统的作用

按摩胸部或某些穴位，可加强呼吸肌收缩舒张功能，加大呼吸运动幅度，从而增加氧的吸入和二氧化碳排出，增加肺活量，使肺功能保持在良好状态。

5. 对消化系统的作用

按摩腹部及有关穴位，能提高胃肠分泌机能和加强肠胃蠕动，从而改善消化器官的机能。

6. 对运动系统的作用

按摩能使肌肉中毛细血管扩张和后备毛细血管开放，因而局部血液供应加强、肌肉营养改善，增强肌肉的强性和张力。长期按摩，可促进骨骼肌发达健壮，防治肌肉萎缩。按摩还可加速疲劳肌肉中乳酸的排除，有利于消除疲劳，提高肌肉的工作效力。

（三）按摩的基本手法与应用

按摩手法的种类很多，名称也不统一，有的手法动作相似，但名称不同。有的名称相同，而动作却不一样。在治疗某些疾病时，一般都要采用多种手法，互相配合应用。按摩手法中有几个基本的操作手法，介绍如下：

1. 推法

体育保健按摩的推法有指推和掌推两种。指推：用大拇指端，着力于一定的部位上。沉肩、坠肘、悬腕，通过腕部的摆动和拇指关节的屈伸活动，使产生的力持续地作用于经络穴位上，称为指推。掌推：掌着力于一定部位上，进行单方向的直线推动，叫做掌推。指推刺激量中等，接触面积较小，可应用于全身各部穴位。常用于头、面、胸、腹及四肢关节处。对头痛、胃痛、腹痛、腰痛及关节肌肉酸痛等疾病常用本法；掌推接触面积较大，可于身体各部位使用。推时用力要稳，速度要缓慢，着力部位要紧贴皮肤。推法有通经活络，促进血循环的作用。

2. 拿法

用拇指和食、中两指，或用大拇指和其他四指对称地用力，提拿一定部位和穴位，进行一紧一松的拿捏，叫作拿法；拿法刺激较强，常配合其他手法使用于颈项、肩部和四肢等穴位。对颈部发硬、关节筋骨酸痛等症，常用本法作配合治疗。拿法动作要缓和而有连续性，不要断断续续，用劲要由轻到重，不可突然用力。拿法具有祛风散寒，通经活络，缓解痉挛等作用。

3. 按法

用拇指或掌根按压一定部位，逐渐用力深压捻动，按而留之，叫作按法。按法是一种较强烈刺激的手法，常与揉法结合使用。拇指按法适用于全身各部穴位；掌根按法常用于腰背及下肢部。对于肢体酸痛、麻木、脊柱侧弯及胃病、腹痛，胆石痛等常用本法治疗。拇指按时，握拳，拇指伸直，用指端或掌纹面按压。掌根按时，用单掌或双掌掌根着力向下按压；也可用双掌重叠按压。按法具有通络止痛，放松肌肉，矫正畸形的功能。

4. 摩法

用手掌面或指面附于一定部位上，以腕关节连同前臂作环形的有节律的抚摩，叫作摩法。

摩法刺激轻柔缓和，是胸腹、肋部常用手法。常治胃痛、腹胀、食积、气滞等症。采用摩法时，肘关节微屈、腕部放松、指掌自然伸直。指掌着力部分要随着腕关节连同前臂作画圆圈活动，用劲要自然，摩时要缓和协调。摩法具有理气和中，导滞消积，促进胃肠蠕动的作用。

5. 擦法

用手掌面、鱼际（拇指赤白肉际）部分着力于一定部位上，进行直线来回摩擦叫作擦法。按摩施术的开始和终了时须用此法操作。擦法是一种柔和温热的刺激，具有通经活络、行气活血、消肿定痛、调理肠胃及加速淋巴液循环的作用。其中掌擦法多用于胸肋及腹部。对消化不良及脾胃虚寒引起的腹痛，常用本法。小鱼际擦法多用于肩背、腰臀及下肢部，对伤筋、肢体麻木、风湿痹痛等常用本法。大鱼际擦法，多在四肢、胸腹、腰背等部采用，应用于治疗外伤红肿疼痛。三种方法可以灵活使用，不必拘泥。

注意：擦时不论是上下或左右方向，都应直线往返，不可歪斜，往返距离要拉长。着力部分要紧贴皮肤，但不要硬用压力，以免擦破皮肤。

6. 拍打法

用掌或拳及钢拍拍体表，叫作拍打法。手指自然并拢，掌指关节微屈，平稳而有节奏地拍打患部。拳打法是手握空拳腕伸直，用拳背平击患部。钢拍拍打法是用钢丝制成的拍子垫上一层棉花，外用布罩上，拍打患部。拍打法适用于头、肩、背、腰、臀及四肢部。对风湿酸痛、肌肉萎缩、肢端紫绀症、肢体麻木、肌肉痉挛等用本法配合治疗。拍打法具有调和气血、强筋壮骨、消除疲劳等作用。

7. 震荡法

保持前后均等地震荡运动使之传达到身体上，施行震荡法时，要用指或手掌，在人体某部位上震颤，使此震荡运动传达于患者的体内。由于操作要非常熟练且施术者易于疲劳，故可用特殊的震荡装置代替。震荡法适用于全身各部位或穴位。术者前臂和手部的肌肉要强力地静止性用力，使力量集中于指端或手掌上而使被按摩的部位发生震动。震动的频率要快，用力大，一般用单手操作，也可双手同时操作。震荡法具有活血止痛，理气和中，淌积导滞等作用。

8. 摇法

用一手握住关节近端的肢体，另一手握住关节远端的肢体，做缓和回旋的转动，叫作摇法。本法适用于四肢关节及颈项、腰部等，是治疗运动功能障碍、关节强硬、屈伸不利等症的常用手法。摇法具有滑利关节面、韧带及关节囊的粘连，松懈关节滑膜，增强关节活动作用。

9. 攘法

将掌指关节略为屈曲，以手掌背部近小指侧部分，紧贴于治疗部位上，有节律地连续摆动腕掌部，进行前臂旋转和腕关节屈伸的协调运动，使手掌部呈来回滚动，将所产生的力量通过接触面均匀地作用在施术部位上。攘法具有疏通经络，舒展筋脉、行气活血等作用。

在按摩运用中应当注意：

① 体弱病重者，急腹症、癌症，一般不做按摩。

② 急性或慢性化脓性炎病、皮肤病，不宜进行按摩。

③ 正在出血的部位，不宜按摩。

④ 妇女在怀孕期和月经期，腹部和腰骶部不宜采用按摩疗法。

⑤ 患者饥饿时及剧烈运动后，按摩时需防止晕厥。

（四）几种常见的按摩方法

按摩可以治疗许多疾病，如腰肌劳损、头痛、失眠、疲劳、消化不良等。按摩的意义除了保健外，就是它确确实实能够卓有成效地防治疾病。现介绍一些常见病症的按摩方法，可以帮助别人，也可自身进行按摩保健。

1. 消除烦恼的按摩疗法

人在生活中常会出现各式各样的烦恼。烦恼有碍人的身心健康，它会使人过早地失去青春，容颜变得憔悴，懒于学习和工作，严重者甚至会对人生失去信心。对于感到烦恼的患者，你可以采用“心理按摩”和身体按摩同时进行的方法来帮助患者。

（1）与患者谈心，沟通感情，尽量地给予他理解和同情，甚至可以诉述自己和他人也有与之相类似的烦恼，以取得患者信任，减轻患者心理压力。对患者施以带同情、爱护、支持、理解心情的初级按摩，其手法是先抚摸患者的肩，拍拍肩背，然后抚摸他的额头，令患者有一种被安抚、同情、可依赖，并得到帮助的感觉。

（2）依照患者的自然体位，对其前臂、上臂、小腿、大腿、腰肌等大块肌群进行中等力度的按压、揉捏。这种手法有助于患者消除紧张心理，使精神获得松弛。

（3）在保证患者发型不被破坏的情况下，可以将手作梳状，对患者的头发进行由前向后梳理数遍，然后让患者处于舒适的仰头状态，提捏颈部皮肤。紧接上一步骤，用大拇指腹面对患者额头轮番交替按摩。

（4）按压双侧的太阳穴、风池穴、内关穴、三阴穴。可以在做全身巡回按摩这些穴位时，用拇指或其他点穴手法按压这些穴位，按压穴位时，可以用旋转、弹击、敲击等多种刺激动作，以使患者感到酸胀为好。

（5）经过上述按摩之后，可以翻动患者，交替按摩前后各部肌肉，并取右侧卧位将患者作数分钟的全身震动。然后视其情况按摩一下手掌心和脚掌心，以其感觉微痒为好。如能巧妙地使患者获得舒适的微痒，并产生微笑，其烦恼有可能在很大程度上已消失了。

2. 消除疲劳的按摩疗法

疲劳，分精神性疲劳和肉体性疲劳两大类。发生疲劳时，这两类又常相互联系出现。这里主要是介绍消除精神疲劳的按摩手法。

（1）精神疲劳多数因过度用脑。长时间的学习、讲课、答辩、思考难题等均可导致精神疲劳。精神疲劳多表现为头昏、思维迟钝、计算缓慢、记忆力减退、头痛、眼花、多梦、看书理解力下降等，有时还怕吵闹，为琐事暴怒不已。

（2）对于精神疲劳的人，首先应让其休息，在休息的时候积极对其进行按摩治疗。消除精神疲劳的按摩手法要注意两点：一是轻轻安抚，让患者的精神和肉体彻底放松下来；二是要避免各种强刺激，这里主要是指避免过度刺激肌体的敏感点、敏感穴位和性感带。因为对精神极度疲乏的人，一些不适当的刺激便会使人紧张、情绪不稳，这就不利于患者的休息和精力的恢复。

（3）具体手法是用手轻轻抚摸患者额头，然后让患者取最利于休息的体位，如半卧位或仰卧位，再以手轻轻抚摸患者胸腹、肩背，同时辅以类似摇篮式的轻轻摇动，努力使患者感到安稳、舒适，最好能使其入睡。无论怎样严重的精神疲劳之人，只要稍微入睡几分钟，其精力立即获得明显的恢复。对于精神疲劳之人实施按摩比一般按摩时间要长些，约要 40 分钟，要使女性患者入睡，抚摸时间可能还要更长些。

3. 腰痛的按摩疗法

腰腿痛是很普遍的一种病症，有人认为腰腿痛比头痛的发病率还要高。治疗腰腿痛的按摩程序如下：

（1）治疗腰腿痛时，患者以俯卧位为佳，这便于对患者腰部施行按摩手法，同时也有利于患者腰部肌肉松弛以及减轻腰部的负荷。

（2）对疼痛的腰腿肌进行按摩，关键在于使腰部肌肉放松。只要腰肌获得一定程度的松弛，其疼痛可迅速得到缓解。为了使腰肌松弛，施行按摩时，术者的手法必须缓和，下手按摩时不要做过轻或过重的突然刺激，应先在肩部下手，逐步移到肌肉的位置。按摩以中等力度的按压、推、揉为主要手法。

（3）松弛肌肉后，应固定患者下肢或令助手握住患者双踝关节，术者运用推拿手法，较为用力地将患者腰椎逐节向上部推去，以使患者脊椎间的距离尽量增大。为了达到这一目的，亦可以在松弛患者腰肌的基础上，将患者的手臂挽住或挽住患者的双侧腋窝，将患者背离地面，术者弓腰抖动患者腰部（如体育课上的准备活动或整理活动时的互背放松抖动腰部动作）。

4. 腹痛的按摩疗法

腹痛几乎是每个人都曾经历过的一种痛苦，有不少人在发生腹痛时自觉或不自觉地做腹部按摩，而且或多或少能产生减轻腹痛的程度。对某些急腹症所致的腹痛，按摩不宜做主要的治疗措施，但对消化不良、胃肠痉挛，肠粘连等所致腹痛，用按摩治疗，其效果还是理想的。现介绍两种方法：

（1）腰大肌掐捏术：对腹痛的患者，让其坐或仰卧或俯卧。术者双手用力掐捏患侧腰部最大的一块肌肉群，并用力牵拉住，然后突然滑脱，使腰肌像拨琴弦似的从双侧手中弹出。此法简便易行，如此掐捏 5 回，可治疗尿道结石，肠痉挛，胆结石引起的腹痛。

（2）抚腹法：对患者让其仰卧或俯卧。术者温暖双手后，以手掌先从心窝开始，直向脐下抚至趾骨联合，然后轻轻回抚至心窝，再稍重一些依上述顺序做十数次或数十次按摩。此后，在患者右下腹轻轻抚按半分钟，然后循右下腹—右上腹—左上腹—左下腹—下腹下部揉按的程序，反复按摩数次，直至腹痛停止为止。如系胃肠痉挛，消化不良，其按摩效果较佳。

5. 肩周炎的按摩疗法

肩周炎又称“肩关节周围炎”，是 50 岁以上中老年人常见的病症。对肩周炎患者的按摩治疗，应根据病情所处时期不同，施用不同手法。

（1）急性期：以温暖的手或热袋之类，围绕肩关节轻轻抚摸，然后揉捏肩关节周围的软组织，这种按摩要有耐心，并持续 30 分钟以上。对疼痛明显的患者，可以用中等力度按压肩井、曲池、大宗等有关穴位止痛，但每次只压 1～2 个穴位即可，不必强刺激。

（2）粘连期：此手法可加重力度，可使用按揉、拿、捏各种手法按摩肩关节周围的软组织。并在肩关节周围进行拨动、挤拉以解除粘连。可以边对患者进行按摩，边要求患者活动肩关节。每天 1～2 次不宜间断。患者自己也要坚持肩关节活动，即使疼痛也要坚持，每天应做活动 3～5 次。

鼓励和支持更多的人有规律地参加体育锻炼和健身活动是许多国家和学校教育努力追求的目标，因为这是强壮一个国家、民族和延长人们健康生活的年限，减少公共医疗开支的重要手段。现代研究证明：适当的体育锻炼和身体活动并保持良好的身体适应力可以减少现代疾病风险。高质量的生活标准就是体现在身心的良好健康状态，经常性的体育锻炼和身体运动能够有效地提高人的身体健康状态，从而改善人们的生活质量。现代良好的精神健康和身体健康理念可以促进人们更科学的生活。

复习思考题

1. 什么是体质、健康，它们的含义是哪些?
2. 论述影响大学生健康的因素，举例说明。
3. 论述现代社会对人的健康的影响。
4. 体育锻炼对健康的影响有哪些?

第二章　科学锻炼原则、内容和方法

摘　要

通过本章的学习使学生了解到体育锻炼过程当中，所应当遵循的基本准则、体育锻炼的内在实质及体育锻炼过程中可应用的具有典型意义的方式、方法和手段。从而使学生在体育锻炼中能够更为健康、有效地获得体育锻炼所带来的收益和效果。

引　言

世间万物均有其发展变化的规律，作为体育科学应用层面所研究的一项重要内容，体育锻炼对于人类来说也有其自身内在的规律的存在。科学、合理的进行体育锻炼可以有效地促进身体的生长发育并增进体质，使人们获得身、心健康的统一；反之，违背人类自身身体和体育锻炼的规律去从事体育活动，则会产生对身体机能不利的状况：造成损伤，甚至残疾。

加上由于个体存在生理、心理及所处环境上的差异，以及对于期望自身通过体育锻炼所获取的价值诉求存有不同，如有的人们期望通过体育锻炼来获得健美的身形；有的则期望通过体育锻炼来休闲学习工作之余的生活等。这样一些因素使得体育锻炼所包含的内容变得无比丰富。

因此，认识体育锻炼过程中所应当遵循的基本规律；了解体育锻炼过程中所包含的内容；掌握并选择适合自己锻炼的方式、方法和手段，才可实现通过体育锻炼所期望达成的目标。

第一节　体育锻炼的原则

体育锻炼原则是体育锻炼客观规律的反映，也是参与者安排锻炼计划、选择锻炼内容、运用锻炼方法必须遵循的基本准则，它包括：自觉积极性原则，持之以恒性原则，全面发展性原则，循序渐进性原则，合理负荷性原则，安全性原则。

一、自觉积极性原则

自觉积极性原则指体育锻炼者有明确的健身目标，充分认识体育锻炼的价值，自觉积极地从事体育锻炼活动。在体育锻炼过程中，要促进锻炼者深刻认识参加的目的，自觉、积极地进行锻炼。自觉是对认识、思想上的要求，积极是对行动、实践上的要求。两者关系是：自觉是积极的前提，积极是自觉的外在表现。积极行动的程度取决于认识上的自觉性和认识水平的高低。我们强调参与者深刻认识参加体育锻炼的目的，旨在提高其参加体育锻炼的自觉性，激发其行动的主动性，调动其锻炼的积极性。

体育锻炼是一个自我锻炼、自我完善，并需要克服自身的惰性，战胜各种困难过程。同时，还要有一定的作息制度作保证，把体育锻炼当作生活中不可缺少的一部分，才能奏效。遵循自觉积极性原则首先要明确“生命在于运动”的科学道理，树立正确的锻炼目的，把体育锻炼当作是日常学习和生活的自觉需要，激发锻炼的主动性，从而调动锻炼的积极性。其次要培养兴趣，兴趣是人们认识事物和从事活动的倾向。当一个人对某项体育活动产生兴趣时，就会对这项体育活动表现出极大的主动性和自觉性，做到身心融为一体。

二、持之以恒性原则

持之以恒原则是指体育锻炼必须经常性进行，使之成为日常生活中的重要内容。体育锻炼对机体给予刺激，每次刺激都产生一定的作用痕迹，连续不断的刺激作用才能产生痕迹的积累。这种积累使机体结构和机能产生新的适应，体质就会不断增强，动作技能形成的条件反射也会不断得到强化，而只靠少数几次强化刺激是达不到要求的。若前次锻炼的效果痕迹已经消退，就丧失了对后一次锻炼的积累所产生的积极影响，所以必须持之以恒地进行体育锻炼。如何才能使体育锻炼持之以恒？首先，根椐个人能力所及，确立一个能够实现的体育锻炼目标（不宜太高），制定一个切实可行的锻炼计划。其次，强化锻炼意识，把体育锻炼列为日常生活内容，定期保证有一定的体育锻炼时间，逐步养成习惯，使体育锻炼成为生活的重要组成部分。体育锻炼的效果并非一劳永逸，如果锻炼间隔时间过长，效果就会不明显。因此，每次锻炼要坚持安排合理的锻炼间隔，一般以每周不少于 3 次为宜。

三、全面发展性原则

体育锻炼应全面发展身体的各个部位、各器官系统的机能，各种身体素质和基本活动能力，并且追求身心的和谐发展。人体是一个整体，各器官系统是相互影响相互制约的。任何局部机能的提高，必然促进机体其他部位机能的改善，当某一运动素质得到发展时，其他运动素质也会不同程度地有所发展，某一方面的锻炼与发展，也会对其他方面产生积极的影响。如果体育锻炼的内容和方法单一，会给锻炼带来很大的局限性，机体不能获得良好的整体效应。因此，在选择体育锻炼的内容和方法时要做到全面发展。一项素质得到发展，将促进其他素质不同程度的提高。但是还应看到，各项身体素质在发展过程中也存在着相互制约的一面。如长期只从事力量练习，心肺功能就不会得到较大提高；长期只从事长跑锻炼，耐力会有很大发展，而速度、力量素质不会有较大提高；长期只从事身体一侧肢体的活动，另一侧肢体就不会得到发展。因此，在体育锻炼中，既要注意身体素质的全面发展，也要有所侧重发展几项素质和弥补自身薄弱的素质锻炼。

四、循序渐进性原则

循序渐进性原则是指体育锻炼必须遵循人体自然发展、机体适应的基本规律，从不同的主客观实际出发，合理安排运动负荷，在渐进的基础上提高锻炼水平。在体育锻炼过程中，运动负荷的大小直接影响人体机能的变化，负荷是否适宜，对锻炼效果的好坏都起很大的作用。运动负荷的大小因人、因时而异。即便是同一个人，在不同的机能状态、不同的时间，人体对负荷的承受能力也不尽相同。因此，进行体育锻炼时应循序渐进，随时调整运动负荷，逐步提高锻炼水平。

如何贯彻循序渐进的原则？

（1）体育锻炼力戒急于求成，必须根据锻炼者自身的实际情况确定运动负荷大小，做到量力而行，尤其要注意锻炼后疲劳感的适度。

（2）运动负荷应由小到大，逐步提高。开始从事体育锻炼或中断体育锻炼后恢复锻炼时，强度宜小，时间宜短，密度适宜。

（3）注意提高人体已经适应的运动负荷，使体能保持不断增强的趋势。一般应在逐步提高“量”的基础上，再逐渐增大运动强度，使之适应感到胜任的愉快，然后作相应的调整。随时加强自我监督，密切注意身体机能的不良反应。

（4）锻炼开始时，重视准备活动；锻炼结束后，做好放松整理活动。

（5）缺乏一定体育锻炼基础的人，或中断体育锻炼过久的人，不宜参加紧张激烈的比赛活动。

五、合理负荷性原则

合理负荷性原则是指在身体锻炼中，要根据锻炼者自身的情况，合理地安排运动负荷，既能使身体产生一定的疲劳，又能承受，并能与休息合理地交替。运动负荷是指人体在运动时身体所承受的生理负荷。它包括负荷量和负荷强度两个方面。量是指完成练习的数量、次数、组数、时间、距离和重量等；强度是指完成练习所用力量的大小和机体的紧张程度，它包括动作的速度、练习的密度、间歇时间的长短、负重的重量、投掷的距离、跳高的高度等。量和强度是决定运动负荷效果的主要因素。体育锻炼的运动负荷量与强度过小，引起机体的反应也小，反之运动负荷的量与强度过大，超过了机体适应能力，会对身体健康不利，甚至陷入伤病的危险状态。身体锻炼负荷的确定要从锻炼者的身心状况出发，逐步提高要求。一般来说，由于新参加身体锻炼的人起点较低，经过一段时间的锻炼，获得的效果比较明显。

在身体锻炼中，有机体在承受了一定的运动负荷后会因能量的消耗而产生疲劳。经过一段时间的休息和营养的补充，体内的能量物质和身体机能水平才能得以恢复。在反复的刺激—-恢复—-刺激下，如果运动负荷恰当，机体不仅能恢复到原有的水平，而且还能出现超过运动前的能量储备和机能能力，这就是生理上的超量恢复。经常地超量恢复并合理地安排运动负荷和休息间隔，体质就能逐步得到提高。运动负荷是否适宜是一个极其重要的问题，因此，确定运动负荷大小，必须依据锻炼者的年龄、性别、健康状况等实际情况而定。为了在体育锻炼中合理地安排运动负荷，通常采用以下脉搏控制的方法来确定锻炼负荷：

一个人接近极限运动时的脉搏率（假如是 200 次／分）减去安静时脉率(假如是 60 次／分)的 70%，再加上安静时脉率的基数 60 次，是对身体影响最好的运动负荷。即适宜的运动负荷为（200−60）×70%+60=158 次／分。以脉搏率 150 次／分以下（平均是 130 次／分）运动负荷的指标来提高有氧代谢能力。以 180 次减去自己的年龄，作为锻炼时的每分钟平均脉搏率。

六、安全性原则

安全性原则，是指参与者在体育锻炼的过程中始终注意保护自己，做到安全第一。如果体育锻炼安排得不合理，违背科学规律，就可能出现伤害事故。

为了保证体育锻炼的安全，锻炼者应做到以下几点：

（1）不要盲目参加超过你的能力的活动，应该通过力所能及的体育活动来锻炼身体。

（2）在有条件的情况下，请体育教师或运动学专家根据你的体质健康状况给你开运动处方，它指导你有目的、有计划地进行安全、科学的锻炼。

（3）每次锻炼前必须做好充分的准备活动，克服内脏器官的生理惰性，预防运动损伤的发生。

（4）饭后、饥饿或疲劳时应暂缓锻炼；生病刚愈不宜进行较大强度的锻炼。

（5）对于不熟悉的水域，不要随便入水或潜水，以免发生意外。在公共游泳场所进行游泳时，要注意公共卫生，服从工作人员的管理。

（6）每次锻炼后，要注意做好整理、放松活动。这样有利于身体的恢复，以便迅速投入到学习活动中去。

（7）在锻炼的过程中，不要大量饮水，以免加重心脏的负担或引起身体及肠胃的不适反应。运动后，不宜即刻洗冷水澡。

（8）在制订或实施自己的锻炼计划前，一定要经过体检和医生的认可。如果你患有某种疾病或有家族遗传病史，需要找医生咨询，在有医务监督的情况下按照体育教师和医生的建议进行锻炼。

第二节　体育锻炼的内容

一、体育锻炼内容的分类

体育锻炼的内容很多，应根据自己的年龄、性别、兴趣、爱好、身体健康状况和锻炼水平等进行选择。通常是以内容和目的的关系为依据，将其划分为以下几大类：

（一）健身运动类

指为增强体质而选用的身体锻炼内容，包括各类体育手段，如走步、跑步、骑自行车、舞蹈、划船、游泳，以及其他日常生活有锻炼价值的动作。

（二）健美运动类

为了塑造体型、形成正确的姿势而选用的身体锻炼内容，多采用举重、器械体操、徒手操、韵律操、舞蹈、艺术体操等手段。

（三）娱乐体育类

带有娱乐性质的活动，如游戏、踢毽子、放风筝、跳橡皮筋、渔猎、郊游、打台球，以及观看各种体育比赛等。

（四）竞技运动类

竞技运动是以科学的、系统的训练，通过竞赛的方式达到最大限度发挥个人的体格、体能、心理和运动能力等方面的潜力，从而取得优异成绩的一种体育运动。属于竞技运动的项目有很多，例如，田径、球类、举重、摔跤、水上运动等。它的特点是有高超的技艺、竞赛性强、按照严格统一的规则进行竞赛，所取得的成绩被社会承认。上述竞技项目都是极好的体育锻炼内容，但由于竞技运动其技术复杂，并且运动器械与场地设施有特殊的要求，因此以竞技运动作为身体锻炼内容要从实际出发。

（五）自然力锻炼（日光、空气和水）类

自然力锻炼的目的在于提高有机物对各种不良现象因素（冷、热、阳光辐射、低气压）

的抵抗力，有助于提高工作能力和脑力劳动能力，增进身体健康，降低发病率，任何年龄的人都可以利用自然力的锻炼，自然力锻炼可以在专门条件下进行，也可在日常生活中进行，自然力锻炼应该从不大的负荷量和最简单的内容开始。

（六）格斗性体育类

格斗性体育是那些掌握和运用徒手或持器械的攻防技术的体育锻炼，达到既能强身，又能自卫的目的。如拳击、角力、擒拿、散手、推手、空手道、击剑等。

（七）医疗、矫正和康复体育类

医疗体育是为了治疗某些慢性疾病或加快病后的恢复所进行的体育锻炼。如气功、太极拳、太极剑、健身跑、按摩等。矫正体育是针对某些身体有缺陷或运动功能障碍的人所进行的专门性体育锻炼。康复体育是指部分器官和组织有残疾的人，为了不至于完全残废，以及重大疾病患者在临床治疗中的体育锻炼。

二、如何选择体育锻炼的内容

如何从实际出发，选择适合自身的锻炼内容，这对于每个参加锻炼的人来讲，都是一个实际问题。我们按人的体质和健康状况，把人的体质划分为：健康型、一般型、体弱型、肥胖型、消瘦型、高龄型。不同体质类型的人，应选择不同的体育锻炼内容。

（1）健康型：指身体强健者。此类人对体育锻炼大多都具有强烈的欲望和热情，并能承担较大的运动负荷。在体育锻炼的内容上，根据自身的实际情况和兴趣，选择 2～3 个运动项目作为健身的手段。一般来说，年轻人以选择球类、健身操、游泳、举重、健身跑及田径运动等项目为宜。

（2）一般型：指身体虽不健壮但也无疾病者。这种类型体质的人在群体中占有很大的比例，据统计，青少年学生中约占 60%。一般型体质的人，身体无疾病，但往往对体育锻炼缺乏热情和持之以恒的精神，不经常锻炼，因此体质一般。对于此类人群，最好选择形式活泼，趣味性强，且对增强体质有实效的体育项目，以激发和培养体育锻炼的热情和兴趣，逐步养成良好的锻炼习惯。年轻人以选择球类、武术、游泳、健身健美运动为宜。

（3）体弱型：指体弱多病或发育不良的人群。为了增强体质，战胜疾病，增进健康，体弱者宜选择健身跑、定量步行，太极拳、气功等锻炼内容，待体质获得改善以后，再选择其他锻炼项目。运动负荷要适宜，切不可急于求成。

（4）肥胖型：指体重超过正常标准以上的人。肥胖体质参加体育锻炼直接目的就是进行减肥，应依据个人的年龄、身体状况和需求，可选择出不同的运动形式，有目的的、有计划的消耗肥胖人群过剩的脂肪。运动项目的选择要根据减肥者的实际情况来进行选择。儿童和老人要选择慢跑、快走、倒走这些比较容易的运动。中年和青少年可以选择跳绳、跑步机、跳舞毯。运动的时候注意强度不要太大，注意心率的变化。韵律操、骑车、游泳也是非常好的减肥项目。

（5）消瘦型：指体重低于正常标准值。消瘦型体质的人群参与体育锻炼，多是希望身体健壮。要达到这一目的，除了加强营养外，以选择体操、健美运动，球类等项目为锻炼内容。

（6）高龄型：老年人随年龄的增长，出现了体质、机能等方面一系列的衰退现象。如女性的肥胖率增加;男女性安静和运动时心电图异常检出率增加；肺活量百分率、第一秒钟用力呼气容量异常情况也更为明显，尿糖、微循环异常的发生也有所增加。体育锻炼能增强中老年人的体质和心肺功能。经常锻炼者心肺负荷能力明显高于不活动者，肥胖、高血压、尿糖的发生率较低，安静及运动心电图异常的情况也较不活动者明显为低。适合老年人的运动项目有：步行、交谊舞、门球、太极拳等。

第三节　体育锻炼的方法

体育锻炼方法是指运用各种体育手段和身体练习，并结合自然力有效地增强体质的途径和方式。体育锻炼的方法多种多样，根据体育锻炼者的年龄、职业、工作和学习环境，科学地选择锻炼内容，对实现体育锻炼的目的有着极其重要的意义。下面介绍几种当代大学生所普遍热爱的体育锻炼方法。

一、有氧运动

（一）有氧运动的定义

生理学认为，人体的运动分为无氧运动、有氧运动两种运动形式，其中无氧运动是指在从事此项运动的过程中人体需要氧气的量大于其摄入氧气的量，机体的运动是处于一种缺氧的状态。有氧运动是指机体从事此项运动时其摄入氧气的量能够满足运动所需，机体的运动是处于一种氧气供应充足的状态。

（二）有氧运动包括哪些内容

最常用的有氧运动方式为慢跑，其次还有游泳、自行车、滑雪、太极拳、健身操、攀岩、爬山、郊游、气功、快步走、各种球类活动以及现今最为流行的各式街舞等。一般来说，发展有氧耐力的练习强度不要太大，在进行有氧耐力练习时，可以最大摄氧量作为参考指标确定运动强度。对于身体机能状况较好的青壮年人来说，运动强度可相当于80%的最大摄氧量；对老年人则以采用40%～60%的最大摄氧量强度发展有氧耐力较为合适。鉴于最大摄氧量的测试难度较大，也有人提出用心率来衡量有氧运动，一般以运动后即刻心率在120～140次/分钟较为适宜，心率最好不要超过150次/分。在确定强度的同时要保证足够的体育锻炼时间，一般每天活动的时间不要低于半小时，最好每天锻炼1小时左右。

（三）有氧运动与减肥

肥胖是机体脂肪细胞数量增加或体积肥大导致体重超过标准体重20%以上的病理状态，同时也是一种常见的、复杂的代谢失调症，可以影响整个机体正常功能的生理过程。由肥胖引发的心血管疾病、高脂血症等疾病，已成为危及人类健康的主要危险因素，使它已成为全民关注的健康问题。

长期坚持有氧运动能增加体内血红蛋白的数量，提高机体抵抗力，抗衰老，加强大脑皮层的工作效率和心肺功能，还可以增加脂肪消耗。有氧运动锻炼中，运动强度是60%～70%最高心率，每次持续运动30分钟，脂肪成为运动肌主要供能物质，体内脂肪不断通过水解和氧化以供给骨骼肌能量，导致体内脂肪组织减少。其次，长期有氧运动锻炼能增加肥胖人群静息代谢率，使肥胖人群静息状态下能量消耗也增加。以促进体内能量的负平衡，导致体脂含量下降。有氧运动对过剩的脂肪能充分的消耗，达到减肥的效果。有氧运动是增加能量消耗的重要形式，也是抑制其脂肪积累的重要手段。有氧运动可使吸入比平常多十几倍的氧气，实践证明，长期从事有氧运动锻炼的人，其体内血清 TG 含量下降 45% 左右，机体的脂肪含量明显减少。

在减肥过程中，不仅要进行有氧运动，而且要在心理、生活习惯、饮食等方面进行综合的调整，才能达到理想的减肥效果，必须长期坚持进行有氧运动，使有氧锻炼成为生活中的习惯。锻炼时采用控制心率法来控制运动强度，同时如果进行适当的控制饮食，减肥效果会更好。

二、无氧运动

人的运动从其供能特点上可分为:化学能供能系统、乳酸能供能系统和糖的有氧氧化供能系统三种供能方式。

（一）化学能供能系统（磷酸能系统）

磷酸能系统指在肌肉运动刚开始时，所有的能量都是由 ATP、CP 分解供给。这时，糖的有氧氧化尚未参加，由于 ATP、CP 分解放能时不需要氧，也不产生乳酸，故也叫非乳酸能。随工作强度的不同，这一时期可持续几秒钟。例如，在 30～60m 疾跑时，体内能量供应靠 ATP、CP 保证。60～400m 以内的各种短跑，开始时也是由 ATP、CP 供能。

（二）乳酸能供能系统（糖酵解供能）

糖元酵解供能〈乳酸能〉是指由肌糖元分解为乳酸时放出的能量。此能量由 ADP 接受再合成为 ATP，它是在人体始于缺氧情况下产生的。在进行剧烈运动时，需氧量大大地超过了吸氧量，这时肌肉无氧代谢过程中由于葡萄糖分解而产生的一部分乳酸，而暂时在体内积存下来，留待氧供充分时再继续氧化，因而欠下了氧债，是为乳酸氧债。

长期以来，人们的观念有个误区，认为有氧运动能提高身体的代谢率，促进热量消耗，它才是减肥的最好方法。而无氧代谢运动则被认为对减肥帮助不大，原因是它属于间歇性力量练习，很难动用身体的脂肪储存。但是科学的发现对这种传统理论提出挑战，美国科罗拉多州立大学的一些研究人员对人体运动后代谢率的变化进行了监测，结果发现：有氧运动练习者的代谢率在锻炼后 1 小时恢复到平常水平，而参加无氧运动的练习者，代谢率则在很长时间内都保持着高于平常的水平，直到 15 小时后才复原，这意味着无氧运动在 1 小时单位时间内所消耗的热量不及有氧运动，但其“后劲”能够在 15 小时内继续高水平的消耗热量。研究证明，肌肉型比脂肪型的人每天要消耗更多的热量。对减肥来说，增加力量练习（无氧运动）是提高了肌肉在身体的比例，肌肉在安静状态下，比脂肪要多消耗 20% 的热量，所以，每转化 1 磅（0.45kg）脂肪为肌肉，就可能自然地每天多消耗 45 千卡热量，日积月累，每 77 天就可以减掉 1kg 的脂肪。

美国麻省大学医学院运动生理及营养室主任里普先生的一项研究得出如下结论：节食、不参加运动组，减体脂 4.08kg 同时也减去 11% 的肌肉量；节食、有氧运动组，减体脂 4.54kg 同时也减去 31% 的肌肉量；节食、力量锻炼组，减体重 4.08kg 同时增加了 9% 的肌肉量；节食、力量加有氧运动组，减体脂 5.90kg 同时增加 4% 的肌肉量。很显然，只利用节食减体重，其结果是体脂减少了，但肌肉量也会随之失去一部分，未被肌肉组织填充的皮肤会显得松懈，下垂毫无美感，而仅仅只进行力量练习，体内热量不能很好的消耗，减少体内脂肪的效果也就不明显。可见，只有将无氧运动、有氧运动及节食结合起来，才是去脂减肥的最佳方法。

三、健美运动

健美运动是一项通过徒手或利用各种器械，运用专门的动作方式和方法进行锻炼，以发达肌肉、增长体力、改善形体和陶冶情操为目的的运动项目。健美是与人的形体美密切相关的，健美是形体美的基础。人体有对称的造型、均衡的比例，流畅的线条，坚强的骨骼，匀称的四肢，丰满的躯体，弹性的肌肉，健康的肤色，这是形体美不可缺少的条件。健美还要求具有充沛的精神、愉快的情绪，青春的活力。

健美技巧介绍如下：

锻炼节奏：健美理论中用 RM 表示某个负荷量能连续做的最高重复次数。例如，练习者对一个重量只能连续举起 5 次，则该重量就是 5RM。研究表明：1～5RM 的负荷训练能使肌肉增粗，发展力量和速度；5～10RM 的负荷训练能使肌肉粗大，力量速度提高，但耐力增长不明显；10～15RM 的负荷训练肌纤维增粗不明显，但力量、速度、耐力均有长进；30RM 的负荷训练肌肉内毛细血管增多，耐久力提高，但力量、速度提高不明显。可见，5～10RM 的负荷重量适用于增大肌肉体积的健美训练。

多组运动：什么时候想起来要锻炼了，就做上 2～3 组，这其实是浪费时间，根本不能长肌肉。必须专门抽出 60～90 分钟的时间集中锻炼某个部位，每个动作都做 8～10 组，才能充分刺激肌肉，同时肌肉需要的恢复时间越长。一直做到肌肉饱和为止，“饱和度”要自我感受，其适度的标准是：酸、胀、发麻、坚实、饱满、扩张，以及肌肉外形上的明显粗壮等。

长位移动：不管是划船、卧推、推举、弯举，都要首先把哑铃放得尽量低，以充分拉伸肌肉。这一条与“持续紧张”有时会矛盾，解决方法是快速地通过“锁定”状态。

放慢速度：慢慢地举起，再慢慢地放下，对肌肉的刺激更深。特别是，在放下哑铃时，要控制好速度，做退让性练习，能够充分刺激肌肉。很多人忽视了退让性练习，把哑铃举起来就算完成了任务，很快地放下，浪费了增大肌肉的大好时机。

增加密度：“密度”指的是两组之间的休息时间，只休息 1 分钟或更少时间称为高密度。要使肌肉块迅速增大，就要少休息，频繁地刺激肌肉。“多组数”也是建立在“高密度”的基础上的。

念动一致：肌肉的工作是受神经支配的，注意力高度集中就能动员更多的肌纤维参加工作。练某一动作时，就应有意识地使意念和动作一致起来，即练什么就想什么肌肉工作。例如，练立式弯举，就要低头用双眼注视自己的双臂，看肱二头肌在慢慢地收缩。

顶峰收缩：这是使肌肉线条练得十分明显的一项主要法则。它要求当某个动作做到肌肉收缩最紧张的位置时，保持一下这种收缩最紧张的状态，做静力性练习，然后慢慢回复到动作的开始位置。感觉肌肉最紧张时，数 1～6，再放下来。

持续紧张：应在整个一组中保持肌肉持续紧张，不论在动作的开头还是结尾，都不要让它松弛总是达到彻底力竭。

组间放松：每做完一组动作都要伸展放松。这样能增加肌肉的血流量，还有助于排除沉积在肌肉里的废物，加快肌肉的恢复，迅速补充营养。

多练大肌：多练胸、背、腰臀、腿部的大肌群，不仅能使身体强壮，还能够促进其他部位肌肉的生长。有的人为了把胳膊练粗，只练胳膊而不练其他部位，反而会使二头肌的生长十分缓慢。建议你安排一些使用大重量的大型复合动作练习，如大重量的深蹲练习，它们能促进所有其他部位肌肉的生长。在训练计划里要多安排硬拉、深蹲、卧推、推举、引体向上这 5 个经典复合动作。

进食蛋白：在训练后的 30～90 分钟里，蛋白质的需求达高峰期，此时补充蛋白质效果最佳。但不要训练完马上吃东西，至少要隔 20 分钟。

休息两日：局部肌肉训练一次后需要休息 48～72 小时才能进行第二次训练。如果进行高强度力量训练，则局部肌肉两次训练的间隔 72 小时也不够，尤其是大肌肉块。不过腹肌例外，腹肌不同于其他肌群，必须经常对其进行刺激，每星期至少要练习 4 次，每次约 15 分钟；选 3 个对你最有效的练习，只做 3 组，每组 20～25 次，均做到力竭；每组间隔时间要短，不能超过 1 分钟。

宁轻勿假：许多初学健美的人特别重视练习重量和动作次数，不太注意动作是否变形。健美训练的效果不仅仅取决于负重的重量和动作次数，而且还要看所练肌肉是否直接受力和受刺激的程度。如果动作变形或不到位，要练的肌肉没有或只是部分受力，训练效果就不大，甚至出偏差。事实上，在所有的法则中，动作的正确性永远是第一重要的。宁可用正确的动作举起比较轻的重量，也不要用不标准的动作举起更重的重量。

四、户外运动

户外运动，是一项在自然场地举行的一组集体项目群。户外休闲运动中多数带有探险性，属于极限和亚极限运动，有很大的挑战性和刺激性，拥抱自然，挑战自我。下面介绍几种主要的户外运动：

攀岩：有自然场地攀岩和人工场地攀岩之分，是一项刺激且很有挑战性的活动。攀冰由攀岩运动发展而来是攀登高山、雪山的必修科目，更是登山运动的基本技能之一。目前，攀的冰主要分自然冰，分为冰瀑和冰挂两种。攀冰是一项借助于装备、器械而进行的运动，要求装备质量高且经久耐用。

悬崖速降：在教练的指导与保护下，运用各种专业登山器材，由教练现场指导器材的使用及技术动作，在天然陡壁上凌空飞步，利用绳索由岩壁顶端下降到地面。

野营：在野外露营、野炊。学习各种野外生活技能。在自然的环境下，人与人之间的关系变得紧密、融洽。露营是种休闲活动，通常和其他活动联系，如徒步、钓鱼或者游泳等。

定向越野：是定向运动的主要比赛项目之一。参赛者要依靠标有若干检查点和方向线的地图并借助指南针，自己选择行进路线，依次寻找各个检查点，用最短时间完成比赛者为优胜。由于这个活动的组织方法简便，不仅对提高野外判定方向的能力及学习使用地图有好处，还能够培养和锻炼人的勇敢顽强精神，提高人的智力、体力水平。开展定向运动不需要像其他体育项目那样在场地与器材上支付大量经费，娱乐性与实用性兼备，因此日益受到军队的重视，并且很快地在民间流传开来。

定向运动：是一项非常健康的智慧型体育项目，是智力与体力并重的运动。它不仅能强健体魄，而且能培养人独立思考，独立解决所遇到困难的能力及在体力和智力受到压力下作出迅速反应，果断决定的能力。定向运动是一项学生体育项目。因为它培养学生独立分析解决问题的能力和良好的逻辑思维及识图能力。

探险：户外休闲运动中多数带有探险性，属于极限和亚极限运动，有很大的挑战性和刺激性。拥抱自然，挑战自我，能够培养个人的毅力、团队之间合作精神，提高野外生存能力。

徒步：亦称作远足、行山或健行，并不是通常意义上的散步，也不是体育竞赛中的竞走项目，它根据穿越地区的不同，可分为城郊、乡村、江河等很多分类徒步。但大多是在城郊和乡村间进行。

潜水：泛指所有的水面下活动。包含使用压缩机由水面供气的潜水；由潜水员自行携带呼吸系统的水肺潜水；以及不携带呼吸系统，仅使用轻装备的自由潜水。

五、水上运动

水上运动指全部过程或主要过程都是在水下、水面或水上进行的各种形式的体育比赛和活动。它是为了区别于陆上和空中体育项目，根据所处的运动环境而命名的。水上运动可分为水上竞技项目、船类竞技项目、滑水运动、潜水运动。水上竞技项目包括游泳、跳水、水球和花样游泳 4 项。船类竞技项目包括划船运动、赛艇运动、皮划艇运动、帆板运动、摩托艇运动。滑水运动包括水橇、滑水板和冲浪。潜水运动是运动员借助于轻便的潜水装具（如呼吸管、呼吸器、脚蹼），在水下进行的竞赛和体育活动。潜水运动在游泳池中进行的有竞速潜泳、水下橄榄球、水下曲棍球等；在自然水域中进行的有长距离蹼泳、水下定向、水中狩猎、水下摄影等。为了追求新的带有刺激性和冒险性的运动，人们把许多陆上的运动项目移植到水中进行，创造出水下、水上形形色色的新项目。

六、休闲运动

休闲运动，是指人们在工作、学习之余进行的积极主动、轻松愉快、毫无心理负担的一些健康娱乐活动。人们通过挖掘体育运动中的各种身体活动方式，在欢乐、和谐的氛围中，达到日积月累地增强体质、促进健康、恢复体力、抵御疾病、调节心理、陶冶情操、激发生活欲望、培养高尚品德、满足精神追求以及享受高质量的人生乐趣等目的。下面介绍几种简单易行的休闲运动。

放风筝：是一项有益于身心健康的运动，它既能锻炼身体，又是一种极佳的养生之道。将放风筝作为一种康复疗法，古已有之，史书《续博物志》上有“放风筝，张口仰视，可以泄热”之说。人们踏青放风筝，沐浴明媚的春光，舒展筋骨，让身体随放飞的风筝不停地移动以活动四肢，使冬天久居室内气血积郁、内热较大的人，尽情地呼吸新鲜空气，吐故纳新，促进体内新陈代谢，改善血液循环，可获得消除积热、祛病健身的功效。同时，放风筝时，双眼极目蓝天，远望风筝千姿百态的飞行动作，还可调节视力，消除眼肌疲劳，对改善视力、预防近视有较好的效果。

钓鱼：作为一种日常休闲运动，不仅可以培养兴趣爱好，还可以锻炼身体。钓鱼，不再单纯是休闲运动，而是一种生活态度，它远离喧嚣的都市，远离浮躁的人群，远离你熟悉着生活。对于人们来说，一举两得，何乐而不为。

滑雪：是回归自然最贴切的体验。久居城市，灰暗的色调使人的心也灰暗了。到雪场去，雪是白色的雪，天是蓝蓝的天，雪道上身着艳丽雪服飞驰的滑雪者，看上去像是在白色琴谱上跳跃的彩色音符。这些都强烈刺激着人们正在退化的色彩视觉，使人们的心也明快起来。滑雪是一种身心的净化。

复习思考题

1. 简述体育锻炼所应当遵循的原则。
2. 结合自身的实际情况，简述适合自身体育锻炼的内容。
3. 简述有氧运动与无氧运动各自的特点及相互间的差异

第三章　体育锻炼与发展身体健康素质

摘　要

本章主要介绍体育锻炼对身体机能和身体素质的促进作用，介绍体育运动对身体、生理的变化和影响以及锻炼中一些简单的方法和手段，了解和基本掌握一些体育锻炼的一些概念、原理和方法，培养大学生热爱体育锻炼，树立健康第一的观念。

引　言

体育是人类在漫长的生活和生产过程中产生的一种身体运动，是人类共同创造的一种特殊的社会文化活动。体育也可称为体育运动及活动，它的广义概念是指以身体练习为基本手段，以增强人的体质、促进人的全面发展、丰富社会文化生活和促进精神文明为目的的一种有意识、有组织的社会活动。体育要求人体直接参与，是通过身体运动的方式进行的，这是同义语最本质的特点之一。这一特点决定了体育具有反映身体素质的健身功能。

第一节　体育锻炼对呼吸系统的作用

经常从事体育锻炼或运动训练，可以促使呼吸的机能产生良好的适应，从而提高机体的工作能力。在了解体育锻炼对呼吸系统的作用之前，首先要明确一下呼吸与心血管系统的组成、作用及其调节因素。

一、运动对呼吸的调节作用

任何生物都必须呼吸，只是呼吸的方式和结构不同而已。一些低等动物的呼吸极其简单，而高等动物和人的呼吸极为复杂。在新陈代谢过程中，机体需要不断从外界环境中摄取氧气同时排出二氧化碳，这种机体与环境之间的气体交换称为呼吸。呼吸是维持机体新陈代谢和其他功能必须的生理过程之一，一旦呼吸停止，生命也将终止。

呼吸系统是执行机体和外界进行气体交换的器官的总称。呼吸系统的机能主要是与外界进行气体交换，呼出二氧化碳，吸进新鲜氧气，完成气体吐故纳新。呼吸系统包括呼吸道（鼻腔、咽、喉、气管、支气管）和肺。从鼻到喉这一段称上呼吸道；气管、支气管及肺内的各级支气管的分支这一段为下呼吸道（见图 3-1）。

在高等动物和人体，呼吸过程由三个相互衔接并且同时进行的环节来完成（见图 3-2）：外呼吸或肺呼吸，包括肺通气（外界空气与肺之间的气体交换过程）和肺换气（肺泡与肺毛细血管之间的气体交换过程）；气体在血液中的运输；内呼吸或组织呼吸，即组织换气（血液与组织、细胞之间的气体交换过程），有时也将细胞内的氧化过程包括在内。可见呼吸过程不仅依靠呼吸系统来完成，还需要血液循环系统的配合，这种协调配合，以及它们与机体代谢水平的相适应，又都受神经和体液因素的调节。

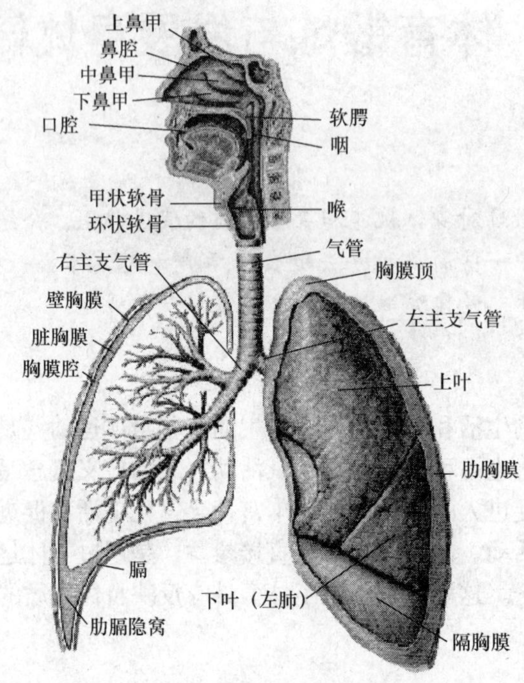

图 3-1　呼吸系统结构图

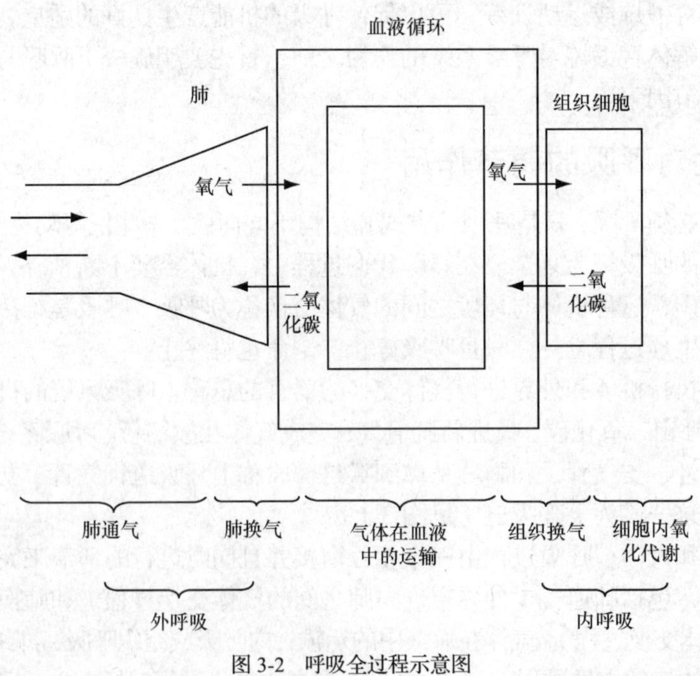

图 3-2　呼吸全过程示意图

对生物体来说，呼吸具有非常重要的生理意义。肺通气是肺与外界环境间的气体交换过程。实现肺通气的器官包括呼吸道、肺泡、胸廓等。呼吸道不仅是肺泡与外界的气体交换通道，它还具有对吸入气体进入加温、湿润、过滤、清洁作用和防御反射等保护功能。气体进入肺取决于两方面因素的相互作用：一是推动气体流动的动力；二是阻止其流动的阻力。前者必须克服后者，方能实现肺通气。呼吸肌的舒缩是实现肺通气的原动力，呼吸运动时呼吸肌在神经系统的调节下胸廓的节律性的舒缩。由于胸膜腔和肺的结构功能特征，肺便随胸廓的张缩而张缩，肺容积的这种变化又造成肺内压和大气压之间的压力差，此压力差直接推动气体进出肺。肺通气的动力需要克服肺通气的阻力方能实现肺通气。肺通气的阻力包括弹性和非弹性阻力。弹性阻力包括胸廓和肺的弹性阻力，约占总阻力的 70%。肺的弹性阻力来自肺的弹性纤维和肺泡内层液泡的表面张力。胸廓的弹性阻力则是胸廓的弹性组织所造成的。非弹性阻力约占总阻力的 30%，包括惯性阻力，组织的粘滞阻力和气道阻力。

肺换气是指肺泡与肺泡毛细血管血液之间的气体交换。它是通过气体分子从分压高处向分压低处转移，即气体扩散方式实现的。气体交换的动力是气体的分压差。分压是指混合气体中各成分所具有的压力，可用气体的总压力乘以各组成气体所占的容积百分比计算。

从肺泡扩散入血液的氧气必须通过血液循环运送到各组织，从组织扩散入血液的二氧化碳的也必须由血液循环运送到肺泡。氧和二氧化碳都以两种形式存在于血液：物理溶解的和化学结合，其中小部分是以物理溶解方式进行运输的，大部分以化学结合方式进行运输。气体在溶液中溶解的量与分压和溶解度成正比，和温度成反比。

机体通过呼吸进行气体交换能为生物体的生命活动提供能量。呼吸释放出来的能量，一部分转变为热能而散失，另一部分储存在三磷酸腺苷（ATP）中。当 ATP 在酶的作用下分解时，就把储存的能量释放出来，用于生物体的各项生命活动，如细胞的分裂、植物体的生长、矿质元素的吸收、肌肉的收缩、神经冲动的传导等等。呼吸还能为体内其他化合物的合成提供原料。在呼吸过程中所产生的一些中间产物，可以成为合成体内一些重要化合物的原料。例如，葡萄糖分解时产生的丙酮酸是合成氨基酸的原料等。

呼吸运动的特点一是节律性，二是其频率和深度随机体代谢水平而改变。呼吸运动是呼吸肌的协调活动，呼吸肌属于骨骼肌，本身没有自动节律，呼吸肌的节律性活动来自中枢神经系统。呼吸运动的深度和频率随体内外环境的改变而改变。当机体运动量增大，代谢加强时，呼吸运动加深加快，肺通气量增大，以摄取更多的氧气，排出更多的二氧化碳，以适应代谢水平。

节律性呼吸是由延髓和脑桥通过膈神经和肋间神经调节的。在中枢神经系统，产生和调节呼吸运动的神经细胞群称为呼吸中枢，它们分布在大脑皮层、间脑、脑桥、延髓、脊髓等部位。脑的各级部位对呼吸调节作用不同，正常呼吸运动有赖于它们之间相互协调，以及对各种传入冲动的整合。其他高位中枢如下丘脑、大脑皮层等脑组织对呼吸运动均有调节作用。体温升高时的呼吸加快就是由于刺激了下丘脑的体温调节中枢引起的。大脑皮层对呼吸运动有调节作用，人可以有意识地控制呼吸深度和频率，当然这种控制是有限度的。此外，如讲话、读书、唱歌等都要依靠呼吸运动的配合，这些也都是由大脑皮层调节的。

机体的多种感受器的传入冲动可以通过反射影响呼吸运动；血液中二氧化碳、氧气的分压，H^+浓度也能影响呼吸运动，以供应机体的需要。这些反射性调节包括骨骼肌本体感受性反射、呼吸肌的本体感受性反射、肺牵张反射、化学性调节，在呼吸调节中较为重要。

二、运动对呼吸系统的影响

经常从事体育锻炼或运动训练，可使呼吸系统的机能产生良好的适应，从而提高机体工作能力。

一般认为，单次运动中呼吸功能的变化机制是多方面的。运动开始时呼吸的加强可能与条件反射有关。若运动员赛前状态调节不当，可因焦虑、紧张等使大脑皮层发放运动神经冲动的同时刺激呼吸中枢，使呼吸加深加快。随着运动的进行，机体代谢速度加快，体内代谢产物增加，导致血液中的二氧化碳分压、PH 值升高（PH 值为人体内酸碱度，正常值为 7.35～7.45）。这些变化使中枢和外周化学感受器产生刺激，呼吸中枢发放冲动作用于固有呼吸肌，反射性地引起呼吸加深加快，以便运输更多的氧气满足组织代谢的需要。也有研究认为，运动过程中，位于肌肉、关节处的本体感受器受到刺激，传入神经冲动反射性刺激呼吸的加深加快。

长期、合理的运动训练可以使机体在形态、结构和机能方面产生良好的适应性变化，特别是呼吸肌产生的适应性变化：运动中呼吸肌能量节省化，耐力和力量增强。

长期适宜的运动负荷可以使呼吸肌（肋肌、肋间肌、腹肌）得到了锻炼，呼吸肌发达了，胸围也发达了，而且使呼吸运动的幅度得到了扩展。经常进行体育锻炼的人尽力呼吸胸围差可增大到 8～16 厘米。长期耐力训练还可以使呼吸肌的耐力增强，这是由于耐力训练可以提高呼吸肌细胞氧化酶的活性。这种适应性变化可以延缓代谢性酸中毒，并且降低大强度运动中血乳酸的浓度，缓解呼吸困难的产生，有助于运动的维持和继续进行。

实验还证明，经常从事体育锻炼的人肺活量高于一般人。长期运动，则呼吸肌力量增强，吸气肌收缩越强，胸内压下降越明显，推动空气进入肺的压力越大，进入肺的空气越多，则肺通气量增加。一般人运动时肺通气量可增加至 60 升/分钟，运动员可增加至 100 升/分钟。大学生年龄阶段的肺活量，男子为 3500～4000 毫升，女子为 2500～3000 毫升。少年儿童肺活量比青年人要小，中老年人的肺活量通常随着年龄的增长逐步减小。因此，通常把肺活量作为评定呼吸机能的指标。肺活量的增大，意味着在每次呼吸时，都能吸取更多的氧气，排出更多的二氧化碳。一般人的呼吸频率为 12～18 次/分钟，而经常参加体育锻炼的人，呼吸深而缓慢，频率为 8～12 次/分钟。深而慢的呼吸，不仅可以使呼吸肌有较多的休息时间，而且在同等条件下，不增加呼吸次数就可以满足机体的需要，工作可以持久不易产生疲劳。

三、运动中的呼吸方法

从生理学角度来讲，人体的呼吸运动是一种随意运动。在中枢神经系统的支配下，人们可以有意识地控制呼吸节奏，调节呼吸的深度、频率和呼吸的方式，从而使机体保持良好的运动状态。运动锻炼中不但要强调改进技术动作，提高机体的专项素质能力，也应该注意掌握合理的呼吸方法。

（一）加大呼吸深度，节制呼吸频率

机体在运动时，对氧的需求较安静时增长了几倍甚至几十倍，而这是可以通过加强呼吸的深度和频率来实现的。但实际剧烈运动时，呼吸往往出现表浅而急促的呼吸，并产生胸闷和呼吸困难的不适感觉。这是因为，运动时若呼吸肌收缩过快，会导致其过早疲劳，

不利于运动。表浅而急促的呼吸会增大肺泡无效腔，妨碍肺泡通气。深而慢的呼吸，则可导致肺换气受阻，同样也不利于运动。所以，在运动中应该有意识地加大呼吸深度，控制呼吸频率，提高肺泡通气量，最大限度满足机体对氧的需求，提高运动成绩或锻炼效果。

（二）注意呼吸与技术动作的配合

呼吸形式、时间、速率、深度以及节奏等，应随着技术动作的变化而进行调整，这不仅能保持动作质量，同时还能推迟疲劳的出现。周期性体育运动，应采用有节奏的、混合的呼吸。如耐力跑的呼吸节奏一般是三步一呼，三步一吸，并保持呼吸的深度和均匀。非周期性运动的呼吸，应以人体关节解剖学特征和技术动作的结构特点为转移。如在完成扩胸、外旋、体展时，一般胸廓扩大，肺内压降低，此时应采取吸气较为有利，与上述动作相反练习时，呼气较为顺当。这样做有利于机体运动和呼吸机能合理、协调的发展。

（三）采用口鼻呼吸法，减小呼吸道阻力

机体在进行运动时，氧气的需要量明显增加，所以仅靠鼻实现通气不能满足机体的需要。低强度运动时可用鼻子或口鼻吸气；在冷环境下运动应通过鼻腔吸气，因为这样有助于保持呼吸道温暖湿润，以免患感冒、支气管炎等呼吸道疾病。运动强度逐渐增大时单用鼻子吸气满足不了机体对氧气的需要量，这时就要采用口鼻呼吸的方式。这样一方面可以减小肺通气阻力，增加通气；另一方面，通过口腔增加体内散热。有研究证实，采用口鼻呼吸方式可使人体的肺通气量较单纯用鼻呼吸增加一倍以上。但在严冬进行体育锻炼时，开口不要太大，以免冷空气直接刺激口腔黏膜和呼吸道而产生各种疾病。

（四）合理地利用憋气

憋气是指或深或浅的吸气之后，紧闭声门，尽力做呼气动作。运动中合理地利用憋气可以取得较好的运动成绩，这是因为憋气可以反射性地加强肌张力，如铅球投掷中通过适当憋气而最后用力，并在铅球出手时采用爆发式呼气，其效果要好于不憋气投掷。另一方面，合理的憋气可以为运动环节创造良好的收缩条件，如短跑时憋气可以获得更快的步速和步频，憋气还可以控制胸廓起伏，使快速摆臂获得相对稳定的支点。但是过度憋气也会产生一些不良影响，如可以导致胸内压上升，回心血量受阻，憋气结束，则反射性的出现呼吸加深，回心血量骤升，血压升高。所以，憋气对青少年儿童心脏的发育极为不利。因此，要在运动中，根据项目、运动者自身的实际情况合理地运用憋气。

第二节 体育锻炼对心血管系统的作用

心血管系统是一个封闭的管道系统，由心脏和血管所组成。心脏是动力器官，血管是运输血液的管道。通过心脏有节律性收缩与舒张，推动血液在血管中按照一定的方向不停地循环流动，称为血液循环。血液循环是机体生存最重要的生理机能之一。由于血液循环，血液的全部机能才得以实现，并随时调整分配血量，以适应活动着的器官、组织的需要，从而保证了机体内环境的相对恒定和新陈代谢的正常进行。循环一旦停止，生命活动就不能正常进行，最后将导致机体的死亡。经常性的体育锻炼，可引起心血管系统的形态、功能和调节能量产生较持久的适应，从而提高人体运动能力。

一、运动时心血管系统的调节作用

心血管系统是由心脏、动脉、毛细血管和静脉组成。心脏是连接动脉和静脉的枢纽，是心血管系统的“动力泵”，并且具有重要的内分泌功能。心脏是一个中空的肌性脏器，其内部结构较为复杂，主要由 4 个心腔和 4 组瓣膜组成。它被纵行的心房间隔和心室间隔分成左右两部分，互不相通。左心部分流动着富含氧的动脉血，右心部分流动着缺乏氧的静脉血。左心壁稍厚，右心壁稍薄。心腔包括右心房、右心室、左心房和左心室，具有储血和射血的功能。心脏有节律地收缩与舒张，不停地将血液由动脉射出，由静脉吸入，保证血液在心血管内连续不断地做定向流动。动脉是运血离心的管道，静脉是引导血液回心的血管，毛细血管是连接动、静脉末梢间的管道（见图 3-3）。在神经体液调节下，血液沿心血管系统循环不息。机体消化、呼吸、泌尿等系统及皮肤通过体循环和肺循环实现营养物质的送达和代谢废物（液态和气态）的排除。另外，内分泌腺所分泌的激素也借循环系统输送到相应器官以调节其生理功能。

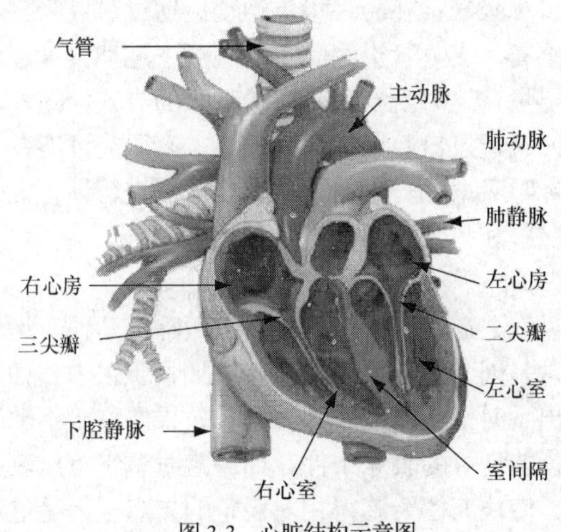

图 3-3　心脏结构示意图

心脏不断射出血液，供给机体新陈代谢的需要。心输出量是衡量心脏泵血功能的基本指标。心输出量为每搏输出量和心率的乘积。正常人在同一时期内，左心和右心接受回流的血量大致相等，输出的血量也大致相等。心输出量与机体代谢水平相适宜，可因性别、年龄及生理情况而不同。人体静息时每搏输出量约为 70 毫升（60～80 毫升），如果心率每分钟平均为 75 次，则每分钟输出的血量约为 5000 毫升（4500～6000 毫升）。在一定范围内，心率的增加可提高心输出量。但当心率超过一定水平，由于心脏过度消耗能源物质，可使心肌收缩力量降低；另一方面，可以导致心脏充盈不充分，心输出量反而下降。

心脏和各部分血管通过机体神经和体液的调节，使血流量在各器官之间分配，从而适应各器官在不同情况下的需要。心脏受交感神经和副交感神经的双重支配。交感神经兴奋性增强时，供应心脏血液的冠状动脉扩张、心脏收缩力增强、心跳加速。副交感神经兴奋性增强时，冠状动脉收缩，心脏收缩力减弱，心跳减缓。心脏受相反作用的双重神经支配，是为了使心脏更好地适应机体的各种生理活动。人在紧张、恐怖、应急、运动等状况下，交感神经兴奋性增强，副交感神经兴奋性减弱；反之，人在安静、睡眠等状态下副交感神经兴奋性增强，交感神经兴奋性减弱。虽然该两种神经支配着心脏的活动，但是它们的活动也是在最高中枢神经大脑皮层的调节下进行的。支配血管平滑肌的神经纤维可分为缩血管神经纤维和舒血管神经纤维两大类，两者又统称为血管运动神经纤维。

心血管活动的体液调节是指血液和组织液中的一些化学物质对心肌和血管平滑肌的活动发生影响，从而起到调节作用。体液因素中，有些是通过血液携带的，有些则是在组织液中形成的，主要作用于局部血管，对局部组织血流量起到调节作用。

二、运动对心血管系统的影响

运动锻炼时，由于体能能量消耗的增加和代谢物的增多，需要提高心肺机能，加快血液循环，以适应运动时机体的需要。这就使血液循环系统得到锻炼，引起心血管系统的形态、功能和调节能量产生较持久的适应，从而提高人体运动能力，特别是有氧耐力。长期的运动锻炼对心血管系统的影响概括起来有以下几个方面：

（一）窦性心动徐缓：安静心率低于 60 次/分，并呈窦性节律，称为窦性心动徐缓。长时间的耐力训练可使运动者心率较常人缓慢，这是由于运动员心肌收缩力量强，心脏排血充分，每搏输出量大，因此安静状态下，运动员与常人心输出量相同，每搏输出量大，心率降低。耐力运动员安静时心率常在 50 次/分，优秀耐力运动员甚至达到 30 次/分。

（二）运动性心脏增大：长期运动锻炼或运动训练引起的以心腔扩大与心壁增厚到心脏增大称为运动性心脏增大。不同于病理性的心脏增大，运动性心脏增大为对称性适度增大，心肌毛细血管增生与心肌纤维增长相适应，心脏能量代谢改善，心力储备能力强。当停训后，运动性心脏肥厚及结构功能的改变可以消退。运动性心脏增大伴有心脏射血功能的提高，也称运动员心脏。耐力运动员，如长跑、游泳、自行车、竞走等运动员，在运动中需要很高的心输出量，心室腔扩大，有利于增加每搏的心输出量，最大心输出量也随之提高。力量速度运动员，如投掷、举重、摔跤、短跑运动员，在运动中由于肌肉持续强烈收缩或屏气，使血管外周阻力增加。心壁增厚使心肌收缩力增强，收缩时可产生较大压力以克服外周阻力，从而维持有效的射血量。运动时心率加快、心肌收缩力量加强，因而心输出量增加。在一定范围内，心输出量与运动强度和机体耗氧量成正比。在有氧耐力运动中，心输出量增加的能力即心泵的储备功能好坏，对运动能力起着关键作用。

（三）心力储备功能提高：在安静状态下，常人与运动员心输出量没有太大的区别，但是在进行极量运动时（如举重、短跑、长跑、拳击、游泳等），运动员的心输出量要明显高于常人，即运动员随机体代谢增加而可增加的心输出量值较高，表现出较好的有氧能力。在安静状态下，运动员和正常人心输出量相同，均为 5～7 升/分钟。但最大运动时运动员的心输出量可高达 35～45 升/分，是安静时的八九倍，而常人最高只能达到 15～20 升/分钟。这是因为运动员由于心室容积增加和心肌收缩力量增加，而使每输出量可增加的幅度明显提高。

运动时身体的血流量会得到重新分配。当人们安静时，身体的血流量内脏占的比例最大，为 20%～25%；其次是肌肉，占到 15%～20%；其余的分别为内脏 20%～25%，心脏 4%～5%，肾脏 20%，骨骼 3%～5%，大脑 15%，皮肤 4%～5%。但是在剧烈运动时，身体的血流量因运动的需要，会发生很大的变化，血流量会被重新分配，肌肉所占比重最大，达到 80%～85%，其余的分别为，内脏 3%～5%，心脏 4%～5%，肾脏 2%～4%，骨骼 0.5%～1%，大脑 3%～4%。肌肉运动时增加的心输出量并不是平均分配给身体各个器官的，而是通过神经、体液和自身调节机制，使各器官血流量发生重新分配，使各个器官血流量占总输出量的比例发生重大变化。心脏和参与运动的肌肉血流量明显增加，内脏器官血流量下降。

运动时血液重新分配的意义在于一是通过减少相对不参与活动的器官血流，保证有较多血流分配给运动肌肉，因为仅靠心输出量的增加，肌肉无法得到如此多的血流。不参与运动的器官血流下降，省出血液供给肌肉。二是血液重新分配对维持一定的动脉压具有重要意义，使人在运动时不至于发生血压过低而引起器官血流不足。

血液的重新分配使得全身的血液循环得到大的调动，安静时所处于某一处的血液会随着大血流到达需要的部分，这种流动使得血管放大，血液中沉积在某处的沉积物会被冲刷，在血液循环中参与代谢。运动过后，身体的血液再一次重新分配，各部位的血液比重恢复到原来的水平，血液循环得到再一次的调整。运动使血管的弹性得到锻炼，使血液循环得到调整，加快了新陈代谢的速度，因而使全身的机能都得到了锻炼。

第三节 体育锻炼对运动系统的作用

一、运动系统的特性及形式

运动系统是由骨骼、关节和骨骼肌组成，约占人体体重的 60%。全身各骨骼通过关节相连形成骨骼，构成坚硬骨支架，赋予人体基本形态。骨骼支持体重，保护内脏。骨骼肌附着于骨，在神经系统的支配下，收缩时，以关节为支点牵引骨改变位置，产生运动。运动中，骨骼起着杠杆作用，关节是运动的枢纽，骨骼肌是动力器官。所以说，骨骼肌是运动系统的主要部分，骨骼和关节是运动系统的被动部分。如图 3-4，图 3-5 所示。

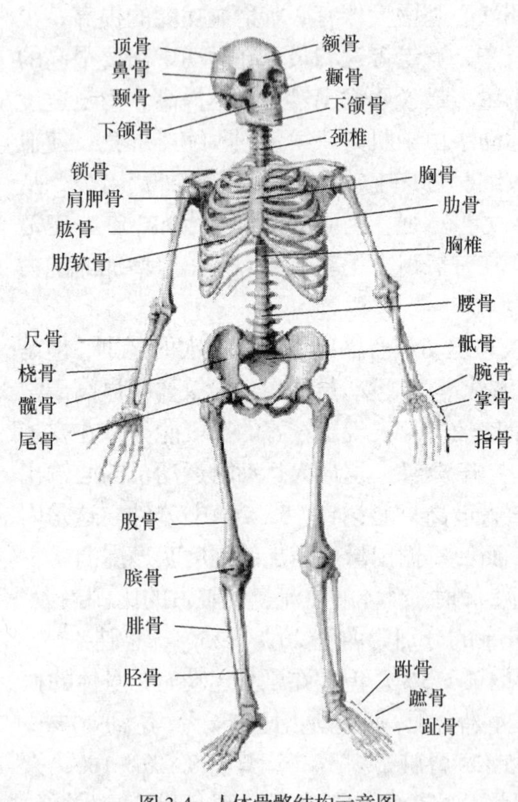

图 3-4 人体骨骼结构示意图

人的运动是非常复杂的，包括简单的移位和高级活动如语言、书写等，均在神经系统支配下，由肌肉收缩而实现的。即使一个简单的运动往往也有多数肌肉参加，一些肌肉收缩，承担完成运动预期目的角色，而另一些肌肉则予以协同配合，甚或有些处于对抗地位的肌肉此时则适度放松并保持一定的紧张度，以使动作平滑、准确，起着相辅相成的作用。

正常人体中，有名称的肌肉在 600 块以上。每块肌肉皆有紧密连锁的肌肉纤维构成。组成肌肉的最基本单位是肌纤维，许多肌纤维排列成束，表面又被肌束膜包绕。许多肌束聚集在一起构成一块肌肉，表面包以肌外膜。肌外膜对肌肉起着支持和保护作用。每块肌肉的中间部分称肌

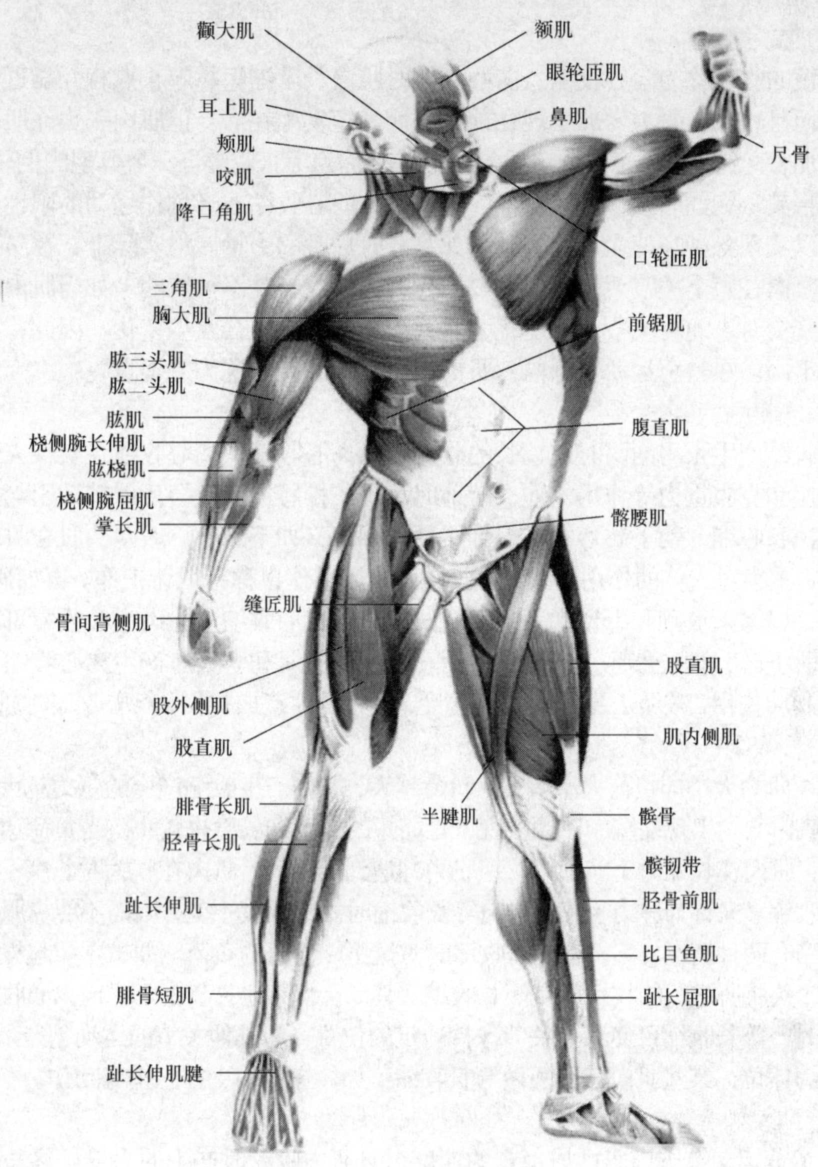

图 3-5　人体肌肉示意图

腹，两端为肌腱。

肌肉具有伸展性、弹性和粘滞性等物理特性。肌肉在外力作用下可被拉长，为肌肉的伸展性。当外力消失时，肌肉又恢复到原来形状，为肌肉的弹性。肌肉活动时由于肌肉内部各蛋白分子相互摩擦产生的内部阻力为肌肉的粘滞性。肌肉的物理特性受温度的影响。当肌肉温度升高时，肌肉的粘滞性下降，伸展性和弹性增加。由于肌肉具有上述三种物理特性，因此肌肉不是一个完全的弹性体，而是一个粘弹性体。

肌肉完成各种动作，都是通过肌肉收缩来实现的。肌肉在收缩时表现出长度和张力的变化。根据肌肉收缩时长度和张力的变化特点，将肌肉收缩分为以下几种形式：向心收缩、离心收缩、等长收缩和等动收缩。在完成工作或对抗地心引力对身体的作用时，这几种收缩往往同时或按顺序发生。

（一）向心收缩

长度缩短的收缩称为向心收缩。向心收缩时肌肉长度缩短、起止点相互靠近，因而引起身体运动。而且，肌肉张力增加出现在前，长度缩短发生在后。但肌肉张力在肌肉开始缩短后即不再增加，直到收缩结束，故这种收缩形式又称为等张收缩。一个典型的例子就是卧推，当举起重物将其从胸部向锁骨方向上推，这就称为向心收缩或者称作运动的阳性期。向心收缩是人体得以实现各种加速运动的基础，如跑步时后蹬的力量。但实际上，在负荷不变的情况下，要使肌肉在整个关节活动范围内以同样的力量收缩是不可能的。如当肌肉收缩克服重力垂直举起杠铃时，随着关节角度变化，肌肉做功的力矩也会发生变化。因此，需要肌肉用力的程度也不同。在整个运动范围内，肌肉用力最大的一点称为“顶点”。

（二）离心收缩

肌肉在收缩产生张力的同时被拉长的收缩称为离心收缩。离心收缩在实现人体运动时起着制动、减速和克服重力等作用。如人落地时，足一接触地面便会反射性地引起股四头肌、臀大肌等的拉长收缩，使下肢弯曲，起到缓冲作用。又如下蹲时，股四头肌在收缩的同时被拉长，以控制重力对人体的作用。因此，肌肉做离心工作也称为退让工作。再如搬运重物时，将重物放下，以及下坡跑和下楼梯等也需要肌肉进行离心收缩。肌肉离心收缩可防止运动损伤。从高处跳下时，脚先着地，通过反射活动使股四头肌和臀大肌产生离心收缩。由于肌肉离心收缩的制动作用，减缓了身体的下落速度，以免身体造成损伤。离心收缩时肌肉做负功。

（三）等长收缩

试验发现肌力大小同负荷大小有关。负荷越大，肌肉产生收缩产生的张力越大。但随着负荷的增加，肌肉开始出现缩短的时间较晚，且缩短的速度和长度也较小。当负荷达到或者超过某一数值时，肌肉在收缩时不能缩短，但肌力却达到最大值。肌肉在收缩时长度不变，这种收缩称为等长收缩，又称为静力收缩。肌肉等长收缩时由于长度不变，因而不能克服阻力做机械功。等长收缩有两种情况。其一，肌肉收缩时对抗不能克服的负荷，如试图拉起根本拉不起的杠铃时，肱二头肌所进行的收缩就是等长收缩。其二，当其他关节由于肌肉离心收缩或向心收缩发生运动时，等长收缩可使某些关节保持一定的位置，为其他关节的运动创造适宜的条件。要保持一定的体位，某些肌肉就必须做等长收缩，如体操中的支撑悬垂等动作。

（四）等动收缩

在整个关节运动范围内肌肉以恒定的速度，且肌肉收缩时产生的力量始终与阻力相等的肌肉收缩称为等动收缩。由于在整个收缩过程中收缩速度是恒定的，等动收缩有时也称为等速收缩。在运动实践中，自由泳的划水动作就具有等动收缩的特点。肌肉在进行等动收缩时在整个活动范围内都能产生最大的肌肉张力。理论和实践证明，等动练习对运动员提高成绩是非常有用的。

在较为复杂的运动中，身体姿势不断发生变化，因此肌肉的收缩形式也将随着运动而不断变化，以保证动作的顺利完成。

二、长期运动对运动系统的影响

（一）长期运动对骨骼的影响

骨骼是人体内最坚固的结构，大大小小有二百多块。骨骼对人体起着保护、支架和运动的作用。骨骼和关节、肌肉连接起来，可以使人体产生各种活动。由于骨骼在人体内担任着非常重要的任务，不但要求它有极大的坚固性，而且还要求它非常轻便。骨骼的构造，正合乎这种要求。由于骨骼的科学构造和化学成分赋予骨骼以极大的坚固性和弹性，从而使骨骼“坚韧似钢铁”。所以，骨骼能承担很重的重量，并且能使人体灵活地做出各种非常精巧、复杂的运动。

通过适宜的体育锻炼，可以促进骨骼的发育和生长。因为骨骼的可塑性很大，青少年时期，在神经系统的调节下，骨骼中进行着非常旺盛的生长过程和物质代谢过程。科学研究证明，对骨骼生长发育起作用的因素很多，而经常参加体育锻炼，由于肌肉对骨骼的牵拉和重力的作用，使骨骼不仅在形态方面产生了变化，而且使骨骼的机械性能也得到了提高。

长期的体育锻炼可以使骨骼在形态结构方面发生明显的变化。肌肉附着处的骨突增大，骨小梁的排列根据张力和压力更加整齐有规律，骨骼外层的密质增厚，而里层的松质在分布上则能适应于肌肉的拉力和压力的作用，这些变化，使骨质更加坚固，使骨骼可以承担更大的负荷，在抗折、抗弯、抗压缩和抗扭转方面的性能都有所提高。

进行各项体育锻炼时，不同骨骼的负重情况并不是完全相同的，它所发生的变化，取决于参加某项体育锻炼时所接受的刺激性质。例如，跑、跳等运动对下肢骨骼的影响较大，对上肢骨骼影响甚微；而从事举重、投掷运动，对上肢骨骼影响较大。所以，体育锻炼的项目要多样化，以免造成骨骼的畸形发展。

经常参加体育锻炼不仅使骨骼变粗，还可以促进骨骼的增长。身高是由骨骼发育成长决定的。除了受遗传因素的影响，经常运动的青少年比同龄的青少年身高平均高出 4～7 厘米。骨骼之所以增长，是因为骨骼的两端有软质的骨骼，这层骨骺软骨在新陈代谢的作用下，不断地骨化成硬骨，同时又不断增生新的软骨，因此，骨骼就不断加长。

科学、系统的体育锻炼还可以提高关节的稳定性，增加关节的灵活性和运动幅度。体育锻炼可以增加关节面软骨和骨密度的厚度，并可使关节周围的肌肉发达、力量增强、关节囊和韧带增厚，因而可使关节的稳固性加强，减轻关节的负荷。在增加关节稳固性的同时，由于关节囊、韧带和关节周围肌肉的弹性和伸展性提高，关节的运动幅度和灵活性也大大增加。

（二）长期运动对骨骼肌的影响

人体的骨骼肌共有 600 多块，约占体重的 40%，其中四肢肌肉重量约占整个肌肉重量的 80%。每块肌肉一般都可分为肌腹和肌腱两部分，肌腹一般位于肌肉的中部，主要由肌纤维（即肌细胞）和血管、神经等组成，肌纤维具有收缩功能。人体的肌纤维又可分为红肌和白肌两种：红肌的收缩速度较慢，耐力较好，可维持长时间的收缩，亦称慢肌纤维（ST 或类型 I）；白肌的收缩速度快，力量大，但容易产生疲劳，亦称快肌纤维（FT 或者 II 型肌纤维）。快肌纤维还可以分为快收缩 A 型肌纤维（FT-A 或者 IIA）和快收缩 B 型肌纤维（FT-B 或者 IIB）。研究发现，人体骨骼肌中快肌纤维和慢肌纤维的分布是相互交错的。在每块肌肉中快、慢肌纤维的分布比例是不同的。运动员肌纤维类型百分比在运动员能完成的运动强度中起着重要的角色，他们在一组训练或者是间隔训练中能够重复完成的运动量，所期望获得的结果(如要不断增加肌肉力量/爆发力或者是不断提高耐力)都是不同的。例如，一个拥有快肌纤维比例较高的运动员，在完成给定相对重量的负荷时，他不可能重复完成像一个拥有慢肌纤维比例较高的运动员那么多的次数，他也绝不会能获得像慢肌纤维型运动员那样高的肌肉耐力水平。同样地，一个拥有慢肌纤维比例较高的运动员也不可能像一个拥有快肌纤维比例较高的运动员那样，能举起更大的重量或跑得更快，也不可能像快肌纤维较高的运动员那样强壮或有更大的爆发力。肌腱是由致密结缔组织、神经纤维和毛细血管等构成，肌腱的韧性很大，能随强大的牵拉力并将力传递给骨骼，肌肉借肌腱附着于骨骼。

肌肉的生理特性包括兴奋性、传导性和收缩性。肌肉对内外环境刺激产生反应的能力称肌肉的兴奋性。肌肉在其收缩前，先产生兴奋。在一定生理范围内，肌肉的兴奋性越高，肌肉收缩时产生的力量就越大。肌纤维某一点产生兴奋后可将兴奋传播至整个肌纤维，这种特性称为肌肉的传导性。肌肉接受刺激产生兴奋后，可使肌纤维收缩，这一特性称为肌肉的收缩性，肌肉的收缩过程非常复杂，简单地说肌肉的收缩是肌肉蛋白质相互作用的结果。

体育锻炼对肌肉的良好影响表现在多个方面：（1）肌肉体积增加。运动员，特别是举重等力量性项目运动员的肌肉块明显大于一般正常人，这说明体育锻炼和运动训练可以使肌肉体积增大。试验已经证明了，不同训练能使肌纤维发生明显的适应性变化。训练可以使肌纤维产生选择性肥大，因而训练者与无训练者相比，其肌纤维直径或横断面积均大于无训练者。（2）肌肉力量增加。体育锻炼可以增大肌肉力量已被大量试验所证实，而且体育锻炼增加肌肉力量的效果也是非常明显的，数周的力量练习就会引起肌肉力量的明显增加。要获得肌肉的力量，就要进行负荷强度大、重复次数少的训练。这种训练机制主要使用大负荷强度来募集快肌纤维 B 来参加工作，快肌纤维 B 能够产生比慢肌纤维和快肌纤维 A 更大的力量。在过量负荷训练后，这些肌肉中快肌纤维 B 将会选择性地增大，因此在大强度训练中快肌纤维 B 一定会被募集来使肌肉增大，力量提高。

综上所述，适宜的体育锻炼对机体运动系统有着良好的作用，特别是加强肌肉力量对某些疾病具有一定的预防作用，如颈椎病、椎间盘突出等。经常从事体育锻炼还可以推迟老年性的肌肉萎缩和骨质退行性变，保持良好的肌力和正常的脊柱外形。

第四节　体育锻炼对发展身体健康体能的作用

一、体育锻炼对健康的非特异性促进

体育锻炼对健康的促进并不具有特异性的作用，而是一种非特异性促进作用。体育锻炼对人体的影响虽然缺乏特异性，但这种全身的非特异性的机能能力的提高对人体健康的影响却是其他措施和方法无法达到的。体育锻炼虽然并不直接提高机体对某些传染病的特异性抵抗能力，但体育锻炼提高人体对传染病的非特异性免疫能力，对机体免遭疾病的侵袭，也是十分重要的。人体免疫系统是人体疾病最好的“预防者和医生”。体育锻炼能够促进人体的内循环和内分泌，使人体脏器的各项功能维持在一个较高水平，从而有效地提高人体自身免疫力。但在锻炼时一定要注意适度、持续和循序渐进，避免锻炼间隔太长或强度太大，导致机体劳累，免疫力不升反降。造成人体免疫力降低的因素有很多，其中身体过度劳累、锻炼不够是主要因素之一。过度劳累给人体的植物神经造成不良影响，从而影响到内分泌系统和免疫系统，造成一段时间内人体免疫力急剧下降。减肥不当、休息不足、长时间做重体力工作、暴饮暴食等，都会造成人体超负荷运转，导致免疫力降低。锻炼不够就会使人体的各个系统经常处在懈怠的状态，一旦出现病菌等的“入侵”，各项机能就不能被迅速调动起来并投入运

转。处于相同程度的传染病威胁面前，参加体育锻炼的人受传染病侵袭的可能性明显低于不参加体育锻炼的人。因此，生命在于运动，运动促进健康，健康的生命才有价值。

随着社会的发展进步、生活水平的大幅提高，人体的体力活动明显减少，人们的生活方式和饮食结构发生了巨大的变化。有关资料显示，美国平均每人每日摄入的脂肪在 100 克以上，而且主要为动物脂肪，食物胆固醇为 400～700 毫克，平均 560 毫克，粗粮的摄入很少，而精糖的消耗量却很高（100 克以上）。此外，酒精和食盐的消耗量也很大。以上这些，特别是总热量摄入过多以及各种营养素之间的平衡失调可能是造成肥胖、心血管病等慢性病发生的原因。其中，心血管疾病是危害人类健康的严重疾病，它是造成死亡的主要原因之一。当然，对于这些慢性疾病的预防和治疗的措施是综合性的，但是不可否认，适宜、有效的体育健身活动是预防和治疗慢性疾病的重要措施之一。机体经运动消耗的热量增加，会同能量摄入的减少，可以导致能量负平衡。能量负平衡随时间的推移在减少整体脂肪含量的同时，可以减少在中心脂肪的堆积。因此，运动可以降低体脂，尤其是降低向心性肥胖，可减少患冠状动脉疾病的风险，其中包括血脂代谢异常、2 型糖尿病和高血压等慢性疾病。当然，除了体育锻炼外，健身措施还应包括临床医学、预防医学、营养卫生学、社会学、心理学等多学科的综合作用，只有这样，体育锻炼才能产生真正的防病治病作用。

二、体育锻炼运动处方

1. 运动处方

人体的机能是在变化的，在不同的状态下，人体机能水平是不同的。体育锻炼对人体来说是一种刺激，遵循着生物体在自然界生存的基本法则，即刺激——反应——适应的原理，机体对体育锻炼这种刺激必然产生相应的反应，而长期的刺激——反应，必将引起机体发生相应的适应性变化，使人体在形态、结构、机能和生物化学等诸多方面发生一系列的变化。人体的健康水平和运动能力就会明显提高。

但并不是所有的运动都一定会使人体的健康水平和运动能力向好的方向发展。体育锻炼作为一种刺激手段，对人体机能的提高作用存在着明显的运动强度、运动时间依赖性。若运动强度过大，甚至超过了机体承受范围，就会产生严重的后果，甚至发生运动性猝死等意外。而如果运动强度适宜，没有足够的运动持续时间，人体对体育锻炼的刺激所产生反应的量就很小，对机体心血管系统机能提高的作用就很小。

因此，要克服体育锻炼的盲目性和随意性，全面提高体育锻炼对健康的促进作用，就要制定适用于个体的有目的、有计划、有步骤的运动处方。以便更充分运用时间，选择科学有效的方法，取得预期效果。体育锻炼要注意系统性，要从简单到复杂，逐渐加大运动负荷，从低到高、有层次、有系统地进行。锻炼计划和运动处方恰恰能起到这种作用。

“运动处方”这个名词进入我国的时间不长，但运用不同的人体运动形式来达到健身目的的做法在人类远古时代就有记载。《庄子》、《黄帝内经》、《左传》等都体现了运动处方的思想；华佗更是发明了“五禽戏”来进行治病、健身。而现代意义上运动处方概念的提出则是 20 世纪 50 年代才开始出现的。运动处方是指根据锻炼者的需要，按照其健康状况、身体机能和技术水平，运用科学原理，以处方的形式所制定的量化的运动方案。运动处方是指导人们有目的、有计划和科学地锻炼的一种方法。运动处方的执行对象是具体的个人，指导具体个人如何进行科学的体育锻炼。

建立运动处方的主要目的是通过体育锻炼达到以下几种目的。①增进身体健康，它包括两个方面：其一是预防疾病，特别是“文明病”；其二是改善身体状态，提高对环境的适应能力；②提高身体机能：可以指导锻炼，使肌肉力量、耐力、爆发力、身体的灵敏性、技巧性、平衡性、柔韧性等素质和运动能力加强；③治疗疾病：把运动当作康复疗法的一种手段，严格地按处方进行，可以大大提高运动中的安全感，尽可能少地出现意外危险。

2. 制定运动处方的基本原则

体育锻炼的安全性和有效性是既对立又统一的矛盾的两个方面。制定运动处方需要遵循以下基本原则。

① 因人而异的原则。根据每一个参加锻炼者或病人的具体情况，制定出符合个人身体客观条件及要求的运动处方，切忌千篇一律。

② 有效的原则。运动处方的制定和实施应使参加锻炼者或病人的功能状态有改善，在制定运动处方时，要科学、合理地安排各项内容，在运动处方的实施过程中要按质、按量认真完成各项练习。

③ 安全的原则。按运动处方运动，应保证在安全范围内进行，若超出了安全的界限，则可能发生危险。在制定和实施运动处方时，应严格遵循各项规定和要求，以确保安全。

④ 全面的原则。运动处方应遵循全面身心健康的原则，在运动处方的制定和实施中，要注意维持人体生理和心理的平衡，以达到全面身心健康的目的。

⑤ 调整的原则。再好的运动处方，也不一定适合所有的人或人的一生，一个安全有效的处方应该是自己制定的，而且应在实施过程中不断调整。一般情况下，坚持锻炼 8 周就能收到较好锻炼效果；若再按原处方规定的运动负荷锻炼，则效果不大，此时，就需对运动处方进行调整。

3. 运动处方的组成

运动处方分为以增强体质、增进健康为目的的健身运动处方；以预防疾病、辅助治疗某些慢性病为目的治疗性运动处方；以恢复身体运动功能及病后康复为目的的康复性运动处方；以提高专业运动成绩为目的竞技训练运动处方。无论哪种运动处方都是由运动目的、运动项目、运动强度、运动时间、运动频率、运动注意事项这 6 个部分组成的。

（1）运动目的：通过有目的的锻炼达到预期的效果。由于各人的情况千差万别，运动处方的目的也各有不同。通常运动目的包括消遣娱乐、强身保健、健美减肥、防治疾病、提高运动成绩等。目的主要根据锻炼者的性别、年龄、职业、爱好和身体健康状况等的不同而定。

（2）运动项目：应根据运动处方的制定目的来选择运动项目。另外，锻炼者的体力、运动水平、运动设施及有无指导者均会对运动项目的选择产生影响，适用于一般健康者和慢性病人的项目，可分为以下五类。

① 耐力性锻炼项目，如步行、长跑、骑自行车、长距离游泳、爬山等。

② 力量性锻炼项目，如拉力器、哑铃练习，克服自身体重的单、双杠器械练习等。

③ 放松性锻炼项目，如散步、旅行、按摩、打太极拳等。

④ 一般健身性锻炼项目，如各种球类、游戏、广播体操、八段锦等。

⑤ 专门体操锻炼项目，如医疗体操、矫正体操等。

一般锻炼者运动项目的选择应以有氧运动为主，锻炼时要有一定节律性，无呼吸紊乱或憋气现象，并能使身体得到较全面的锻炼。

（3）运动强度：运动强度是运动处方制定的核心部分，同时也是体育锻炼安全性和有效性对立统一矛盾的焦点。运动强度大，安全性差，但运动效果可能较好。运动强度小，安全性好，但运动效果差。不同锻炼者的运动能力是有差异的，需要通过科学的监测来确定最安全、效果最好的运动强度。运动强度是指单位时间内的机体输出功率。运动强度可根据心率、最大摄氧量、代谢当量、自觉疲劳程度等指标来确定。通常比较简便的指标为心率。

锻炼时正常人体育锻炼运动强度：

心率=安静心率+（最高心率-安静心率）×60%

最高心率=220-年龄

例如：20 周岁，安静心率 75 次/分，健康正常人，锻炼时的心率应达到 75+（220-20-75）×60%=150 次/分

美国学者根据运动时心率和强度相关关系提出如下标准：

心率 160 次 / 分的锻炼强度大约是 80%；

心率 140 次 / 分的锻炼强度大约是 70%；

心率 120 次 / 分的锻炼强度大约是 60%；

心率 110 次 / 分的锻炼强度大约是 50%。

如果心血管系统存在某些慢性疾病，体育锻炼时的运动强度应该根据机能评定如根据运动负荷试验的结果决定。如果没有条件进行健康状况和机能评定，尤其是没有条件进行心血管机能评定和运动负荷试验，可以从很小的强度开始锻炼，如散步——快步——慢跑等；

（4）运动时间：运动处方中的运动时间是指每次持续运动的时间。体育锻炼活动的持续时间是影响健身效果的重要因素。体育锻炼活动的持续时间是根据参加运动者的健康状况和运动能力决定的。一般而言，以健身为目的的运动，以强度小而时间长的处方效果好（中老年人）；对于青少年来说，以短时间的激烈运动反复多次的处方，对增进健康有很好的作用。每次必要的运动时间一般可在持续有氧运动 20～60 分范围内。按运动强度及身体条件决定必要的运动时间，便是运动处方的要点。每次持续时间和运动强度的配合，可明显地改变运动量。一般来说，健康成年人宜采用中等强度、长时间的运动；体力弱而时间充裕的人，可采用小强度、长时间的配合。在计算间歇性运动的持续时间时，应扣除间歇时间。间歇运动的运动密度应视体力而定，体力差者运动密度应低；体力好者运动密度可较高。

一般提倡 60～90 分钟的体育锻炼时间。以减肥为目的的体育锻炼，持续时间应维持在 120 分钟。持续时间过长的体育锻炼对健康不利，容易导致运动性疲劳和损伤免疫机能，甚至会加重慢性疾病的病情。

（5）运动频率：每周锻炼 3～4 次是最适宜的频度。不仅效果可充分蓄积，也不易产生疲劳，如果增加频率为每周 4 次或 5 次，效果也相应提高。研究证实了以下情况。

① 每周运动一次时，肌肉酸痛和疲劳每次都发生，运动后 1～3 天身体不适，且易发生伤病，运动效果不蓄积。

② 每周运动二次时，肌肉酸痛和疲劳减轻，身体无不适感觉，运动效果有一点蓄积，但不明显。

③ 每周运动 3～5 次时，肌肉较为适应，最大摄氧量增加逐渐趋于平和，运动效果蓄积明显。

④ 每周运动五次以上时，最大摄氧量提高就很小，运动效果增加并不多（与运动 3～5

次比），并有增加运动损伤倾向。

所以，以健身为目的进行锻炼时，应采用次日不残留疲劳的小运动负荷，选择适合自己情况的锻炼次数，也可坚持每天锻炼，但最重要的是养成运动习惯和使运动生活化。

（6）运动注意事项。在运动处方中，为确保锻炼者安全，必须提出相应的注意事项。

① 严格执行运动处方（禁忌过度剧烈或刺激性强的运动）。提出禁忌的运动项目和易发生危险的动作：如心脏病人禁忌做大强度、高刺激的运动；学生不应在缺少保护的器械上做腾空、翻转等动作。

② 加强自我监督，提出运动中自我观察指标及出现异常时停止运动的标准：如心脏病人在运动中出现全身无力、头晕、气短、运动中或运动后关节疼痛或背痛等异常时就应停止运动。

③ 每次锻炼前、后要做好准备活动和整理活动。在运动处方实施过程中，应根据实际情况进行必要的微调整。由于运动环境、个人身体条件等的变化性，使得运动前制定的处方可能有不适合的地方，人们只有在实践中反复地调整、修正，才能使运动处方更科学合理，保证人们在安全、有效的运动中愉悦身心，增强体质。所以，体育锻炼者必须时刻注意调整自己的运动处方。

复习思考题

1. 体育锻炼对人体有哪些生理作用和影响？
2. 何为体育运动处方，你能否制定运动处方，如何实施？
3. 在学校你如何选择适合自己的锻炼项目？

第四章　体育锻炼与营养休息

摘　要

本章针对大学生在日常生活中存在膳食的问题，重点介绍营养与膳食卫生让大学生了解营养需求和选择食物知识，了解不良饮食行为的危害；帮助大学生选择营养价值高的食物，学习合理安排饮食与健康生活，培养大学生良好的饮食卫生习惯。

引　言

大学生是国家未来发展和进步的栋梁和希望，在校求学期间正是长身体的时候，也是成长发育的关键时期。相比中小学生，大学生远离父母和家乡，走进大学学习。在大学里，大学生离开父母的精心呵护，更多的是要依靠自己的分析判断来独立地学习生活。从现在有关资料显示，目前在校大学生群体中存在着四大营养健康问题：一是营养不良和肥胖；二是近视；三是贫血；四是心理卫生问题。这些问题的存在，或多或少都与大学生的生活营养卫生有关。其中一些不良习惯严重影响在校大学生的健康成长，如为了体形爱美，减肥节食；起床太晚不吃早餐；爱吃零食；酗酒抽烟，长期学习紧张，造成对自己的饮食卫生与营养马虎不重视。如果不进行有效合理的引导，导致养成不良的生活习惯，对大学生的身心素质、智力水平、专业能力都会形成影响，最终会影响到我国高素质人才质量的提高。

第一节　饮食与运动健康

人类为维持生命须饮食，食物中的养分称为营养素，营养素是维持人类生命活动和健康的最根本的物质，其摄入的不均衡不但会影响人体的健康水平，而且会影响人体的活动能力。人体需要的营养素归纳起来分三大类，即由蛋白质、脂类、糖类组成的宏量营养素，由矿物质和维生素组成的微量营养素，以及由水、纤维素等组成的其他营养素。这些营养素在人体内功能各不相同，概括起来有三方面作用：供给能量，构成和修补身体组织的材料，在人体物质代谢中起调节作用。

一、营养素

（一）糖类

1. 糖类构成和分类

糖类是由碳、氢、氧三种元素组成的一类化合物，根据其分子结构，糖类分单糖、双糖和多糖三大类。

单糖是最简单的糖类，易溶于水，最常见的单糖有葡萄糖、果糖、半乳糖。人体血液中的糖是葡萄糖。果糖存在于水果中，蜂蜜中含量最高。最常见的双糖是蔗糖、麦芽糖和乳糖。多糖是由许多单糖分子结合而成的高分子化合物，无甜味，不溶于水。多糖主要包括淀粉、糊糖、糖原。淀粉在消化酶的作用下可分解成糊精，再进一步分解成葡萄糖被吸收。当体内血糖水平下降时，糖原即可重新分解为葡萄糖，满足人体对能量的需要。

2. 糖类的生理功能

糖类是供给人体运动的最主要、最经济的能量来源。脑组织、心肌和骨骼肌的活动需要靠糖类提供能量，构成运动肌体内一些重要生理物质。在运动中糖类的摄入充分时，人体首先使用糖类作为能量来源，从而节约宝贵的蛋白质。糖类有抗生酮作用。脂肪代谢过程中必须有糖类存在才能完全氧化而不产生酮体。糖原有保护肝解毒作用。肝糖原储备充足时，肝细胞对某些有毒的化学物质和各种致病微生物产生的毒素有较强的解毒能力。

（二）脂类

1. 脂类的构成及分类

脂类物质主要含有 C、H、O 三类元素，其中一些复合脂还含有 N 和其他元素。脂类是指脂肪和类脂的总称。脂肪又称为中性脂肪或三酰甘油。类脂包括磷脂、糖脂、固醇类、脂蛋白等。

食物中脂类 95%是甘油三酯。人体储存的脂类中，三酰甘油高达 99%。在人体主要分布于皮下、腹腔、肌肉纤维之间，是机体储存能量的形式。脂肪可携带脂溶性维生素，促进其吸收。胆固醇是类脂的一种，它来自膳食和体内合成，在肝脏内经过分解代谢随粪便排出。正常情况下，胆固醇在血液中维持一个恰当的水平，它也是人体不可缺少的营养物质。

2. 脂肪的主要营养功能

脂肪可供给人运动所需的能量，与糖相比，脂肪具有重量轻、能量密度高、发热量大的特点。1 克脂肪在运动中可产生 37.5kJ（9kcal）的能量，比蛋白质或 1 克糖类供能高一倍多。因此，对长时间的有氧运动项目而言，它是轻便、耐久的供能源。磷脂、糖脂和胆固醇构成细胞膜的类脂层，胆固醇又是合成胆汁酸、维生素 D_3 和类固醇激素的原料。维持体温和保护内脏。鱼肝油和奶油富含维生素 A、维生素 D，许多植物油富含维生素 E，脂肪能促进这些脂溶性维生素的吸收。因此，摄取适量的脂类食物是不可缺少的。

（三）蛋白质

1. 蛋白质的构成及分类

蛋白质主要由碳、氢、氧、氮四种元素组成。有些蛋白质还含有硫、磷、铁等其他元素。这些元素按一定结构组成氨基酸。自然界中的氨基酸有 20 多种，其中 8 种是机体无法自身合成的必需氨基酸。根据营养价值可将蛋白质分为三类：完全蛋白质、半完全蛋白质和不完全蛋白质。

完全蛋白质是指蛋白质中所含的必需氨基酸种类齐全、数量充足、比例适当，这样人们利用率高。完全蛋白质也称为优质蛋白质，它们包括动物性食品中的蛋、奶、肉、鱼等以及大豆蛋白。半完全蛋白质是指蛋白质中所含的必需氨基酸虽种类齐全，但其中某一种或几种必需氨基酸的含量相对较低。此种蛋白质的利用率较低，称为半完全蛋白质。几种食物混食，必需氨基酸的种类和数量互相补充，因而更接近人体需要量的比值，使生物价值得到相应的提高，这种现象称为蛋白质的互补作用。不完全蛋白质是指蛋白质中的所含必需氨基酸的种类不全，不能促进人体生长发育，也不能维持生命的蛋白质。如肉中的明胶蛋白。

2. 蛋白质的营养功能

（1）维持细胞组织的生长、更新和修补。蛋白质参与构成各种细胞组织是蛋白质最重要的功能。蛋白质是肌肉、内脏器官、骨骼、皮肤和红细胞等的主要组成成分，占细胞内固体成分的80%以上。人的生命活动和大运动量会造成肌肉等组织的消耗和损伤，而组织细胞的修复需要蛋白质。对于发育时期的儿童、青少年，膳食中提供优质蛋白质才能维持细胞组织的生长、更新和修补，这尤为重要。另外，还可合成酶、激素和其他化合物。

（2）合成抗体。在生物体所有蛋白质中，抗体最能够说明蛋白质的生物异性。抗体是由氨基酸组成，能够识别属于自身的蛋白质和入侵人体的外源微粒（通常为蛋白质），而且只会与后者发生作用。外源性蛋白质可能是细菌、病毒，或是食物中引起过敏的某种成分。机体识别出入侵的蛋白质，就会产生专门用来抑制这种蛋白质的抗体，但每一种抗体只能用来摧毁一种特定的入侵者。

（3）保持体液和电解质平衡。一方面蛋白质利用自身生物大分子和蛋白质亲水性的特征，来维持细胞内外的水分；另一方面细胞膜上的运输蛋白质通过不断地将各种物质运出或运进细胞，来维持体液的组成。

（4）维持体内酸碱平衡。蛋白质可以作为保持血液正常 PH 值的缓冲物质，维持体内酸碱平衡。例如，当体内 PH 值下降时，蛋白质可利用其两性电解质的带负电特征接受带正电的氢离子，缓解 PH 值进一步下降。但是当 PH 值变化过大，超出蛋白质的缓冲能力时，过多的酸会造成蛋白质变性，从而使身体和多个生物过程受到破坏。

（5）提供能量。蛋白质在一般运动中供能比例约为6%～7%能量。

（四）维生素

维生素是维持人体正常物质代谢和某些特殊生理功能不可缺少的低分子有机化合物，主要参与各种酶的组成，因其结构和理化性质不同，使其各具特殊的生理功能，在机体中既不是结构物质也不能提供能量，其中有些维生素还很不稳定，容易在食物加工和烹调过程中破坏。日常只需要少量就可以维持机体的正常生理功能，维生素不能在体内自身合成，需要通过食物途径获得。

1. 维生素分类

根据维生素的溶解性能可以将维生素分成两大类，即水溶性维生素和脂溶性维生素。

（1）水溶性维生素（指维生素 B_1、B_2、B_6、叶酸、B_{12}、烟酸、泛酸、生物素、维生素 C）的特点是不在体内储存，当机体内这些维生素充裕时，多余部分便可以通过尿排出。水溶性维生素是构成机体多种酶系的重要辅基或辅酶，参与机体糖、蛋白质、脂肪等多种代谢。

（2）脂溶性维生素（指维生素 A、D、E、K）的特点是化学组成包含 C、H、O，只溶于脂肪和有机溶剂，在肠道随脂肪经淋巴系统吸收，大部分储存在脂肪组织由胆汁少量排出。在摄入过量时可以在肝脏等器官蓄积，排泄慢，过量不易引起中毒。

2. 维生素的生理功能

（1）维生素 A 的生理功能和供给

维生素 A 又名视黄醇，或抗干眼病因子。维生素 A 存在于动物性食物中。植物性食物中只含有维生素 A 原——β 胡萝卜素，维生素 A 与脂肪混食可大大提高维生素 A 的吸收率。维生素 A 有维持正常视觉的功能，其缺乏会引起夜盲症。维生素 A 还有保护呼吸道、消化道、泌尿道、和腺体的上皮组织、眼睛的角膜、结膜以及皮肤健康和正常功能的作用。如缺乏维生素A，则会引起皮肤干燥，机体抵抗力下降，容易感染疾病。另外，维生素A可提高对氮的利用，促进体内蛋白质的合成，加速细胞分裂和刺激新细胞的成长。儿童如果缺乏维生素A，则发育缓慢，生长停滞，并易感染疾病。维生素A最主要的来源是各种动物的肝脏，鱼肝油、鱼卵、全奶、奶油、禽蛋等。植物性食物中含有胡萝卜素较多的蔬菜有胡萝卜、菠菜、豌豆苗、水果中的杏和柿子等。饮食中维生素A的供给量用视黄醇当量计，每日供给量为：婴儿200微克视黄醇当量，成年男女800微克视黄醇当量，乳母1200微克视黄醇当量。维生素A摄入过量有恶心、呕吐、头痛、视像模糊等中毒症状，停服维生素A症状立即改善。

（2）维生素D的生理功能和供给

维生素D能调节人体的钙、磷代谢。它与甲状腺素共同作用，维持血钙水平。当血钙水平低下时，能促使钙在肾小管的再吸收。当血钙过高时，促使甲状旁腺产生降钙素，阻止钙从骨中被动员出来，以及促进血液中的钙、磷从尿中排出。维生素D促使骨与软骨及牙齿的矿物化，并不断更新以维持其正常生长。

人类获得维生素D的途径：一条途径直接来自食物，含脂肪高的海鱼、动物肝、蛋黄、奶油中维生素D含量相对较多，鱼肝油中维生素D含量极高；另一条途径则是由皮肤内的维生素D原经阳光或紫外线照射转化为维生素D，因此适当光照对婴儿、在地面下工作的人员非常重要。

如维生素D缺乏，婴幼儿会发生佝偻病，成年人会发生骨软化症。成人每日获得300～400IU（国际单位）维生素D即可满足人体生理需要。维生素D过量（大于每人每天2000IU）可导致钙吸收增强，钙会在软组织（包括心脏、血管、肝和肾小管）内沉淀。轻度中毒者有食欲减退、过度口渴、恶心、呕吐、烦躁、便秘或便秘与腹泻交替出现等症状。

（3）维生素E的生理功能和供给

维生素E最主要的功能是一种生理学的抗氧化剂，它能阻止不饱和脂肪酸的氧化。脂肪酸、氧和维生素E三者必须维持平衡稳定。如果长期缺乏维生素E，容易未老先衰，产生疾病。对于溶血性贫血除给以铁质补血外，还应给以维生素E。维生素E能预防血栓的发生；维生素E的抗氧化作用，还能改善支气管喘息，肺气肿等病的症状。

维生素E主要存在于植物性食品中，特别是小麦芽油、棉籽油、花生油、豆油等植物油以及小米、玉米等全粒粮谷和菠菜、甘蓝菜等绿色蔬菜。动物性食品中维生素E的含量最丰富的是牛奶、鸡蛋、肝、心、肾、肉、鱼等。我国规定，青少年、成人每日每人应供给维生素E10毫克，孕妇和老人为12毫克。

（4）维生素C的生理功能和供给

维生素C又名抗坏血酸，是抵抗坏血病的因子，它的主要功能之一就是帮助制造胶原。若缺乏维生素C，就会产生坏血病。维生素C能增加人体对疾病的抵抗力。有人证明：病人体内维生素C消耗量较正常人多。这说明，在感染疾病期间需要多吃含丰富维生素C的蔬菜和水果。维生素C能使肾上腺发挥重要作用。维生素C能促进铁的吸收和利用，每天摄入200毫克以上的维生素C，可以帮助吸收高铁或低铁的食物，起到增强补血或治疗贫血的作用。

维生素C的主要食物来源为新鲜蔬菜与水果，特别是野生的苋菜、苜蓿、刺梨、猕猴桃、酸枣等维生素C含量尤其丰富。维生素C性质极不稳定，遇到空气、热、光、碱性物质易被破坏，故生吃蔬菜、水果以及菜在下锅前再切，并用大火炒可最大程度减少维生素C的损失。每人每日需供给维生素C60毫克可满足人体基本需要，孕妇、乳母及运动员可适当增加。

(5) 维生素 B 族的生理功能和供给

维生素 B_1，又称硫胺素，抗脚气病因子，抗神经炎因子，是维生素中最早发现的一种。硫胺素是肌肉代谢及中枢神经系统所必需的辅酶，维生素 B_1 最主要的辅酶形式为焦磷酸硫胺素（TPP），它还参与支链氨基酸代谢，同时对神经生理活动有调节作用，与心脏活动、胃肠道正常蠕动及消化液分泌有关。维生素 B_1 广泛存在于天然食物中，含量较丰富的有：动物内脏、肉类、豆类、花生及没加工的粮谷类。蔬菜水果、蛋、奶等含量较低。所以粮谷类的加工去除麸皮与糠不要过分，在烹调时加碱也会使维生素 B_1 损失增加。人体缺乏维生素 B_1 时，会得脚气病。它的供给量与能量代谢有密切关系，所以根据各类人群所需能量来确定，中国营养学会推荐成年男女分别为 1.4 毫克/天和 1.3 毫克/天，孕妇 1.5 毫克/天，乳母 1.8 毫克/天，老人及运动员应适当增加。

维生素 B_2 又称核黄素，一种溶于水的黄绿色物质。维生素 B_2 以辅酶形式参与许多代谢中的氧化还原反应，在细胞呼吸链中能量产生中发挥作用，或直接参与氧化反应，或参与复杂的电子传递系统。

维生素 B_2 缺乏主要表现为眼、口腔、皮肤的炎症反应。维生素 B_2 缺乏导致能量、氨基酸和脂类代谢受损，机体的免疫能力下降。它的缺乏还会伴存其他营养素缺乏，如引起继发性铁营养不良，引起继发性贫血。维生素 B_2 广泛存在于植物与动物食品中，其中动物的肝、肾、心脏及乳、蛋类中含量尤为丰富，大豆和各种蔬菜中亦含一定数量的维生素 B_2。维生素 B_2 的需要量与人体劳动强度、年龄、性别及生理状况有关。中国营养学会推荐摄入量成人男性为 1.4 毫克/天，女性为 1.2 毫克/天，婴幼儿 0.4～0.7 毫克/天，孕妇及乳母为 1.7 毫克/天。

维生素 B_6 又名吡哆素，在把食物中的蛋白质转化为人体内的蛋白质的过程中占有很重要的位置。它与人们的运动能力，特别是力量素质有关。缺乏维生素 B_6 会引起眼、鼻与口腔周围皮肤脂溢性皮炎，并扩展至面部、前额、耳后、阴囊及会阴等处；还会发生颤动和精神紧张、过敏、失眠等症。如果孕妇怀孕期间缺乏维生素 B_6 常会造成婴儿体重不足，容易发生痉挛，贫血，生长缓慢等现象，智力发育也较慢。所以，孕妇每天应供给维生素 B_6。维生素 B_6 普遍存在于动、植物食品之中，但一般含量不高，而豆类、禽畜肉、肝脏、鱼类等含量较高。维生素 B_6 的摄入量与食物中蛋白质的转化数量有关，建议每摄入 1g 蛋白质，需相应摄入 0.02 毫克的维生素 B_6，妊娠、哺乳期及口服避孕药者应适当增加维生素 B_6 的供给量。

（五）无机盐（矿物质）

无机盐又称矿物质，也是人体的重要营养素，虽然它在整个身体组织中含量很少，但是在人体中却起着重要的作用。在组成人体的化学元素中，除碳、氢、氧和氮主要以有机化合物形式存在外，其余的以无机盐的形式存在。机体中含量大于 0.01%（100 毫克/千克体重）者称为常量元素，如钙、纳、磷、钾、氯、镁与硫等 7 种；含量低于 0.01% 者为微量元素如铜、铁、碘、硒、钴、氟、锰、锌等，也是维持人正常生命活动不可缺少的微量元素。

1. 钙 Ca 的生理功能与供给

钙在人体内的含量约占成年人体中的 2%，比其他无机元素多，钙是构成骨骼和牙齿的主要材料。骨内主要的无机物质就是钙、磷、钠及氟。钙能维持神经的正常功能。人体在缺钙时，往往神经紧张，脾气急躁，烦躁不安，适量补充，以上症状就可好转。对失眠的人，补充钙还可以起镇定作用并减轻失眠。钙可以治疗头痛，痛经及分娩期的疼痛、肌肉的收缩与缺钙也有密切的关系。尤其是儿童在生长发育时期，如果缺乏钙质，则会出现生长缓慢，牙齿不好，两腿向内弯曲，或者出现驼背、鸡胸，俗称佝偻病。

钙的食物来源应考虑两个方面：食物中钙的含量和钙的吸收利用率。乳及乳制品含钙丰富，被吸收率也高，是婴幼儿最理想的钙来源。水产品中小虾皮含钙特别多，还有海带、豆和豆制品以及油料种子和某些绿色蔬菜含钙量也不少，其中特别突出的有黄豆及其制品、黑豆、赤小豆、各种瓜子、芝麻酱等。钙的供给量，通常，成人每天需要 600～800 毫克，妇女哺乳期每天需要 2 000 毫克，发育期的儿童每天需要 1 500 毫克，运动员，尤其控制体重的运动员每日需求应为 1 000～1 250 毫克，老年人因钙吸收率明显低于青年人，故应适当增加钙的供给量。

2. 钠的生理功能和供给

成人体内钠的总含量为每千克体重约 1 克左右，其中一部分在细胞渗透压、水平衡和酸碱平衡中起主要作用。钠离子是胰液、胆汁、汗液和眼泪的组成成分，与肌肉收缩和神经功能关系密切，对糖类的吸收也起特殊作用。食盐是钠的主要来源。每日正常人摄入 4.5～9 克食盐即可满足生理需要，而加盐的腌制品也是钠的来源。在炎热的夏天，或高温工作间以及大强度的运动之后，盐的摄入量要适当增加。需注意的是，长时间摄入盐分过多，易诱发高血压、水肿。

3. 铁的生理功能和供给

铁是在人体内含量最多的一种人体必需微量元素，总量约为 3～5 克，根据其功能状态可分为功能性铁和储存铁两部分。功能性铁存在于血红蛋白、肌红蛋白和一些酶中，约占体内总铁量的 70%，其余 30%主要储存在肝、脾和骨骼中。铁的主要功能是通过在血液、肌肉中含铁的血红蛋白和肌红蛋白完成运输氧和二氧化碳、以及含铁的酶任务等，参与组织的氧化呼吸—催化生物的氧化还原反应。铁还与机体的免疫功能有关，还是一些参与能量代谢与体温调节酶的辅之因子。此类铁约占总铁量的 75%。

男性和 51 岁以上的女性每天需要补充 15 毫克铁，女性每天需补充 20mg，孕妇、乳母每天需要补充 25 毫克左右。铁盐含有色素，如肝、肾、心、蛋黄等，尤其肝类含铁最丰富。绿色蔬菜、紫萝卜头、红胡萝卜、西红柿等含铁量也较多，水果中樱桃、红枣、紫葡萄、草莓、桃等含量较高。膳食中铁的良好来源为动物肝脏、动物全血、畜禽肉类和鱼类，易为人体吸收。

4. 锌的生理功能和供给

锌在人体中也是一种重要的微量元素，成年男女体内锌含量分别约为 2.5 克和 1.5 克，大部分存在于肌肉和骨骼中，血液中锌量不到全身总锌量的 0.05%。锌是人体许多酶的组成成分，它能促进生长发育和组织再生，而且锌可以通过一种含锌蛋白即唾液蛋白而对味觉、食欲发生作用。锌还能促进维生素 A 的代谢，参与视黄醛的合成。锌对维持眼睛正常暗适应能力有很大作用。

锌的吸收受植酸、纤维素影响，并且铁过多也可能抑制锌的吸收，生长期儿童缺锌会出现味觉减退、食欲不振、生长发育迟缓、创伤愈合慢以及性成熟延迟、性功能减退、精子产生过少等。 锌来源广泛，以牡蛎含量最高，畜禽肉、肝脏、蛋类、鱼及其他海产品、奶类、豆制品中含量丰富，而蔬菜、水果类含锌较低。锌的供给量：男性 15 毫克/天，女性 12 毫克/天，孕妇、乳母为 20 毫克/天。长期运动者因汗量增多，锌的丢失相应较多，故应增加补充量约为25毫克/天，需要提醒的是过量的锌对机体是有害的。

5. 硒的生理功能和供给

硒是人体内谷胱肽过氧化物酶的重要组成成分，具有抗氧化作用，有保护细胞避免氧化，延缓衰老的作用。硒能保护心血管，维护心肌的健康。硒还有促进生长，保护视觉器官以及抗肿瘤如抗肝癌、胃癌的作用。硒还是重金属的解毒剂，能与铅、镉、汞以及黄曲霉素等结合，使这些有毒的重金属不被肠道吸收而排出体外。

硒的食物性来源是动物肝、肾、肉类以及海产品，食物中硒含量受当地水土中含量影响极大。成人硒的膳食推荐量为 50～150μg/天，但不可超过硒的每日耐受最大摄入量，如 7 岁是240μg/天，14 岁是360μg/天，18 岁以上是400μg/天。

（六）其他营养素：水

人体中水的含量由水的摄入、排出之间的平衡来调节。同所有营养素一样，正常水的摄入是保持身体健康的必要条件，水是人体最多组成成分，占体重的50%～60%。水在人体中的主要功能：水是体内各种生理活动和生化反应必不可少的介质。没有水一切代谢活动都无法进行，生命也就停止了，水是体内吸收、运输营养物质、排泄代谢废物的最重要的载体。这是由于水有很强的溶解能力，许多物质可以溶解在水中。通过循环系统转运，它可维持人体正常体温，1 克水气化要吸收 580 卡热，所以汗液的蒸发可散发人体运动时大量热量，从而避免体温过高。水的润滑功能，如泪液、唾液、关节液、胸腔腹腔的浆液都起着润滑组织间经常发生的摩擦作用。

机体水的需要量与外部环境、自身状况、运动因素和膳食情况的综合因素有关。这种关系可以从水的来源和去路之间的数量变化直接反映出来。口渴是人主观感觉到的最早失水信号，这时身体已失去其2%～5%的水，须及时补充水。人体发烧、多尿、腹泻或昏迷及吃高蛋白质或油腻厚味食物时，也需要多饮水。夏季或高温工作环境，更需要大量饮水。一般而言，成人每天需饮水量为2000毫升，每次饮水量不要超过500毫升，因为一次喝过量的水或饮料，会迅速增加人体的血容量，增加心脏负担，尤其是年岁高、心脏功能欠佳和大运动量后更应注意，宜采取每次少饮多次为宜。

二、食物的营养价值评价

食物是供给人体热能和各种营养素的物质基础。人类的食物数以千计，根据性质和来源可大致分为两类：植物性食物和动物性食物。

（一）植物性食物的营养价值

1. 谷物食物的营养价值

谷物食物的概况：谷物是人体热量最主要的食物来源。我国居民膳食中有60%～80%的热量和50%～70%的蛋白质是由谷类供给的。谷类食物的营养价值有五个方面：（1）蛋白质。各种谷类粮食中，蛋白质一般为7%～10%。谷类食物中的蛋白质主要是醇溶蛋白和谷蛋白，以及少量清蛋白和球蛋白。（2）糖类。谷类中的糖主要是淀粉，占总含糖量的90%，主要集中在胚乳中。除淀粉外，谷类中还含有较多的纤维素。（3）脂肪。谷类的脂肪含量很低，大约在20%以下，但玉米、荞麦中含量较多，谷类脂肪中含有较丰富的不饱和脂肪酸及少量的植物固醇和卵磷脂。（4）无机盐。谷类食物中富含无机盐，为1.5%～3%，大部分集中在谷皮和糊粉层，其中主要是钙和磷。含铁一般为1%～5%。（5）维生素。谷类是维生素B组的重要来源，其中维生素 B_1 和尼克酸含量较多，小米、黄玉米含较多胡萝卜素，胚芽中含维生素 E 丰富。维生素大部分集中在谷皮、糊粉层和胚芽中。

加工、烹调对谷类营养价值的影响：谷类经适当的碾磨加工，可除去杂质和谷皮，增加产品的感官性状，也有利于谷类的消化吸收。为此我国提出的加工标准为"九五米"、"八五面"，既能最大限度地保留营养素，又能保持较好的感官和消化吸收率。但烹调过程中也会受到一定的损失，如淘米时，因搓洗次数越多，浸泡时间越长，水温越高，则各种营养素损失越严重；炸油条时的高温和加碱，可使维生素 B_1 全部破坏，维生素 B_2、尼克酸损失 45%左右，但在蒸煮玉米面时加适量碱可使结合型尼克酸转化为游离型尼克酸，易被人吸收。另外，谷类贮藏应避光、通风、干燥和阴凉的环境中，若贮藏不当会造成谷类食物自身酶活性增强及污染微生物的生长，造成营养素的破坏，甚至霉烂，失去食用价值。

2. 豆类食物的营养价值

大豆（黄豆、黑豆、青豆）含有 35%～40%的植物性优质蛋白质，含有丰富的赖氨酸，是谷类食物的理想氨基酸互补品，但硫氨基酸含量不足。大豆约含脂肪 15%～20%，其中不饱和脂肪酸高达 85%（其中亚油酸高达 50%以上），大豆油的天然抗氧化能力强，所以大豆油是较好的食用油。此外，大豆还含有较多的钙和 VB_1、VB_2。大豆不仅自身所含铁的利用率低，而且也影响膳食中其他食物来源铁的生物利用率。其他豆类含脂肪量不多，却含较多的淀粉，蛋白质含量约为 20%，其他营养素含量与大豆相似。

加工烹调对豆类及其制品营养价值的影响：大豆蛋白质的消化吸收率为 65%，因为大豆蛋白质被厚厚的植物细胞壁包裹着，人体咀嚼不充分时，难以被消化，另外大豆含有一种抗胰蛋白酶，加热不充分，酶不能被彻底破坏，抑制小肠消化液对蛋白质的消化。加工的豆制品是经水泡磨碎后充分煮沸而制成的，能消除以上两种因素的影响，从而提高蛋白质消化吸收率达到 90%以上。

3. 蔬菜、水果类食物的营养价值

蔬菜、水果类食物的概况：蔬菜和水果含有人体所需要的多种营养成分，含有丰富的无机盐和某些维生素，有一定量的碳水化合物，而含蛋白质和脂肪较低。蔬菜和水果特别是蔬菜在膳食中所占比例最大，由于其中含有纤维素、果胶和有机酸，能刺激胃肠蠕动和消化液的分泌，对促进食欲和维持肠道正常功能起着很大作用。

蔬菜、水果的营养价值：（1）糖类：蔬菜类含寡糖量较高的有胡萝卜、蕃茄、甜薯、南瓜等；含淀粉较高的有各种芋类、薯类及藕；水果类中仁果类（苹果、梨等）以果糖为主，葡萄糖和蔗糖次之，浆果类（葡萄、草莓、猕猴桃等）主要是葡萄糖和果糖，核果类（桃、杏等）和柑橘类则以蔗糖含量较多。蔬菜和水果是膳食纤维（纤维素、半纤维素、果胶等）的重要来源。（2）无机盐。蔬菜、水果是人体无机盐的重要来源，对维持机体的酸碱平衡有重要意义（如钙、镁、钾、钠及铜等）（3）维生素在蔬菜、水果中除维生素 A、D 外，其他维生素均广泛存在，其中维生素 C 和胡萝卜素含量十分丰富，胡萝卜素是我国居民膳食中维生素 A 的重要来源。在各种绿色、桔黄色、红色蔬菜中都含有较高的胡萝卜素（如菠菜、油菜、南瓜、胡萝卜等）。

加工、烹调对蔬菜、水果类营养价值的影响：加工、烹调蔬菜时方法若不当，会对其水溶性维生素及无机盐类造成一些损失和破坏，尤其是维生素 C。蔬菜在烹调前，应在较完整的状态清洗，不要浸泡时间过长，油炒时加热时间控制在 10～15 分钟之内，这样维生素 C

保存率为50%～70%左右，蔬菜尽可能凉拌生吃，或在沸水中作短时间热烫，然后进行调拌食用，这样既卫生消毒，又能破坏酶的活性，稳定色泽，软化组织，改善风味，保护维生素C的不被破坏。

（二）动物性食物的营养价值

1. 肉类及鱼类的营养

肉类食品包括畜禽类的肌肉、内脏及其制品，其营养成分主要包括蛋白质、脂肪、无机盐和维生素。这此营养成分的分布，因动物的种类、部位以及肥瘦程度有很大差异，肉类食品经加工烹调味道鲜美，易消化吸收，饱腹作用强，是食用价值较高、食用普遍的食物。

肉类及鱼类的营养价值：（1）蛋白质：肉类食品的蛋白质含量约为10%～20%，肉、禽、鱼类蛋白质的氨基酸组成基本相同，其所含人体需要的各种氨基酸，不仅含量高且比例与合成人体蛋白质的模式相比也较好，生物学价值皆在80%以上。鱼肉组织肌纤维较细短，蛋白质较少，水分含量较高，故组织柔软细嫩，比畜、禽肉更易消化。鱼类约含蛋白质15%～20%，利用率高达85%～90%，营养价值高。（2）脂肪：肉类脂肪的含量约为10%～36%，肥肉可高达80%。禽肉脂肪熔点较低（33℃～44℃），易于消化吸收。鱼类脂肪含量约为3%～5%，鱼脂肪多由不饱和脂肪酸组成，熔点低，消化吸收率高达95%左右，海鱼中不饱和脂肪酸高达70%～80%。③无机盐。肉类无机盐的含量约为0.6～1.2克/100克，肉类中铁的存在形式主要为血红素铁，生物利用率高，不受食物中其他因素的干扰。鱼类一般含无机盐 1.1～2.6克/100克，稍高于肉类，是钙的良好来源。虾皮中钙含量很高，一般为991毫克/100克，海产品中含有丰富的碘。④维生素。畜肉中所含维生素较低。维生素B_1含量约为0.03mg/100g，B_2约为0.04毫克/100克，烟酸的含量约为1.76毫克/100克，维生素A约为20微克/100克，视黄醇当量。肝脏是多种维生素的丰富来源。海产鱼类的肝脏中含有丰富的维生素A和维生素D。

加工、烹调对肉类及鱼类营养价值的影响：通常的加工、烹调的方法对肉类、鱼类的蛋白质影响不大，当采用炖煮的方法时，无机盐和水溶性维生素会部分溶于汤中，一般不会丢失。

2. 奶及奶制品的营养

奶类是营养成分齐全、人体容易消化吸收的天然食物。一般来讲，生长发育速度快的动物，其母乳中蛋白质含量高。牛奶和人奶相比，蛋白质含量多而乳糖含量低。

奶类的营养价值：（1）蛋白质。奶的蛋白质含量为3.5克/100克，消化吸收率87%～89%，生物价为85。必需氨基酸的含量与构成比与鸡蛋相似，利用率高，是优质蛋白质，其中富含赖氨酸，是谷类的良好互补食品。（2）脂肪。奶中脂肪含量约为3.5%，呈高度分散状态，故易于消化吸收。（3）碳水化合物。奶中所含糖为乳糖，其含量约为5%，较人奶（7%）少。乳糖有调节胃酸、促进胃肠蠕动，有利于钙吸收和消化液分泌的作用。（4）无机盐。牛奶中约含无机盐0.6%～0.7%，富含钙、钾，其中钙含量尤为丰富，可高达115mg/100g，并且吸收好，但铁的含量少。奶属于碱性食物。（5）维生素。牛奶中含有人体所需的各种维生素，其含量同奶牛的饲养条件、季节和加工方式有关。

奶类加工对其营养价值的影响：鲜奶经过加工，可制成很多产品，主要包括炼乳、奶粉、奶油和奶酪等。（1）炼乳。甜炼乳是在奶中加入约15%的蔗糖，经减压浓缩到原体积的40%，装罐即为甜炼乳。淡炼乳又称浓缩奶，鲜奶经巴氏消毒并均质后，在低温真空条件下浓缩至原来体积的 1/3，装罐即成，较易消化。（2）奶粉有全脂奶粉、脱脂奶粉、乳清粉和调制奶粉等。全脂奶粉的营养成分约为鲜奶的 8 倍。（3）酸奶。酸奶是在消毒的鲜奶中接种乳酸菌，并使其在控制的条件下生长繁殖，经乳酸发酵后制成的。酸奶营养价值高，其中乳糖已被发酵成乳酸，是“乳糖不耐症”人群的良好食品。

3. 蛋的营养价值

常见的蛋类有鸡、鸭、鹅和鹌鹑的蛋，食用最广泛的是鸡蛋。蛋类的营养价值：（1）蛋白质。鸡蛋蛋白质是天然食品中最优秀的蛋白质，能提供多种必需的氨基酸，而且组成比例非常适合人体需要，其生物价可达 94 以上，其中含硫氨基酸丰富。（2）脂肪。蛋中的脂肪都集中于蛋黄中，呈乳融状，易于消化吸收，脂肪含量可达 30%，大部分为中性脂肪，还有卵磷脂和胆固醇。每个鸡蛋含胆固醇 200μg 左右。（3）无机盐。鸡蛋所含的无机盐主要在蛋黄中，如磷、镁、钙、铁、铜、锌等，其中钙、磷、铁含量比较丰富。但铁的吸收率低（3%），主要是卵黄高磷蛋白的干扰。（4）维生素。鸡蛋所含的维生素大部分集中在蛋黄中，包括维生素 A、D、B_1、B_2。

加工、烹调对蛋类营养价值的影响：禽蛋常用的烹调方法有煮蛋、荷包蛋、油煎、炒蛋、蒸蛋羹等，对营养价值的影响较小，仅有维生素 B_1、B_2 少量损失。生蛋清中含有少量抗生素和抗胰蛋白酶，前者妨碍生物素的吸收，后者抑制胰蛋白酶的活动，这些加热会破坏。松花蛋制作过程中加入了烧碱，维生素 B 族被破坏，但维生素 A、维生素 D 保存尚好。

三、膳食平衡

（一）合理膳食的基本要求

1. 满足人体所需的热能和营养素

膳食平衡是由多种食物构成，能提供足够的热能和营养素，并且保持各种营养素之间的平衡，以利于吸收和利用，达到满足人体需要的动态过程中的最佳状态。膳食平衡包括食物的构成与数量的动态平衡、人体对食物的反应与适应、食物被肌体吸收等的平衡。人体需要多种营养物质，任何一种单一的食物都不能完全满足人体的需要，因而必须有多种食物来源，才能达到膳食平衡。

2. 对人体无毒无害

食物中有害因素很多，包括有毒动植物、微生物病原体、化学毒物、残留农药、食品添加剂、细菌、霉菌、病菌等，它们对人体健康危害很大，甚至危及生命。因此，应重视食品的卫生状况，凡不符合卫生标准、腐败变质、不清洁的食品均不能食用。

3. 易于消化吸收

合理的加工与烹调可提高食物的消化率，有利于人体吸收利用。烹调加工过程中还要注意减少食物中营养素的损失。

4. 正确的膳食制度

正确的膳食制度可使热能与各种营养素的摄入适应人体的消耗，提高生理功能，同时也能保证进食与食物消化过程的协调一致，使摄入的食物被充分消化吸收利用。膳食制度要根据不同人群的生理和劳动状况制定，主要包括进食时间与食物分配。

（二）平衡膳食的组成与调配

平衡膳食要求食物中含有的营养素种类齐全，数量与比例适当。

（1）要注重热能平衡。食物供给的热能要与机体消耗的热能保持平衡，以保持理想体重为宜。

（2）注重蛋白质、脂肪与糖类的比例：一般人群膳食三大产热营养素的热能分配比为：蛋白质 10%～15%，脂肪 20%～30%，糖类 60%～70%。此范围较大，可根据具体情况调整。特殊情况者可超过此范围，如降体重，膳食中蛋白质的比例可达 18%以上，低脂脂肪的脂肪可在 10%以下。

（3）注重氨基酸比例，8 种必需氨基酸要齐全，各氨基酸的比值要符合氨基酸模式。膳食中除应含必需氨基酸外，还需含有非必需氨基酸，两者的比例为必需基酸占 40%，非必需氨基酸占 60%。

（4）注重氮、钙、磷等矿物质的比例。我国成年人膳食中氮、钙、磷的比例应为 12∶0.6∶1。

（5）注重其他营养素的比例。各种营养素在体内代谢中，相互间可能有促进作用，也可能有抑制作用。如维生素 B_1 促进糖代谢，维生素 B_2 则为蛋白质合成代谢所需要的，因此，在膳食中的糖类与蛋白质数量增加时，这两种维生素也应增加。过量的铜、钙和亚铁离子可抑制锌的吸收，脂肪过多会影响钙和铁的吸收等。适当的膳食纤维也是必需的，若缺乏某些生理功能会失调，导致疾病；膳食纤维过多则影响其他营养的吸收。

根据我国目前一般人的膳食情况，可将食物分为四类：粮谷类、动物性食物及豆类、蔬菜水果类、油脂类。粮谷类有小麦、大米、玉米、小米等，是热能与维生素 B 族和无机盐的主要来源，也是我们蛋白质的主要来源。在一般人的膳食中，粮食摄入量应占食量的 30%～40%。薯类食物的所产热能与谷类相近，但蛋白质含量较低，故不宜作为主食。动物性食物及豆类包括各种畜禽肉、蛋类、奶类、水产品、黄豆及其制品，它们供给人体优质蛋白质，还是许多维生素和无机盐的重要来源。一般人的膳食中，此类占总量的 25%～30%为适宜。蔬菜水果类是维生素、无机盐及膳食纤维的重要来源，在膳食中应占 30%～40%。油脂类是指烹调使用植物油，供给热能和必需脂肪酸，且促进脂溶性维生素的吸收，在一般人的膳食中宜占 3%左右。

（三）运动与膳食平衡

体育运动与营养都是维持和促进人体健康的重要因素，营养素是构成机体组织的物质基础，运动可以增强机体的代谢功能，营养与运动的科学配合，可以更有效地促进身体的生长发育和提高健康水平。运动与热能代谢的水平和营养素的需要，决定于运动强度、密度和持续时间以及运动者年龄、体重、运动水平和环境等多种因素。如果只注重营养而缺乏体育运动，就会使人体肌肉松弛、身体发胖、活动能力减弱；只重视单纯的体育运动而缺乏必要的营养保证，使体内消耗的营养物质得不到补偿，会影响身体的健康。

一般来说，体育运动促进糖、蛋白质、脂肪等营养素的利用和消耗，反过来也促进了人体对糖、蛋白质、脂肪等营养素的需求。这种供需转换关系以及代谢速度要比正常人快得多。体育运动可以增强骨的坚固性，加强肌肉力量，增加关节的稳定性和灵活性，提高运动系统的工作效率；可以提高心肺功能，使肌体细胞获得充足的营养物质和氧气，使各器官系统的结构和生理功能更加完善合理；可以改善神经系统的兴奋性和灵活性，从而提高对外界环境的适应能力，当病菌侵入时，能很快地把体内各防御机构动员起来抵御疾病。因此，体育运动与膳食平衡是提高健康水平的基本手段，适宜的体育运动与膳食平衡可以改善机体的各器官系统功能，提高人体的健康水平。

四、膳食指南

膳食指南或称膳食指导方针或膳食目标，是针对各国各地存在的问题而提出的一个通俗易懂、简明扼要的合理膳食基本要求，是一个有效的宣传普及材料。它也和膳食供给量（RDA）一样，每隔几年根据人群营养的新问题、新趋势进行修订。

（一）中国居民平衡膳食宝塔

中国营养学会根据中国居民膳食指南，结合中国居民的膳食结构特点设计了“中国居民平衡膳食宝塔”（见图 4-1）。它把平衡膳食的原则转化成各类食物的重量，便于大家在日常生活中实行。

平衡膳食宝塔提出了一个营养上比较理想的膳食模式。它所建议的食物量，特别是奶类和豆类食物的量可能与大多数人当前的实际膳食还有一定距离，对某些贫困地区来讲可能距离还很远，但为了改善中国居民膳食营养状况，这是不可缺的，应把它看作是一个奋斗目标，努力争取，逐步达到。

图 4-1　中国居民平衡膳食宝塔

平衡膳食宝塔共分五层，包含我们每天应吃的主要食物种类。宝塔各层位置和面积不同，这在一定程度上反映出各类食物在膳食中的地位和所占的比重。谷类食物位居底层，每人每天应吃 300～500 克，它们是膳食中能量的主要来源，多种谷类掺着吃比单吃一种好。蔬菜和水果占居第二层，每天应吃 400～500 克，但蔬菜和水果终究是两类食物，各有优势，不能完全相互替代。鱼、禽、肉、蛋等动物性食物位于第三层，每天应吃 125～200 克，这类食物的重量是指购买时的鲜重。肉类脂肪含量高不应过量食用，蛋类胆固醇相当高，一般每天不超过一个为好；奶类和豆类食物占第四层，每天应吃奶类及奶制品 100 克和豆类及豆制品 50 克，奶类及奶制品 100 克按蛋白质和钙的含量来折合约相当于鲜奶 200 克或奶粉 28 克，奶类是获取钙的首选食物，很难用其他类食物代替。若饮奶后有不同程度的肠胃道不适，可以试用酸奶或其他奶制品，豆类及豆制品建议 50 克是个平均值，根据其提供的蛋白质可折合大豆 40 克或豆腐干 80 克等。第五层塔尖是油脂类，每天不超过 25 克。

平衡膳食宝塔没有建议食糖的摄入量。因为我国居民现有平均吃食糖的量还不多，少吃些或适当多吃些可能对健康的影响不大。但多吃糖有增加龋齿的危险，尤其是儿童、青少年不应吃太多的糖和含糖食品。

（二）“十条指南”（适合于 6 岁以上的正常人群）

第一条：食物多样，谷类为主，粗细搭配

平衡膳食必须由多种食物组成，才能满足人体各种营养需要，达到合理营养、促进健康的目的，因而要提倡人们广泛食用多种食物。多种食物应包括五大类。第一类为谷类及薯类：谷类包括米、面、杂粮，薯类包括马铃薯、甘薯、木薯等，第二类为动物性食物：包括肉、禽、鱼、蛋、奶等，第三类为豆类及其制品：包括大豆及其他干豆类，第四类为蔬菜水果类：包括鲜豆、根茎、叶菜、茄果等，第五类为纯热能食物：包括动植物油、淀粉、食用糖和酒类。

另外要注意粗细搭配，经常吃一些粗粮、杂粮等。稻米、小麦不要碾磨太精，否则谷粒表层所含的维生素、矿物质等营养素和膳食纤维大部分流失到糠麸中去了，降低了营养价值。

第二条：多吃蔬菜水果和薯类

蔬菜和水果含有丰富的维生素、矿物质和膳食纤维。深色蔬菜大于浅色蔬菜。对保护心血管健康、增强免疫力、减少儿童发生干眼病的危险，以及预防某些癌症等方面起着十分重要的作用。薯类含有丰富的淀粉、膳食纤维、维生素和矿物质。

第三条：每天吃奶类、大豆或其制品

奶类除了丰富的优质蛋白质和维生素外，含钙量较高，且利用率也很高，是天然钙质的极好来源。豆类含丰富的优质蛋白质，不饱和脂肪酸，钙及维生素 B_1、B_2、烟酸等，是经济的蛋白质的来源。

第四条：常吃适量的鱼、禽、蛋和瘦肉

鱼、禽、蛋、瘦肉等动物性食物是优质蛋白质、脂溶性维生素和矿物质的良好来源。它的氨基酸组成更适合人体需要，且赖氨酸量较高有利于补充植物性蛋白质中的不足。肥肉和荤油为高能量和高脂肪食物，摄入过多往往会引起肥胖，并且是某些慢性病的危险因素，如高血脂、冠心病、糖尿病等等。

第五条：减少烹调油用量，吃清淡少盐膳食

每日烹调油不超过 25 克或 30 克，食盐不超过 6 克。

第六条：食不过量，天天运动，保持健康体重

建议成年人每天进行累计相当于步行 6000 步以上的身体活动，为指导居民天天运动提供了参照标准。

第七条：三餐分配要合理，零食要适当

早、中、晚三餐按 30%、40%、30%分配，要注意吃零食的时间、数量和零食的营养和卫生问题。

第八条：每天饮足量水，合理选择饮料

水是七大营养素之一，通俗地说每天饮八杯水。饮料一般不是首选，如要选择应注意含糖量和是否会影响其他营养素的吸收，如碳酸饮料会带走体内的钙，含糖量太高会影响食欲或导致摄入量增加等。

第九条：如饮酒应限量

建议成年男性一天饮用酒的酒精量不超过 25 克，成年女性一天饮用酒的酒精量不超过 15 克。

第十条：吃新鲜卫生的食物

特定人群膳食指南是根据各人群的生理特点及其对膳食营养需要而制定的。特定人群包括孕妇、乳母、婴幼儿、学龄前儿童、儿童青少年和老年人群。其中 6 岁以上各特定人群的膳食指南是在一般人群膳食指南 10 条的基础上进行增补形成的。

第二节 运动锻炼与营养成分的摄取

一、运动和三大营养物质

（一）运动与糖

1. 糖在运动中的作用

糖类是人体最主要的，也是最佳的能源物质，是肌肉活动的主要能量来源。人体的有些组织如大脑基本上完全靠血糖供应能量。人体内的糖储备包括肌糖原、肝糖原和血糖三类。肌糖原的浓度按 0.5%～1%计算，全身共约 250 克，是糖储备的最大部分。肝糖原的平均浓度约为 5%（2%～8%），总计 75～90 克。血糖平均以 0.1 克/dI 计算，全身仅 5～6 克。体内糖储备的总量约 300～400 克。进行大于 1 小时的运动如长跑、长距离游泳、自行车、滑雪、足球、网球等运动，可使体内糖储备耗竭。糖原耗竭会影响运动能力，特别是耐久力。

运动中最直接和最快速的能量是三磷酸腺苷（ATP），但体内 ATP 的储存量极少，仅能维持几秒钟，ATP 需要不断合成。糖是剧烈运动中 ATP 再合成的主要基质，是运动时唯一能无氧代谢合成 ATP 的细胞燃料。糖氧化具有耗氧量低、输出功率大等特点，是大强度运动的主要能量来源。当以 90%～95%最大摄氧量以上强度运动时，糖供能占 95%左右，肌糖原消耗速度最大。在 65%～85%最大摄氧量强度运动时，肌糖原利用与运动时间有关，是中等强度运动的主要燃料；在低强度运动中糖是脂肪酸氧化供能的引物，并在维持血糖水平中起关键作用；任何运动开始、加力或强攻时，都需要由糖代谢提供能量。

2. 补糖的目的和意义

运动前补糖是增加体内肌糖原、肝糖原储备和血糖的来源。运动中补糖可以提高血糖水平、节约肌糖原、减少肌糖原耗损以延长耐力时间。运动后补糖是为了加速肌糖原的恢复。运动前肌糖原的储备量决定了达到运动力竭的时间，直接影响耐力训练和比赛的运动能力。

3. 补糖的方法

运动前补糖宜安排在赛前数日内、赛前两小时或赛前即刻，应避免在赛前 15～45 分内补糖（避开胰岛素效应）。可在大运动量前数日内增加饮食中碳水化合物占总量的 60%～70%

或者 10 克/千克；也可以采用大量的糖原负荷法，即在比赛前一周内逐渐减少运动量、直至赛前一天休息；同时逐渐增加饮食中的含糖量，至总热量的 70%左右；或在赛前 1～4 小时补充 1～5 克/千克，最好采取液态糖分的补充。

运动中补糖多采用少量多次饮用含糖饮料的方法补充。在运动中每隔 30～60 分钟补充含糖饮料或容易吸收的含糖食物，也可以在运动中使用易消化的含糖食物，如面包、蛋糕等。

运动后补糖时间越早越好。理想的时间是在运动后立即补充，或者运动完两小时以内，每隔一小时补充一次。运动后 6 小时内，肌肉中糖原合成酶含量较高，可以使存入肌肉的糖达到最大量，补糖效果最佳。运动后补糖量为 0.75～1.0 克/千克体重，24 小时内补糖总量达到 9～16 克/千克体重。

（二）运动与脂肪

1. 脂肪在运动中的作用

人体能量需要的膳食来源有碳水化合物、脂肪和蛋白质。其中主要是碳水化合物，占总能量的 55%～60%，其次是脂肪，占 25%～30%，蛋白质最少，占 12%～15%。作为能源物质，与碳水化合物相比，脂肪具有重量轻，能量密度高，发热量大的特点。1 克脂肪在体内氧化可产生 37.5kJ（9kcal）能量，1 克葡萄糖可以产生 16.9kJ（4kcal）能量，因此同等能量的脂肪在体内储存的体积小于葡萄糖。

在运动强度小于最大吸氧量 55%的条件下进行运动时，呼气中 25%～50%的二氧化碳来自于脂肪酸的氧化，而高强度运动则主要由糖的有氧氧化或无氧酵解供能。在 60%～65%最大摄氧量或以下强度运动时，脂肪分解能够提供运动肌所需的大部分能量。每克脂肪完全氧化可产生三磷酸腺苷的克数是糖的 2.5 倍；糖原以碳水化合物的形式储存在细胞内，而脂肪则以无水的形式储存。脂肪酸氧化时耗氧量高，产生相等能量时脂肪氧化的耗氧量比糖高 11%。

2. 运动对血脂、脂蛋白含量的调节

运动可以改善体内的脂肪代谢，降低血脂含量，减轻体重和减少体脂，还可增加血液中高密度脂蛋白的含量，运动可使血浆中甘油三酯和胆固醇下降。运动时机体的能量消耗增加，骨骼肌、心肌摄取游离脂肪酸增多，从而进入肝脏的脂肪酸减少，使体内甘油三酯合成降低。运动能提高脂蛋白脂肪酶活性，清除甘油三酯的功能加强，因而使血脂含量下降。

3. 运动员的脂肪需要量

运动员膳食中，脂肪的供给量一般应占总能量 30%左右，饱和脂肪酸：单不饱和脂肪酸：多不饱和脂肪酸 = 1 : 1 : 1。脂肪的摄取量按每千克体重 15 克为宜，应多用植物性脂肪和磷脂（大豆中含量高），动物性脂肪不宜超过总能量的 10%。运动前或比赛前应以低脂、高碳水化合物食物为主，不主张摄取高脂肪食物，一是因为脂肪的消化吸收慢，影响胃排空；二是脂肪在体内氧化时耗氧量高，动员利用慢；三是脂肪代谢产物蓄积会增加肝脏和肾脏负担，降低耐力并引起疲劳。此外，过多摄人脂肪会降低蛋白质和铁等一些营养素的吸收率；还常会带入外源性的胆固醇引起高脂血症，因此应当适当限制在运动员膳食中过多使用脂肪。然而如果脂肪不足，食物的质量和色香味受影响，造成运动员的食物摄取量减少，而且运动员的膳食要求量少质精，发热量高，所以又不可过多减少脂肪的供给量。登山运动员，因为经常处于缺氧状态，膳食中的脂肪量比其他运动员应更少些。游泳及冬季运动项目，如滑雪、滑冰等，因机体散热量大，食物中脂肪量可以比其他项目高些，但也不宜超过总热量的 35%。

（三）运动与蛋白质

1. 蛋白质在运动中的作用

在蛋白质、脂肪和碳水化合物三大营养素中，蛋白质在运动中供能的比例相对较小。长时间的运动会耗尽身体内的糖类储备，这个时候会分解体内的蛋白质作为能量来源，而赛后身体更加需要蛋白质来修复损耗的肌肉组织。近期研究报道氨基酸氧化可提供运动中 5%～15%的能量。在体内肌糖原储备充足时，蛋白质供能仅占总能量需要的 5%左右；大部分运动情况下，蛋白质供给 6%～7%的能量。在体内肌糖原储备耗竭时氨基酸供能可上升至 10%～15%，这取决于运动的类型、强度和持续时间。氨基酸主要通过丙氨酸—葡萄糖循环的代谢过程提供运动中的能量。蛋白质的补充可选择支链氨基酸、谷氨酰胺和增肌粉等氨基酸和蛋白质补剂。

2. 运动员对蛋白质的需要量

蛋白质是由多种氨基酸组成，含有碳、氢、氧和氮及少量的硫和磷，是人体氮的唯一来源，组成人体基本成分，约占人体全部重量的18%，一切细胞和组织都由蛋白质组成。生命的产生、存在与消亡，无一不与蛋白质有关，故蛋白质是生命存在的形式，也是生命的物质基础。食物中蛋白质的主要作用是用来建造人体自身组织，人体对蛋白质的需要量是随年龄、性别、不同运动项目、运动量和身体状况的不同而异。运动员的蛋白质需要量比一般人要高，成年运动员为 1.8～2 克/千克体重，少年运动员为 2～3 克/千克体重，儿童运动员为 3.0～3.4 克/千克体重。蛋白质摄入量达到 2 克/千克体重以上，即可防止运动性贫血。但是蛋白质的摄入如果过多，其代谢产物会增加肝和肾脏的负担，容易产生疲劳，大量的蛋白质会使机体脱水、缺钙，还可诱发痛风。因此，在平衡膳食的条件下，不需要额外补充蛋白质。

二、运动与水

水是仅次于氧的维持生命的必需营养物质。水是构成人体组织的重要成分，成年男子体内含水量约为体重的 55%～65%，女子约为 45%～55%。人体在正常情况下，体内水主要经过皮肤蒸发、呼吸蒸发、粪便、尿液等形式排出体外，因此应当补充相当数量的水，才能使机体处于动态平衡。每人每天排出的水和摄入的水必须保持基本相等，这称为“水平衡”。正常成年人每日排水量约为 2 500ml。要维持体内的水平衡，必须不断地补充水分。体内水的来源主要有三个方面：一是糖类、脂肪和蛋白质三大营养素代谢过程中产生的水分；二是食物中含有的水；三是饮料水。其中饮料水是人体所需水的主要来源。成人每日所需水量约为体重的 4%。

（一）脱水的危害性

在运动中大量出汗对人体最直接的影响是脱水，脱水量超过体重的 2%为轻度脱水，会出现口渴、尿量减少、心脏负担增加等现象，运动能力也随之下降 10%～15%；脱水量超过体重的 4%为中度脱水，会出现严重口渴、心率加快、血压下降、疲劳加重等症状，运动能力也随之下降 10%～30%；脱水量超过体重的 6%～10%为重度脱水，会出现呼吸加快、食欲丧失、厌食、肌肉抽搐、精神活动减弱，严重者可出现循环紊乱、虚脱、神志不清，甚至昏迷等状况。当体内失水超过 10%时，很多生理功能都受到影响，若失水达到 20%时，生命将无法持续。

运动时出汗具有出汗率高的特点，出汗率的多少与运动强度相关，也受运动持续时间、气温、湿度、热辐射强度和运动员的适应程度等多种因素的影响。在冷而干的环境下进行轻微运动时，每小时排汗量在 2.5 毫升左右是较常见的，而在炎热的环境中剧烈运动中，每小时的排汗量超过 2 升，大量的出汗使体内正常的水平衡和电解质平衡被破坏，体温升高，脱水症状随之而来。运动员重度脱水时可发生中暑，其主要表现为：体温升高、面红、头痛、脉快、虚弱，以及晕厥等症状，中暑极其严重时可引起死亡。因此，在观察到一些早期表现时，应立即送医院，同时可采取喝冷水、去除外衣、冰按摩等降温措施。

（二）运动饮料的补充

防止运动性脱水的关键是及时补充水分，使机体水分达到平衡，应根据运动员的个人情况和运动特点，在运动前、运动中和运动后补充水分。补水应遵循保持水平衡和少量多次的原则。少量多次可以避免一次性大量补液对胃肠道和心血管系统造成的负担加重。为保持最大的运动能力和最迅速地恢复体力，补液的总量要大于失水的总量，特别是补钠的量要充足。如果补水太多太急，在热环境中反而会增加出汗量，导致水分和电解质进一步丧失。短时间内的大量饮水，会使胃液稀释，胃腔扩张，影响消化和呼吸运动；并使血容量增加，大大加重了心脏和肾脏负担；还可使无机盐和维生素等大量丢失，导致神经肌肉机能降低，造成恶性循环，既影响运动能力，又妨碍体力恢复。运动饮料的选择应考虑到运动项目，一般认为，在持续 80 分钟以内的运动中，补充一般的凉水即可；在长时间运动中，应补充含糖饮料；在超长时间的运动中，如马拉松、铁人三项等，则需要补充含糖和电解质的饮料。

1. 运动前补液

在运动前 30～120 分补液 400～700ml，要少量多次摄入，每次 100～200ml，分 2～4 次饮入。运动前保持体液充分是非常必要的，只要采取正确的方法，运动前补液不会造成任何副作用。

2. 运动中补液

运动中补液要采取少量多次的方法，每隔 15～20 分补液 20～240 毫升。一般情况下，每小时补液量＜800 毫升为宜。运动中的补液量一般为失汗量的 50%～70%，当补液量达到失汗量的 75%～80%以上时，会产生胃部不适。

3. 运动后补液

运动中补液也应以少量多次为原则，补液量的多少可根据体重的丢失情况确定，运动中丢失的体液会在次日晨得到基本恢复。运动后体液的恢复以摄入糖和电解质的饮料效果最佳，饮料的含糖量可为 5%～10%，钠盐含量为 30～40 毫克，以获得快速恢复体液水平。

三、运动与无机盐、维生素

（一）无机盐

无机盐又称矿物质，也是人体重要的营养素。其分为常量元素和微量元素。其中含量较多的有钙、磷、钾、硫、氯、钠、镁七种元素，每日体内需要量在十分之几克到几克，称为常量元素。其他元素机体每日需要量从百万分之几克（微克）到千分之几克（毫克），称为微量元素。已知人体必需的微量元素有铬、铜、氟、碘、铁、锰、铝、硒、硅和锌等十四种。无机盐对维持体液的渗透压、酸碱平衡，维持神经、肌肉细胞的兴奋性，维持酶的活性，构成组织细胞等方面起重要作用。目前结合运动研究的较多的是：钠、钾、钙、镁、氯、铁和锌等元素。

1. 钙

钙在维持神经和肌肉细胞的兴奋性、骨骼肌的收缩等方面具有重要功能，钙营养的平衡对保持运动能力的作用非常重要。钙缺乏可引起肌肉抽搐，长期钙摄入不足可导致骨质疏松。调查研究显示：许多女运动员，特别是少年女子运动员的钙摄入量低于推荐的供给量，如果运动中大量丢失钙，容易造成钙的缺乏，这将影响骨骼的生长发育，增加运动性骨折的危险。减体重和控体重的运动员要注意在膳食中补充充足的钙。我国普通人 14～18 岁每日钙的推荐食物供给量为 1000 毫克。运动员（不分年龄）每日钙的推荐供给量为 1000～1200 毫克。补钙足量即可，要避免长期过量补钙，否则会引起高钙尿，增加肾结石的危险，长期过量补钙，还会影响铁、锌、镁、磷等元素的吸收。富含钙的食物主要有：牛奶及奶制品、海产品、豆类和蔬菜。

2. 铁

铁是人体必需的微量元素。铁缺乏的发病率在我国较为严重，以铁缺乏为主的贫血患病率一直在 20%左右，其中以儿童少年、孕妇和老年人居多。体内铁缺乏可引起含铁酶的含量减少，使组织细胞呼吸发生障碍，影响组织器官功能，表现出铁缺乏症状，出现食欲低下，吸收不良，机体抵抗力下降。铁缺乏会导致训练水平和运动能力下降，运动后机体恢复缓慢。研究表明：运动引起铁代谢加快，使铁的吸收受到影响，并使铁的排出增多，长期运动训练会使组织内储存铁的含量明显下降。因此运动者要特别注意铁的营养状况，摄入足够的铁。根据运动员的需要量和膳食铁 10%左右的吸收率，运动员推荐的每日铁供给量：常温下训练，男性为 20 毫克，女性为 25 毫克；高温下训练，男性为 25 毫克，女性为 30 毫克。运动员中青少年、耐力性运动、女运动员和控制体重的运动为缺铁性贫血的高发人群，应加强医务监督。

3. 其他无机盐

长期进行大运动量训练的运动员由于运动时代谢旺盛，无机盐消耗及随汗丢失增加，而大负荷训练又使机体吸收能力降低，因而运动员很容易造成无机盐缺乏。所以，膳食中应注意提供充足的无机盐，以满足身体的需要。膳食锌每日供应量成年男子为 11 毫克，运动员由于对锌的代谢和消耗增大，膳食锌的需要量超过普通人，在常温下训练或比赛，锌的膳食供给量为每日 20 毫克，在常温下训练或比赛，锌的膳食供给量为每日 25 毫克；正常成年人每日需要钾 2.5 克，动植物食物钾含量丰富，一般膳食可满足人体的需要，钾大部分在小肠吸收，吸收率约 90%；正常成年人镁的每日需要量约为 300～400 毫克，妊娠和哺乳期的妇女及运动员的镁需要量要高一些。过多补充无机盐对提高运动能力无效，尤其在脱水的情况下，摄取过多的无机盐还会引起水的需要量增加和胃肠功能紊乱。

表 4-1　运动员一日膳食的无机盐供给量/mg/d

运动员	镁	钾	钠	钙
儿童青少年				
7～11 岁	300～400	2 000～5 000	1 000～3 000	800～1 000
12～18 岁	400～450	3 000～6 000	2 000～4 000	1 000～1 200
成年 18 岁以上				
（常温下训练）	400～500	3 000～4 000	<5 000	800～1 200
（高温环境训练）	400～500	4 000～6 000	<8 000	800～1 200

（二）维生素

维生素是一大类营养素，在体内不参加构成组织，也不供给热能，而是参与体内的物质和能量代谢，是维持生命和健康所必需的基本要素。维生素在运动营养中的作用已经越来越引起人们的重视。在剧烈运动时，由于身体能量消耗增加，酸性代谢产物增多，体内某些物质自动氧化增强，自由基产生增多，就会攻击组织细胞，产生氧自由基损伤。运动引起自由基损伤，表现为运动性贫血和力竭运动后溶血作用增强，血清酶和肌红蛋白升高，肌肉疲劳产生，延迟性肌肉酸痛等症状，而维生素 C、维生素 A、维生素 E 具有抗氧化作用，是自由基及各类活性氧的清除剂，对保护机体免受这些活性物质的侵害起着重要作用。维生素缺乏使运动能力下降，产生疲劳，抗病能力降低，容易发生损伤，且伤后康复较慢。因此运动员应补充适量的维生素，过多补充维生素有害无益，摄入维生素 A、维生素 D 过多会引起中毒，儿童摄入维生素 D 过多甚至会引起软组织钙化等症状。维生素营养主要应靠平衡膳食供给，采用平衡膳食的运动员在摄入量充足时，可满足中小强度的运动训练的需要，但在大运动量训练营养不能满足需要或控制体重期添加食物营养密度不够时，应适当补充维生素制剂，以预防维生素的营养不良。

四、不同类型运动的营养补充

（一）速度性运动的营养特点

速度性运动有田径中的中短程跑、篮球和足球运动中的快速奔跑、短距离游泳等项目。速度性运动的代谢特点是能量代谢率高，运动中人体处于高度缺氧状态，其能量的供应主要来源于三磷酸腺苷（ATP）、磷酸肌酸（CP）和糖酵解，由于短时间形成的酸性代谢产物在体内堆积，会使肌肉、血液和神经系统受到很大影响。根据速度性运动的能量代谢和机体反应的特点，营养的供给应该考虑容易吸收的碳水化合物、维生素 B_1、维生素 C、磷和蛋白质较丰富的食物，以满足肌肉力量和神经活动的需要。在膳食中要有丰富的动物性蛋白质，以增大肌肉体积，提高肌肉质量，蛋白质的摄入量每日每公斤体重可达 3.0 克左右。另外，要求在膳食中增加磷和糖的含量，为脑组织提供营养，改善神经控制和增强神经传递，动员更多的运动单位参加收缩。在膳食中还要增加矿物质如钙、镁、铁及维生素 B_1 的含量，以改善肌肉收缩质量。为使体内碱储备充足，还应该增加蔬菜、水果、牛肉等碱性食物，以免运动过程中酸性物质堆积过多而造成机体运动能力下降，同时也可更好地维持神经系统的兴奋与抑制过程。

（二）耐力性运动的营养特点

耐力性运动有田径中的长跑、马拉松跑、长距离游泳、篮球和足球等项目。耐力性运动的代谢特点是运动时间长，热能与各营养素的消耗大，能量代谢以有氧氧化为主。肌糖原消耗大，蛋白质分解加强，脂肪供能比例随运动时间延长而增加。因此，参加耐力性锻炼时，必须保证体内有充足的糖元储备，食物中应含有充分的糖，平时约占总热量的 50%～60%，大运动负荷训练或比赛可提高至 70%。另外，耐力性运动对人体的呼吸和循环等机能能力要求很高，血红蛋白对于运输氧有其特殊的功能，故必须保证血红蛋白维持在较高的水平上，因此，要保证足够的蛋白质（约占总热量的 12%～14%）和无机盐（尤其是铁）的供应。为缩小食物体积，减轻胃肠道负担，膳食中可适当增加脂肪含量，约占总热量的 30%～35%。为促进疲劳的消除和体力的恢复，还应供给充足的维生素 C 和维生素 B 族。

（三）力量性运动的营养特点

力量性运动要求肌肉有较大的力量和较强的爆发力，力量和爆发力的大小依赖于对蛋白质的摄取，肌肉对蛋白质的需要量大大增加，所以进行力量性运动要多吃高蛋白食物，蛋白质的需要量应是普通人群的两三倍甚至更多，即每千克体重摄取蛋白质 2 克以上，其中优质蛋白质应占 1/3 以上。力量性运动员在摄取的能量中，糖类应占 45%、脂肪占 40%、蛋白质占 15%，在训练初期、肌肉增长期和减重期可达 18%～20%左右。由于力量性运动对神经、肌肉的兴奋性有很高的要求，为了保证神经肌肉的正常收缩功能，钠、钾、钙、镁等补充也很重要。此外力量性运动对碳水化合物、铁、维生素 B_1 和维生素 C 的需要量也较多。

（四）灵巧性运动的营养特点

灵巧性运动有体操、艺术体操和技巧等项目。灵巧性运动要求有较强的力量与速度素质以及良好的灵巧与协调性，对神经系统的要求较高，一些运动项目还需要运动者控制好自身的体重，因此对身体的热量平衡要求很严。灵巧性运动对运动者机体的协调性要求很高，动作完成必须快速准确，神经系统较为紧张，因此维生素的补充尤为重要，需要较多维生素 B_1，维生素 B_2，维生素 C 和磷等的补充。灵巧性运动员在摄取的能量中，糖类占 50%～60%，脂肪占 25%～30%，蛋白质占 15%～20%。膳食中应有充分的蛋白质，平时约占总热量的 12%～15%，控制体重期可达 18%左右。膳食中脂肪不宜过多，应控制油腻的肉类及甜食，特别是晚餐后不要摄取甜食和含糖饮料，尽可能减少体内脂肪的蓄积，以免影响运动时身体的灵敏性。需引起注意的是，有些项目需要保持体形，控制体重，但注意不能过分控制饮食，避免造成营养不良，影响身体的生长发育。

（五）球类运动的营养特点

球类运动是以动力性活动为主的体育活动。球类运动大都较为复杂，不但对人的体能有较高的要求，而且对人的神经活动、力量素质、速度素质、耐力素质和灵敏素质等均有较高的要求。球类运动项目的运动强度较大，篮排球运动员的热量消耗大约在 18 000kJ 左右，而足球运动员可达到 20 000kJ 以上，一场足球比赛跑动的距离可达 10～15 千米。各国足球运动员的能量消耗资料表明：蛋白质占总热能的 14%～15%，脂肪占 25%～30%，糖则为 55%～60%。所以，球类运动的营养供给应较全面，由于其运动强度大，热能需要高，为了满足身体的需要，食物的热量应当充分，每日糖类摄入量在 600～650 克左右，脂肪在 120～150 克左右，蛋白质在 160～170 克左右。球类运动一般比赛时间较长，运动中因流汗而大量流失体液，在比赛的间歇中，应饮用一些富含矿物质、维生素的碱性运动饮料。

（六）游泳运动的营养特点

游泳运动是在水中进行，水的温度低、阻力大，机体散热较多、较快，能量消耗加大。所以，游泳运动员的膳食热能要高，膳食中要含有丰富的蛋白质、糖和适量脂肪，在水温较低时，出于抵抗寒冷需要，可以增多脂肪的摄入，以利于保持体温。短距离游泳运动员需要补充较多的蛋白质，长距离游泳需要补充较多的糖、维生素和无机盐，矿物质中增加碘的含量，以适应低温环境甲状腺素分泌增多的需要。

（七）棋牌类的营养特点

棋牌类是以脑力活动为主的项目，脑细胞的能源特质完全依赖血糖提供。当血糖降低时，脑耗氧量下降，工作能力下降，随之产生一系列不适症状，所以棋牌类项目对糖类有着特殊的需求，也可在下棋、打牌时随时补充。此外，膳食中增加蛋白质和维生素 B_1、维生素 C、维生素E、维生素A的供给，提高卵磷脂、钙磷铁的含量。膳食中应减少脂肪摄入，以降低机体耗氧，保证脑组织的氧供应。

第三节　运动锻炼的休息与恢复

运动锻炼后产生的运动疲劳如得不到及时的消除，体力恢复不充分，势必影响到继续锻炼及工作学习的精力。因此，在运动锻炼之后，采取得当的措施加速疲劳的消除是非常重要的。

一、整理运动

（1）整理运动是消除疲劳、促进体力恢复的一种良好方法。剧烈运动后进行整理运动，可使心血管系统和呼吸系统仍保持在较高水平，有利于乳酸的排除；同时让肌肉及时得到放松，可避免由于局部循环障碍而影响代谢过程及因此造成的恢复过程延长。

（2）一般整理运动应包括以下内容：如慢跑、深呼吸、体操、肌肉放松练习及静力伸展练习。其中静力伸展练习可以缓解运动后延迟性肌肉酸痛和肌肉僵硬，促进骨骼肌疲劳的消除，对预防运动损伤有良好的作用。

二、生活制度

坚持合理的生活制度，它包括规定并遵守合理的作息时间，保持良好的睡眠条件，注意饮食卫生，克服吸烟和饮酒等不良嗜好等。

（1）睡眠是消除疲劳、恢复精力所必需的过程。充足的睡眠可以保证头脑清醒、精力充沛，还可以促进儿童及青少年的骨骼生长。青少年和成人每天要分别保证有 10 小时与 8～9 小时的充足睡眠时间。因为人在熟睡后，脑血流量明显增加，因此，睡眠可以促进蛋白质的合成及儿童智力的发育。如果睡眠不足，大脑疲劳长时间得不到恢复，将会导致反应迟钝、注意力不集中、记忆力和理解力下降。甚至出现烦躁、易怒、食欲减退、体重减轻、生长发育缓慢的后果。睡眠还可以促进肌体康复，人体的免疫机能也随之增强。

（2）注意饮食卫生。首先是饮食的营养配制，每天吃的东西应搭配好，种类花样多些，宜吃清淡食物，这样营养全面又健康。其次注意烹调加工饭菜时的卫生。如生、熟分开，以防交叉感染；烹调食物应烧熟煮透，起到杀菌的作用又有利于消化吸收，而有些食物生食可避免营养素的损失；少吃煎炒、油炸、腌制的食品。餐具要保持清洁，并定期高温消毒；食物不宜保持过久，做好的食物最好尽快吃掉，否则易滋生细菌和亚硝酸盐产生，危害人体。再次，注意饮食时间、数量的制度化。定时吃饭，不暴饮暴食，饭前饭后洗手，饭后并适当的调整休息或走动一会儿。

（3）减少吸烟。大量调查研究表明，吸烟是目前人类健康的一个重要危害。吸烟能诱发和加重多种疾病，降低人的健康水平，甚至缩短人的生命。吸烟不仅危害自身，同样会危害他人。被动吸烟者对健康造成的危害不亚于主动吸烟者。

（4）减少饮酒。酒的主要成分是酒精，也叫乙醇，是一种有毒物质。如果大量饮用会危害人体的细胞、心脏、神经系统，对身体产生破坏的作用，直接影响身体的健康。所以大学生饮酒过量可造成脑供氧不足、记忆力减退，严重影响学习和生活。

三、积极性休息

在紧张的比赛或大运动量训练后，可适当安排活动性休息，即当局部疲劳后，可利用未疲劳的另一些肌肉进行一些适当的活动，借以促进全身代谢过程，加速疲劳消除。这是因为体内消除疲劳的主要承担者是血液循环，通过血液循环可以及时补充氧气及其他营养物质并排除废物，而积极性消除疲劳的方法就是积极促进重点转换部位的血液循环。须注意的是为积极性休息安排的活动量强度要小，时间要短些，这有在保证睡眠的情况下采用积极性休息效果会更好。还可做些其他活动如公园内散步、听音乐、欣赏戏剧和参加旅游等，对消除因体力消耗和精神紧张所引起的疲劳具有特别良好的作用。

四、营养补充和药物调理

（1）营养方面：合理营养补充是消除运动锻炼后的疲劳和提高抗疲劳能力的重要手段。在运动疲劳后饮食中要有充分的糖和蛋白质补充。如果是长时间有氧运动，应根据负荷的程度适当食用一些脂肪类食物。此外，疲劳后要注意维生素 C、维生素 B_1 、维生素 B_2 、维生素 A、维生素 E 和无机盐与水（特别是夏季和出汗多时）。食品应富有营养和易于消化，并尽量多吃些新鲜蔬菜、水果等含碱性食物。

（2）药物方面：如维生素 B_1 、维生素 B_6 和维生素 C 以外，中药黄芪、刺五加、参三七等，都具有调节中枢神经系统的功能，扩张冠状动脉和补气壮筋的作用，对促进疲劳的消除也有一定的效果。对疲劳症状明显、持续时间又稍长的运动员，也可使用维生素 VB_{12} 、三磷酸腺等。

五、物理疗法

运动后进行按摩、温水浴或局部热敷，可以促进全身或局部的血液循环，加强新陈代谢，加速疲劳物质的排除。温水浴的水温以 42 度左右为最适宜，沐浴时间一般为 10～15 分钟，最长不超过 20 分钟，每天不要超过两次。局部热敷的温度以 47～48 度为宜。在运动前，对负荷量较大的部位作 10 分钟的热敷，可推迟运动中出现疲劳的时间。

六、心理调节

情绪因素对疲劳的消除也有不容忽视的作用。积极向上、乐观愉快的情绪也有助于加速疲劳的消除，如欣赏优美的音乐、观赏风景等，做些自我心理控制与放松调节等，对体力恢复有促进作用。

第四节　益智食品和智力开发

一、益智食品

（一）健脑益智食品

与体力劳动者相比，脑力劳动者对饮食的质量要求更高一些。人的大脑是产生思维和意识的中枢，结构复杂、任务繁忙、新陈代谢十分旺盛，对能量物质的取舍也有明显的选择。在进行脑力活动时，脑细胞需要大量的氧气。虽然人脑质量不过 1.4 千克，但它的耗氧量却占全身耗氧量的 20%～25%，是全身需氧量最多的“大户”，所需能量都要由碳水化合物来供给，脑本身并不能储备更多的能量。当脑力活动紧张时所需的糖量和耗氧量都相应增加。根据国内外现代营养学家长期研究的结果表明，营养可以改善脑细胞，其功能增强。下面介绍几种常见的益智健脑食物。

1. 鱼类

各种鱼都对我们的大脑功能有促进作用。生活在水中的鱼和贝类，含有较多的不饱和脂肪酸，这些不饱和脂肪酸能够参与制造脑细胞，而且蛋白质、维生素、微量元素的含量也很高，吃鱼有助于加强神经细胞的活动，从而提高学习和记忆能力，促进智力活动。

2. 金针菇

金针菇又叫做金菇、朴菇。因为它的菌柄细长，呈鹅黄色，所以用“金针”来形容。金针菇肉质脆嫩，营养丰富，可炒，可烧，可凉拌，滑嫩爽口，味道极佳，很受人们青睐。不仅如此，它还以促进智力、加强记忆的独特功效而风靡世界，在日本被称为“增智菇”。新鲜金针菇具有高蛋白、低脂肪、多糖的特点。据测定，每百克干金针菇含有蛋白质 26.81 克、脂肪 1.56 克、碳水化合物 58.43 克；此外，还含有 18 克氨基酸和精氨酸，有加强记忆，开发智力的作用。

3. 木耳

木耳有白木耳与黑木耳之分。木耳的益智作用，在《神农本草经》中就有记载，称它能“益气不饥，轻身强智”。木耳中所含的营养成分主要有：蛋白质、脂类、糖类、钙、磷、铁、胡萝卜素、维生 B_1、维生素 B_2、烟酸、卵磷脂、脑磷脂、鞘磷脂和甾醇等。其中，卵磷脂等不饱和脂肪酸、维生素、无机元素是主要的益智成分。食用木耳益智，以白木耳为佳。

4. 牡蛎

牡蛎又名蚝，是生长在海中的贝类动物。作药用时，用它的壳；作食物时，则用它的肉。牡蛎肉中的益智成分有：每 100 克干肉中含糖原 63.5 克、各种氨基酸 1.3 克，以及维生素 A、维生素 B_1、维生素 B_2、维生素 D、亚麻酸、亚油酸、甾醇等。使牡蛎受人欢迎的益智成分是极为丰富的微量元素（即铜、锌、锰、钡、磷、钙、碘等），含量高达 17.6 克/100 克。此外，还含有 1.3%的牛磺酸和极为丰富的谷胱甘肽。牡蛎肉的食用方法是：洗净，放入滚开水中煮一滚后捞出，然后可用来炒鸡蛋，或做汤，或加姜、醋等凉拌。无论哪种吃法，都是味道鲜美的益智佳肴。

5. 鸡

鸡肉有温中益气，补精添髓，补虚益智的作用。《神农本草经》上说常吃鸡肉能“通神”；后世医家大多认为“食之令人聪慧”。对于益智来说，山鸡（即野鸡）最好，草鸡（即家养的土产鸡）次之，机械化养鸡场生产的进口“洋鸡”，尽管体大肉嫩，但生长期太短，对智力的促进作用远不如山鸡和草鸡。对鸡肉的营养分析可以得知：每 100 克鸡肉中含有蛋白质 23.3 克、脂肪 1.2 克、钙 13 毫克、磷 190 毫克、铁 1.5 毫克，以及维生素 B_1、维生素 B_2、维生素 A、维生素 C、维生素 E、烟酸等，是少年儿童、脑力劳动者、年老体弱者的理想益智食物。

6. 鸡蛋

鸡蛋的营养价值是人所共知的。它所含有的蛋白质占 14.7%，鸡蛋所含的蛋白质最容易被人体吸收，吸收率为 99.7%，比牛奶、猪肉、牛肉都高；所含的脂肪占 11.6%，其中有大量的卵磷脂、甘油三酯、胆固醇和蛋黄素。卵磷脂被消化后，可释放出胆碱，很快进入大脑，对增强人的记忆能力有重要作用。美国、英国、加拿大等国的科学家研究指出，供给足够的胆碱类食物，可避免老人患记忆力衰退症，并且对所有年龄人的记忆力均有改善作用。鸡蛋中的维生素也很丰富，有维生素 A、维生素 B_2、维生素 B_6、维生素 D、维生素 E 等，所含的微量元素也很多，其中铁的含量比牛奶高。由此可见，鸡蛋是理想的益智食物，对加强记忆力作用尤为明显。

7. 牛肉

牛肉是能使人强壮的食品，凡身体虚弱而智力衰退者，吃牛肉最为相宜。每 100 克牛肉中含有蛋白质 20.1 克，脂肪 10.2 克，钙 7 毫克，磷 170 毫克，铁 0.9 毫克，维生素 $B_1$0.07 毫克、维生素 $B_2$0.15 毫克，烟酸 6 毫克。其中蛋白质是牛肉的主要滋补成分，组成牛肉蛋白质的氨基酸种类多，结构合理，为完全性蛋白质食品。

8. 大豆

大豆是传统的补益食品，具有益智、抗衰老、美容等功效。中医古籍记载，常食用大豆，可以“令人强壮，容貌红白，永不憔悴”。一般来说，平时食用以黄豆最普遍，黑豆较少食用，但黑豆入药较多，其益智作用在某些方面超过黄豆。在粮食中，大豆的蛋白质含量最高，一般为 30%～40%左右，其中黑大豆达 50%以上。1 升黄豆的蛋白质含量相当于 1 千克瘦猪肉，或 1.5 千克鸡蛋，或 6 千克牛奶的蛋白质含量。大豆中所含的蛋白质，不仅量多，而且质好，其中氨基酸的组成与人体的需要比较接近，组成比例类似于动物蛋白，因此有“植物肉”、“绿色乳牛”的美称。豆类食品所含的氨基酸与谷物类食品所含的氨基酸互有不同，如谷类中较缺的赖氨基酸，在大豆中的含量却很高。因此，应提倡米豆或面豆混合食用，起互补作用。大豆所含的脂肪可达 15%～20%，其中不饱和脂肪酸占 84.4%，又以亚麻油酸和亚麻油烯酸最为丰富，还含有 1.64%卵磷脂等。因为大豆脂肪的溶点低，易于消化吸收，因此对少年儿童的大脑、神经系统发育具有重要意义。如想增强孩子智力，就应该多吃豆油。大豆的含铁量也较高，并且容易消化吸收，对贫血的儿童来说是较适宜的益智食品。而大豆制成豆腐后，因为制作时加入了盐卤或石膏，增加了钙、镁等无机元素的含量，更适合于儿童食用。大豆还含有丰富的维生素 B 类，其中维生素 B1 的含量较高。干大豆中几乎没有维生素 C，但做成豆芽后，却会明显增加含量。北方的冬天缺少新鲜蔬菜，可以经常食用豆芽，以补充维生素 C。豆类的食用方法非常多，如我国的豆制品就有水豆腐、老豆腐、豆腐干、百页、腐乳、腐竹、油豆腐、豆浆、豆芽、豆腐脑等。但无论哪种食用方法，都要求充分加热煮熟后食用，否则不仅难以消化吸收，还会造成腹泻。这是因为大豆中有一种抗胰蛋白酶因子，能抑制胰蛋白酶的消化作用，使大豆中的蛋白质难以分解而影响消化；而煮熟后，这种因子就会被破坏，蛋白质就能被吸收。

9. 蜂蜜

蜂蜜所含成分众多，其中因为蜂种、蜜源和环境不同，各种蜂蜜的成分会有所差异。蜂蜜中主要的成分是果糖、葡萄糖、蔗糖、麦芽糖、蛋白质和氨基酸，转化酶、还原酶、氧化酶、过氧化氢酶、淀粉酶等酶类；有机酸类，乙酰胆碱，维生素 A、维生素 B_1、维生素 B_2、维生素 B_6、维生素 C、维生素 D、维生素 K，尼克酸、泛酸、叶酸，生物素及铜、铁、锰、镍等微量元素。从智力饮食的五大营养素来看，蜂蜜是一种天然的益智佳品。食用蜂蜜，可以兑开水冲饮，也可以做成各种饮料饮用。对于少年儿童，最好不要食用蜂乳、蜂王浆及其制剂。因为它们所含的激素类成分较多，其中的促性腺激素会导致儿童性早熟，因此不宜食用。

10. 核桃和芝麻

现代研究发现，这两种物质营养非常丰富，特别是不饱和脂肪酸含量很高。中医认为，这两种物质有“补五脏，益气力，强筋骨，健脑髓”的作用。因此，常吃它们，可为大脑提供充足的亚油酸、亚麻酸等分子较小的不饱和脂肪酸，以排除血管中的杂质，提高脑的功能。另外，核桃中含有大量的维生素，对于治疗神经衰弱、失眠症，松弛脑神经的紧张状态，消除大脑疲劳效果很好。

（二）健脑食谱

1. 萝卜枸杞子黑米粥

主 料：胡萝卜 100 克、枸杞子 20 克、黑米 200 克、核桃仁 20 克。

制 作：将洗净的胡萝切成小块备用。起火上锅，加适量水，放入黑米、胡萝卜块，用大火烧开后加入枸杞子，再煮开后改用小火煮至米熟软即可。

功 效：常做主食食用，可滋补肝肾，养血明目，聪脑益智。适用于肝肾不足之目暗眼花、记忆力减退等症，也可用于眼干燥症、夜盲症的预防。

2. 双香猪肝

主 料：猪肝、干生粉、花生仁、腰果各适量。

制 作：猪肝切厚片用酒、盐腌制后，沾上干生粉炸熟，撒上炒香碾碎的花生仁、腰果即可。

功 效：猪肝益肝明目，而花生和腰果则是护脑佳品。

3. 玉米鸡蓉羹

主 料：鸡肉 150 克、玉米粒 200 克。

制 作：鸡肉加盐、白酒、蛋清、生粉调成糊状，玉米粒绞碎加煮沸，调入鸡蓉，用白酒、盐、鸡精调味，用蛋液勾芡。

功 效：玉米中的卵磷脂有健脑，促进细胞新陈代谢及帮助脑组织排氨的效能。

4. 双耳炖猪脑

主 料：白木耳、黑木耳各 10 克，猪脑 1 具。

制 作：将黑木耳、白木耳发开洗净，猪脑洗净同置锅中，加鸡清汤适量，文火炖至烂熟后，加入食盐、味精、料酒、椒粉等调味，再煮一二沸服食。

功 效：补虚健脑。

二、智力开发

智力开发是培养人的智力以提高劳动者素质的活动。其主要基本内容是提高人的观察力、记忆力、想像力、思维力、创造力、判断力等。有位心理学家做了一个形象的比喻：观察力好像智力的眼睛，记忆力好像智力的“储存器”，思维力像中枢，想象力如同翅膀，创造力如同将智力转换为物质能量的“转换器”。从这个比喻中我们可以看出，智力是由多种要素构成的。青少年的智力开发即在以上综合能力上进行进一步开发。

1. 培养观察力

观察力是一种有目的、有准备、主动的知觉能力，是智力的门户。人们要认识一个事物，总是从观察开始。原苏联的大教育家苏霍姆林斯基说过："认识本身就是一个激发生动的、不可熄灭的兴趣的最令人赞叹、惊奇的奇异的过程。"在青少年面前揭示出一种新的东西，激发起他们在自然奥秘面前的惊奇感，这种情感能抓住他们的心，促使他们进一步寻找、体会观察的乐趣。同时，要引导他们养成有目的、有计划观察的习惯，教给他们良好的观察方法，使他们学会完整的精确的感知事物的技巧。

2. 训练记忆力

记忆力是保持和回忆过去经验及概念的能力。如果没有记忆，以前感知过的事物都会变成陌生，人好像新生婴儿一样，一切事物都得从头感知，由于头脑中没有感性材料的储备，想象和思维就成了无源之水、无本之木而无法进行。优秀的记忆表现在记忆的敏捷、记忆的持久和记忆的正确上。下面介绍增强记忆力的10种方法：（1）注意集中：要注意集中精神。（2）兴趣浓厚：对学习产生兴趣是很重要的。（3）理解记忆：理解是记忆的基础，只有理解才会记牢。（4）过度学习：对学习内容反复巩固。（5）及时复习：对刚刚学习到的知识趁热打铁，反复温习。（6）经常回忆：不断回忆学习内容，进行自我修改。（7）视听结合：利用视、听这两个器官的功能，来强化记忆。（8）多种手段：用许多方法来增强记忆。（9）最佳时间：在一天中记忆力最强的时候进行学习。（10）科学头脑：要保证营养、积极休息、加强体育锻炼。灵活应用这10种方法，可以提高我们的记忆效率。

3. 提高思维力

思维力是大脑的重要机能和属性，是智力活动的主要形式和方法，也是衡量智力高低的重要标志，被公认为是智力开发的核心。它不仅限于对客观事物的认识，而且能够在对现实事物认识的基础上进行蔓延式的无止境的扩展，并通过想象、幻想、理想和假设等思维的演进，推动着人类文明的发展和科学技术的不断进步。青少年应学会采用多种思路、多种思维方式去考虑问题，学会多比较、多观察、多提问，克服习惯性思维的影响，发展创造性思维。

4. 发挥想象力

想象力是在过去感知材料的基础上，重新创造出新事物形象的能力。青少年对周围的世界有强烈的好奇心和浓厚的兴趣，特别富于幻想，要保持这种良好的想象习惯，扩大知识领域，丰富表象储备，提高运用表象进行想象的能力，除了在课堂上尽量扩大学习的知识范围外，还要加强课外阅读，并通过组织参观、旅行、调查、访问等活动，扩大知识领域。

复习思考题

1. 怎样才能算得上是科学膳食、健康生活？
2. 食物中主要营养物质有哪些，它们有何营养作用？
3. 何为理想和标准体重，如何评价营养不良和肥胖程度？

第五章 锻炼中损伤与突发事故的防治

摘 要

体育锻炼可以增强体质，预防疾病，提高健康水平；但体育锻炼不当也常伴有运动损伤的发生。本章主要讲述运动损伤产生的机理、预防与处理等。通过本章学习，使大学生了解运动损伤方面知识，从而有利于改善运动条件、改进体育教学和运动训练方法，提高运动成绩，更好地起到增强体质、增进身体健康的效果。

引 言

所谓“运动损伤”是指运动过程中因活动不当，而导致骨骼、关节、肌肉韧带等受到机械性和物理性方面因素所造成的伤害。随着人们保健意识增强，锻炼者越来越多，人们对体育锻炼期望过高，但体育运动卫生常识却十分薄弱，片面认为“多多益善”，超负荷超限度运动而使身体受到伤害；另外，我国运动医务监督条件存在不足，也是导致运动损伤增多的原因之一。运动损伤的发生与运动项目、训练安排、运动环境、运动者的自身条件以及技术动作有密切的关系。运动损伤对运动员所造成的影响是严重的，不仅影响正常的训练、比赛，妨碍运动成绩提高，减少运动寿命，严重的还可能引起残废，甚至死亡。对体育爱好者来说，运动损伤也会影响其健康、学习和工作，造成不良的心理影响。在体育健身运动中，我们对常见运动损伤的类型，产生原因及其防治都应有充分的认识，切实做好预防工作，使之最大限度地减少或避免运动损伤。

第一节 运动损伤的种类与特点

运动损伤多见于年轻人群，他们热爱运动，积极参与各项体育活动，但常常因缺乏一定的运动训练卫生知识和出现运动损伤后的应急措施，而对伤者造成不必要的痛苦，严重者甚至导致终身遗憾。

一、运动损伤的分类

（一）按伤后皮肤或粘膜完整与否分类

开放性损伤是指伤处皮肤或粘膜的完整性遭到破坏，有伤口与外界相通，有组织液渗出或血液自创口流出的损伤，如擦伤、刺伤、切伤及撕裂伤等。

闭合性损伤是指伤部皮肤或粘膜完整无破损，无创口与外界相通，损伤后的出血积聚在组织内，如挫伤、肌肉拉伤、关节韧带损伤等。

（二）按伤后病程的阶段性分类

急性损伤是指一瞬间遭到直接暴力或间接暴力造成的损伤，其特征是发病急，病程短，症状骤起。如肌肉拉伤、关节韧带扭伤等。

慢性损伤是指局部过度负荷，多次微细损伤积累而成的损伤，或由于急性损伤处理不当转化来的陈旧性损伤，其特征为发病缓慢，症状渐起，病程较长，如肩肘损伤、髌骨软骨软化症等。

（三）按受伤的组织结构分类

损伤何组织即为何损伤，如肌肉与肌腱损伤、皮肤损伤、关节损伤、骨损伤、滑囊损伤、内脏损伤、脑震荡、神经损伤等。

（四）按运动能力丧失的程度分类

（1）伤后仍能按计划训练的“轻度伤”。

（2）伤后 24 小时以上不能工作或训练的“中度伤”。

（3）伤后完全不能运动训练的“重度伤”。

二、运动损伤的特点

运动损伤的特点既与锻炼者的技能水平、运动环境有关，也与运动项目特点、技术难度等因素有关。了解和掌握运动创伤的发病规律，对预防、诊断和治疗都具有重要意义。

不同运动项目会发生身体不同部位的运动损伤，主要是由下列两个潜在因素所决定的：运动项目的特殊技术要求，运动员身体某部存在的解剖生理弱点。当这两个因素由于某种原因同时起作用时，极易发生运动损伤。例如，篮球运动员易伤膝。这是由于篮球运动员经常处于膝关节半屈位（130～150 度）时左右移动、进攻、防守、踏跳、上篮等，使膝关节发生屈曲、扭转、磨擦等，而膝关节半屈位正是它的解剖弱点，此时韧带及肌肉放松，关节杠杆长，导致关节稳定性相对较弱，因而易发生膝部软组织损伤（如韧带、半月板损伤和髌骨软骨病等）。排球运动员易伤肩、指、膝和腰，引起肩肘损伤、肱二头肌长头肌腱腱鞘炎、手指扭挫伤、髌骨劳损、腰部肌肉筋膜炎等。足球运动员易伤踝、大腿和膝部，如踝关节扭伤、足球踝、大腿肌肉拉伤及挫伤、膝关节韧带和半月板损伤等。网球、羽毛球、乒乓球运动员容易发生网球肘。掷铁饼运动员最后多因髌骨软骨病丧失专项机能，掷标枪运动员多因投掷肘而不能提高成绩，跳高运动员易患髌尖痛，射击运动员易患脊柱侧弯，短跑和跨栏时易发生股后肌群拉伤，体操运动员易断跟腱等。以体操的跟腱断裂为例，从动力解剖的分析来看，提踵起跳动作是由跟腱及内外踝后肌组 3 个部分共同完成的。由于跟腱在跟骨上的止点距离踝的轴心半径较腓骨肌和胫后肌等的半径为大，因此当踝背屈至 70°发力起跳时，全部提踵所需拉力几乎都由跟腱负担，此角度即成为跟腱的解剖弱点。自由体操的“踺子接空翻”是最易断跟腱的动作，要高质量地完成此动作，踝就必须于背伸 70°左右发力，这是这个动作的特殊要求。有了以上两个因素，就为跟腱断裂创造了条件。医生和教练员以及运动者本人都应了解这一规律，以便采取预防措施。

第二节　常见运动损伤的处理与治疗

在运动训练过程中，如发现有运动损伤，应立即进行处理与治疗，以便患处早日恢复，再更好地参加训练、比赛。“轻伤不下火线”、“带病上阵”等都不足取。

一、运动损伤的类型

（一）软组织损伤

这类损伤可分为开放性损伤和闭合性损伤。前者有擦伤、撕裂伤、刺伤等；后者有挫伤、肌肉拉伤等。

1. 擦伤

（1）原因与症状。因运动使皮肤受挫致伤，主要征象为表皮剥脱，有小出血点和组织液渗出。

（2）处理。小面积擦伤，可以用红药水涂抹伤口即可；大面积擦伤，擦伤创面较脏或有渗血时，先用生理盐水洗净，再涂抹红药水，再用消毒布覆盖，最后用纱布包扎。面部擦伤最好不用龙胆紫等含有染色剂的药水涂抹，因为用后可能在数月内染色不退，有碍美观。如膝关节处皮肤擦伤，先要洗净，然后用消炎油膏涂抹，盖上无菌纱布，医用胶带固定，必要时缠上绷带。轻微刺伤一般很快就能愈合；如果伤口较深、较脏，应立即到医院清洗包扎，并注射破伤风抗毒血清，以预防破伤风。

2. 撕裂伤

（1）原因与症状。在剧烈运动时，或受到突然强烈的撞击时，造成肌肉撕裂。其中包括开放性伤和闭合性损伤。常见有眉际撕裂、跟腱撕裂等。开放伤顿时出血，周围红肿。闭合伤触及时有凹陷感和剧烈疼痛。

（2）处理。轻度开放伤，用红药水涂抹即可；裂口大时，则需止血和缝合伤口，必要时注射破伤风抗毒血清，以防破伤风症。如肌腱断裂，则需要手术缝合。

3. 挫伤

（1）原因与症状。因撞击器械或练习者之间相互碰撞而造成挫伤。单纯挫伤会在损伤处出现红肿、皮下出血，并有疼痛。内脏器官受伤时，则会出现头晕、脸色苍白、出虚汗、四肢发凉等现象，严重者甚至出现休克。

（2）处理。轻度损伤不需特殊处理，在 24 小时内冷敷或加压包扎，抬高患肢或外涂中药。24 小时以后，可按摩或理疗。进入恢复期可进行一些功能性锻炼。如果怀疑内脏损伤，则临时处理后，送医院检查和治疗。

4. 肌肉拉伤、肌肉痉挛

（1）原因与症状。通常在外力直接或间接作用下，使肌肉过度主动收缩或被动拉长时引起肌肉拉伤。主要由于运动过度或热身不足造成，可根据疼痛程度知道受伤的轻重。肌肉痉挛就是俗称的“抽筋”，是肌肉不自主的强直收缩。在体育运动中最容易发生痉挛的肌肉是小腿腓肠肌，其次是足底的屈拇肌和屈趾肌。引起肌肉痉挛的主要原因有寒冷的刺激、电解质不平衡或身体疲劳。特别是由于准备活动不充分，动作不协调以及肌肉弹性、伸展性、肌力差者更易拉伤，损伤后伤处肿胀、压痛、肌肉痉挛，触诊时可摸到硬块。严重的肌肉拉伤是肌肉撕裂。肌肉拉伤指肌纤维撕裂而致的损伤。

（2）处理。一旦出现痛感应立即停止运动，并在痛点敷上冰块或冷毛巾，保持 30 分钟，以使小血管收缩，减少局部充血、水肿。切忌搓揉及热敷。轻者可即刻冷敷，局部加压包扎，抬高患肢。24 小时后可施行按摩或理疗。如果肌肉已大部分或完全断裂者，在加压包扎急救后，固定患肢，立即送医院手术缝合。发生肌肉痉挛时，通常只要向相反的方向牵引痉挛的肌肉即能缓解痉挛。处理时要注意保暖，牵引时用力要均匀，切忌猛烈用力，以免造成肌肉的拉伤。腹部肌肉痉挛时，可做背部伸展运动以拉长腹肌，还可以进行腹部的热敷及按摩。小腿肌肉痉挛时，可伸直膝关节，勾起脚尖同时双手握住脚用力向上牵引。

（二）关节、韧带扭伤

（1）原因与症状。扭伤由于关节部位突然过猛扭转，拧扭了附在关节外面的韧带及肌腱所致。如运动时身体落地重心不稳向一侧倾斜或踩在他人足上或高低不平的地面上而致伤。伤后局部能力立即丧失，有明显肿胀、疼痛等。多发生在踝节、膝关节、腕关节及腰部。

（2）处理。伤后立即抬高患肢，伤情严重的要立即冷敷或用自来水冲淋，加压包扎，固定休息；使毛细血管收缩，防止肿胀。24 小时后即可拆除包扎，可采用热敷、理疗，使毛细血管扩张，促进血液循环。严重扭伤，如韧带断裂，关节脱位，应尽快到医院缝合或做固定处理。

（三）膝关节侧副韧带损伤

（1）原因与症状。这种损伤以内侧损伤较常见，多发生在膝关节处，小腿突然外旋，或足部固定后大腿突然内收内旋，都可使内侧副韧带损伤。如旋风脚落地方法不当，极易造成内侧副韧带损伤。另外，关节外侧受暴力撞击也可造成损伤。症状表现为伤部疼痛、肿胀、皮下淤血、活动困难。

（2）处理。伤后应立即冷敷，严重的要用绷带固定包扎。24 小时后可按摩、热敷。

（四）急性腰扭伤

（1）原因与症状。运动时，身体重心不稳定或肌肉收缩不协调，腰部受力过重或脊柱运动时超过了正常生理范围都易引起腰部扭伤。病状表现为伤后一侧或两侧当即发生疼痛，有时听到“格格”的响声，有时出现腰部肌肉痉挛和运动受限。轻微扭伤当时无明显疼痛感，第二天起床时觉得腰部疼痛，不能前屈，用不上劲，损伤部位有明显的压痛点。

（2）处理。轻微扭伤可按摩、热敷。较严重的应让患者平卧，在垫得较厚的木床上，腰下垫一枕头，先冷敷，后热敷。一般不应立即搬动。如果疼痛剧烈，应用担架抬送医院诊治。

（五）关节软骨损伤

其主要病理表现为软骨的退行性变，如髌骨软骨病、足球踝、投掷肘等，其中 60%以上系逐渐劳损所致，小部分系一次损伤造成骨软骨骨折继发而成。这种软骨损伤，由于伤后软骨不能自行修复，一旦损伤，多遗有永久性改变，治疗困难，也是最影响健康与运动训练、运动寿命的伤种。

（六）骨组织伤损

最常见的是应力性或疲劳性骨膜炎与骨折，可发生于胫腓骨、跖骨、脊椎椎板、髌骨、足舟骨、距骨、第一、二肋骨等，其中胫腓骨最多，跖骨、椎板次之。这一类损伤，通过改变训练，减少或停止局部负担，多可自愈。但应注意发生在胫骨中下三分之一的鸟嘴样骨折和足舟骨应力骨折，一旦发现，必须停止训练，固定治疗。

（七）骨软骨炎

近年来，运动训练多从儿童开始，骨软骨炎的发生已在运动训练中引起广泛注意。常见的有脊椎椎体骨骨炎、胫骨结节骨软骨炎、桡骨远端骨骺炎、肱骨小头、跟骨骨骺炎等。此外，耻骨炎和某些副骨损伤，按其病理改变有人也归之为骨软骨炎类中。这些损伤多数影响训练，个别影响发育，其防治研究也已引起注意。

（八）脱臼即关节脱位

一旦发生脱臼，应嘱咐病人保持安静、不要活动，更不可揉搓脱臼部位。如脱臼部位在肩部，可把患者肘部弯成直角，再用三角巾把前臂和肘部托起，挂在颈上，再用一条宽带绕过胸部，在对侧胸作结。如脱臼部位在髋部，则应立即让病人躺在软卧上送往医院。

二、运动损伤的处理原则

（一）急性期的处理

运动伤害的急性期是指组织受伤后至不再出血或水肿的时期，时间约从数分钟至 72 小时不定。在此急性期，受伤的组织可能会出血或水肿等现象，因此出现所谓的“红肿热痛”的临床症状。肿胀的组织会妨碍血液循环，以致坏死的组织无法送离，修补的养份无法送抵患部，而减缓了软组织的复原，且因代谢废物的刺激，伤者会感到十分疼痛。因此止血、消肿、止痛为急性期处理的首要任务，以提供较佳的环境让组织可以迅速增生、修补。此外，要保护患部，预防并发症的产生。急性期的处理有所谓的“PRICE”保护（Protection）、休息（Rest）、冰敷（Ice-application）、压迫（Compression）、抬高（Elevation）原则。

保护是指视情况使用护具、贴布、弹性绷带、或石膏，来固定患部，使患部不再承受外力，不会因为拉扯而再度受伤。如果受伤部位在下肢，则应使用拐杖，以减轻患部及其附近关节的负担。

（二）恢复期的处理

恢复期是指组织不再出血或水肿至组织完成修补为止，临床上急性期与恢复期的分辨在于恢复期在没有动作或触碰时不会有明显的疼痛。过去有学者根据组织修补的程度将恢复期再细分为亚急性期与复健期，但在强调早期介入治疗的现代医疗，二者的界线已不再那么清楚划分。

恢复期的时间视受伤组织的特性及其严重度而定。不同的组织所需的修补时间不一，如果是韧带或肌腱受伤，约需 4～8 周才会愈合；如果是肌肉受伤，则约需 3～6 周；如果是骨骼受伤，则约需 6～12 周。但是这只是代表组织是否愈合而已，并不代表愈合的组织的能力和以前一样好。根据研究，如果要韧带恢复到和原来的一样的强度，则可能耗时一年以上。

在恢复期，受伤的组织已开始结痂，因此除了继续消除临床症状外，确保受伤组织的愈合是最重要的事。受伤软组织在愈合的过程中，会逐渐增生、修补。此时如果断裂的组织的两头距离过远，则无法有效地愈合，因此治疗软组织伤害应确保其处在一个有利愈合的位置。

恢复期有关确保受伤组织愈合的处理方式如下：冷热交替疗法、超音波治疗、自主运动、深部按摩。

在恢复期的后期，受伤的组织已不再疼痛，因此常常被误以为已经完全痊愈，而开始从事各种高难度运动，以致再度受伤。故恢复期的训练需强调重建运动功能与预防再度受伤。

恢复期有关预防再度受伤的处理方式如下：使用必要的护具，渐进式的运动训练，正确的卫生教育。

三、应急预防方法

1. 肌肉韧带拉伤

内因：训练水平不够、柔韧、力量、协调性差，生理结构不佳。

外因：准备活动不充分、场地、气温、湿度、上课内容不好，教练专业水平不够。

预防：选教练、场地及适当的课程，在正常天气情况下锻炼、准备活动充分、循序渐进。

处理：24 小时前为急性期：停止运动、冷敷、包扎、抬高受伤部位；24 小时后为恢复期：配合按摩、微动、康复或恢复性锻炼。

2. 关节扭伤

内因：技术掌握不好、协调性差，关节周围肌肉力量小、生理结构不佳、疲劳产生体力差。

外因：准备活动不够、场地滑、器材使用不当、教练方法有误、训练内容不合理（动作速度快，转、跳多）。

预防：准备活动充分、了解设备使用、循序渐进，让教练或自己速度放慢。

处理：24 小时前为急性期：停止运动、冷敷、包扎、抬高受伤部位；24 小时后为恢复期：配合按摩、微动、康复或恢复性锻炼。

3. 运动疲劳

表现：心悸、心动过速，运动后血压、脉搏恢复慢，内脏不适、血尿等。人发冷、多汗、脸色白或红、头痛、晕、虚、筋疲力尽。

原因：训练方法不对、不循序渐进地进行系统训练、运动量大、训练时间过长、休息不充分等。

预防：安排合理的训练时间、计划，注意劳逸结合。

处理：调整锻炼计划、运动量，循序渐进，进行系统训练、全面训练。

4. 重力休克

表现：头晕、眼发黑、心难受、脸苍白、手发凉，严重时晕倒。

原因：动时血液都供应下肢，突然静止运动时静脉回流不够，脑缺血缺氧，产生脑贫血。

预防：强度运动后，不要马上停止运动。

处理：让患者平卧、脚垫高、头低于脚，从小腿顺大腿按摩。

5. 运动腹痛

原因 1：肝脾淤血，慢性腹部疾病。

原因 2：呼吸肌痉挛（准备活动不够，肺透气低，运动与呼吸不协调）。

原因 3：胃肠痉挛（运动前吃得过饱，饭后过早运动，空腹或喝水太多）。

预防：运动前健康检查，合理安排饮食，吃饭前后 1 小时内不运动，运动时不空腹或喝水太多。

处理：减慢运动速度、加深呼吸、调整呼吸节奏、手按疼痛部位，实在不行停止运动。口服减痉挛药物（阿托品、十滴水）。

6. 脚底筋膜炎和神经刺痛

原因：脚底频繁压力过多产生的疼痛。原因是鞋子问题、脚的生理结构不好。钙的沉淀在脚跟骨上。

预防：准备活动要充分（包括脚部的准备活动）。

处理：注意放松、休息、按摩、热水澡。

7. 籽骨炎

原因：运动中的突然的重压力在籽骨上，造成骨折和发炎。

预防：选择有缓冲的鞋子和缓冲力纠正。

8. 肌腱、小腿肌痛

原因：经常提脚跟造成的。

预防：运动前后的准备活动和放松要充分，多伸展肌腱、小腿肌可以防止损伤和减轻疼痛。

处理：注意放松、休息、按摩、热水洗等。

9. 半月瓣症

原因：半月瓣症一般由过度膝部动作、跑步造成的，半月瓣症常会有"咔"的响声。

预防：减少过多的膝部动作、减少转体、跳等的撞击动作。

处理：注意放松、休息、按摩、热水洗。

10. 关节炎、黏液囊炎

原因：过度训练。骨关节炎是由于软骨的磨损，使关节肿大，水肿。

风湿性关节炎是由于人体的免疫系统的疾病造成的。

处理：训练合理

处理：休息和看医生。

11. 腰肌劳损

原因：练习方法不当（如仰卧起坐时不屈腿），急于求成运动而疲劳损伤。

预防：学习正确的动作技术，不急于求成。

处理：注意放松、休息、按摩、热水澡。

12. 颈椎疾病

原因：练习方法不当（如仰卧起坐时不抱颈），颈部运动过多而疲劳损伤。

预防：学习正确的动作技术，颈部运动不要过多。

处理：注意放松、休息、按摩、热水澡。

13. 胫骨膜炎

原因：练习方法不当，地面不平等，小腿的肌肉发展不平衡，突然的压力。

预防：学习正确的锻炼方法（如不要长时间的连续跳跃动作、上下踏板动作）。

处理：注意全面锻炼、练习后要放松、休息、按摩、热水洗，做伸展练习减疼痛等。

四、一般处理方法

常见运动损伤一般处理方法有：物理疗法、药物疗法、保护支持带。

（一）物理疗法

1. 冷疗法

冷疗法是指运用比人体温度低的物理分子（如冷水、冰、蒸发冷冻剂等）刺激来进行治疗的一种物理疗法。

作用：冷疗法主要是通过降低组织温度，使周围血管收缩，减少局部血流量及伤部充血现象，减轻周围神经传导速度。因此，有止血、退热、镇痛和防肿的作用。在进行冷敷过程中，局部会感到冷、刺痛、疼痛减轻和麻木的过程。

方法：将毛巾用冷水浸透发在伤部，约两分钟换一次，或将冰块装入袋内进行外敷，每次20分钟左右。也可直接用自来水冲淋或将伤部泡入冷水，或用冰块擦摩伤部，但时间应缩短。有条件可用冷镇痛气雾剂喷涂伤部。常用的为烷类冷冻喷射剂。使用时应距离皮肤30～40厘米垂直喷射，时间约为 5～10 秒。有时为了加强麻醉作用，可在停止喷射 20 秒后再喷射一次，但喷射次数不能过多，一般不超过 3 次，以免发生冻伤。喷射冷镇痛气雾剂后，伤部疼痛减轻或消失，温度下降并有麻感。但面部损伤不宜用此法。

适应症：主要用于急性闭合性组织损伤的早期，即在损伤后的 24 小时到 72 个小时内使用。

注意事项：冷疗法应在伤后尽快使用，越早越好。但要严格控制时间，并注意局部组织情况，冷敷持续时间超过 20 分钟可能导致神经损伤；如发现皮肤麻木时应停止使用，防止组织冻伤。不可在没有感觉的部位冷敷；在对冷敏感的部位进行冷敷时，有些人会出现皮肤发红、瘙痒、起水泡的现象，应注意观察和避免，不要在开放性损伤部位进行冷敷。

2. 热疗法

热疗法是指运用比人体温度高的物理分子（如传导热、辐射热等）刺激来进行治疗的一种物理疗法。

作用：热疗可使局部血管扩张，改变血液和淋巴循环，提高组织新陈代谢，缓解肌肉痉挛，促进瘀血和渗出液的吸收，加速坏死组织的消除，因而有消肿、镇痛、散瘀、解痉、减少粘连和促进损伤愈合的作用。

方法：最简便易行的温热疗法是热敷法。其方法是将毛巾用热水或热醋浸透置于伤部，无热感时更换，每次约半小时，每天一至两次。也可用布袋装沙、热盐，或用热水袋进行热敷。其次也可用熏洗法。用配好的药物加水煮沸，将患部先在蒸气上熏，然后等温度适合后，再放入水中浸泡，洗浴每次 20～40 分钟，每天一次。

适应症：适用于急性闭合软组织损伤的中后期（损伤发生 24 小时到 72 小时以后）及慢性损伤。

注意事项：应用温热疗法时要注意避免发生烫伤，如有皮肤过敏者应停止治疗。高热、恶性肿瘤、活动性肺结核、有出血倾向者及急性软组织损伤的早期禁止使用温热疗法。

3. 拔罐疗法

拔罐疗法是以罐为工具，借热力排除罐内空气，造成负压，使罐吸附在皮肤上，产生温热刺激并引发局部毛细血管扩张和皮下瘀血以治疗伤病的一种方法。此方法简便易行，是中国传统疗法之一。

方法：应用拔罐疗法时，一般是选好穴位。然后根据拔罐部位，选择大小合适的罐。点火可用两种方式：闪火法：用镊子夹着点燃的酒精棉球或纸片，伸入罐内绕壁一周迅速抽出，立即将罐罩在应拔部位即可；投火法：将酒精棉球或纸片点燃后投入罐内，迅速将罐罩在应拔部位。此法只适应于侧面横拔，否则，会因燃烧物落下而烧伤皮肤。

一般留罐 10 分钟。罐大，吸力强，时间可缩短；反之，时间可加长。气候炎热，留罐时间应短，寒冷时可延长。一般待局部皮肤充血、淤血呈紫红色即可取罐。隔日一次，5～7 天为一疗程。取罐时，以一手压住罐周边皮肤，使气进入，罐子就可取下。不可硬拉旋转，以免损伤皮肤。

适应症：一般适应于陈旧性损伤、慢性劳损、风寒湿痹症、急性闭合软组织损伤晚期等。若为局部软组织肿大，可在局部针刺后拔罐，肿痛消退较快。

注意事项：（1）伤员体位应舒适、适当，拔罐部位一般以肌肉多、毛发较少的部位为宜。皮肤过敏、浮肿、出血性疼痛者，以及孕妇下腹、下腰部、心脏搏动处均不宜拔罐。（2）应注意不要将火罐罐口烧烫，以免烫伤皮肤。若拔罐时伤员感到局部紧而痛，或有烧灼感，应取下罐子检查是否有烫伤或罐吸附太紧致皮肤损伤。如是则应另换部位或停止操作。（3）若伤员出现头晕、恶心、面色苍白等不适应症状，应立即起罐，让伤员平卧休息片刻，或喝点热开水，即可恢复。

4. 红外线疗法

红外线可分为远红外线与近红外线两种，前者多作用于表皮组织，后者可穿入人体深层组织。两者均是借助于温热效应改善局部神经和肌肉的血液循环，有利于营养物质的吸收和代谢产物的排泄。红外线疗法主要适用于急性软组织损伤中晚期和慢性软组织损伤，如肌肉劳损、慢性关节炎等。

5. 热电磁疗法

热电磁治疗仪具有温热疗、电疗、磁疗的优点。温热由特殊加热器产生远红外线辐射形成，可控温；脉冲电流为连续式或可调控式；磁场采用较强的脉冲磁场、交变磁场。温热可增加血液循环，低频脉冲能促进静脉和淋巴回流，使肌肉张弛有度。低频的连续波还可深及肌肉，使肌肉放松。磁场可抑制神经系统，有镇静作用，还可对体内水分子产生影响，有利于渗出液的吸收，对局部肌肉疲劳有较明显的疗效。

（二）药物疗法

1. 常用西药

外用药：红药水、紫药水、碘酒、酒精、生理盐水、3%过氧化氢溶液、抗菌素药膏、松节油、樟脑油等。

注射用药：1%～2%盐酸普鲁卡因、肾上腺皮质激素类药。

口服用药：常用的口服药主要是一些消炎镇痛药，有复方阿司匹林（A代）、扑热息痛片、安乃近、去痛片等。

2. 中药治疗

中药常用于软组织损伤，主要指闭合性肌肉、肌腔、韧带、关节囊的损伤。由于损伤的不同时期局部的病理变化不同，其用药也不相同。

（1）急性损伤，指损伤后在24小时以内。此时局部的主要病理变化为组织发生撕裂或断裂，小血管破裂出血。其症状为肿胀、疼痛、功能障碍等。此时除了应进行局部冷敷、加压包扎、抬高患肢等急救处理外，还可酌情用中药治疗。

治疗原则：止血、凉血、止痛。

外用处方：止血定痛散：黄柏25克、玄胡15克、血竭3克、蒲黄20克、白芷10克、甘草10克共研细末，用冷水调敷患部。每日更换一次（如有皮肤过敏者，及时停药）。

内服药：可选择市售成药如三七片、玄胡止痛片、云南白药等。均有止血、止痛的作用。

（2）新伤，指损伤后超过24～48小时。此时局部出血停止，坏死组织分解产物使局部小血管扩张充血，血管通透性增高，较多液体渗出，形成血肿和水肿并存。肿胀对神经产生压迫和牵拉而疼痛进一步加重。其局部症状为红、肿、热、痛和功能障碍等反应性炎症。

治疗原则为活血化瘀，消炎止痛。

外用药：根据不同情况可外用一号新伤药，具有退热、防肿、止痛、通筋活血的功效。还可选用活血生新剂，具有去寒、活血化瘀、消肿止痛的功效。

内服药：可选择三七片、云南白药、七厘散等，或采用桃红四物汤、复元活血汤等。

（3）陈旧性损伤，又称陈伤、旧伤或慢性损伤，也包括慢性劳损，是指受伤时间在2～3周以上。陈旧性损伤是指急性损伤未能及时和正确地治疗，或未治愈又再次受伤者，由于受伤组织未能及时重新生长修复或修复不良，常反复发病出现症状，如疼痛、压痛、组织发硬、活动受限等。由于受伤局部供血不良，对外界适应能力差，故每遇气候变化或受凉遇冷，而使症状加重。劳损多因局部长期劳累过度或多次微细损伤积累而成，一般与职业性质和运动项目有关。

根据不同时期的病变特点，常选用旧伤药，具有舒筋、消肿止痛、续断生新的疗效。另外中药对关节脱臼、骨折也有一定的疗效。

（三）保护支持带

保护支持带在运动损伤的预防、治疗和康复中广泛地被应用。主要包括各种护具（如护腕、护肘、护腿、护膝、护踝及护腰等）、粘膏、弹力绷带、纱布绷带等。

1. 保护支持带的作用

（1）限制关节的活动范围，保持关节的稳定性，防止受伤韧带或其他组织的松弛。

（2）限制肌肉、肌腱超常范围的活动，避免已伤组织再伤，有利修复。

2. 保护支持带的使用范围

（1）急性损伤：使用时应特别小心，若太紧常常会影响血液循环，引起局部肿胀及出血，如有可能最好让有经验的医生操作。

（2）以预防为目的的支持带：实践证明在踝关节使用粘膏支持带可使球类运动员预防其扭伤及韧带断裂。

（3）在创伤的康复中使用支持带：在损伤后和组织愈合过程中，粘膏支持带被广泛应用，可促进组织修复，避免局部再次受伤。

3. 保护支持带的使用方法

保护支持带的使用要正确否则会使伤情加重，总的原则是关节能固定于相对适宜的位置，受伤组织不再受牵扯，活动时疼痛不加重。

4. 保护支持带的注意事项

（1）为避免拆除粘膏支持带时引起疼痛，在使用前应将局部汗毛剃去；

（2）选用粘膏的宽窄应与损伤部位相符，粘贴时要平整、贴牢；

（3）避免用连续环形缠绕的方法，必须使用时，应注意其血液循环情况；

（4）有皮肤病或炎症者禁用；

（5）使用时间一般不应持续超过一周。

第三节　腰、关节部损伤的预防与方法

一、腰部损伤的预防与方法

（一）腰部损伤原因与征象

容易造成腰部的损伤原因有：①在肌肉力量不足或负荷重量过大时，强行用力提举重物，超过了脊柱、肌肉的负荷能力。②运动时身体重心不稳，为了维持身体平衡，肌肉同样会剧烈收缩，引起关节韧带和肌肉的损伤。③活动超越了脊柱的运动范围而扭伤。过分的伸脊动

作、脊柱过度前屈，以及突然转体都会导致腰部损伤。脊柱在负重和运动时，主要依靠肌肉收缩和紧张来保护棘间韧带和小关节。④肌肉的收缩和紧张必须在运动开始前就做好准备，这样脊柱才能协调活动。如果肌肉没有这样的准备，在转身、弯腰或在腾空时，被外力轻撞使腰部受到外力，甚至有时在没有精神准备的情况下一些日常生活中的小动作，比如弯腰拾物、倒洗脸水、打喷嚏，也可能造成“闪腰”。

因此，腰部扭伤往往是由于肌肉力量不足、力不从心地负重、动作不正确（如图 5-1 所示)、准备活动不充分、注意力不集中或肌肉太放松等原因造成的。

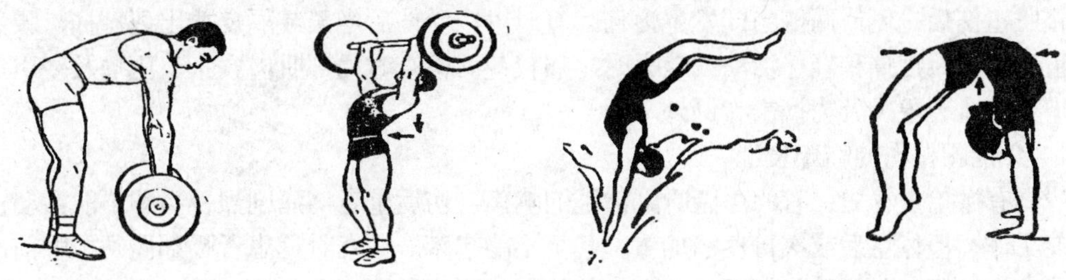

图 5-1　运动不当

腰部损伤时表现为腰痛、腰部活动受限、腰部肌肉痉挛等。疼痛会使随意运动受限，24～48 小时后疼痛达到最高峰。受伤后疼痛显著，脊柱不能伸直，因为肌肉痉挛而引起脊柱生理曲线改变者为较重的扭伤。在扭伤的瞬间疼痛剧烈。腰扭伤者疼痛可牵涉到下肢，但仅局限于臀部，大腿后部和小腿感觉正常。若腰痛伴有小腿或足部放射性麻痛，有可能是腰椎间盘突出症。

腰部受损时用手指压迫腰部痛点有明显压痛感。不同部位受伤压痛点也不同。比如肌肉拉伤时，痛点在脊柱两旁，浅层；棘间、棘上韧带挨伤时压痛点在棘上或棘突间；腰背筋膜受伤时，压痛点在髂嵴背部；小关节错位时，压痛点在肌肉较深处，有叩痛感。

（二）预防与治疗

在进行体育活动及劳动时，注意力要集中，对所承担的负荷和动作，要有思想准备。要充分做好准备活动，提高腰、腹肌的协调性、反应性；加强腰、腹功能锻炼；掌握运动项目的正确技术动作；加强运动中的保护与自我保护。

一般腰部受伤者应卧硬板床休息 2—7 天，可在医生指导下进行理疗、针灸、拔罐、药物的治疗。在理疗与药物疗法的同时进行手法治疗，即重型先期采用综合疗法，后期采用手法治疗。渐重型根据伤情，在伤后 36～48 小时后即可进行手法治疗。治疗原则是舒筋通络、活血止痛、祛湿驱寒。适于手法治疗的急性腰扭伤应不包括并发椎骨及附件骨折、韧带严重撕裂或断裂、椎间关节脱位等重度损伤者；结核、肿瘤等骨质破坏者也应排除。手法治疗适用于急性的腰部肌肉、筋膜损伤，椎间关节紊乱，骶髂关节紊乱及棘上、棘间韧带损伤。

二、常见腰部损伤

（一）急性腰扭伤

急性腰扭伤俗称闪腰，为腰部软组织包括肌肉、韧带、筋膜、关节、突关节的急性扭伤。急性腰扭伤多见于青壮年。急性腰扭伤主要是因肢体超限度负重，姿势不正确，动作不协调，突然失足，猛烈提物，活动时没有准备，活动范围过大等。一旦出现腰扭伤，患者立即腰部僵直，弯曲与旋转陷入困境，疼痛剧烈且波及范围大，肌肉痉挛，咳嗽或打喷嚏会疼痛加剧，难以行走。X 线检查可见脊柱变直或有保护性侧凸。

急性腰扭伤为一种常见病，本病发生突然，有明显的腰部扭伤史，严重者在受伤当时腰部有撕裂感和响声。伤后立即出现腰部疼痛，呈持续性剧痛，次日可因局部出血、肿胀、腰痛更为严重；也有的只是轻微扭转一下腰部，当时并无明显痛感，但休息后次日感到腰部疼痛，腰部活动受限。不能挺直，俯、仰、扭转感困难，咳嗽、喷嚏、大小便时可使疼痛加剧。站立时往往用手扶住腰部，坐位时用双手撑于椅子，以减轻疼痛。

腰肌扭伤后一侧或两侧当即发生疼痛；有时可以受伤后半天或隔夜才出现疼痛、腰部活动受阻，静止时疼痛稍轻、活动或咳嗽时疼痛较甚。检查时局部肌肉紧张、压痛及牵引痛明显，但无瘀血现象（外力撞击者例外）。

1. 急性腰扭伤的临床表现

患者有搬抬重物史，有的患者听到清脆的响声。伤后重者疼痛剧烈，当即不能活动；轻者尚能工作，但休息后或次日疼痛加重，甚至不能起床。检查时见患者腰部僵硬，腰前凸消失，可有脊柱侧弯及骶棘肌痉挛。在损伤部位可找到明显压痛点。

（1）有腰部扭伤史，多见于青壮年。

（2）腰部一侧或两侧剧烈疼痛，活动受限，不能翻身、坐立和行走，常保持一定强迫姿势以减少疼痛。

（3）腰肌和臀肌痉挛，或可触及条索状硬物，损伤部位有明显压痛点，脊柱生理弧度改变。

（4）外伤后即感腰痛，不能继续用力，疼痛为持续性，活动时加重，休息后也不能消除，咳嗽、大声说话，腹部用力等均可使疼痛增加。有时在受伤当时腰部有响声或有突然断裂感。

（5）腰部僵硬，主动活动困难，翻身困难，骶棘肌或臀大肌紧张，使脊柱侧弯。

（6）损伤部位有压痛点，在棘突两旁骶棘肌处，两侧腰椎横突处或髂脊后有压痛处，多为肌肉或筋膜损伤。在棘突两侧较深处压痛者，多为椎间小关节所致损伤。在骶髂关节部有压痛者，多为骶髂关节损伤。

（7）一般无下肢放射痛，部份患者有下肢牵涉性痛，直腿抬高试验阳性，但加强试验则为阴性。鉴别困难时，可作局部痛点普鲁卡因封闭。若痛点减轻或消失，则为牵涉痛，腿痛无改变者为神经根放射痛。

2. 急性腰扭伤的鉴别诊断

（1）外伤后即出现腰背部疼痛，为持续性，休息后不能缓解。

（2）腰部僵硬，主动活动困难，翻身困难。

（3）损伤部位有压痛点。

（4）一般无下肢放射痛。

（5）腰椎 X 线片显示腰椎骨质无异常。

腰椎间盘突出症：有腰痛和放射性腿痛，大便、咳嗽时可加剧，休息时减轻。直腿抬高试验阳性，伴下肢神经系统症状。X 线检查示脊柱侧凸，腰椎前突消失，椎间隙变窄，左右不对称。CT 检查有助诊断。

3. 急性腰扭伤的治疗原则

（1）卧床（硬板床）休息。

（2）骨盆牵引。

（3）局部痛点封闭。

（4）局部热敷或照红外线。

（5）旋转推拿法对椎间小关节滑膜嵌顿有效。

（6）疼痛减轻后可作腰背肌功能锻炼。

4. 急性腰扭伤的治疗方法

腰部受伤时，病人自觉腰部突然“砂裂”或“闪裂”感觉，马上感到腰部无力支撑，因此，病人坐下去，无力起身，需人扶持。另外转身、弯腰拾物，痛苦倍增。

腰部扭伤病人，肉眼可见腰肌肿起，同时肌肉出现触痛，甚至腰肌呈索条状强直。检查腰肌损伤，让病人坐着，医生以手按着上股，让病人把腿抬起，腰肌损伤的人，抬腿便痛。

中医认为“腰者，一身之要，仰俯转侧无不由之。”急性腰扭伤的治疗采用推拿、针灸、理疗、中药内服等方法，能促进血液循环，缓解腰肌痉挛与腰部疼痛症状，恢复腰部功能. 治疗上为非手术疗法。

手法治疗腰部扭伤，首先应舒筋活络，点按有关穴位，如肾俞、阳关、委中，手法以接、推、滚、揉为主，当肌肉松弛后，令病人侧卧，先摇动腰部，再侧搬按。病人经过治疗，腰部即觉松弛，视病人受伤程度，配合内服中药，或者外敷，一般腰部扭伤一个疗程可愈。

如果郊野旅行，又逢腰部扭伤，临急间找不到医生，在此情况下，应让病人绝对卧下休息。若旅行带有小型冰箱，可取出冰块，用布包着，敷于腰部患处，以减少扭伤引起的皮下出血，同时冰敷亦有止痛作用。

休息是最基本且有效的治疗。在木板床上加一个 10 厘米厚的棉垫，保持自由体位，以不痛或疼痛减轻为宜。卧床一般应坚持 3～7 日左右，保证损伤组织充分修复，以免遗留慢性腰痛。腰扭伤 24 小时后可行患部热敷。有条件者可进行理疗。

疼痛严重者可服用强痛定片、阿司匹林、对乙酰氨基酚、消炎痛、伸筋丹等用于止痛镇静，晚上可加服两片地西泮（安定）。还可选用跌打丸、七厘散、小活络丸、大活络丸等服用，或肌注强痛定、盐酸哌替啶（杜冷丁）等止痛药。局部还可贴伤湿止痛膏、奇正贴膏、701 跌打镇痛膏或外敷正红花油、风湿油等。

近二十年来针灸治疗急性腰扭伤有几个特点，其一是，各种穴位刺激法的广泛应用，除传统的刺灸拔罐外，耳针、电针、穴位激光针灸、火针、穴位微波针灸等几乎都用于治疗本病，并取得较好的效果；其二，在大量病例的对比观察基础上，筛选有效穴位和配方。强调针灸同时配合自身运动，取同样的穴位，配合自身运动者疗效明显高于不配合者。以上这些，都使针灸治疗急性腰扭伤的效果不断提高。

5. 急性腰扭伤的预防

掌握正确的劳动姿势，如扛、抬重物时要尽量让胸、腰部挺直，髋膝部屈曲，起身应以下肢用力为主，站稳后再迈步；搬、提重物时，应取半蹲位，使物体尽量贴近身体。加强保护，在做扛、抬、搬、提等重体力劳动时，应使用护腰带，以协助稳定腰部脊柱，增强腹压，增强肌肉工作效能。若在寒冷潮湿环境中工作后，应洗热水澡以祛除寒湿，消除疲劳。另外，应尽量避免弯腰性强迫姿势工作时间过长。

（二）腰背肌筋膜炎（腰肌劳损）

（1）原因：腰部急性损伤未及时治愈、腰部负担过重、骤然受寒、脊柱畸形等都能引起腰肌劳损。

（2）征象：腰部有酸、胀、痛的感觉；耐劳能力下降；脊柱活动受限制；腰部摸上去有压痛感；有骶棘肌痉挛现象等。

（3）治疗

治疗可采用按摩、针灸、理疗(热疗、超声波、拔罐)、药物、封闭、体疗等方法，如图5-2所示。

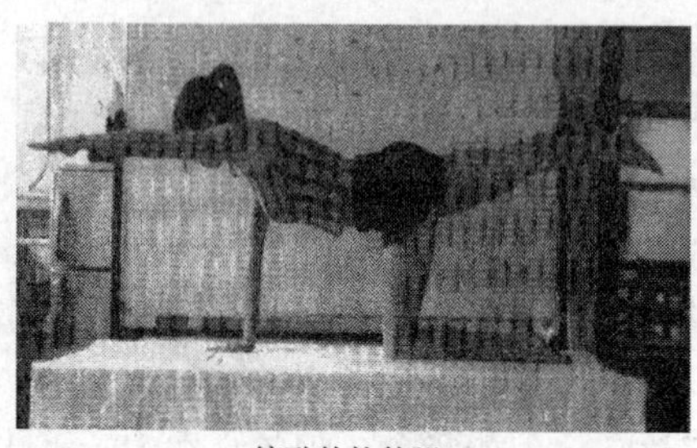
俯卧伸体伸腿

仰卧伸髋伸腿

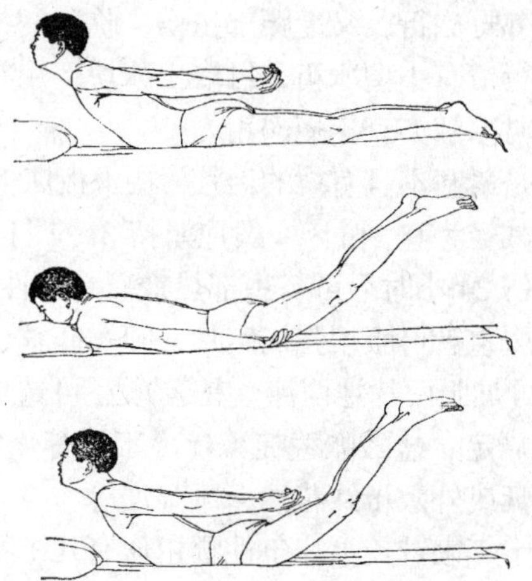

图 5-2　腰肌劳损体疗

三、关节部损伤的预防与方法

（一）踝关节韧带扭伤

1. 解剖特点

外踝较内踝位置低，限制足外翻的作用大；内侧三角韧带较外侧三条韧带坚强；内翻肌群力量较外翻肌群力量大；膝有一定生理内翻角，足着地时都是在轻微内翻位上使足外侧先落地。

2. 原因

发生踝关节韧带扭伤现象，一般为运动者起跳后落地重心不稳，如图5-3所示。

图 5-3　落地后重心不稳

3．征象

一般征象表现为有（1）急性受伤史；（2）疼痛、肿胀、瘀斑、跛行；（3）压痛；（4）踝关节被动内(外)翻，伤侧疼痛；（5）踝关节松驰检查：①被动内(外)翻角度加大（+）；②前抽屉试验（+）。

4．处理

（1）急救。①立即用拇指压迫痛点止血；②被动（强迫）内（外）翻试验及踝抽屉试验；③冷敷（冰块或氯乙烷喷湿棉球压迫）；④加压包扎固定伤踝于韧带放松位；⑤抬高伤肢休息。

（2）一般处理（同急性闭合性软组织损伤）。伤后 24 小时或 48 小时后解除加压包扎，视伤情采取处敷新伤药、按摩、理疗、针灸等治疗，适当辅助功能锻炼等。

5．康复锻炼

急性期需抬高伤肢休息，1～2 天后渐进性进行足部活动，解除固定后可在保护支持带保护下逐渐进行体育锻炼。

6．预防

加强踝关节周围肌肉力量及韧带韧性的锻炼；如提踵、跳绳、足尖走、足外侧走、足趾屈伸、分开并拢、足趾钳物等练习；做好运动中保护；加强场地、设备医务监督。

（二）膝内侧副韧带损伤

膝内侧副韧带深层与内侧半月板相连。有限制膝外翻、外旋作用。发生膝内侧副韧带损伤主要原因是膝半屈曲时，过度的外翻（小腿外展、外旋）。

膝内侧副韧带损伤临床表现为膝内侧疼痛、肿胀、瘀斑；膝内侧压痛。在受伤现场进行及时的局部制动、冷敷、加压包扎和抬高患肢是十分必要的；可按针血海、阳陵泉、阴陵泉、委中、太冲、足三里等穴，强刺激按压1分钟；提弹膝后股二头肌、半腱肌、半膜肌，缓慢做膝屈伸活动数次。在韧带附着处手法刺激不宜过多，以防局部钙化或骨化加重，形成佩利格尼林－施蒂达病。以药物治疗，如早期可用新伤药加大黄、黄柏、五灵脂等外敷，内服三七散；中后期可内服强筋丸。受伤后的功能锻炼时，应在伤后1～2日可在粘膏支持带保护下开始练习。方法有股四头肌静力收缩练习5分钟；直腿抬高练习，采用10次最大负荷量的重量，抬腿10次；等长伸膝练习15次。轻、中度损伤急性期后即可开始股四头肌静力性抽动练习；渐进性进行膝关节屈伸、行走练习，先伸后屈，由不负重屈伸到行走，再到负重屈伸。若病情严重者配合手术治疗，应及早手术缝合。

膝内侧副韧带损伤预防方法有：①加强膝关节力量练习；②运动前做好充分的准备活动；③合理使用保护用具，提高自我保护能力。

（三）髌骨劳损

亦称“髌骨软化”或“髌骨软骨病”，是膝部常见运动损伤。由于膝关节经常过分伸屈、超常范围的内外翻，髌骨下面的软骨面与股骨的相应面，长期碰撞挤轧致伤。初期开始活动时局部酸痛，活动后减轻，活动结束经一段休息后又加重，没有明确的固定疼痛部位。时间长了，则上下楼梯有明显“膝软”的感觉，严重时关节内积液肿胀。

髌骨软化症又称髌骨软骨软化症、髌骨软骨炎。是指髌骨软骨面及其相对的关节软骨面因慢性损伤后，而形成髌骨骨关节炎症的一种退行性疾病。髌骨软化症主要表现为软骨肿胀、龟裂、破碎、侵蚀、脱落，膝部不适，活动有摩擦感，疼痛水肿，双腿发软等。单纯髌骨软骨损害时，可继发滑膜炎而出现关节积液。病程长者，股四头肌萎缩。本病多发生于青壮年。

髌骨劳损的治疗方法有：理疗、按摩、针灸、中药、封闭、手术等。康复锻炼原则上是改变训练方法，调整局部负担量，发展股四头肌力。

髌骨劳损的预防要点是：1.合理安排局部负担量；2.加强腱止装置适应性牵拉训练；3.训练后做好放松恢复；4.加强医务监督，注意科学选材。

第四节　突发运动损伤事故的预防与处理

人们的生活水平日益提高，健康越来越受到重视，健身场所也日渐增多，但是，我们不要忽视了运动背后的隐患。在我国，最基本的医疗知识还没有普及，对于运动中出现的一些损伤，很少有人知道它的应急措施，本来很轻的损伤由于没有得到及时的救治或是救治的方法不当，使伤者失去了最好的救治时期，导致伤势加重，严重的会影响到生命的安全。所以说，普及医疗知识，提高运动者的急救能力势在必行。

体育锻炼常常因某些因素造成身体某些部位突发性的损伤，如擦伤、肌肉拉伤、溺水、崴脚、脑震荡等，目击者要有能面对突发运动损伤，在没有医生医务监督的情况下，能冷静地去处理这些突发事件，对伤病员进行必要的救护，以减轻伤者痛苦和维持伤者的基本生命特征。在大力提倡全民健身的今天，广大人民群众应具有这样的急救能力。急救能力能表现出一个人综合素质高低，还能反应出一个人对紧急情况的处理能力，这种能力不仅能保护自己，还能帮助他人，是自我实现的一种体现。

一、运动损伤的预防

造成运动损伤的原因是多方面的，既与锻炼者的基础、技能水平有关，也与运动项目的特点，技术难度以及运动环境等因素有关。其主要原因有：思想麻痹大意是所有运动损伤因素中最主要的因素，其中包括运动前不检查器械，预防措施不得力，好胜好奇，常在盲目和冒失中受伤；运动前准备活动不充分，特别是缺乏针对性准备活动，使运动器官，内脏器官机能没有达到运动状态而造成损伤；运动情绪低下，或在畏难、恐惧、犹豫以及过分紧张时发生伤害事故，有时因缺乏运动经验，缺乏自我保护能力致伤；内容组合不科学，方法不合理，纪律松散以及技术上的错误等都可能引起损伤；运动场地狭窄，地面不平坦，器械安置不当或不坚固，锻炼者拥挤在一起或多种项目在一起活动，容易相互冲撞所致；空气污浊，噪声，光线暗淡，气温过高或过低，以及运动服装不合要求等原因，都可以直接或间接造成伤害事故。

所以运动者运动时必须加强对运动损伤的预防：加强运动安全教育，克服麻痹思想，提高预防意识；认真做好准备活动，对可能发生运动损伤的环节和易伤部位，要及时做好预防措施；合理组织安排锻炼，合理安排运动量，区别对待，切忌急于求成，防止局部运动器官负担过重；加强保护与帮助，特别要提高自我保护能力。如摔倒时，立即屈肘低头，团身滚动，切不可直臂或肘部撑地。由高处跳下时，要用前脚掌着地，注意屈膝，弯腰，两臂自然张开，以利于缓冲和保持身体平衡；加强医务监督，要善于把握自己在运动前后的生理变化，患有慢性病者要定期体检，并在医生和体育老师指导下进行体育锻炼；重视运动器材、场地的安全和卫生，场地器材应经常检查和维修；锻炼者的服装、鞋子要符合体育卫生要求。

二、树立急救意识

在发生意外情况时，伤者的健康和生命受到威胁，目击者头脑中应有急救的意识，排除那些影响急救能力发挥的思想，在专业医疗人员到来之前，对伤者进行必要的急救护理，保证伤者的生命安全。作为伤者，在有意识的情况下不要恐慌，应积极配合急救人员，以达到最好的急救效果，为进一步的医疗救治争取时间。

三、掌握急救技能

技能的掌握是实施急救的基础，作为体育管理者要利用任何可以利用的手段，使广大运动者掌握最基本的医疗常识，为急救的成功奠定一个坚实的物质基础。

（一）肌肉拉伤后的处理

肌肉拉伤是肌肉在运动中急剧收缩或过度牵拉引起的损伤。这在长跑、引体向上和仰卧起坐练习时容易发生。肌肉拉伤后，拉伤部位剧痛，用手可摸到肌肉紧张形成的索条状硬块，触疼明显，局部肿胀或皮下出血，活动明显受到限制。

肌肉拉伤后，要立即进行冷处理——用冷水冲局部或用毛巾包裹冰决冷敷，然后用绷带适当用力包裹损伤部位，防止肿胀。在放松损伤部位肌肉并抬高伤肢的同时，可服用一些止疼、止血类药物。24～48 小时后拆除包扎。根据伤情，可外贴活血和消肿胀膏药，可适当热敷或用较轻的手法对损伤局部进行按摩。

肌肉拉伤严重者，如将肌腹或肌腱拉断者，应抓紧时间去医院做手术缝合。

（二）关节韧带扭伤的处理

关节韧带扭伤，也是武术运动中常见的一种损伤。关节韧带扭伤常见的有：颈部扭伤；急性腰扭伤；膝关节侧副韧带扭伤；关节扭伤等。

关节韧带的扭伤，主要是由于：运动中姿势不正确；局部关节用力过猛；腾空动作落地的方法不对；器械、场地等不合乎要求。如：颈部扭伤、急性腰扭伤很多都是由于动作姿势不正确而导致的。鱼跃前滚翻这个动作，如果其姿势做不正确的话，就很容易造成颈部扭伤。

受伤后应立刻加压包扎（颈、腰除外）。包扎前，在伤侧放上厚棉花垫，然后用绷带包扎好受伤关节，以保证损伤韧带处于放松状态。经上述处理后，抬高伤肢，以达到止血制动之目的。24 小时后，如无继续肿胀和出血倾向，即可在伤处周围进行按摩。两天后开始做局部按摩和热敷。颈部、腰部的扭伤，轻者可热敷，配合轻微的运动，即可自愈。重者可采取下列手段治疗：按摩，从局部抚摩开始，逐渐加大面积，按摩时，可配合选用穴位进行治疗，效果更佳；也可采用针刺的方法刺激加以治疗。

（三）关节脱位的处理

关节脱位是指关节面间失去正常的连接关系。依关节面错位的大小又可分为关节全脱位和半脱位，在发生关节脱位的同时，由于强烈外力的作用，常常伴有关节囊、周围韧带及软组织损伤，甚至可能伤及神经、血管等。关节脱位后，局部会有疼痛、肿胀、压痛等症状，关节完全不能活动;出现肢体的轴线发生改变，肢体长度改变等畸形;在 X 光下可以确诊脱位的具体情况及有无骨折发生。

在损伤现场，没有关节脱位整复经验的人不可随意进行整复，以免加重损伤。应在脱位已经形成的姿势下，用夹板和绷带临时固定伤肢，然后送医院或找有经验的大夫处理。

（1）肩关节脱位的临时固定方法是：用两条长的毛巾或布带，一条兜住伤肢前臂并挂在颈部，另一条将伤肢固定于胸壁，在健侧腋下作结。

（2）肘关节脱位时，如果没有合适的夹板，也可用粗一些的铁丝弯成长形的环，再在环上用绷带或毛巾缠绕做成铁丝夹板，然后将铁丝夹板弯成合适的角度，将伤肢用绷带固定在夹板上，再用布带将前臂挂起。如无铁丝夹板，也可用宽的布带将伤肢悬挂在胸前。

（四）骨折的急救

在外力的作用下，骨骼的连续性或完整性遭到破坏叫骨折。在剧烈运动中，特别是对抗性强的运动中，骨折并非罕见。

1. 骨折的分类

根据骨断端是否与外界相通分类可分为：①闭合性骨折：骨折断端与外界不相通，骨折处皮肤完整。②开放性骨折：骨折断端与外界或空腔器官相通。易感染，可合并骨髓炎或败血症。

根据骨折线分类：可分为横形、斜形、螺旋形、粉碎性骨折等。

根据骨折的程度分类：①完全骨折：骨折断端完全断开，如横形骨折、粉碎性骨折等；②不完全骨折：骨折断端部分断裂，如疲劳性骨折，颅骨骨折等。

2. 骨折的原因

① 直接暴力：骨折发生在猛力直接作用的部位，如跪倒时引起髌骨骨折，踢足球时两人腿部相撞足引起胫骨骨折等。

② 间接暴力：骨折发生在远离猛力接触的部位，如摔倒时手掌撑地而发生前臂或锁骨骨折等。

③ 肌肉强烈收缩：由于肌肉急骤地收缩和牵拉而发生的骨折，如举重运动员突然的翻腕动作，可因前臂屈肌群强烈收缩而发生肱骨内上髁撕脱骨折；跨栏时引起大腿后群肌肉起点部坐骨结节的撕脱骨折等。

④ 积累性暴力：如在硬地上跑跳过多引起胫腓骨疲劳性骨折；体操运动员支撑过多引起尺桡骨疲劳性骨折等。

3. 骨折的急救处理

（1）急救原则：对骨折病人的急救原则是防治休克，保护伤口，固定骨折。即在发生骨折时，应密切观察，如有休克存在，则首先是抗休克，如有出血，应先止血，然后包扎好伤口，再固定骨折部位。

（2）骨折的临时固定

骨折时，用夹板、绷带将折断的部位固定包扎起来，使伤部不再活动，称为临时固定。其目的是减轻疼痛，避免再伤和便于转送。

临时固定要注意：

① 骨折固定时不要无故移动伤肢，为露出伤口，可剪开衣裤、鞋袜；对大小腿和脊柱骨折，应就地固定，以免因不必要的搬运而增加伤员的痛苦和伤情。

② 固定时不要试图整复，如果畸形严重，可顺伤肢长轴方向稍加牵引。开放性骨折断端外露时，一般不宜还纳，以免引起深部污染。

③ 固定用夹板或托板的长度、宽度，应与骨折的肢体相称，其长度必须超过骨折部的上、下两个关节，如没有夹板和托板，可就地取材（如树枝、木棍、球棒等），或把伤肢固定在伤员的躯干或健肢上。夹板与皮肤之间应垫上棉垫、纱布等软物。

④ 固定的松紧要合适、牢靠，过松则失去固定的作用，过紧会压迫神经和血管。故四肢固定时，应露出指（趾），以便观察肢体血流情况。如发现异常（如肢端苍白，麻木、疼痛、变紫等）应立即松开重新固定。

骨折的临时固定要根据骨折的部位进行不同的固定。

① 上身骨折的临时固定方法

锁骨骨折，用两个棉垫分别置于双侧腋下，然后用双环包扎法或“8”字形包扎法，最后以小悬臂带将伤肢挂起。

肱骨骨折：用2～4块合适夹板固定上臂，肘屈90°，用悬臂带悬吊前臂于胸前，最后以叠成宽带的三角巾把伤肢绑在躯干上加以固定。如无夹板，可用布带将上臂包缠在胸部侧方，并将前臂悬吊胸前。

前臂及腕部骨折：用1～2块有垫夹板在掌背侧固定前臂，屈肘90°，前臂中立位用大悬臂带悬吊胸前。

手部骨析：用手握纱布棉花团或绷带卷，然后用有垫夹板或木板置于前臂掌侧固定，用大悬臂带悬吊于胸前。

② 下肢骨折的临时固定方法

股骨骨折：用长短两块夹板，分别置于伤肢外侧和内侧，外侧上自腋下，下达足跟，内侧自大腿根部至足部。夹板内面应垫软物，然后用布带进行包扎固定，在外侧作结。如无夹板，可将两腿并拢捆在一起。

髌骨骨折：在腿后放一夹板，自大腿至足跟，用布带在膝上、膝下和踝部将膝关节固定在伸直位，防止屈曲。

胫腓骨及踝部骨折：用夹板 1～2 块，上自大腿中部，下达足跟部，或用一长钢丝托板，上自大腿中部，下在足跟部转成直角，包扎固定。

③ 脊柱骨折临时固定与搬运

搬运时必须使脊柱保持在伸直位，不能前屈，后伸和旋转，严禁 1 人背运，2 人抱抬或用软垫搬运，否则会加重脊髓的损害。

（3）正确搬运法

一般由 3～4 人搬运，分别于患者两侧，用双手托起背部、腰部、臀部和大腿，（若颈椎骨折可一人专管头部的牵引固定），几人托起的力和时间要保持一致，使脊柱保持水平位，缓慢地搬放于硬板单架上。也可用滚动法，即将担架置于病人体侧，一人稳住头，其余将病人推滚到木板或担架上。胸腰推骨折可在腰部垫一薄垫；颈椎骨折应将头颈放在中立位，头颈两侧用沙袋或衣物固定，以防头部活动。

疑有腰椎骨折时，要尽量避免骨折处有移动，更不能让伤员坐起或站起，以免引起或加重脊髓损伤，不论伤员是仰卧或俯卧，尽可能不要变动原来的位置。用硬板担架或门板放在伤员身旁，由数人协力轻轻把伤员搬至木板上，取仰卧位，并用数条宽带把伤员缚扎在木板上。若腰部悬空时，应在腰下垫一小枕或卷起的衣服。若使用帆布担架时，伤员要俯卧，使脊柱伸直，禁止屈伸。

颈椎骨折时，若固定与搬动方法不当，有引起脊髓压迫的危险，可立即发生四肢与躯干的高位截瘫，甚至引起死亡。因此，务必使头部固定于伤后位置，不屈不伸不旋转，数人协力把伤员搬至木板上，头部两侧用沙袋或卷起的衣服固定，用数条宽带把伤员缚扎在木板上，严禁头颈左右旋转与屈伸。

（五）心肺复苏

呼吸停止和心跳停止，可以单独或同时发生。呼吸停止后则全身缺氧，随即可引起心跳停止；心跳停止后，延髓血流即停止，可迅速引起延髓缺氧及中枢性呼吸衰竭而导致呼吸停止。引起呼吸、心跳骤停的原因较多，较常见的有电击伤，一氧化碳中毒或药物中毒、严重创伤和大出血、溺水和窒息等。

呼吸停止但心跳尚未停止的病人，应立即进行人工呼吸并注意心脏工作情况；心跳停止而呼吸尚未停止的伤员，应立即进行胸外心脏挤压并注意维护呼吸道通畅；呼吸和心跳都停止的病人，应同时进行人工呼吸和胸外心脏挤压，最好由两人配合进行，一人进行人工呼吸，一人进行胸外心脏挤压，两者操作频率之比 1∶4。呼吸、心跳骤停的抢救，必须做到行动迅速，争分夺秒，才可能挽救病人生命。虽然人工呼吸和胸外心脏挤压法在运动实践中应用较少，但在群众性游泳中发生溺水却非少见。因此，体育教师和教练员掌握人工呼吸和胸外心脏挤压法是非常必要的。

现场急救的最重要手段就是人工呼吸和胸外心脏按压。

1. 人工呼吸

肺位于富有一定弹性的胸廓内，当胸廓扩大时，肺也随着扩张，于是肺的容积增大，外界空气进入肺内，即为吸气；当胸廓缩小时，肺也随之回缩，肺内气体排出体外，即为呼气。对呼吸停止的人，可根据以上原理用人工被动扩张与缩小胸廓的方法，使空气重新进出肺脏，以实现气体交换，称为人工呼吸法。人工呼吸方法较多，最有效的是口对口吹气法。

口对口吹气法：伤员仰卧，头部置于极度后仰位，打开口腔并盖上一层纱布。救护者一手托起患者下颌，掌根部轻压环状软骨，使其间接压迫食道，以防吹入的空气进入胃内；另一手捏住患者鼻孔，深吸一口气后，对准患者口部吹入。吹气完后，立即松开捏住鼻孔的手。如此反复，每分钟吹气 16～18 次。

注意事项：施行人工呼吸前，应迅速消除患者口腔、鼻腔内的假牙、分泼物或呕吐物，松开衣领、裤带和胸腹部衣服。开始时，吹气的气量和压力宜稍大些，吹气 10～20 次后应逐渐减少，以维持上胸部轻度升起为度。牙关紧闭者，可采用口对鼻吹气法，救护者一手闭住患者口部，以口对鼻进行吹气，其他操作与口对口吹气法相同。

有效的表现：吹气时胸廓扩张上抬；在吹气过程中听到肺泡呼吸音。

2. 胸外心脏挤压法

心脏位于胸腔纵隔的前下部，前邻胸骨下半段，后为脊柱，其左右移动受到限制。胸廓具有一定的弹性，挤压胸骨体下半段，可间接压迫心脏，使心脏内的血液排出；放松挤压时，胸廓恢复原状，胸内压下降，静脉血则回流至心脏。因此，反复挤压和放松胸骨，即可恢复血液循环。

操作方法：病人仰卧在木板或平地上。救护者双手手掌重叠，以掌根部放在病人胸骨体的下半段，肘关节伸直，借助于自身体重和肩臂肌的力量，均匀而有节律地向下施加压力，使胸骨体下半段和相连的助软骨下陷 3～4cm，随后立即将手放松（掌根不离开病人皮肤），如此反复进行。成人每分钟挤压 60～80 次；小儿用单手掌根挤压，每分钟挤压 100 次左右。

注意事项：救护者只能用掌根压迫病人胸骨体下半段，不可将手平放，手指要向上稍翘起与肋骨离开一定距离；挤压方向应垂直对准脊柱；挤压时应带有一定的冲击力；用力不可太轻或太大，太轻不能起到间接压迫心脏的作用，太猛会引起肋骨骨折。在就地进行抢救的同时，要迅速请医生来处理。

挤压有效的表现：摸到颈动脉或股动脉搏动，上肢收缩压在 8kpa（60mmHg）以上，口唇、指甲床的颜色比挤压前红润，有的病人呼吸逐渐恢复，原来已散大的瞳孔也随着缩小而趋恢复。若出现以上表现，说明挤压有效，应坚持做到病人出现自动心跳为止；如果没有出现上述表现，则说明挤压无效，应改进操作方法和寻找其他原因，但不可轻易放弃现场抢救。

3. 心肺复苏的有效指标

按压时在颈股动脉处应摸到搏动，听到收缩压在 60 毫米汞柱以上；面色、口唇、指甲床及皮肤等色泽转红；扩大的瞳孔再度缩小；呼吸改善或出现自主呼吸。只要有前 1～2 项有效指标出现，心脏按压就应坚持下去。

无论是呼吸骤停或心跳骤停，或呼吸与心跳均骤停，在进行现场急救的同时，都应迅速派人请医生来处理。

（六）休克的急救

休克是机体受到各种有害因素的强烈侵袭而导致有效循环血量锐减、主要器官组织血液灌流不足所引起的严重全身性综合征。

1. 原因和原理

休克产生的原因很多，运动损伤中并发的休克主要是创伤性休克，多为严重创伤引起的剧烈疼痛，如多发性骨折、睾丸挫损、脊髓损伤等，主要是通过神经反射使周围血管扩张，血液分布的范围增大，造成相对的血容量不足，脊髓损伤可以阻断血管运动中枢与周围的血管间的联系，使血管扩张，引起休克；其次为出血性休克，由于损伤引起急剧体内外出血造成大量失血、失液均可导致循环血量减少而发生休克。如：腹部挫伤致肝脾破裂的内出血，股骨骨折合并大动脉的外出血等。

休克的发病原理是有效循环血量不足，引起全身组织和血流灌注不良，导致组织缺血缺氧，代谢紊乱和脏器功能障碍（包括心脑、肺、肾等重要器官功能障碍）。

2. 急救

对于休克病人要尽早进行急救。应迅速使病人平卧安静休息。患者的体位一般采取头和躯干部抬高 10 度，下肢胎高约 20 度的体位，这样可增加回心血量并改善脑部血流状况。松解衣物，保持呼吸道畅通，清除口中分泌物或异物；对病人要保暖，但不能过热，以免皮肤扩张，导致血管床容量增加，使回心血量减少，影响生命器官的血液灌注量和增加氧的消耗。在炎热的环境下则要注意防暑降温，同时尽量不要搬动病人。若伤员昏迷，头应侧偏，并将舌头牵出口外；必要时要吸氧和行口对口人工呼吸，并针刺成掐点人中、百会、合谷、内关、涌泉、足三里等穴。与此同时，应积极去除病因，如由于大量出血引起的休克，应立即采取有效的方法止血；由于外伤、骨折等剧烈疼痛所引起的休克，应给予镇痛剂和镇静剂，以减少伤员痛苦，防止加重休克；骨折者应就地上夹板固定伤肢。

以上是一般的抗休克措施。由于休克是一种严重的、危及生命的病理状态，所以在急救的同时，应迅速请医生或及时送医院处理。对休克病人应尽量避免搬运颠簸。

对体育健身参加者来说，运动损伤处理不良将影响其健康、学习和工作，也对体育健身者造成不良的心理影响，妨碍体育健身的正常开展，因此掌握一些常见运动损伤的处理方法是很有必要的。

（七）出血和止血

1. 出血

据研究，健康成人平均每千克体重约有血液 75 毫升，总血量可达 4000～5000 毫升。若出血量超过全身血量的 30%时，将可能危及生命。因此，对外出血的伤员，尤其是大动脉的出血，必须立即止血；对怀疑有内脏或颅内出血的伤员，应尽快送医院处理。

根据损伤血管的种类，出血可分为：

（1）动脉出血：血色鲜红，血液像喷泉样流出不止，短时间内可大量出血，易引起休克，危险性大。

（2）静脉出血：血色暗红，出血方式为流水般不断流出，危险性小于动脉出血，但大静脉出血也会引起致命的后果。

（3）毛细血管出血：血色红、多为渗出性出血，危险性小。

根据受伤出血的流向可分为：

（1）外出血：体表有伤口，血液从伤口流到身体外面，这种出血容易发现。

（2）内出血：体表无伤口，血液不是流到体外，而是流向组织间隙（皮下肌肉组织），形成淤血或血肿；流向体腔（腹腔、胸腔、关节腔等）和管腔（胃肠道、呼吸道）形成积血。由于内出血不易发现，容易发展成大出血，故危险性很大。

2. 止血法

常用的外出血临时止血法有以下几种：

（1）冷敷法：常用于急性闭合性软组织损伤。

（2）加压包扎止血法：用生理盐水冲洗伤部后用厚敷料覆盖伤口，外加绷带增加血管外压，促进自然止血过程，达到止血目的。用于毛细血管和小静脉出血。

（3）抬高伤肢法：用于四肢小静脉和毛细血管出血。方法是将患肢指高，使出血部位高于心脏，降低出血部位血压，达到止血效果。此法在动脉或较大静脉出血时，仅作为一种辅助方法。

（4）屈肢加压止血法：前臂、手或小腿、足出血不能制止时，如未合并骨折和脱位，可在肘窝和腘窝处加垫，强力屈肘关节和膝关节，并以绷带“8”字形固定，可有效控制出血。

（5）指压止血法：这是现场动脉出血常用的最简捷的止血措施。指压法的要领是在出血部位的上方，在相应的压迫点上用拇指或其余四指把该动脉管压迫在邻近的骨面上，以阻断血液的来源而达到止血的效果。这是动脉出血时的一种临时止血法，所加压力必须持续到可以结扎血管或用止血钳夹住血管为止。常用的指压止血法有：

① 颞浅动脉压迫止血法：一手扶伤员的头并将其固定，用另一手拇指在耳屏前上方一指宽处摸到搏动后，将该动脉压迫在颞骨上。它适用于同侧前额部或颞部出血的止血。

② 面动脉压迫止血法：在下颌角前约 1.5 厘米处，用拇指摸到搏动后将其压在下颌骨上，可止住同侧眼以下面部出血。

③ 锁骨下动脉压迫止血法：在锁骨上窝内 1/3 处摸到搏动后，用拇指把该血管压迫在第一肋骨上。它适用于肩部及上臂出血的止血。

④ 肱动脉压迫止血法：将伤臂稍外展、外旋，在肱二头肌内缘中点处摸到搏动后，用拇指或示、中、环三指将该动脉压迫在肱骨上。它适用于前臂及手部出血的止血。

⑤ 指动脉压迫止血法：手指出血时，用健侧手的拇、食两指压迫患指两侧指根部，并抬高患肢。

（6）股动脉压迫止血法：伤员仰卧，患腿稍外展、外旋。在腹股沟中点稍下方摸到搏动后，用双手拇指重叠（或掌根）把该动脉压迫在耻骨上。它适用于大腿和小腿出血的止血。

（7）胫前、胫后动脉压迫止血法：在踝关节背侧，于胫骨远端摸到搏动后，把该动脉压迫在胫骨上；在内踝后方，将胫后动脉压迫在胫骨上。它适用于足部出血的止血。

（8）止血带止血法。在四肢较大的动脉出血时，通常用止血带止血。目前常用的止血带有充气止血带，橡皮带止血带，橡皮管止血带。现场急救中常用携带方便的橡皮管止血带。其缺点是施压面狭窄易造成神经损伤。如果无橡皮管止血带，现场可用宽布带或从衣服上撕下一条布以备急需。

止血带结扎的标准位置点，在上肢为上臂的上 1／3 部，下肢为大腿中、下 1／3 交界处。上臂中上 1／3 处扎止血带易损伤桡神经，为禁区。止血带的压力要适中，既要达到阻断动脉血流又不会损伤局部组织。上止血带的时间要注明，如果长时间转运，途中上肢每半小时，下肢每 1 小时应放松 2～5 分钟，以使伤肢间断地恢复血循环。放松时应以手指在出血处近端压迫主要出血的血管，以免每放松一次丢失大量血液。

止血带使用不当可引起局部损伤、周围神经损伤甚至导致肢体坏疽。因此，一般只在其它止血方法不能奏效时再用止血带。内出血中的体腔出血，如肝脾破裂或血胸多有严重的休克。应立即送医院处理。临床上常用查红细胞、血色素及血球容积的方法诊断。一旦发生严重休克，常常需要及时输血及手术治疗。

（八）急救包扎的方法

包扎有固定夹板或敷料，限制伤肢活动，避免加重伤情；保护创口，预防或减少感染；支持伤肢，使之保持舒适的位置，减轻疼痛和压迫止血，防止或减轻肿胀等多种作用。包扎时，动作要柔和、熟练、包扎的松紧度应适中，过紧会妨碍血液循环，过松则起不到包扎的作用。绷带包扎要从伤部远端开始。包扎结束时，绷带末端要用胶布粘合固定或将绷带末端留下一段，纵形剪开缚结固定；但缚结不要在伤口处。尽可能使四肢肢端外露。

绷带包扎法是急救技术中不可缺少的重要组成部分，常用的绷带有卷带和三角巾，现场还可用毛巾、头巾、衣物等代替。

1. 绷带包扎

绷带包扎可固定敷料和夹板，也有保护伤口，压迫止血和支持伤肢的作用。

特别要注意的事项是：运动损伤后包扎动作应熟练柔和，尽可能不要改变伤肢位置，以免增加伤员痛苦；包扎松紧度要合适，过紧会影响血液循环，过松将失去包扎的作用。一般在包扎四肢时，应露出手指或足趾，以便观察其包扎的松紧度；卷带包扎一般应从伤处远心端开始，近心端结束，末端用粘膏或别针固定，如需缚结固定，缚结处应避开伤口。

绷带包扎时，要根据包扎部位的形态特点，采用不同的包扎方法。

（1）环形包扎法：用于包扎肢体粗细均匀的部位，如手腕、小腿下部和额部等，也是其他包扎法的开始或结束时使用的包扎法。包扎时，先张开绷带，把带头斜放在伤肢上并用拇指压住，将卷带绕肢体一圈后，再将带头的一个小角反折，然后继续绕圈包扎，每圈都盖住第一圈，包扎 3～4 圈即可。

（2）螺旋形包扎法：用于包扎肢体粗细相差不大的部位，如上臂、大腿下部等。包扎时先作 2～3 圈环形包扎，然后将绷带向上斜形缠绕，每圈都盖住前一圈的 1/2～1/3。

（3）反折螺旋形包扎法：用于包扎肢体粗细相差较大的部位，如前臂、小腿、大腿等。包扎时，先做 2～3 圈环形包扎后，用左拇指压住绷带上缘，将绷带向下反折，向后绕并拉紧绷带，每圈反折一次，后一圈压住前一圈的 1/2～1/3，反折处不要在创口或骨突出处。

（4）“8”字形包扎法：多用于包扎肘、膝、踝等关节处。

方法一：先在关节处作几圈环形包扎后，将绷带斜形环绕，一圈在关节上方缠绕，一圈在关节下方缠绕，两圈在关节凹面相交，反复进行，逐渐离开关节，每圈压住前一圈的 1/2～1/3，最后在关节上方或下方作环形包扎结束。

方法二：先在关节下方作几圈环形包扎后，将绷带由下而上，再由上而下地来回作“8”字形缠绕，使相交处逐渐靠拢关节，最后作环形包扎结束。

2. 三角巾包扎法

三角巾应用方便，适用于全身各部位的包扎。这里只介绍手、足和头部包扎法。

（1）手部包扎法：三角巾平铺，手指对向顶角，将手平放在三角巾的中央，底边横放于腕部。先将三角巾顶角向下反折，再将三角巾两底角向手腕背部交叉围绕一圈，在腕背打结。

（2）足部包扎法：与手部包扎法基本相同。

（3）头部包扎法：三角巾底边置于前额，顶角在后，将底边从前额绕至头后，压住顶角并打结。若底边较长，可在枕后交叉后再绕至前额打结。最后把顶角拉紧并向上翻转固定。

3. 前臂悬挂法

（1）大悬臂带：常用于除锁骨和肱骨骨折以外的其他上肢损伤。将三角巾的顶角置于伤肢的肘后，一底角拉向健侧肩上，伤肢屈肘 90 度角，前臂放在三角巾的中央，再将三角巾的另一底角向上翻折并包住前臂，两底角在颈后打结。最后拉直顶角并向前折回，用胶布粘贴固定。

（2）小悬臂带：常用于肱骨或锁骨骨折。先将三角巾折叠成约四横指宽的宽带，也可用宽绷带或软布带代替。将宽带的中间置于前臂的下 1/3 处，屈肘 90 度角，宽带的两端在颈后打结。

（九）搬运伤员的方法

伤病员在现场进行初步急救处理和随后送往医院的过程中，必须要经过搬运这一重要环节。正确的搬运术对伤病员的抢救、治疗和预后都至关重要。从整个急救过程来看，搬运是急救医疗不可分割的重要组成部分，仅仅把搬运看成简单体力劳动的观念是一种错误观念。

（1）徒手搬运

单人搬运：由一个人进行搬运。常见的有扶持法、抱持法、背法。

双人搬运法：椅托式、轿杠式、拉车式、椅式搬运法、平卧托运法。

（2）器械搬运法：将伤员放置在担架上搬运，同时要注意保暖。在没有担架的情况下，也可以采用椅子、门板、毯子、衣服、大衣、绳子、竹竿、梯子等制作简易担架搬运。

（3）工具运送：如果从现场到转运终点路途较远，则应组织、调动、寻找合适的现代化交通工具，运送伤病员。

（4）危重伤病员的搬运

脊柱损伤：硬担架，3～4 人同时搬运，固定颈部不能前屈、后伸、扭曲。

颅脑损伤：半卧位或侧卧位。

胸部伤：半卧位或坐位。

腹部伤：仰卧位、屈曲下肢，宜用担架或木板。

呼吸困难病人：坐位。最好用折叠担架（或椅）搬运。

昏迷病人：平卧，头转向一侧或侧卧位。

休克病人：平卧位，不用枕头，脚抬高。

四、运动损伤的急救注意事项

运动损伤的急救，是在运动现场对伤员采取迅速合理的急救方法，不仅能挽救伤员生命，减轻痛苦和预防并发症，而且还为进一步治疗及康复创造良好条件。为了缩短病程，减少后遗症，急救要及时、准确。伤后短时间内出血不多，肿胀不重，疼痛不剧，肌肉痉挛尚未出现，是诊断和处理的有利时机，有些关节脱位不用麻醉，当时即可复位。

急救是对意外或突然发生的伤病事故，进行紧急的临时性处理。其目的是保护伤病员的生命安全、避免再度伤害、减轻伤病员痛苦、预防并发症，并为伤病员的转运和进一步治疗创造条件。因此，无论何种急性损伤，做好现场急救都是十分重要的。

急救时必须抓住主要矛盾，救命在先，做好休克的防治。骨折、关节脱位、严重软组织损伤或合并其他器官损伤时，伤员常因出血、疼痛而发生休克。在现场急救时，要注意预防休克；若发生休克，必须优先抢救休克。其次，急救必须分秒必争，力求迅速、准确、有效，做到快救、快送医院处理。

运动创伤的急救，应注意以下几个方面：

（1）急救的组织工作。不少运动竞赛都是在各种困难条件下以难度大而复杂的动作战胜对方，稍一不慎就可能发生意外事故。没有良好的组织，没有赛前充分的准备，就不能完成急救工作。急救组织工作首先要熟悉比赛场地和路线，在各种项目的长或超长距离比赛路线的危险地段设立急救点，救护车定点或跟随运动员；同时，大型比赛前与有关医院联系，安排急救床位，组织抢救小组，以便及时治疗；另外，赛前调查并安排好运送伤员的路线，尽可能不与参加比赛的运动员逆行。

（2）不同运动项目容易致伤的部位及伤种。中长跑抢弯道时，人多拥挤易发生鞋钉刺伤。短跑在起跑30米内和加速的70～80米冲刺时，多发生大腿后部肌肉拉伤或断裂。撑竿跳落在海绵坑外，可摔伤腰背，扭伤踝、膝。篮球跳起落地时踩在他人脚上，常扭伤踝关节。此外，举重时小腿痉挛，杠铃砸伤，足球抢断球时踝关节扭伤，争头球时眼角皮肤裂伤，体操头着地动作时颈椎骨折，下法的踝膝关节扭伤，踺子空翻的跟腱断裂，失手时手撑地的关节脱位及骨折，自行车的颅脑外伤等，都是常见的急性损伤。

（3）比赛时要有熟悉运动项目的医护人员在场，密切注意危险动作、危险路线地段。一旦发生伤害事故，应立即作初步诊断，然后正确应用包扎、止血、固定、搬运、抗休克、保持呼吸道通畅等急救技术。皮肤擦伤后，皮肤渗液，组织坏死，局部抵抗力下降，加上地面脏物、砂粒渗入皮肤，可引起感染或形成“刺花”。因此，要先用肥皂液彻底洗净，然后用1‰新洁尔灭、生理盐水冲洗，必要时局部浸润麻醉后刷洗。较重的肌肉拉伤或断裂时有剧痛，均不能继续比赛。肌肉断裂以股直肌及股二头肌为多见，伤后应立即冷敷用棉花加压包扎，以防大量出血。肌腱断裂出血不多，但如果局部有凹陷，患肢提踵无力时，多需手术治疗。踝关节扭伤简便的急救办法是迅速以双手合抱踝关节压迫止血，再用棉花加以包扎。颅脑外伤严重，清醒病人可平卧，止血，包扎，止痛，防休克不用吗啡。昏迷者应侧卧或俯卧，以防呕吐物进入气管而窒息，必要时用通气导管或大别针将舌牵出，固定在衣服上，以保持呼吸道畅通；转送中要注意脉搏、血压、呼吸的变化，若有耳鼻出血，脉搏减慢，血压上升，单侧瞳孔放大，对光反射迟钝，烦躁不安，头痛加剧，昏迷不醒或昏迷–清醒–昏迷，恶心呕吐不止等，均显示有颅出血、颅内压增高或骨折等严重情况，须及时会诊或转院。颈椎损伤或有可疑时，一定要用双手将伤者后头部托起，向后上方牵引，另一助手同时将胸背部托起，安放在硬板或担架上，然后以沙袋或其他方法限制活动。

（4）急救品配备。除一般常用的以外，必需配备氧气袋、简单呼吸器、通气导管、开口器、大别针、各种夹板、止血带、大剪刀、止血钳、棉花、 绷带、氨水、1‰新洁尔灭、50%葡萄糖注射液以及各种止痛、止血、强心、升压、兴奋呼吸、安眠镇静等急救针剂。

复习思考题

1. 论述不同伤害事故情况，指出指出急救和原则。
2. 体育锻炼中如何预防伤害事故出现，出现后任何处理?
3. 论述如何进行科学锻炼，防止出现伤害事故?

第六章　大学生体质健康标准测试与锻炼要求

摘　要

《国家学生体质健康标准》是测量学生体质健康状况和锻炼效果的评价标准，是国家对不同年龄段学生体质健康方面的基本要求，是学生体质健康的个体评价标准。通过本章学习，使大学生了解《国家学生体质健康标准》实施意义、测试内容与方法、评价方法及提高身体素质的锻炼方法等。

引　言

中华人民共和国教育部、国家体育总局于2007年4月颁布了《国家学生体质健康标准》（以下简称《标准》），在全国各级各类学校全面实施。《标准》作为《国家体育锻炼标准》的有机组成部分，是《国家体育锻炼标准》在学校的具体实施，它是国家对不同年龄阶段学生个体在体质健康方面的基本要求，是促进学生体质健康发展，激励学生积极进行身体锻炼的教育手段，是学生体质健康的个体评价标准。

《标准》坚持健康第一的指导思想，目的在于激励学生积极参加体育锻炼，促进身体的正常发育和身体形态、机能的全面协调发展，提高身体素质和运动能力，较好地掌握一两项运动技能。

第一节　《国家学生体质健康标准》概述与实施意义

《学生体质健康标准》自2002年试行以来，各地认真组织推广试行，取得了很好的经验。教育部、国家体育总局根据《学生体质健康标准》试行五年来的实际情况和调研中所发现的问题，对《学生体质健康标准》进行了修订和完善，并定名为《国家学生体质健康标准》（以下简称《标准》），于2007年正式颁布实施。《国家学生体质健康标准》的正式颁布实施，对于加强素质教育，提高我国青少年体质健康水平必将发挥积极的作用，产生深远的影响。

一、《国家学生体质健康标准》名称含义

《国家学生体质健康标准》的内涵是测量学生体质健康状况和锻炼效果的评价标准，是国家对不同年龄段学生体质健康方面的基本要求，是学生体质健康的个体评价标准。健康的概念包括身体健康、心理健康和社会适应。《国家学生体质健康标准》涵盖的是与学校体育密切相关的学生身体健康范畴。为了界定它的内涵，又避免与三维的健康概念相混淆，故将“体质”作为“健康”的定语以示其内涵。

《国家学生体质健康标准》名称的外延涉及它的激励和教育功能、反馈功能和指导锻炼功能。

教育和激励功能:《标准》是促进学生体质健康发展、激励学生积极进行身体锻炼的教育手段。所选用的指标可以反映与身体健康关系密切的身体成分、心血管系统功能、肌肉的力量和耐力以及关节和肌肉的柔韧性等要素的基本状况。《标准》的实施将使学生和社会能够对影响身体健康的主要因素有一个更加明确的认识和理解，引导和帮助人们去积极追求身体的健康状态，实现学校体育的目标。《标准》实施办法还规定，对达到合格以上等级的学生颁发证章，以激发学生对体育锻炼的内在积极性。

反馈功能:《标准》是学生体质健康的个体评价标准，并规定了各校应将每年测试的数据按时上报至国家学生体质健康标准数据管理系统，该系统具有按各种要求进行统计、分析、检索的功能，并定期向社会公告。该系统为学生及其家长提供了在线查询和在线评估服务，向学生提供了个性化的身体健康诊断，使学生能够在准确地了解自己体质健康状况的基础上进行锻炼；该系统还可为各级政府机关、教育行政部门、学校提供翔实的统计和分析数据，使之了解学生的体质健康状况，及时采取科学的干预措施。

引导锻炼功能：新的《标准》增加了一些简便易行，锻炼效果较好的项目，并提高了部分锻炼项目指标的权重，对引导学生进行体育锻炼具有较强的实效性；同时通过国家学生体质健康标准数据管理系统，学生还可以查询到针对性较强的运动处方，用于自身因地制宜地进行科学的体育锻炼，提高身体健康水平。

二、实施《国家学生体质健康标准》的重要意义

（一）贯彻实施《体育法》

《国家体育锻炼标准》是经国务院批准实施的我国重要的体育制度,《体育法》明确规定：学校必须实施国家体育锻炼标准,对学生在校期间每天用于体育活动的时间给予保证。《标准》是《国家体育锻炼标准》在学校的具体实施，目的在于鼓励广大青少年自觉积极地锻炼身体，促使身体的正常发育和全面发展，增强体质，为全面建设社会主义现代化国家，为培养德、智、体、美全面发展的建设人才服务。《标准》的实施不仅会促进学生积极锻炼，纠正和改变目前学生体质健康状况出现的突出问题，使学生拥有健康的体魄和健全人格，而且还是依法办学、依法执教的重要内容。

（二）贯彻落实“健康第一”的指导思想和全国学校体育工作会议的精神

学校教育，特别是学校体育直接肩负着“增强学生体质”和“促进学生健康”的使命。《标准》是积极贯彻落实《中共中央国务院关于深化教育改革全面推进素质教育的决定》所提出的“健康体魄是青少年为祖国和人民服务的基本前提，是中华民族旺盛生命力的体现，学校教育要树立健康第一的指导思想，切实加强体育工作”这一思想的重大举措，也是深化学校体育教学改革、推进素质教育的重要步骤。《标准》是学生体质健康的个体评价标准和学生是否能够毕业的基本条件之一，是激励学生积极参加体育锻炼、促进学生体质健康发展的一种教育手段，引导广大青少年学生努力拥有健康的体魄和健全人格，将“健康第一”的指导思想落到实处，充分发挥学校体育在素质教育中的作用。

（三）满足社会发展对人体健康的需要

现代文明在带给人们充分物质享受的同时，也给人类的健康带来了新的威胁。由于精神

紧张、营养过剩、运动不足、环境污染等因素所引发的非传染性疾病在全球不断蔓延、处于“亚健康状态”的人群不断地扩大。关爱生命、追求健康是现代人渴望的目标。实施《标准》对于唤起学生的健康意识、改变学生不良的生活习惯和生活方式、促进学生健康的成长必将起到积极的作用。《标准》是激励学生积极进行身体锻炼的教育手段，而不是为了甄别和选拔优秀体育运动员。《标准》采用的是个体评价标准，针对身体形态、身体机能、身体素质和运动能力设置了专门的测评项目，有些项目还具有简便易行、锻炼身体实效性较强等特点，能够帮助学生发现自身的不足或个体差异，并通过测评促进学生积极参加体育锻炼，通过锻炼改善体质健康状况，促进身体全面发展，成为具有正确的体育意识和健康的生活方式的高素质的建设者，使学校体育在促进国民健康素质方面起到应有的作用。

（四）发展和完善学生体质健康评价体系

学生体质健康评价是学校体育工作中的重要环节，也是学校教育评价体系中的重要组成部分。正确、合理地对学生进行体质健康评价，对于促进学校体育和教育工作有着重要的意义。《标准》是在继承了《准备劳动与卫国体育制度》（简称《劳卫制》）《国家体育锻炼标准》的成功经验，认真总结了《学生体质健康标准》试行工作的基础上，根据当前学校体育工作中的有关问题，特别是学生体质调研发现的肺活量水平继续呈下降趋势，速度、爆发力、力量耐力、耐力素质水平进一步下降，肥胖检出率继续上升等问题，参考国际上有关研究的成功经验和先进做法，对《学生体质健康标准》进行了修改和完善，定名为《国家学生体质健康标准》并正式颁布实施。《标准》对于评价学生的体质健康状况，引导学生积极锻炼都有了新的发展。《标准》从建立和完善我国学校教育评价体系的目标出发，体现了学校体育的价值，回答了学校体育为什么要以“体质健康”为本和怎样以“体质健康”为本的问题，明确了“体质健康”不仅应是学校教育和学校体育追求的目标，而且还是学校体育课程存在的根本理由。《标准》的实施将对我国深化学校体育改革，完善体质健康评价体系，促进全体学生综合素质的提高，具有深刻的影响和深远的历史意义。

第二节 《国家学生体质健康标准》测试说明与实施办法

一、《标准》测试说明

（一）为贯彻落实健康第一的指导思想，切实加强学校体育工作，促进学生积极参加体育锻炼，养成良好的锻炼习惯，提高体质健康水平，特制定本标准。

（二）本标准是《国家体育锻炼标准》的有机组成部分，是《国家体育锻炼标准》在学校的具体实施，是国家对学生体质健康方面的基本要求，适用于全日制小学、初中、普通高中、中等职业学校和普通高等学校的在校学生。

（三）本标准从身体形态、身体机能、身体素质和运动能力等方面综合评定学生的体质健康水平，是促进学生体质健康发展、激励学生积极进行身体锻炼的教育手段，是学生体质健康的个体评价标准。

（四）本标准将测试对象划分为以下组别：小学一、二年级为一组，三、四年级为一组，五、六年级为一组，初、高中每年级各为一组，大学为一组。

小学一、二年级组和三、四年级组测试项目分为三类，身高、体重为必测项目，其他二类测试项目各选测一项。小学五、六年级组，初、高中各组，大学组测试项目均为五类，身高、体重、肺活量为必测项目，其他三类测试项目各选测一项。

选测项目每年由地（市）级教育行政部门、高等学校在测试前两个月确定并公布。选测项目原则上每年不得重复。

（五）学校每学年对学生进行一次本标准的测试，本标准的测试方法按《国家学生体质健康标准解读》（人民教育出版社出版）中的有关要求进行。

（六）本标准各评价指标的得分之和为本标准的最后得分，满分为100分。根据最后得分评定等级：90分及以上为优秀，75～89分为良好，60～74分为及格，59分及以下为不及格。学生体质健康标准成绩每学年评定一次，按评定等级记入《国家学生体质健康标准登记卡》（见表6-1）。学生毕业时体质健康标准的成绩和等级，按毕业当年得分和其他学年平均得分各占 50%之和进行评定。因病或残疾免予执行本标准的学生，填写《免予执行<国家学生体质健康标准表5>申请表》（见表6-2）。

表6-1　　国家学生体质健康标准登记卡（大学样表）

姓　名		性　别		民　族	
班　号		学　号		出生日期	

一年级				二年级				三年级				四年级				毕业成绩	
指标（项目）	成绩	得分	等级	指标（项目）	成绩	得分	等级	指标（项目）	成绩	得分	等级	指标（项目）	成绩	得分	等级	得分	等级
身高标准体重				身高标准体重				身高标准体重				身高标准体重					
肺活量体重指数				肺活量体重指数				肺活量体重指数				肺活量体重指数					
奖励得分																	
学年总分																	
等级评定																	
体育教师签字																	
辅导员签字																	

注：高等职业学校、高等专科学校参照本样表执行。

学校签章

年　　月　　日

表 6-2　　免予执行《国家学生体质健康标准》申请表（样表）

<table>
<tr><td>姓 名</td><td></td><td>性别</td><td></td><td>民　族</td><td></td></tr>
<tr><td>班 号</td><td></td><td>学号</td><td></td><td>出生日期</td><td></td></tr>
<tr><td>原因</td><td colspan="5"></td></tr>
<tr><td>体育教师签字</td><td colspan="3"></td><td>家长签字</td><td></td></tr>
<tr><td>学
校
体
育
部
门
意
见</td><td colspan="5">签章（字）：
年　　月　　日</td></tr>
</table>

注：高等学校的学生，“家长签字栏”由学生本人签字。

（七）本标准由教育部负责解释。

二、《国家学生体质健康标准》实施办法

（一）《国家学生体质健康标准》（以下简称《标准》）的实施工作在教育部、国家体育总局的领导下，由各级教育行政部门管理，体育行政部门指导，学校组织实施。

（二）《标准》的组织实施工作在校长领导下，由学校体育教研部门、教务部门、校医院（医务室）、学工部门、辅导员（班主任）协同配合共同组织实施。《标准》的测试应与学生的健康体检有机结合，避免重复测试。学生的《标准》测试成绩按评定等级记入《国家学生体质健康标准登记卡》，小学列入学生成长记录或学生素质报告书，初中以上学校列入学生档案（含电子档案），作为学生毕业、升学的重要依据。对达到及格以上成绩的学生颁发证章。《标准》的实施工作记入教师的教学工作量。

（三）学生《标准》测试成绩达到良好及以上者，方可参加三好学生、奖学金评选；成绩达到优秀者，方可获体育奖学分。《标准》成绩不及格者，在本学年度准予补测一次，补测仍不及格，则学年《标准》成绩为不及格。普通高中、中等职业学校和普通高等学校学生毕业时，《标准》测试的成绩达不到50分者按肄业处理。

（四）因病或残疾学生，可向学校提交免予执行《标准》的申请，经医疗单位证明，体育教学部门核准后，可免予执行《标准》，并填写《免予执行<国家学生体质健康标准>申请表》，存入学生档案。对确实丧失运动能力、免予执行《标准》的残疾学生，仍可参加三好学生、奖学金、奖学分评选，毕业时《标准》成绩可记为满分，但不评定等级。

（五）认真上好体育课、积极参加体育活动、每天锻炼时间达到一小时者，奖励5分，计入学年《标准》总成绩。

（六）属下列情况之一者，其《标准》成绩记为不及格，该学年《标准》成绩最高记为59分：

1. 评价指标中400米（50米×8往返跑）、1000米跑（男）、800米跑（女）、台阶试验的得分达不到及格者；

2. 体育课无故缺勤，一学年累计超过应出勤次数1/10者。

（七）各地、各学校在实施《标准》时要树立“安全第一”的指导思想，健全各项安全保障制度，落实安全责任制，加强对场地、器材、设备的安全检查。要认真做好学生的体检工作，对生病学生实行缓测或免测。

（八）全国各级各类学校每年均直接将本校各年级《标准》测试数据，通过中国学生体质健康网（网址中文域名：中国学生体质健康网，英文域名：www.csh.edu.cn），报送至教育部“国家学生体质健康标准数据管理系统”，上报数据的时间为每年9月1日至12月31日，上报测试数据的工具软件，由学校在中国学生体质健康网上免费下载使用。

（九）高职、高专类学校参照有关要求执行。

（十）教育部每年公布各省、自治区、直辖市实施《标准》的基本情况；每学年对教育部直属高校本科新生《标准》测试结果，按生源所在地进行统计，并以省、自治区、直辖市为单位进行公布。

（十一）各地教育、体育行政部门对本地各级各类学校实施《标准》的情况，要认真检查监督。要将《标准》的实施情况纳入各级政府教育督导内容和评估指标体系，并作为对各级各类学校进行评优、表彰的基本依据。对弄虚作假、徇私舞弊者，给予通报批评，情节严重者，给予行政处分。

（十二）为保证《标准》测试数据的科学性、准确性，各地、各学校招标、选用的《标准》测试器材必须是经国家认证认可监督管理委员会批准的相关认证机构认证合格的产品。

（十三）本办法由教育部负责解释。

第三节 《国家学生体质健康标准》测试的内容与方法

一、大学生《标准》测试内容与分值

表 6-3　　大学生《标准》测试内容与分值

测试对象分组	评价指标	分值	备注
大学各年级	身高 体重	10	必　测
	肺活量	20	必　测
	1000 米跑（男） 800 米跑（女） 台阶试验	30	选测一项
	坐位体前屈 掷实心球 仰卧起坐（女） 引体向上（男） 握力体重指数	20	选测一项
	50 米跑 立定跳远 跳绳 篮球运球 足球运球 排球垫球	20	选测一项

在参加《标准》的测试过程中，各个测试项目的正确测试方法是大学生需要掌握的，必须了解各测试项目的要求与注意事项，正确的测试操作方法和所使用的测试仪器有一定的关系。目前，许多高校使用了不同的测试器材，有手工操作的，也有电子仪器。但无论使用何种仪器，每个测试项目都有其基本的测试要求。本章对《标准》测试中各个项目基本的测试方法及其注意事项进行介绍。对于不同的测试仪器，可参考相应测试器材说明或教师介绍。

二、身高与体重测试的操作方法

1. 测试目的

测试学生身高与体重，评定学生的身体匀称度，评价学生生长发育及营养状况的水平。

2. 测试方法

目前，身高与体重测试一般采用一体的电子测试仪器。受试者赤足，男性受试者身着短裤；女性受试者身着短裤、短袖衫，站在秤台中央，上肢自然下垂，足跟并拢，足尖分开约成 60 度角。足跟、骶骨部及两肩胛区与立柱相接触，躯干自然挺直，头部正直，耳屏上缘与眼眶下缘呈水平位。

3. 注意事项

（1）严格掌握“三点靠立柱”、“两点呈水平”的测量姿势。要求。

（2）测量身高前，受试者不应进行体育活动和体力劳动。

（3）受试者站在秤台中央，上下杠杆秤动作要轻。

图 6-1　身高体重测试方法示意图

三、台阶试验测试的操作方法

1. 测试目的

测试学生在定量负荷后心率变化情况，间接评定学生的心血管机能。

2. 测试方法

目前，台阶试验一般采用电子测试仪器，大学男生用高 40 厘米台阶（或凳子）；女生用高 35 厘米的台阶（或凳子）；按照节拍器的节拍在台阶（或凳子）上做踏上、踏下运动。测验前测定安静时的脉搏，然后受试者作轻度的准备活动，主要是活动下肢关节。上、下台阶（或凳子）的频率是 30 次/分。因而节拍器的节律为 120 次 / 分（每上、下一次是四拍）。受试者按节拍器的节律完成试验。

被测试者从预备姿势开始，（1）被测试者一只脚踏在台上；（2）踏台腿伸直成台上站立；（3）先踏台的脚先下地；（4）还原成预备姿势。用 2 秒上、下一次的速度（按节拍器的节律来做）连续做 3 分钟。做完后，立刻坐在椅子上，用指脉夹夹住左手中指，测量运动后的 1 分至 1 分半钟、2 分至 2 分半钟、3 分至 3 分半钟的 3 次脉搏数。测试仪器用下列公式求得评定指数，计算结果包含有小数的，对小数点后的 1 位进行四舍五入取整进行评分。

$$\text{评定指数}=\frac{\text{踏台上、下运动的持续时间（秒）}\times 100}{2\times(\text{3次测定脉搏的和})}$$

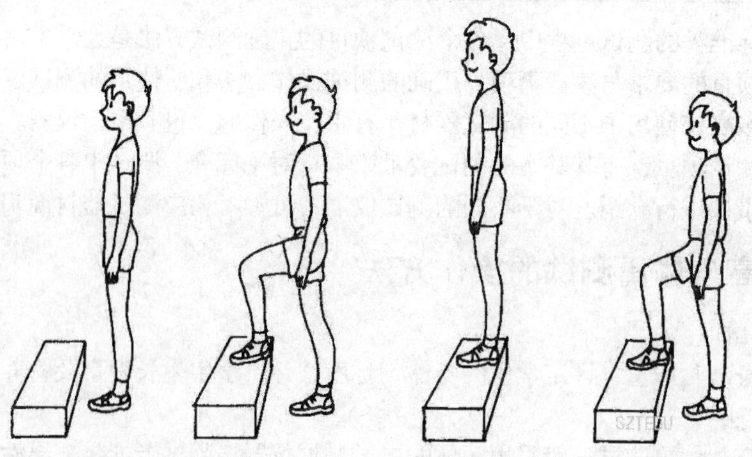

图 6-2　台阶试验测试示意图

3. 注意事项

（1）心脏有病的学生不能参加测试。

（2）按2秒上、下一次的节律进行。当受试者如果三次跟不上节奏应停止测试，以免发生伤害事故。

（3）上、下台阶量，膝、髋关节都应伸直。

（4）被测试者不能自己测量脉搏。

（5）如果受试者不能完成3分钟的负荷运动，以实际上、下台阶的持续时间进行计算，计算公式和方法同上。

（6）注意指脉夹要很好地接触手指，观察测试仪的指示灯是否跟心跳节奏一起闪动，否者可调换手指直至闪烁，期间不得将指脉夹取下。

四、肺活量测试的操作方法

1. 测试目的

测试学生的肺通气功能。它是指人体尽全力深吸气后，再尽全力呼出的气体总量，即一次深呼吸的气量，是呼吸动态过程中的一部分。

被测者肺活量实测数值除以当天测得的公斤体重值，其商为肺活量指数。

$$肺活量指数=\frac{肺活量（毫升）}{体重（公斤）}$$

2. 测试方法

测试者不必紧张，并且要尽全力；以中等速度和力度吹气效果最好。令被测者面对仪器站立，手持吹气口嘴；面对肺活量计站立试吹1至2次，首先看仪表有无反应，还要试口嘴或鼻处是否漏气，调整口嘴和用鼻夹（或自己捏鼻孔）；学会深吸气（避免耸肩提气，应该像闻花式的慢吸气）；学会吸气后屏住气再对准口嘴吹气，防止此时从口嘴处吸气；测试中不得二次吸气。

测试者进行一两次较平日深一些的呼吸动作后，更深地吸一口气，向口嘴处慢慢呼出至不能再呼为止。每位受试者测3次，每次间隔15秒，记录3次数值，选取最大值作为测试结果。以毫升为单位，精确到个位数。

3. 注意事项

（1）电子肺活量计的计量关键部位在口嘴前方的气筒内，计量部位的通畅和干燥是仪器准确的关键，吹气筒的导管必须在上方，以免口水或杂物堵住气道。

（2）导气管存放时不能打折。

五、50米跑测试的操作方法

1. 测试目的

测试学生速度、灵敏、协调素质及神经系统灵活性的发展水平。

2. 测试方法

受试者至少两人一组测试。站立起跑，受试者听到“跑”的口令后开始起跑。发令员在发出口令同时要摆动发令旗。计时员视旗动开表计时。受试者挺胸部到达终点线的垂直面停表。记录以秒为单位，精确到小数点后一位。小数点后第二位数按非零进1原则进位，如10.11秒读成10.2秒记录之。

3. 注意事项

（1）受试者测试最好穿运动鞋或平底布鞋，赤足亦可。但不得穿钉鞋、皮鞋、塑料凉鞋。

（2）发现有抢跑者，要当即召回重跑。

（3）如遇风时一律顺风跑。

六、立定跳远测试的操作方法

1. 测试目的

测试学生下肢肌肉力量及身体协调能力的发展水平。

2. 测试方法

受试者两脚自然分开站立；站在起跳线后；脚尖不得踩线（最好用线绳做起跳线）。两脚原地同时起跳；不得有垫步或连跳动作。丈量起跳线后缘至最近着地点后缘的垂直距离。每人试跳 3 次；记录其中成绩最好一次。以厘米为单位，不计小数。

3. 注意事项

（1）发现犯规时，此次成绩无效。三次试跳均无成绩者，再跳至取得成绩为止。

（2）可以赤足，但不得穿钉鞋、皮鞋，塑料凉鞋测试。

（3）如采用电子测试仪，如果起跳时有垫步或者连跳动作，易造成踩线犯规，因此测试前请注意多练习，掌握好测试方法。

七、坐位体前屈测试的操作方法

1. 测试目的

测试学生在静止状态下的身干、腰、髋等关节可能达到的活动幅度，主要反映这些部位关节、韧带和肌肉的伸展性和弹性及学生身体柔韧素质的发展水平。

2. 测试方法

受试者坐在连接于箱体的软垫上，两腿伸直，不可弯曲，脚跟并拢，脚尖分开约 10～15 厘米，踩在测量计垂直平板上，两手并拢；两臂和手伸直，渐渐使上体前屈，用两手中指尖轻轻推动标尺上的游标前滑（不得有突然前伸动作），直到不能继续前伸时为止。测试计的脚蹬纵板内沿平面为 0 点，向内为负值，向前为正值。记录以厘米为单位，取小数点后一位。如为正值则在数值前加“+”符号，负值则加“-”符号。

3. 注意事项

（1）测试前，受试者应在平地上做好准备活动，以防拉伤。

（2）测试时，如发现两腿弯曲或两上臂突然前伸时应重做。

（3）测量计应靠墙放置。

（4）身体前屈两臂向前推游标时两腿不能弯曲。

八、握力测试的操作方法

1. 测试目的

测试学生上肢肌肉力量的发展水平。

2. 测试方法

被测试者两脚自然分开成直立姿势，两臂下垂。一手持握力计全力紧握（此时握力计不能接触衣服和身体），用有力手握两次，取最大值，以公斤为单位，测试时保留 1 位小数。取最好成绩与自身体重相比为握力体重指数（握力 / 体重）。

$$握力体重指数=\frac{握力（公斤）}{体重（公斤）}\times 100$$

3. 注意事项

保持手臂自然下垂姿势，手心向内，不能接触衣服和身体；不得采用双手。

九、800 米跑（女生）或 1000 米跑（男生）测试的操作方法

1. 测试目的

测试学生耐力素质的发展水平，特别是心血管呼吸系统的机能及肌肉耐力。

2. 测试方法

受测者至少两人一组进行测试，站立式起跑。当听到“跑”口令后开始起跑。计时员看到旗动开表计时，当受测者躯干部到达终点线的垂直面时停表。

十、仰卧起坐（女生）测试的操作方法

1. 测试目的

测试腹肌耐力。

2. 测试方法

受测者全身仰卧于垫上，两腿稍分开，屈膝呈 90 度角左右，两手指交叉贴于脑后，另一同伴压住其踝关节，以便固定下肢。受测者起坐时两肘触及或超过双膝为完成一次。仰卧时两肩胛必须触垫。测试人员发出“开始”口令的同时开表计时，记录 1 分钟内完成的次数。1 分钟到时，受测者虽已坐起但肘关节未达到双膝者不计该次数，精确到个位数。

3. 注意事项

（1）如发现受测者借用肘部撑垫或臀部起落的力量起坐时，该次不计数。

（2）测试过程中，观测人员应向受测者报数。

（3）受测者双脚必须放于垫上。

十一、掷实心球测试的操作方法

1. 测试目的

测试学生的上肢爆发力。

2. 测试方法

测试时受试者站在起掷线后，两脚前后或左右开立，身体面对投掷方向，双手举球至头上方稍后仰，原地用力把球投向前方掷出。如两脚前后开立投掷，当球出手的同时后脚可向前迈出一步，但不得踩线。每人投掷 3 次，记录其中成绩最好的一次。记录以米为单位，取一位小数。丈量起掷线后缘至球着地点后缘之间的垂直距离。为了准确丈量成绩，应有专人负责观察实心球的着地点。

3. 注意事项

（1）受试者需原地投掷，不得助跑。

（2）实心球必须从肩上方投出。

（3）如受试者前后开立投掷，当实心球出手的同时后脚可向前迈出一步，但不得踩线。

（4）发现踩线等犯规时，则此次成绩无效。三次均无成绩者，应允许再投，直至取得成绩为止。

十二、跳绳测试的操作方法

1. 测试目的

测试学生的下肢爆发力和身体协调能力。

2. 测试方法

两人一组，一人测试，一人记数。受试者将绳的长短调至适宜长度，听到开始信号后开始跳绳，动作规格为正摇双脚跳绳，每跳跃一次且摇绳一回环（一周圈），计为一次。听到结束信号后停止，测试员报数并记录受试者在 1 分钟内的跳绳次数。

3. 注意事项

测试过程中跳绳绊脚，除该次不计数外，应继续进行。

十三、引体向上（男生）测试的操作方法

1. 测试目的

测试学生的上肢肌肉力量的发展水平。

2. 测试方法

受试者跳起双手正握杠，两手与肩同宽成直臂悬垂。静止后，两臂同时用力引体（身体不能有附加动作），上拉到下颌超过横杠上缘为完成一次。记录引体次数。

3. 注意事项

（1）受试者应双手正握单杠，待身体静止后开始测试。

（2）引体向上时，身体不得做大的摆动，也不得借助其他附加动作撑起。

（3）两次引体向上的间隔时间超过 10 秒停止测试。

十四、篮球运球测试的操作方法

1. 测试目的

测试学生综合身体素质和篮球基本技能水平。

2. 场地器材

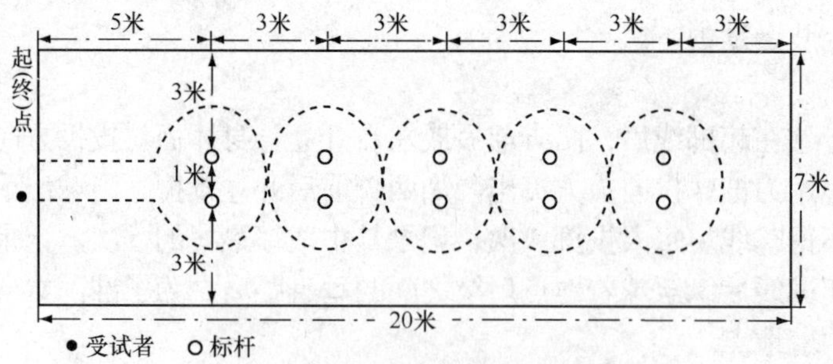

图 6-3　篮球运球测试方法示意图

测试场地长 20 米，宽 7 米，起点线后 5 米设置两列标志杆，标志杆距左右边线 3 米。各标志杆间距 3 米，共 5 排杆，全长 20 米，并列的两杆间隔 1 米，如图 6-3 所示。测试器材包

括：秒表（使用前应进行校正）、发令哨、30 米卷尺、标志杆 10 根（杆高 1.2 米以上）和篮球若干个。测试用球应符合国家标准。

3. 测试方法

受试者在起点线后持球站立，听到出发口令后，按图 6-3 所示的箭头方向单手运球依次过杆，大学生每次过杆时需换手运球。发令员发令后开表计时，受试者与球均返回起终点线时停表。每名受试者测两次，记录其中成绩最好的一次。以秒为单位记录测试成绩，精确到小数点后 1 位，小数点后第 2 位数按非零进 1 原则进位。

4. 注意事项

（1）测试中篮球脱手后，如球仍在测试场地内，受试者可自行捡回，并在脱手处继续运球，不停表。

（2）测试过程中出现以下现象均属犯规行为，取消当次成绩：出发时抢跑、运球过程中双手同时触球、膝盖以下部位触球、漏绕标志杆、碰倒标志杆、人或球出测试区域、未按图示要求完成全程路线、通过终点时人球分离等。

（3）受试者有两次测试机会，两次犯规无成绩者可再测直至取得成绩。

十五、足球运球测试的操作方法

1. 测试目的

测试学生足球基本技能水平，测试年级为中学和大学各年级。

2. 场地器材

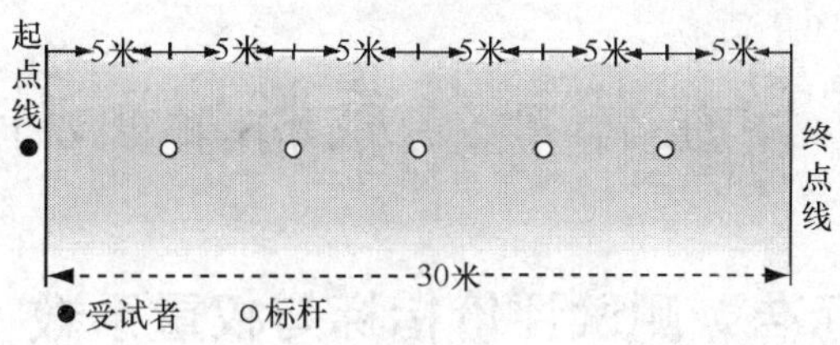

图 6-4 足球运球测试方法示意图

在坚实、平整场地或足球场上进行，测试区域长 30 米，宽 10 米，起点线至第一杆距离为 5 米，各杆间距 5 米，共设 5 根标志杆，标杆距两侧边线各 5 米，如图 6-4 所示。测试器材包括：符合国家标准的足球若干个，进行过校正的秒表，30 米卷尺，5 根标志杆（杆高 1.2 米以上）。

3. 测试方法

受试者站在起点线后准备，听到出发口令后开始向前运球依次过杆，不得碰杆。受试者和球均越过终点线即为结束。发令员发令后开始计时，受试者与球均返回终点线时停表。每人跑两次，记录其中成绩最好的一次成绩。以秒为单位记录测试成绩，精确到小数点后一位。小数点后第二位数按非零进 1 原则进位。

4. 注意事项

（1）测试过程中出现以下现象均属犯规行为，取消当次成绩：出发时抢跑、漏绕标志杆、碰倒标志杆、故意手球、未按要求完成全程路线等。

（2）受试者有两次测试机会，两次犯规无成绩者可再测直至取得成绩。

十六、排球垫球测试的操作方法

1. 测试目的

测试学生排球基本技能水平。

2. 场地器材

在坚实、平坦的场地或排球场上进行，测试区域为 3 米×3 米。测试器材为排球。测试用球应符合有关国家标准。

3. 测试方法

受试者在规定的测试区域内原地将球抛起，个人连续正面双手垫球，要求手型正确、击球部位准确、达到规定的高度，球落地即为测试结束，按次计数。受试者每次垫球应达到的高度，大学男生为 2.43 米，大学女生为 2.24 米。每名受试者测试两次，记录其中成绩最好的一次。测试单位为次。

4. 注意事项

（1）测试过程中如出现以下现象均只作为调整，不计次数：采用传球等其他方式触球、测试区域之外触球、垫球高度不足等。

（2）为方便判定垫球高度，可将排球场的球网调整到相应的高度，或者在测试区域外相距 0.5 米处插两根标杆，标杆顶端用橡皮筋或标志线相连，将标杆调整到相应的高度进行判定，测试时通过比较垫球的高度和球网或标志线的高度进行判定。

第四节　《国家学生体质健康标准》测试成绩与评价

一、大学生《标准》测试评价指标与权重系数

表 6-4　　大学生《标准》测试评价指标与权重系数

评价指标	权重系数
身高标准体重	0.1
肺活量体重指数	0.2
1000 米跑（男）、800 米跑（女）、台阶试验	0.3
坐位体前屈、掷实心球、仰卧起坐（女）、引体向上（男）、握力体重指数	0.2
50 米跑、立定跳远、跳绳、篮球运球、足球运球、排球垫球	0.2

二、大学生《标准》测试成绩评分标准

表 6-5 大学一年级～四年级男生身高标准体重（体重单位：公斤）

身高段（厘米）	营养不良 50 分	较低体重 60 分	正常体重 100 分	超 重 60 分	肥胖 50 分
144.0 ～ 144.9	<41.5	41.5 ～ 46.3	46.4 ～ 51.9	52.0 ～ 53.7	≥53.8
145.0 ～ 145.9	<41.8	41.8 ～ 46.7	46.8 ～ 52.6	52.7 ～ 54.5	≥54.6
146.0 ～ 146.9	<42.1	42.1 ～ 47.1	47.2 ～ 53.1	53.2 ～ 55.1	≥55.2
147.0 ～ 147.9	<42.4	42.4 ～ 47.5	47.6 ～ 53.7	53.8 ～ 55.7	≥55.8
148.0 ～ 148.9	<42.6	42.6 ～ 47.9	48.0 ～ 54.2	54.3 ～ 56.3	≥56.4
149.0 ～ 149.9	<42.9	42.9 ～ 48.3	48.4 ～ 54.8	54.9 ～ 56.6	≥56.7
150.0 ～ 150.9	<43.2	43.2 ～ 48.8	48.9 ～ 55.4	55.5 ～ 57.6	≥57.7
151.0 ～ 151.9	<43.5	43.5 ～ 49.2	49.3 ～ 56.0	56.1 ～ 58.2	≥58.3
152.0 ～ 152.9	<43.9	43.9 ～ 49.7	49.8 ～ 56.5	56.6 ～ 58.7	≥58.8
153.0 ～ 153.9	<44.2	44.2 ～ 50.1	50.2 ～ 57.0	57.1 ～ 59.3	≥59.4
154.0 ～ 154.9	<44.7	44.7 ～ 50.6	50.7 ～ 57.5	57.6 ～ 59.8	≥59.9
155.0 ～ 155.9	<45.2	45.2 ～ 51.1	51.2 ～ 58.0	58.1 ～ 60.7	≥60.8
156.0 ～ 156.9	<45.6	45.6 ～ 51.6	51.7 ～ 58.7	58.8 ～ 61.0	≥61.1
157.0 ～ 157.9	<46.1	46.1 ～ 52.1	52.2 ～ 59.2	59.3 ～ 61.5	≥61.6
158.0 ～ 158.9	<46.6	46.6 ～ 52.6	52.7 ～ 59.8	59.9 ～ 62.2	≥62.3
159.0 ～ 159.9	<46.9	46.9 ～ 53.1	53.2 ～ 60.3	60.4 ～ 62.7	≥62.8
160.0 ～ 160.9	<47.4	47.4 ～ 53.6	53.7 ～ 60.9	61.0 ～ 63.4	≥63.5
161.0 ～ 161.9	<48.1	48.1 ～ 54.3	54.4 ～ 61.6	61.7 ～ 64.1	≥64.2
162.0 ～ 162.9	<48.5	48.5 ～ 54.8	54.9 ～ 62.2	62.3 ～ 64.8	≥64.9
163.0 ～ 163.9	<49.0	49.0 ～ 55.3	55.4 ～ 62.8	62.9 ～ 65.3	≥65.4
164.0 ～ 164.9	<49.5	49.5 ～ 55.9	56.0 ～ 63.4	63.5 ～ 65.9	≥66.0
165.0 ～ 165.9	<49.9	49.9 ～ 56.4	56.5 ～ 64.1	64.2 ～ 66.6	≥66.7
166.0 ～ 166.9	<50.4	50.4 ～ 56.9	57.0 ～ 64.6	64.7 ～ 67.0	≥67.1
167.0 ～ 167.9	<50.8	50.8 ～ 57.3	57.4 ～ 65.0	65.1 ～ 67.5	≥67.6
168.0 ～ 168.9	<51.1	51.1 ～ 57.7	57.8 ～ 65.5	65.6 ～ 68.1	≥68.2
169.0 ～ 169.9	<51.6	51.6 ～ 58.2	58.3 ～ 66.0	66.1 ～ 68.6	≥68.7
170.0 ～ 170.9	<52.1	52.1 ～ 58.7	58.8 ～ 66.5	66.6 ～ 69.1	≥69.2
171.0 ～ 171.9	<52.5	52.5 ～ 59.2	59.3 ～ 67.2	67.3 ～ 69.8	≥69.9
172.0 ～ 172.9	<53.0	53.0 ～ 59.8	59.9 ～ 67.8	67.9 ～ 70.4	≥70.5
173.0 ～ 173.9	<53.5	53.5 ～ 60.3	60.4 ～ 68.4	68.5 ～ 71.1	≥71.2
174.0 ～ 174.9	<53.8	53.8 ～ 61.0	61.1 ～ 69.3	69.4 ～ 72.0	≥72.1
175.0 ～ 175.9	<54.5	54.5 ～ 61.5	61.6 ～ 69.9	70.0 ～ 72.7	≥72.8
176.0 ～ 176.9	<55.3	55.3 ～ 62.2	62.3 ～ 70.9	71.0 ～ 73.8	≥73.9
177.0 ～ 177.9	<55.8	55.8 ～ 62.7	62.8 ～ 71.6	71.7 ～ 74.5	≥74.6
178.0 ～ 178.9	<56.2	56.2 ～ 63.3	63.4 ～ 72.3	72.4 ～ 75.3	≥75.4
179.0 ～ 179.9	<56.7	56.7 ～ 63.8	63.9 ～ 72.8	72.9 ～ 75.8	≥75.9
180.0 ～ 180.9	<57.1	57.1 ～ 64.3	64.4 ～ 73.5	73.6 ～ 76.5	≥76.6
181.0 ～ 181.9	<57.7	57.7 ～ 64.9	65.0 ～ 74.2	74.3 ～ 77.3	≥77.4
182.0 ～ 182.9	<58.2	58.2 ～ 65.6	65.7 ～ 74.9	75.0 ～ 77.8	≥77.9
183.0 ～ 183.9	<58.8	58.8 ～ 66.2	66.3 ～ 75.7	75.8 ～ 78.8	≥78.9
184.0 ～ 184.9	<59.3	59.3 ～ 66.8	66.9 ～ 76.3	76.4 ～ 79.4	≥79.5
185.0 ～ 185.9	<59.9	59.9 ～ 67.4	67.5 ～ 77.0	77.1 ～ 80.2	≥80.3
186.0 ～ 186.9	<60.4	60.4 ～ 68.1	68.2 ～ 77.8	77.9 ～ 81.1	≥81.2
187.0 ～ 187.9	<60.9	60.9 ～ 68.7	68.8 ～ 78.6	78.7 ～ 81.9	≥82.0
188.0 ～ 188.9	<61.4	61.4 ～ 69.2	69.3 ～ 79.3	79.4 ～ 82.6	≥82.7
189.0 ～ 189.9	<61.8	61.8 ～ 69.8	69.9 ～ 79.9	80.0 ～ 83.2	≥83.3
190.0 ～ 190.9	<62.4	62.4 ～ 70.4	70.5 ～ 80.5	80.6 ～ 83.6	≥83.7

注：身高低于表中所列出的最低身高段的下限值时，身高每低 1 厘米，实测体重需加上 0.5 公斤，实测身高需加上 1 厘米，再查表确定分值。身高高于表中所列出的最高身高段时，身高每高 1 厘米，其实测体重需减去 0.9 公斤，实测身高需减去 1 厘米，再查表确定分值。

表 6-6　　大学男生评分标准

等级	单项得分	肺活量体重指数	1000米（分.秒）	台阶试验	50米跑（秒）	立定跳远（米）	掷实心球（米）	握力体重指数	引体向上（次）	坐位体前屈（厘米）	跳绳（次/1分钟）	篮球运球（秒）	足球运球（秒）	排球垫球（次）
优秀	100	84	3′27″	82	6.0	2.66	15.7	92	26	23.0	198	8.6	6.3	50
	98	83	3′28″	80	6.1	2.65	15.2	91	25	22.6	193	9.0	6.5	49
	96	82	3′31″	77	6.2	2.63	14.4	90	24	22.0	186	9.6	6.9	46
	94	81	3′33″	74	6.3	2.62	13.6	89	23	21.4	178	10.3	7.3	44
	92	80	3′35″	71	6.4	2.60	12.5	87	22	20.6	168	11.1	7.7	41
	90	78	3′39″	67	6.5	2.58	11.5	86	21	19.8	158	12.0	8.2	38
	87	77	3′42″	65	6.6	2.56	11.3	84	20	18.9	152	12.4	8.5	37
良好	84	75	3′45″	63	6.8	2.52	10.9	81	19	17.5	144	12.9	8.9	34
	81	73	3′49″	60	7.0	2.48	10.5	79	18	16.2	136	13.5	9.3	32
	78	71	3′53″	57	7.3	2.43	10.0	75	17	14.3	124	14.3	9.9	29
	75	68	3′58″	53	7.5	2.38	9.5	72	16	12.5	113	15.0	10.4	26
及格	72	66	4′05″	52	7.6	2.35	9.3	70	15	11.3	108	15.6	10.7	25
	69	64	4′12″	51	7.7	2.31	8.9	66	14	9.5	101	16.6	11.2	23
	66	61	4′19″	50	7.8	2.26	8.5	63	13	7.8	94	17.5	11.7	21
	63	58	4′26″	48	8.0	2.20	8.0	59	12	5.4	85	18.8	12.3	18
	60	55	4′33″	46	8.1	2.14	7.5	54	11	3.0	75	20.0	12.9	15
不及格	50	54	4′40″	45	8.2	2.12	7.3	53	9	2.4	71	20.6	13.3	14
	40	52	4′47″	44	8.3	2.09	7.0	51	8	1.4	64	21.6	13.8	12
	30	51	4′54″	43	8.5	2.06	6.7	49	7	0.5	58	22.5	14.3	10
	20	49	5′01″	42	8.6	2.03	6.2	47	6	-0.8	49	23.8	15.0	8
	10	47	5′08″	40	8.8	1.99	5.8	44	5	-2.0	40	25.0	15.7	5

表 6-7　　　大学一年级～四年级女生身高标准体重（体重单位：公斤）

身高段（厘米）	营养不良	较低体重	正常体重	超　重	肥胖
	50 分	60 分	100 分	60 分	50 分
140.0 ～ 140.9	<36.5	36.5 ～ 42.4	42.5 ～ 50.6	50.7 ～ 53.3	≥53.4
141.0 ～ 141.9	<36.6	36.6 ～ 42.9	43.0 ～ 51.3	51.4 ～ 54.1	≥54.2
142.0 ～ 142.9	<36.8	36.8 ～ 43.2	43.3 ～ 51.9	52.0 ～ 54.7	≥54.8
143.0 ～ 143.9	<37.0	37.0 ～ 43.5	43.6 ～ 52.3	52.4 ～ 55.2	≥55.3
144.0 ～ 144.9	<37.2	37.2 ～ 43.7	43.8 ～ 52.7	52.8 ～ 55.6	≥55.7
145.0 ～ 145.9	<37.5	37.5 ～ 44.0	44.1 ～ 53.1	53.2 ～ 56.1	≥56.2
146.0 ～ 146.9	<37.9	37.9 ～ 44.4	44.5 ～ 53.7	53.8 ～ 56.7	≥56.8
147.0 ～ 147.9	<38.5	38.5 ～ 45.0	45.1 ～ 54.3	54.4 ～ 57.3	≥57.4
148.0 ～ 148.9	<39.1	39.1 ～ 45.7	45.8 ～ 55.0	55.1 ～ 58.0	≥58.1
149.0 ～ 149.9	<39.5	39.5 ～ 46.2	46.3 ～ 55.6	55.7 ～ 58.7	≥58.8
150.0 ～ 150.9	<39.9	39.9 ～ 46.6	46.7 ～ 56.2	56.3 ～ 59.3	≥59.4
151.0 ～ 151.9	<40.3	40.3 ～ 47.1	47.2 ～ 56.7	56.8 ～ 59.8	≥59.9
152.0 ～ 152.9	<40.8	40.8 ～ 47.6	47.7 ～ 57.4	57.5 ～ 60.5	≥60.6
153.0 ～ 153.9	<41.4	41.4 ～ 48.2	48.3 ～ 57.9	58.0 ～ 61.1	≥61.2
154.0 ～ 154.9	<41.9	41.9 ～ 48.8	48.9 ～ 58.6	58.7 ～ 61.9	≥62.0
155.0 ～ 155.9	<42.3	42.3 ～ 49.1	49.2 ～ 59.1	59.2 ～ 62.4	≥62.5
156.0 ～ 156.9	<42.9	42.9 ～ 49.7	49.8 ～ 59.7	59.8 ～ 63.0	≥63.1
157.0 ～ 157.9	<43.5	43.5 ～ 50.3	50.4 ～ 60.4	60.5 ～ 63.6	≥63.7
158.0 ～ 158.9	<44.0	44.0 ～ 50.8	50.9 ～ 61.2	61.3 ～ 64.5	≥64.6
159.0 ～ 159.9	<44.5	44.5 ～ 51.4	51.5 ～ 61.7	61.8 ～ 65.1	≥65.2
160.0 ～ 160.9	<45.0	45.0 ～ 52.1	52.2 ～ 62.3	62.4 ～ 65.6	≥65.7
161.0 ～ 161.9	<45.4	45.4 ～ 52.5	52.6 ～ 62.8	62.9 ～ 66.2	≥66.3
162.0 ～ 162.9	<45.9	45.9 ～ 53.1	53.2 ～ 63.4	63.5 ～ 66.8	≥66.9
163.0 ～ 163.9	<46.4	46.4 ～ 53.6	53.7 ～ 63.9	64.0 ～ 67.3	≥67.4
164.0 ～ 164.9	<46.8	46.8 ～ 54.2	54.3 ～ 64.5	64.6 ～ 67.9	≥68.0
165.0 ～ 165.9	<47.4	47.4 ～ 54.8	54.9 ～ 65.0	65.1 ～ 68.3	≥68.4
166.0 ～ 166.9	<48.0	48.0 ～ 55.4	55.5 ～ 65.5	65.6 ～ 68.9	≥69.0
167.0 ～ 167.9	<48.5	48.5 ～ 56.0	56.1 ～ 66.2	66.3 ～ 69.5	≥69.6
168.0 ～ 168.9	<49.0	49.0 ～ 56.4	56.5 ～ 66.7	66.8 ～ 70.1	≥70.2
169.0 ～ 169.9	<49.4	49.4 ～ 56.8	56.9 ～ 67.3	67.4 ～ 70.7	≥70.8
170.0 ～ 170.9	<49.9	49.9 ～ 57.3	57.4 ～ 67.9	68.0 ～ 71.4	≥71.5
171.0 ～ 171.9	<50.2	50.2 ～ 57.8	57.9 ～ 68.5	68.6 ～ 72.1	≥72.2
172.0 ～ 172.9	<50.7	50.7 ～ 58.4	58.5 ～ 69.1	69.2 ～ 72.7	≥72.8
173.0 ～ 173.9	<51.0	51.0 ～ 58.8	58.9 ～ 69.6	69.7 ～ 73.1	≥73.2
174.0 ～ 174.9	<51.3	51.3 ～ 59.3	59.4 ～ 70.2	70.3 ～ 73.6	≥73.7
175.0 ～ 175.9	<51.9	51.9 ～ 59.9	60.0 ～ 70.8	70.9 ～ 74.4	≥74.5
176.0 ～ 176.9	<52.4	52.4 ～ 60.4	60.5 ～ 71.5	71.6 ～ 75.1	≥75.2
177.0 ～ 177.9	<52.8	52.8 ～ 61.0	61.1 ～ 72.1	72.2 ～ 75.7	≥75.8
178.0 ～ 178.9	<53.2	53.2 ～ 61.5	61.6 ～ 72.6	72.7 ～ 76.2	≥76.3
179.0 ～ 179.9	<53.6	53.6 ～ 62.0	62.1 ～ 73.2	73.3 ～ 76.7	≥76.8
180.0 ～ 180.9	<54.1	54.1 ～ 62.5	62.6 ～ 73.7	73.8 ～ 77.0	≥77.1
181.0 ～ 181.9	<54.5	54.5 ～ 63.1	63.2 ～ 74.3	74.4 ～ 77.8	≥77.9
182.0 ～ 182.9	<55.1	55.1 ～ 63.8	63.9 ～ 75.0	75.1 ～ 79.4	≥79.5
183.0 ～ 183.9	<55.6	55.6 ～ 64.5	64.6 ～ 75.7	75.8 ～ 80.4	≥80.5
184.0 ～ 184.9	<56.1	56.1 ～ 65.3	65.4 ～ 76.6	76.7 ～ 81.2	≥81.3
185.0 ～ 185.9	<56.8	56.8 ～ 66.1	66.2 ～ 77.5	77.6 ～ 82.4	≥82.5
186.0 ～ 186.9	<57.3	57.3 ～ 66.9	67.0 ～ 78.6	78.7 ～ 83.3	≥83.4

注：身高低于表中所列出的最低身高段的下限值时，身高每低 1 厘米，实测体重需加上 0.5 公斤，实测身高需加上 1 厘米，再查表确定分值。身高高于表中所列出的最高身高段时，身高每高 1 厘米，其实测体重需减去 0.9 公斤，实测身高需减去 1 厘米，再查表确定分值。

表 6-8 大学女生评分标准

等级	单项得分	肺活量体重指数	800 米（分.秒）	台阶试验	50 米跑（秒）	立定跳远（米）	掷实心球（米）	握力体重指数	仰卧起坐（次/分钟）	坐位体前屈（厘米）	跳绳（次/1分钟）	篮球运球（秒）	足球运球（秒）	排球垫球（次）
优秀	100	70	3′24″	78	7.2	2.07	8.6	74	52	21.1	190	11.2	7.3	46
	98	69	3′27″	75	7.3	2.06	8.5	73	51	20.8	184	11.5	7.8	44
	96	68	3′29″	72	7.4	2.05	8.4	72	50	20.3	175	12.0	8.6	41
	94	67	3′32″	69	7.5	2.03	8.2	71	49	19.8	166	12.6	9.4	38
	92	65	3′35″	64	7.7	2.01	8.0	69	47	19.2	154	13.3	10.5	34
	90	64	3′38″	60	7.8	1.99	7.8	67	45	18.6	142	14.0	11.5	30
良好	87	63	3′42″	59	7.9	1.97	7.7	66	44	17.7	137	14.6	11.9	29
	84	61	3′46″	57	8.0	1.93	7.6	63	43	16.3	130	15.6	12.5	27
	81	59	3′50″	55	8.2	1.89	7.5	61	42	15.0	122	16.5	13.2	25
	78	57	3′54″	52	8.3	1.84	7.4	58	40	13.1	112	17.8	14.0	23
	75	54	3′58″	49	8.5	1.79	7.2	55	38	11.3	102	19.0	14.9	20
及格	72	53	4′03″	48	8.6	1.76	7.1	53	37	10.1	98	19.8	15.6	19
	69	51	4′08″	47	8.7	1.72	7.0	50	35	8.3	92	20.9	16.7	17
	66	49	4′13″	46	8.8	1.69	6.8	48	33	6.5	86	22.0	17.8	15
	63	46	4′18″	44	8.9	1.63	6.6	44	31	4.1	78	23.5	19.3	13
	60	43	4′23″	42	9.0	1.58	6.4	40	28	1.7	70	25.0	20.8	10
不及格	50	42	4′30″	41	9.1	1.56	6.2	39	27	1.5	66	25.8	21.2	9
	40	41	4′37″	40	9.3	1.53	6.0	38	26	1.3	59	26.9	21.9	8
	30	39	4′44″	39	9.5	1.50	5.7	36	25	1.0	53	28.0	22.5	7
	20	37	4′51″	38	9.8	1.46	5.4	34	23	0.6	44	29.5	23.4	6
	10	35	5′00″	36	10.0	1.42	5.0	32	21	0.2	35	31.0	24.3	4

第五节 《国家学生体质健康标准》测试安排与锻炼

一、力量素质的锻炼

力量素质是指肌肉工作时克服阻力的能力。

按肌肉收缩的特点可分为静力性力量和动力性力量；按衡量肌肉力量大小，可分为绝对力量和相对力量；按其表现的形式又可分为最大力量、速度力量和力量耐力等。

（一）静力性力量的练习方法

这种练习的主要特点是肢体不产生明显的位移，肌肉收缩产生张力，但一般不发生长度的变化。完成静力性练习时，因工作的肌肉一直处于紧张收缩状态，会影响其血液循环，疲劳出现较早。

（二）动力性力量练习方法

动力性力量肌肉作非等长收缩时产生的力量。动力性力量锻炼又分为：

1. 最大力量练习

最大力量是用最大力量克服阻力的能力，如举起杠铃的最大重量。发展最大力量的方法主要是采用克服大阻力（最大力量的 80%以上强度），重复次数少的练习。

2. 速度力量锻炼

速度力量又称爆发力，它是在最短时间内发挥最大力量的能力。速度力量锻炼的特点是适当减少阻力（最大力量的 60%～70%），用最快的速度完成动作。如跳远、立定跳远的弹跳力。

3. 力量耐力锻炼

力量耐力是指长时间克服阻力的能力。它要求既要克服一定的阻力（约 50%的强度），又能坚持较长时间的练习，达到一定的疲劳感觉为宜。如俯卧撑、仰卧起坐等。

（三）发展力量素质的注意事项

力量素质发展水平是影响身体训练水平的关键因素。在实施发展力量素质过程中为达到优化控制，取得事半功倍的效果，必须注意如下几点：

1. 力量素质的发展要全面而又有重点

在发展力量素质的过程中，一方面应使四肢、腰、腹、背、臀等部位在大肌肉群和主要肌肉群得到锻炼、提高；另一方面也要注意发展那些薄弱的小肌肉群的力量。因为体育运动中的许多动作是很复杂的，需要身体各部位许多大小不同的肌群协同工作才能完成，所以发展不同类型的力量素质也不意味着面面俱到，平均发展，应该在全面发展的基础上又针对项目特点而有所侧重。

2. 练习时要使肌肉充分拉长和收缩，练习后要使肌肉充分放松

每次练习时，应使肌肉先充分伸展拉长，然后再收缩，动作的幅度要大。因为肌纤维被拉长后可以增大收缩的力量，同时又可保持肌肉良好的弹性和收缩速度。力量练习以后，肌肉常会充血，胀得很硬，这时应作一些与力量练习动作相反的拉长动作，或者做一些按摩、抖动，肌肉充分放松。这样既可加快疲劳的消除，促进恢复，又可防止关节柔韧性因力量训练而下降，同时也有助于保持肌肉良好的弹性和收缩速度。

据肌电研究证明，肌肉越是工作到接近疲劳时其放电量越大。这说明此时肌肉受到了较深的刺激。这种刺激能促使机体发生良好的生理、生化反应，有助于超量恢复而使力量得到增长。所以在进行力量练习时越是最困难的最后一两次动作，越要坚持完成。

3. 要全神贯注，念动一致，注意安全

肌肉活动总是在中枢神经系统的调节下进行的，练习时要全神贯注，练习哪里就想到哪里，使意念活动与练习动作紧密配合保持一致。这样有助于肌肉力量得到更好的发展。特别是进行大负荷练习时不能说说笑笑，注意力应高度集中，否则容易受伤。因为笑的时候肌肉最容易放松，而力量练习的负荷又大，不当心就易造成损伤。此外，为了安全练习，达到期望的效果，还应注意加强自我保护和互相保护。尤其在举或肩负极限重量时，更应该注意加强相互保护。

4. 紧密结合专项特点安排力量训练，注意正确的技术动作规格

不同的专项动作有各自不同的技术结构，要求参加工作的肌肉群力量也不同。如跑要求竭尽全力连续快速蹬地向前推进的力量；投掷要求竭尽全力使运动器械获得最大加速度的爆发力量；体操项目既有慢起用力动作，又有爆发力的推手、踏跳，还有回环力、翻转力等动作。因此，力量训练时首先要根据专项技术的动作结构来选择恰当的练习，以发展有关的肌肉群力量，其次要通过肌电研究了解主要肌群用力特点、工作方式、用力方向、关节角度等，来确定力量训练的方法。只有紧密结合专项特点来安排力量训练，才能收到更好的效果。

每一个力量练习动作，都有各自的技术规格要求，练习者只有按照技术规格要求去操作，才能够真正发展肌肉群的力量。否则，技术动作变了样，参与活动的肌群也就有所改变，就势必影响力量训练的效果。例如，臂弯举的正确动作是身体直立，两臂贴于体侧，只依靠肘关节的充分屈伸来完成，保证屈肘肌群力量得到充分的发展。但是很多练习者做弯举时，为了贪图省力举得重，往往依靠身体的前后摆动来帮助完成动作。这样表面看起来似乎举得还重一些，但实际上发展肱二头肌的效果反而要差一些，因为身体摆动时腰背肌肉、臀部和大腿后面的伸髋肌群也参与了工作。更重要的是，掌握正确技术动作，还可以防止伤害事故。例如，做深蹲练习，正确的动作要求挺胸直腰，腰背肌收紧以固定脊柱，主要依靠膝关节的屈伸，同时也伴随着髋关节的一定屈伸来完成动作。即使站不起来，腰背肌也要一直保持收紧，等待同伴的保护帮助。这样既安全可靠，又能保证伸膝肌群力量得到很好发展。可是很多练习者往往总是弓腰练习深蹲，尤其是当站不起来时，腰弓得更加厉害，这样就比较容易造成腰部损伤。

5. 进行力量训练时，要掌握正确的呼吸方法

由于憋气有利于固定胸廓，提高腰背肌紧张程度，因此可提高练习时的力量，所以极限用力往往要在憋气的情况下进行。有的学者进行背力测定研究发现，如一人憋气时背力最大为133kg；在呼气时为129kg；而在吸气时力量最小，为127kg。虽然憋气可提高练习时的力量，但用力憋气会引起胸廓内压力的提高，使动脉的血液循环受阻，而导致脑贫血，甚至会产生休克。

为避免产生不良后果，力量练习时必须注意以下几点：

（1）当最大用力的时间很短，但有条件不憋气时就不要憋气。尤其在重复做用力不是很大的练习时，应尽量不憋气；

（2）为避免用憋气来完成练习，对刚开始训练的人，所给予的极限和次极限用力的练习不要太多，并让其学会在练习过程中完成呼吸；

（3）在完成力量练习前不应做最深的吸气，因为力量练习时间短暂，吸的气并不会立即在练习中产生作用，相反，深度吸气增加了胸廓内的压力，此时如再憋气就可能产生不良变化；

（4）用狭窄的声带进行呼气，几乎也可达到与憋气类似同样大的力量指标。因此，做最大用力时可采用慢呼气来协助最大用力练习的完成。

6. 训练中要采用大负荷与循序递增负荷

大负荷是指训练的负荷强度和训练总量，一般要用某人所能承受的最大负荷或接近最大负荷来进行训练。因为采用大负荷能迫使肌肉进行最大收缩，能刺激人体产生一系列的生理适应性变化，从而导致肌肉力量的增加。为了达到大负荷，训练时无疑要保持较大的强度，或者要保持较大的数量（次数和组数）。

在力量训练过程中，当力量增长后，原来的负荷（主要指重量）就逐渐地变为小负荷了，

因此为了继续保持大负荷，就必须循序渐进递增负荷。比如训练开始时，某人用 20kg 做臂弯举，反复举 8 次出现疲劳，而他能用 20kg 连续举起 12 次时，这时就可以增加负荷至又能举起 8 次的重量，从而使其上升一个新的负荷。这样，就可使有关的肌肉群始终在大负荷状态下工作。进行负重练习是力量训练的一个基本特征和基本要求。

优秀运动员的力量训练是建立在“超负荷训练”的基础上。所谓“超负荷训练”就是指要求肌肉完成超出平时的负荷。“超负荷训练”通常会引起肌肉成分特别是肌蛋白的分解。“超负荷训练”会导致超量恢复的产生。在超量恢复的整个过程中，肌肉的成分会重新组合，肌蛋白含量得到提高，从而使肌肉更加粗壮有力。应不断地有目的、有计划地安排“超负荷训练”以引起超量恢复，达到迅速发展力量素质之目的。

7. 力量素质训练要系统科学安排，不间断

根据“用进废退”的原理，力量素质训练应全年系统安排，不能无故中断。科学研究表明，力量增长得快，停止训练后消退得也快。如果停止了力量训练，已获得的力量将会按增长速度的三分之一消退。通过训练获得的力量，停止训练后虽然会逐渐消退，但一部分力量会保持很久，甚至会永远保持下来。然而，发展力量素质练习不宜在疲劳的状态下进行，这种状态下的练习不是发展力量，而是发展耐力。

力量素质练习应因人、因项、因不同训练周期和训练任务而异，负荷的安排应是周期性、波浪式的变化。力量训练课的次数取决于一系列因素：训练课的主要任务，训练课处于的阶段和周期，各力量素质的发展水平及训练特点，运动员的年龄、性别、健康状况、身体素质能力及训练水平等。其中，训练水平是重要的因素之一。实验证明，对刚开始训练的人，每周 3 次课要比 1～2 次课或 5 次课的效果更好。而对训练有素的运动员来讲，训练课的次数则可安排得稍多一些。这是因为刚参加训练的人与训练有素的运动员相比恢复过程不同，适应性变化也不相同。根据优秀运动员的训练经验，每周进行 1～2 次力量训练，可保持已获得的力量；每周进行 4～6 次力量训练，力量可获得显著增长。

由于大肌肉群的工作能力恢复相对较慢，通常在比赛前 7～10 天，训练中不宜安排用极限负荷进行较大部位肌肉群的练习。

在每个小周期中，尽量使各种不同性质的力量训练交替进行。在一堂课中，可先安排发展最大力量、速度力量的练习，最后安排发展力量耐力的练习。

在进行发展力量素质的训练课中应使各肌肉群交替“进行工作”。例如，训练课开始时，先进行下肢肌肉群的综合练习，之后躯干肌肉群，然后进行上肢和肩带肌肉群的练习。在一堂课上安排发展某些肌肉群练习时，应先促进大量的肌肉群投入工作，然后才可以启动部分或局部肌肉群投入工作。

8. 要偏重摆动的动力性练习

在进行发展力量素质练习时，应偏重于摆动的动力性练习，尤其要注意动作的振幅。这样做可使练习者获得用力感和速度感，增强技术动力力量，培养快速完成动作的能力，同时也改进了关节的灵活性。为了增大动作的振幅，要注意结合肌肉的放松和伸展练习，以使肌肉保持弹性和柔韧性。

二、耐力素质的锻炼

耐力素质是指有机体长时间工作抗疲劳的能力。耐力通常分为无氧耐力和有氧耐力。

（一）有氧耐力锻炼

发展有氧耐力（或称一般耐力）主要是提高心肺功能水平，有氧耐力的主要指标是最大吸氧量，即运动时每分钟能够吸入并被身体所利用的氧气的最大数量。有氧耐力锻炼的负荷强度，一般用运动过程的心率来衡量，控制在 140～170 次/分为宜。发展有氧耐力的方法多采用慢速跑步、越野跑、骑自行车、游泳、划船等周期性运动。有氧耐力锻炼持续时间最小 5 分钟，一般在 15 分钟以上，最好能每天坚持 30 分钟的锻炼。

（二）无氧耐力锻炼

无氧耐力又称专项耐力，是体能类、技能对抗类竞技体育的基础。如最近中国足球协会规定参加全国甲级联赛的队员，必须通过 12 分钟跑（3100 米）和 5×25 米（34 秒）折返跑测验，合格者才能参赛。发展无氧耐力的方法，主要采用尽可能快的动作或用平均速度以间歇练习法来完成专项耐力的任务。一般要在医务人员监督下进行锻炼，心率控制在 180 次/分以上。此外，对运动员常用缺氧训练或高原训练法等手段，以提高身体处于缺氧状态下能长时间对肌肉工作供能的能力。

（三）发展耐力素质训练注意事项

1. 要十分注意呼吸问题

机体摄取氧气是通过提高呼吸频率和加深呼吸深度两方面实现的，在训练中应加深呼吸的深度，并注意用鼻呼吸的能力。同时还应加强呼吸节奏与动作节奏协调一致的训练。训练有素的运动员呼吸，不是靠加快呼吸的频率，而是以加深呼吸的深度、特别是呼气的深度。只有呼气深，呼吸道中的二氧化碳气吐得多，才能吸进更多的氧气。同时应培养运动员用鼻子呼吸的习惯（游泳除外），因为鼻腔有黏膜可以净化空气，也可以使氧气暖和一些再吸入气管，还可减少尘埃和冷气进入肺部。有人还认为用嘴呼吸会出现以横隔膜升降的浅呼吸，用鼻呼吸就可避免这种现象。

对各项目的运动员都应注意练习他们呼吸的节奏与动作节奏的协调一致，呼吸节奏紊乱，就会使动作节奏遭到破坏，也会使能量物质的消耗增加，不利于耐力水平的提高。

2. 无氧耐力训练应以有氧耐力为基础

无氧耐力的发展是建立在有氧耐力提高基础之上的，这是因为通过有氧耐力训练，使练习者心腔增大，从而提高每搏输出量，可为以后无氧耐力的发展奠定坚实的基础。如一开始便是无氧耐力练习，就很难提高每搏输出量，还会影响全身血液的供给，对今后发展不利。反过来，发展有氧耐力过程中，穿插一些无氧耐力练习，能改善运动员的呼吸能力和循环系统的功能，这有利于提高机体输送氧气的能力，对提高有氧耐力水平极为有利，由此可见，有氧耐力和无氧耐力之间是相互联系，相互促进的。所以，在耐力练习中要注意两者的结合，至于有氧耐力练习和无氧耐力的练习的比例，应视实际情况而定。

3. 耐力练习后应注意消除练习者的疲劳，使其尽快恢复

耐力练习时间长，消耗的能量大，所以训练后积极补充能源物质很重要，它使练习者机体更快地恢复及获得超量能源的储备。另外，还要采取有效地措施和手段，使疲劳的肌肉及神经系统得以放松和极早消除疲劳，为下次练习创造条件，这对耐力性项目的运动员极为重要。因为恢复性措施及恢复性训练，直接影响系统训练及大运动量训练的效果。

4. 在耐力练习中要注意加强医务监督

由于耐力练习时间较长，运动负荷较大，对人体各系统的影响也比较深刻。如果运动员

在健康水平不佳或者机能能力有障碍的情况下，进行大负荷的耐力练习，就容易对人体各系统的功能造成严重的损害。所以在耐力练习时加强医务监督就非常必要。

耐力练习中的医务监督一般包括两方面的内容：一是练习前的机能评定，简单的有血压、心率情况以及运动员的自我感觉等；二是练习时运动员对负荷安排的承受情况，如重复动作的变异程度、运动员练习时的面部表情等。一旦发现异常情况就应根据实际情况，或减量或中止练习，以防不测。决定有氧耐力还是无氧耐力的关键是负荷强度。负荷强度越大，机体无氧代谢的比例就越大，反之就越小。

三、速度素质的锻炼

速度素质是指人体进行快速运动的能力或在最短时间而完成某种运动的能力。按其运动的表现可分为反应速度、动作速度、周期性运动的位移速度三种形式。

（一）常用发展速度素质的方法

1. 反应速度

（1）听信号加速跑

慢跑中听信号后突然加速快跑 10 米，根据情况进行多组重复练习。

（2）小步跑、高抬腿跑接加速跑

做原地或行进间的小步跑或高抬腿跑，听到信号后突然加速快跑 10～20 米，根据情况进行多组重复练习。

（3）俯撑起跑

从俯撑开始，听信号后迅速收腿起跑 10～20 米，根据情况进行多组重复练习。

（4）转身起跑

背对跑的方向站立，听信号后迅速转体 180°，加速跑 20 米，根据情况进行多组重复练习。

（5）听口令起跑

蹲踞式或站立式起跑 20 米，组数及每组次数根据学生水平而定。

（6）听（看）信号变速快跑

在慢跑或其他移动中，听或看信号后立刻快跑 10～20 米。

（7）突变反应练习

练习者听信号做各种滑步、上步、交叉步、转身、急停、接球、上步垫球等练习。

（8）听信号做专门练习

专门练习编号，听号数做不同的练习。

（9）接传不同方向的来球

练习者依次接不同方向的来球，并传出。

2. 动作速度

（1）听口令、击掌或节拍器摆臂

上体直立或稍前倾，两脚前后开立或弓箭步，根据口令、击掌或节拍器节奏，做快速前后摆臂练习 20 秒左右，节奏由慢至快，快慢结合，摆臂动作正确、有力。

（2）原地快速高抬腿或支撑高抬腿

直立或前倾支撑肋木或墙壁等，听信号后做高抬腿 10～30 秒，大腿抬至水平上体不后仰。

（3）快速小步跑

小步跑 15～30 米，两腿频率越快越好。要求大腿发力，小腿放松，膝踝关节放松，脚落地后有“扒地”动作。

（4）快速小步跑接高抬腿跑

快速小步跑 5～10 米后，转高抬腿跑 20 米。小步跑要放松而快，转高抬腿跑时频率不变，只是动作幅度加大。

（5）快速小步跑接加速跑

快速小步跑 10 米左右后变为加速跑。

3. 位移速度

一般以快速跑作为典型的发展位移速度的练习方法，如 50 米跑。

附：无运动场地练习短跑案例

(1) 徒手练习摆臂，逐渐过渡到手持哑铃练习摆臂，动作由慢到快。

(2) 手扶墙或栏杆，做单脚支撑蹲立练习。

(3) 在室内或室外空地处做原地高抬腿跑练习，动作由慢到快。

(4) 利用室外通道做小步跑、弓箭步走、弓箭步交换跳等动作的练习。

(5) 利用室外空地做快慢结合的原地跳短绳练习。

总之，只要你想进行体育锻炼，总会有相应的办法，关键是要培养自己的锻炼习惯，克服惰性。采用上述的锻炼方法，持之以恒地坚持锻炼，照样能发展自己的速度素质和力量素质，提高快速跑能力。

（二）发展速度素质注意事项

1. 年龄特征

研究表明，速度素质的发展水平在相当程度上受到人体生长发育规律的制约。一般来说，7～13 岁的少年儿童处在速度素质的快速增长期（敏感期），这与其神经系统、协调能力在这期间快速发展有关。抓住这一阶段进行速度练习，有助于促进动作频率、单个动作速度及反应速度的快速发展。

通常的做法是，13 岁之前重点应放在单个动作速度和跑的频率的安排上，针对少年儿童的生理和心理特点，在练习中充分利用一切能提高单个动作速度和跑的频率的方法与手段，提高和稳定少年儿童对练习的兴趣和积极性。13 岁以后，在保持已经获得单个动作速度和跑的频率的基础上，采用提高肌肉最大力量的方法来增大步幅，从而提高移动速度。

2. 合理安排练习的顺序与时间

各种素质及运动能力之间，具有相互联系、相互促进和制约的关系，在发展某一素质的同时，都会或多或少、直接或间接地引起其他素质的变化。因此，发展速度素质时应从系统论的角度出发，处理好同其他素质的关系，合理安排练习的顺序，使得素质间互相促进和良性转移。

速度练习中，常使用发展力量的手段来促进速度的提高，但力量素质要求肌肉收缩用力也大，尤其是静力性力量练习，由于动作缓慢，会降低神经过程和肌肉活动的灵活性。而速度素质要求神经过程的灵活性高，兴奋与抑制转换迅速，肌肉收缩轻松协调。因此，速度练习应放在力量练习之前进行，力量练习也应以动力性力量为主。在力量练习过程中，应交替安排一些轻松、快速的跑跳练习或一些协调性和柔韧性练习，这对发展速度素质十分必要。

3. 以发展力量和柔韧等素质来促进速度素质提高

力量（特别是快速力量）和柔韧性，是影响速度素质的重要因素。所以在发展速度素质中，首先要注意发展快速力量。如采用40～60%的强度多次重复快速负重练习，使肌肉横断面和肌肉力量增大，并提高肌肉活动的灵活性，以及适当采用75%以上的大强度练习，使肌肉用力时能够最大限度地动员更多的肌纤维同时进行收缩，提高肌肉的收缩功效。其次，通过各种手段提高柔韧素质。

柔韧性提高后可以增加力的作用范围和时间，同时能使主动肌、对抗肌和协同肌之间的协调性得到改善，从而减少肌肉阻力和增大肌肉合力，最终导致运动速度的提高。

4. 重视肌肉放松练习

肌肉的放松能力对速度素质的发挥有非常重要的作用。肌肉放松，张弛有度，能够减少肌肉本身的内阻力，增大肌肉合力，使血液循环通畅。当肌肉紧张度达到60%～80%时，血液流动就会严重受阻，时间稍长，动作就会失去协调性，已有的快速能力也无从发挥；而肌肉放松时，肌肉中血液流动情况大为改善，比紧张时提高15～16倍，血液循环通畅，能给参与活动的肌肉输送更多的氧，加快ATP再合成速度，并能节省能量物质，使能量物质得到充分合理利用，还可增加肌肉收缩前的初长度；从而提高速度素质。

四、柔韧素质的锻炼

柔韧素质是指人体关节活动幅度的大小以及跨过关节的韧带、肌腱、肌肉、皮肤及其他组织的弹性和伸展能力。柔韧素质取决于两个方面的因素：一是关节活动幅度的大小，二是跨过关节的肌肉、肌腱、韧带等软组织的伸展性。关节的活动幅度主要取决于关节本身的解剖结构。跨过关节的肌肉、肌腱等软组织的伸展性，可通过合理的锻炼得到提高。

（一）常用发展柔韧素质的方法

1. 主动或被动的静力拉伸

缓慢地将肢体移动到一定位置，使肌肉、肌腱、韧带被拉长，使机体有一定酸、胀、痛的感觉，在该位置或略有超过处停留一定时间。这种方法可减少或消除超过关节伸展能力的危险性，防止拉伤。由于拉伸缓慢不会引发牵张反射。一般要求在酸、胀、痛的位置停留6～8秒，重复6～8次。

2. 主动或被动的动力性拉伸

有节奏的、速度较快的、幅度逐渐加大的多次重复一个拉伸动作的方法。

在运用该方法时用力不宜过猛，幅度一定要由小到大，先做几次小幅度的预备拉长，然后加大幅度，避免拉伤。

主动的动力性拉伸方法是靠自己的力量拉伸，被动的动力性拉伸方法是靠同伴的帮助或负重借助外力的拉伸，但外力应与练习者被拉伸的可能伸展能力相适应。

上述方法可单独采用亦可混合运用，练习时间根据需要确定。

3. 常用手段

（1）在器械上的练习：利用肋木、平衡木、跳马、把杆、吊环、单杠等。

（2）利用轻器械的练习：利用木棍、绳、橡皮筋等。

（3）利用外部的助力练习：同伴的助力、负重等。

（4）利用自身所给的助力或自身体重的练习：如压腿时双手用力压同时上体前压振；在

吊环或单杠作悬垂等。

（5）发展各关节柔韧所采用的动作：压踢、摆、搬、劈、绕环、前屈、后仰、吊转等。

（二）发展柔韧素质注意事项

1. 循序渐进，持之以恒

柔韧素质的发展是需要有意志力的练习，练习中痛感强，练习效果见效慢，停止训练便有所消退，因此应持之以恒才能见效。

当初次练习时易见效，第二天再练习时会有痛感加剧，并且第一次练习获得的效果会全部消退，甚至低于第一次练习前的效果。这是由于肌肉和肌腱被拉长后，出现一系列生理生化变化，如肌梭、腱梭对拉伸的敏感性提高导致疼痛感觉加剧，同时肌肉结构上也会有微小变化，导致收缩力增加，不易被拉伸，此时应继续坚持柔韧性练习，使肌肉适应新的拉伸长度并恢复正常结构，降低肌梭、腱梭敏感性以消除痛感。经过一个时期的练习，肌肉对该拉伸长度已经适应，应进一步拉伸肌肉、牵拉肌腱，提高柔韧性，使肌肉、韧带不断从不适应到适应，逐渐提高。

由于肌肉、韧带等的伸展性并不是一时一刻就能得到提高的，所以柔韧性练习应做到循序渐进，逐步提高要求，不能急于求成。根据停止柔韧练习一段时期，已获得的柔韧效果会有所消退的规律，柔韧性练习要做到系统化、经常化。

2. 兼顾相互关联的身体各个部位

在有些动作中，柔韧性的表现不仅仅是在一个关节或某个身体部位，而是牵涉到几个相互有关联的部位。如为发展腰部柔韧性采用“桥”的练习，就是由肩、脊柱、髋等部位的关节所决定的。

因此，在练习过程中对这几个部位都应该进行发展，倘若忽视某一部位的发展就有可能出现外伤。如果发现某一部位的柔韧性比较差，就应采取措施使其得到改善。另外，也可通过身体其他部位的有效发展使其得到补偿，这样做可以使各部位的柔韧性得到发展。

3. 注意外界温度与练习的时间

外界温度过高或过低，都会影响到肌肉的状态，影响到肌肉的伸展性。一般地说，当外界温度在 18 度左右时，有利于柔韧的发展，因为肌肉在这个温度下，伸展能力较强。温度过高，肌肉紧张或无力都会影响其伸展能力。如，跳高运动员每做完试跳之后，总要穿上衣服，目的在于保持体温，使肌肉处于良好的状态，以便准备下一次试跳。

一天之内在任何时间都可以进行柔韧性练习，只是效果不同。早晨柔韧性会明显地降低，所以早晨可做一些强度不大的“拉韧带”的练习。一日之中在 10～18 时人体能表现出良好的柔韧性，此时可进行一些强度较大的柔韧性练习。

4. 结合放松练习

每个伸展练习之后，应做相反方向的练习，促进被拉伸的肌肉的血液循环，有助于伸展肌群的放松和恢复。如压腿之后做几次屈膝练习，体前屈练习之后做几次挺腹挺髋动作，下完腰后做几次体前屈或团身抱膝动作等。

5. 年龄特征

从小发展的柔韧素质，由于是在人体自然生长发育的过程中实现的，因此能得到保持和巩固，不易消退。此外，柔韧素质发展的敏感期是 5～10 岁，所以在此期间抓紧练习，并在 10 岁以前使柔韧素质得到较好发展。

6. 练习时要防止受伤

柔韧练习主要是运用各种方法，拉长人体肌肉、韧带的长度。但如不注重科学的方法，非常容易出现肌肉拉伤现象。因此，在进行柔韧练习前，可做一些热身活动，减少肌肉的粘滞性；在做柔韧练习的过程中，不易用力过猛，特别是在被动练习时，施加的外力要循序渐进，以防止损伤。

五、灵敏素质的锻炼

灵敏素质是指迅速改变体位、转换动作和随机应变的能力。

灵敏素质是指人体在各种突然变化的条件下，能够迅速、准确、协调、灵活地完成动作的能力，是人各种运动技能和身体素质在运动中的综合表现。大脑皮层神经活动过程的灵活性及分析综合能力，是灵敏素质的重要生理基础，因此可通过训练改善和提高各感受器官功能，以增强灵敏素质。此外，在体育锻炼的实践中，掌握的运动技能越多就越熟练，大脑皮层中暂时神经联系的接通就越迅速、准确，动作也越灵巧。灵敏素质是运动技能、神经反应和各种素质的综合表现。在对抗性体育活动中（如篮球、足球等），灵敏能力是非常重要的。灵敏是人体各种运动能力在运动过程中的综合体现，良好的灵敏性不但有助于更快、更多、更准确、更协调地掌握技术和练习手段，使已有的身体素质充分、有效地运用到实践中去，而且可以防止伤害事故的发生。灵敏素质分为一般灵敏素质和专项灵敏素质，前者指适应一般活动的灵敏素质，后者指符合专项需求的特殊灵敏素质。

（一）发展灵敏素质的方法

由于灵敏素质是人体综合能力的表现，发展灵敏素质必须从全面发展身体素质的综合能力入手，重点培养掌握动作的能力、反应能力、平衡能力等。

主要练习方法有：

（1）固定转换体位的练习，如各种穿梭跑、“8 字跑”和折返跑等，这些练习主要发展人体的基本灵敏能力。

（2）在跑、跳中做迅速改变方向的各种跑、躲闪、突然起动以及各种快速急停和迅速转身等练习。

（3）突然发出各种指令信号，练习者接受信号后，迅速作出应急反应。这种方法主要是提高人体应用灵敏的能力。

（4）器械、体操、武术中的一些复杂动作练习，以及速度、动作、力量、高度、方位等经常变化的不对称练习和各种球类活动。

（5）做复杂多变的综合练习。例如，用“之字跑”、“躲闪跑”、“穿梭跑”和“立卧撑”四项组成的综合性练习。

（6）专门练习，如立卧撑跳转 180° 连续进行、上步纵跳、左右弧线助跑、单腿起跳、旋转 360°连续进行等。

（7）变速和变向练习。在跑、跳过程中快速、协调、准确地完成各种动作，如变向、变速、急停、急起、转体等。

（8）其他方式的练习。按各种信号作出应答反应的游戏和各种变向的追逐游戏，专门设计的各种复杂多变的练习，如“躲闪跑”、“穿梭跑”等。

（二）发展灵敏素质的注意事项

灵敏性的全面提高有赖于多建立有严格要求的条件反射。也就是说，学会正确的、随意的动作，越多越好。因此，要重视学习和掌握各种运动技能。

灵敏素质是由大脑皮层神经活动过程的可塑性和灵活性所决定的，前者表现为对动作的掌握能力，后者表现为对参加运动肌群的控制、指挥能力。灵敏素质与复杂的运动反射速度及准确性密切相关，这要求练习时要有较强烈的欲望，要有明确的目标追求，减少不动脑筋的盲目重复练习。

发展灵敏素质应在体力较好时进行锻炼，练习负荷强度要大，每次负荷持续时间不宜过长，重复次数也不宜太多，间歇时间要充分，以不产生疲劳为限度。

人在疲劳时灵敏性会变差。因此，不断提高自己的耐力水平，对保持灵敏性有积极的作用。

灵敏素质是一种综合素质，与力量、速度、协调等素质有密切关系，尤其是反应速度、动作速度、爆发力和协调性等对灵敏素质影响最大。因此，发展灵敏素质应从这些基本因素着手，可结合所锻炼项目的运动特点组合，设计切合自己实际的锻炼内容。

灵敏素质应从小抓起，少儿年龄阶段是发展灵敏素质的关键时期。同时，在发展灵敏素质时，应加强心理素质培养，避免由于紧张和恐惧心理而导致反应迟钝，动作的协调性下降，影响正常动作的发挥。

附件

教育部 国家体育总局关于实施《国家学生体质健康标准》的通知

各省、自治区、直辖市教育厅（教委）、体育局，新疆生产建设兵团教育局、体育局：

《学生体质健康标准》自2002年试行以来，各地认真组织推广试行，取得了很好的经验。教育部、国家体育总局在认真总结试行工作的基础上，根据新的形势对《学生体质健康标准》进行了修改和完善。现将《国家学生体质健康标准》（以下简称《标准》）及《国家学生体质健康标准》实施办法印发给你们，请认真贯彻执行。具体要求通知如下：

一、《标准》自发布之日起在全国各级各类学校全面实施，确有困难不能在2007年实施《标准》的学校，须请示上级教育行政部门，经省级教育行政部门核准同意后可以延期至2008年实行。各省级教育行政部门须将延期实施《标准》的学校名单报教育部（体育卫生与艺术教育司）备案。

二、各省级教育行政部门要根据实际情况，制定《标准》的具体实施计划，并于2007年9月1日前报教育部备案。

三、自2007年开始，国家体育总局、教育部每两年组织一次对各地实施《标准》情况的检查，并公布检查结果。

附件：1. 国家学生体质健康标准

2.《国家学生体质健康标准》实施办法

教育部 国家体育总局

二〇〇七年四月四日

主题词：学生 健康 标准 通知

部内发送：部领导，各司局

教育部办公厅 2007年4月11日印发

复习思考题

1. 大学生在校期间必须参加几次《国家学生体质健康标准》测试，测试成绩对于评优、评奖及毕业有如何规定?

2. 叙述你今年参加《国家学生体质健康标准》测试的项目及权重，每一项测试的及格标准是多少?

第七章　大学生体育锻炼与运动管理

摘　要

锻炼与运动是人们获得身心健康的最有效方法之一，与以往相比大学生们更想利用时间和空间更多的从事某些经常性的运动和锻炼，但很多的情况是半途而废的居多，究其原因可能与缺少正确的运动与锻炼的管理知识有关。本章将针对体育锻炼与运动管理的知识，给大学生们提供一些有益的建议和常识。

引　言

青少年学生在校学习期间，也正是他们在身体发育和成长的关键时期。因此，为了保证和促进学生的健康，必须对学生进行体育的教育和其他有关教育，这是学校教育的重要内容之一。作为学校教育的重要组成部分，体育课程除了要提高学生的身体素质和健康水平外，还应指导学生的全面发展。从体育课程的角度看，学生的全面发展当然首先是指学生的健康水平的提高，同时也包括通过体育课程的学习促进学生思想意识、情感意志和道德品质方面的发展。

与其他文化课不同，体育与健康课程主要是一种技能性的课程。这就是说，体育与健康课程学习的结果主要不是体现在认知性知识的积累和深化上，而是表现在体能的增强、技能的掌握和行为态度等的改变方面。这决定了体育与健康课程教、学的主要手段，是以活动性游戏和各种运动方法构成的身体练习。在体育学习的过程中，每个学生自身既是学习的主体，同时也是学习的手段和对象；没有身体力行，体育学习就无法进行；体育学习的效果是通过学生自身身体和行为的变化而表现出来的。在体育学习中当然也有知识的学习和道德品质教育等，但这些也主要是在运动实践的过程中进行并完成的。这是体育课程的最大特征。总之，由于体育本身所具有的特点，使体育与健康课程在增强学生某些重要的社会适应能力方面具有不可替代的价值。

第一节　运动的准备与过程

一、锻炼前的身体准备

在准备进行一个较长周期进行锻炼时，应在运动前首先应进行身体检查，这是很重要的。不检查、不尊重医生的意见，任意使用运动处方，不但不能防治疾病，增强体质，还会影响身体健康。

健康检查一般包括身体形态成分检查评定、生理机能检查评定、身体素质检查评定和心理检查评定。

身体形态检查的目的，是为了了解自身目前身体形态生长发育的程度，需要做哪些改进。常用的测量指标有：身高、体重、胸围、腰围、臀围、上臂部皮褶厚度、肩胛部皮褶厚度、腹部皮褶厚度、安静脉搏、血压、肺活量、台阶试验、坐位体前屈、握力、背力、总体纵跳、闭眼单腿站立、俯卧撑、选择反应时。通过查阅《中国人体质研究手册》可以知道你自己的身体发育处在什么水平。

身体成分检查的目的，主要是检查人体脂肪含量和分布，主要是针对肥胖人，通过测定肥胖程度，确定是否需要减肥，制定减肥运动方法。

生理机能检查的目的，是为了了解目前身体各系统机能处在什么水平，为制定锻炼计划提供依据，还可以评定运动效果，检查运动后疲劳和恢复的程度。

二、选择适合自己的锻炼方式

学校体育主要是通过体育教学来完成的，在教学之外还提供了大量场地、器材等资源，供广大学生进行课外体育锻炼，学生可以根据自身爱好和身体条件进行选择。如何选择锻炼方式，可以通过以下几种分类来进行挑选。

（一）按能量代谢分类

主要有有氧代谢锻炼项目和无氧代谢锻炼项目来分类。

有氧代谢类：项目有慢跑、健美操、自行车、步行、游泳、有氧舞蹈、体操、有氧球类运动等。

无氧代谢类：项目有短跑，举重、拳击、摔跤、高强度器械练习、竞技自行车和竞技球类运动等。

（二）按目的性分类

竞技类：篮球、排球、足球

健身类：健身走、健身跑、太极拳、武术

健美类：健美、形体、健美操、街舞

休闲类：保龄球、台球、飞镖、徒步旅行

康复类：气功、医疗保健操、传统体育

极限类：登山、攀岩、潜水、定向越野

学生可根据当时身体健康状况和检查的情况以及运动习惯、学习时间等条件科学合理选择合适自己进行运动的锻炼方式。

三、制定完整的锻炼计划

要进行有目标的锻炼，就要制定一个有目标、有计划较为科学的锻炼计划。如果目标定得太高，欲速则不达或者进行太过激烈的运动会使你感到气馁，甚至受到伤害。通常可根据安全最高心率测定运动量的大小：安全最高心率=180−年龄，锻炼过程中的心率不应超过安全数高心率。当然这只是一个参考，在锻炼出现胸痛、呼呼短促或其他不适症状时都应当停止运动马上请教医生。所有的体育锻炼都应以运动后没有不适感为标准，进行自我调整。逐渐提高运动量，例如开始每次步行 10 分钟，下一个星期，就可以增加到 15 或 20 分钟，同时饮食、药物也要进行适当的调整。

四、准备运动所需的装备、器材

运动器材装备是体育锻炼不可缺少的物质保障。它常常是决定你是否会造成运动伤害的关键。目前对竞技器材装备安全性效用的研制主要分为两类，即运动员自身的装备和赛场器械设施。在运动员自身的器材装备方面，如自行车、摩托车、攀岩等运动头盔，为的是使发生意外时头部减少受伤概率。足球运动员在比赛中 最容易发生胫、腓骨损伤，护腿板对于防止这类损伤的发生有很好的帮助。运动服装和运动鞋应符合各运动项目的要求。合适的运动服装和运动鞋是防止运动损伤的前提，不应当轻视。因此，运动健身时，最好能穿运动服和运动鞋，这样既舒适轻便，又利于做各式动作，又能增加动作美感和自我保护作用。在场地器械设施方面，如跳高和撑杆跳高练习比赛中，更为柔软和富有弹性的海绵垫取代了原先过杆后用以缓冲的沙坑；而在跨栏比赛中，使用轻质合金材料制作的栏架，取代了原先质量较重的木质栏架，减少了学生锻炼时、运动员比赛时的受伤事故。

五、选择运动场地、时间

要选择合适的运动场地、时间和方法，运动的场所和设施对提高运动效果、运动成绩以及预防意外事故是很重要的。在运动过程中时刻伴随着多种危险因素，例如，运动场所狭小时，常发生碰伤事故等；场地不平则是导致骨折、挫伤等外伤的直接原因；长期在硬路面上进行运动可引起下肢关节的慢性损伤；运动用具使用不当或用具有缺陷时也容易发生事故。为了更好地保证运动效果，防止运动损伤，应该具备有完善的运动场所和运动设施。原则上运动能户外最好不要户内，由于清晨户外空气污浊，上午 9 点以前最好不在户外运动，9 点以后污染空气开始下沉，污染物质减少，此时为户外运动的最佳时间。如果白天无时间，可选择傍晚锻炼，做适宜自己的有氧运动。

六、运动安全

加强思想教育，增强防范意识；加强活动设施建设和管理；做好准备活动，加强医务监督；加强安全保护措施。

第二节　运动量控制的原则与方法

体育锻炼与运动员的运动训练不同，其基本感受为：锻炼时要轻松自如，并有一种满足感，这也是锻炼者进行运动量监测的一项主观指标。如果锻炼后有一种适宜的疲劳感，而且对运动有浓厚的兴趣，则说明运动量适合机体的机能状况；如果运动时气喘吁吁、呼吸困难，运动后极度疲劳，甚至厌恶运动，则说明运动量过大，应及时调整运动量。体育锻炼对身体机能是综合刺激，身体机能的反应也是多方面的，锻炼者可根据自身条件对身体机能进行综合评价，必要时，则应在医务工作者的监督下进行。

一、体育锻炼的主要原则与方法

体育锻炼的原则是身体运动基本规律的反映，也是锻炼者安排锻炼计划、选择锻炼内容、实施锻炼方法所要遵循的要素。主要有以下几种：

（一）FITT 监控原则

FITT（频率、强度、时间和运动形式）监控原则旨在引导人们科学地进行锻炼，在锻炼过程中适度地控制好运动的频率、强度、时间和运动形式，使体育锻炼达到最佳效果。

（二）超负荷原则

超负荷原则是指在进行体育锻炼时，身体或特定的肌肉所受到的刺激性负荷应强于已适应的强度。适度的超负荷锻炼有利于提高体能水平和健康水平，但要防止过度而导致筋疲力尽。

（三）循序渐进原则

体育锻炼对增强体质、促进健康的作用是循序渐进、逐步提高的，不可能一蹴而就。循序渐进原则是指在进行体育锻炼时应逐渐增加负荷，当达到锻炼者体能的极限时，就无须再增加运动强度和持续时间，必须等待恢复体能后再适度增加强度及持续时间。

（四）大小运动量相结合原则

交叉利用大小运动量进行体育锻炼，不仅能提高效果，而且还能防止伤害事故的发生。因此，应做到不要连续几天都进行大强度大运动量的锻炼，要根据自己的身体状况，妥善地安排大小运动量的交叉进行。

体育锻炼能有效地提高体能和体质，通过提高体能和体质而促进人们的健康水平，使人们在生产工作及生活中，能以足够能量和精力应付各种挑战，处理各种意想不到的问题，同时还能主动预防潜在的健康问题。由于体育活动带来的良好体能，能够增进健康，陶冶性情和保障安全，使人们有更充沛的精力和热情去投入工作。因此，现代社会更应重视体育锻炼在工作领域中的作用，重视体能对健康的影响。

二、正常状态运动量控制方法

（一）通过精神状态来控制

锻炼后应该是精神饱满，精力充沛，没有困倦疲劳症状。相反，则说明锻炼负荷过大。

（二）通过锻炼的出汗量来控制

一般来讲，进行锻炼达到刚出汗或出小汗的程度较为合适。不出汗说明负荷量不够，大汗淋漓说明运动量过大。

（三）通过锻炼后的饮食来控制

锻炼后如果食欲很好，食量也略有增加，表明其负荷量较为恰当；相反，则说明运动量过大。

（四）通过工作效率来控制

通过体育锻炼，体质增强，记忆力加强，学习与工作的效率提高，表明运动量恰到好处。如果身体消瘦，多病，学习与工作效率下降，则说明锻炼的运动量掌握不恰当，应及时加以调整运动量的控制。

（五）通过心率来控制

一般可采用心率百分法。个人的最高心率直接测量比较困难，一般男女均可用 220-年龄来估算每分钟的最高心率（也有人建议女子用 210-年龄来估算）。例如某人 20 岁，其锻炼过程的运动强度应控制在心率为（220-20）×（70%-85%）=140-170（次/分）的范围内，这被称为有氧锻炼的适宜负荷量。或者用接近极限运动量的心率（一般假定每分钟 200 次）减去安静时的心率（这里假定每分钟 60 次）的 70%，再加上安静心率基数 60 次，即运动时的心率为（200-60）×70%+60=98+60=158（次/分），这是对身体影响最佳的运动强度。

三、锻炼时运动量的监测方法

体育锻炼时，合理控制运动量是影响运动效果的重要因素之一。活动量太小，达不到锻炼身体的目的；运动量过大，又会引起过度疲劳，影响身体健康。所以，每位体育爱好者在开始体育锻炼前就应学会监测运动量的方法。体育锻炼中常见的监测运动量的方法有以下几种：

（一）测运动时脉搏

在体育锻炼时或体育锻炼后，立即测 10 秒钟的脉搏，就一般体育锻炼者来说，运动后即刻的心率最好不要超过 25 次/10 秒。脉搏次数过快，主要是发展机体的无氧代谢能力，这对一些专项运动员来说是十分重要的，但对提高身体的健康水平意义不大，而且运动量过大会增加心脏负担，可能会出现一些意外事故。即使是特殊需要，体育锻炼者运动时的心率也不要超过 30 次/10 秒。

（二）根据年龄控制运动量

年龄与体育锻炼中的运动量有着密切的关系，随着年龄的增加，人体的运动能力逐渐下降，体育活动量也应随着减小。现在，体育活动中经常用“180-年龄”的值作为体育锻炼者的最高心率数，即 30 岁的人在进行体育锻炼时其心率数不要超过 150 次/分，而 70 岁的人参加体育锻炼时的最高心率不要超过 110 次/分，这一公式已广泛应用到以健身为目的的体育锻炼之中。

（三）根据第二天“晨脉”调节运动量

“晨脉”是指每天早晨清醒后（不起床）的脉搏数，一般无特殊情况，每个人的晨脉是相对稳定的。如果体育锻炼后，第二天晨脉不变，说明身体状况良好或运动量合适；如果体育锻炼后，第二天的晨脉较以前增加 5 次/分以上，说明前一天的活动量偏大，应适当调整运动量；如果长期晨脉增加，则表示近期运动量过大，应该减少运动量，或暂时停止体育锻炼，待晨脉恢复正常时，再进行体育锻炼。

（四）自我感觉

无论进行任何一项锻炼和运动，运动者的主观感觉是一个非常重要的指标，通过多次反复的锻炼与体验，运动者已经可以根据自己运动与锻炼时的主观感觉来判断自己所进行的锻炼的运动量是否在自己身体正常承受范围和目标区域内。运用主观感觉来控制和掌握运动量可以避免锻炼和练习过程中为计算心率而停止运动。这种自我感觉评价的准确性主要更多的来自于多次的实践与体验。从严格意义上讲，体育锻炼对人体产生的影响并不单纯取决于运动量，而是运动负荷（“运动量”只是一种通俗的叫法）。组成运动负荷的主要因素是 “量”和“强度”。在进行体育锻炼时，要注意将量和强度的关系处理适当。强度越大，则量就要相应减少，强度适中，则量可以相应加大。而作为以健身为目的的锻炼者，则应将运动量控制重点放在锻炼和训练过程中的自我感觉方面。

国家教育部向全国青少年学生提出：“每天锻炼一小时，健康工作五十年，幸福生活一辈子。”相信这是天底下所有父母都期望自己孩子所能达到的一种理想的生活状态。要达到这样的状态，需要社会、学校、家庭的共同努力，尤其是父母对孩子的影响，父母的体育意识和行为直接影响孩子体育观的形成。孩子能不能通过体育锻炼强身健体而成为一个终身体育者，将受到父母的持久性影响。因此，我们有必要再次告诫孩子的父母：为了孩子在充满竞争的环境中有一个良好的本钱，在为孩子制定人生目标、制定学习计划时，别忘了在成长一栏中添上体育锻炼的计划。

四、最佳运动量与阈限内负荷时间

（一）最佳运动量

最佳运动量是指有机体承受运动刺激时的心率在120～180次/分。

现代体育锻炼方法对体育锻炼的标准价值阈研究证明，体育锻炼的最佳效果是在有机体处于最大摄氧量和最大心搏量的时间。这时有机体的各组织器官都能获得最充足的氧气和足够的营养物质，代谢水平最高，有机体处于充分受益状态。因此，把运动心率在120～180次/分的生理负荷称为阈限内负荷，心率在120次/分以下称为阈限下负荷，心率高于180次/分称为阈限上负荷。

从运动生理学和运动医学角度来说，正常的人，从事阈限下负荷的练习，不需要动员内脏器官的潜力就能完成，不足以引起血压、血液成分、尿蛋白和心电图等的变化，达不到增进健康、增强体质和刺激有机体超量恢复的阈值，因而锻炼收效不大；相反，从事阈限上负荷的练习，由于心动周期短，心室没有足够的充血时间，因而心脏每搏输出量减少，无法满足有机体从事大运动量所需要的血氧供应，反而会影响锻炼效果或导致疲劳，甚至有损于健康。运动量过大，安排锻炼又缺乏必要的节奏，长期超过自身的生理负荷，人体就可能产生急性的或慢性的两种反应。急性反应是进行剧烈运动时，运动量超过心肌的负担，心肌便会出现急性衰弱，引起血压下降，心率加快且微弱，出现头晕、呕吐、面色苍白、极度疲劳等症状。慢性反应是由于运动量过大，出现大脑皮质兴奋与抑制过程失调，而且多数是抑制过程削弱，就会出现非常疲劳，且长期不能消除，并伴有头痛、食欲不佳、睡不着觉、对再运动冷漠等。

运动量的大小与体内能源物质有关。人体活动时，体内能源物质分解产生热量，供肌肉做功消耗。能源物质分解的同时，又不断进行着新的能源物质的再合成。总的来说，运动时体内能源物质分解占优势，运动结束后，能源物质的合成又占优势，以补偿运动时所消耗的能量。

（二）人体运动产生“超量恢复”

健康的人在运动时，体内各种能源物质逐渐消耗，但在运动结束后又逐渐恢复到原有水平，继而超过原有水平，然后再逐渐恢复到原有水平，这种现象叫做“超量恢复”。超量恢复过程与运动量的大小有着直接的关系。国内外科学家的许多研究都证明，在一定范围内，运动量越大，能量物质消耗得越多，超量恢复也就越明显。进行体育锻炼时，根据“超量恢复”理论，有三种情况：

第一，短时间、低强度的锻炼，运动刺激很小，不需动用内脏器官进行工作，因而有机体的反应很小或根本不起反应。所以锻炼效果极差，难以达到增进健康、增强体质的目的。

第二，重复锻炼的间歇时间不同，运动产生的功效也不相同。间歇时间太长，下一次锻炼是在“超量恢复”之后进行的，身体机能仍保持在原有水平。间歇时间太短，下一次锻炼是在未完全恢复的条件下进行的，身体机能反而呈下降趋势。间歇时间适宜，下一次锻炼正好是在产生“超量恢复”时间内进行的，身体机能的能力就会提高。

第三，运动量过大，超过了有机体能够承受运动负荷的界限，也会使有机体陷入危机状态，甚至有损于健康。什么时候“超量恢复”？多大的运动量才算适应？这要根据每一个人的情况来决定。但必须遵照循序渐进的原则，坚持常年不懈，才能达到增进健康、增强体质、提高运动能力以及减少体脂的目的。

为了便于合理安排运动量，根据运动医学的有关论述，可以把运动量(以运动心率为依据)划分成四个等级。

（三）阈限内负荷时间

阈限内负荷时间是指体育锻炼时，把运动心率控制在120～140次／分之间持续时间的长短。持续时间太长，就会增加有机体的疲劳程度；持续时间太短，刺激强度又太弱，达不到锻炼的目的。那么，进行体育锻炼时将心率控制在阈限内负荷时间多长更合理、更符合科学呢？日本著名生理学家小林雄义认为：“运动心率在120～140次／分之间的身体练习时间不得超过3分钟。”一般情况下，锻炼过程中心肺功能发挥最大能力并保持到一定的稳定程度需要3分钟左右。因此，把运动心率控制在阈限内负荷，最好是在130次／分左右，并保持3～6分钟，这样，锻炼的效果最佳。

第三节　运动锻炼计划制定与坚持

按计划锻炼也是对自己的一种约束，可以督促自己坚持锻炼，不断提高锻炼的质量和水平，达到预期的目的。锻炼计划应以个人的体质状况、体力强弱、年龄性别、工作情况、劳动强度、生活条件以及锻炼目的为依据，充分做好各项准备工作。

一、明确锻炼的目的

在准备进行运动与锻炼之前，要有一个大致的规划和设想，明确锻炼的目标和基本要求。例如，有人把锻炼作为闲暇时的一种娱乐，活动一下筋骨，调整一下心理状态；有人是为了矫正身体某部位微小的畸形；有人为了健身，达到改善体型的目的；有人想达到某种体格标准；有人纯属为了减肥；有人想做一名健美运动员，参加健美表演和比赛等。目的不同，计划各异。

二、全面掌握自己的实际情况

本着从实际情况出发的原则，要全面掌握自己的基本状态，这里主要包括身体健康状况、身体素质水平、体型类别、身高和骨骼的粗细、体重与瘦胖、个性特点与毅力、工作性质与空余时间、生活水平等。全面分析一下自己参加锻炼的可行性，使制订的计划更符合个人的实际情况。如果想在竞技健美方面有所造诣，还必须考虑比赛任务。

三、落实锻炼的场地器械

制定锻炼计划时，必须考虑锻炼的场地和器械条件。是在宿舍里自备器械练，还是到附近的健身房，要做到心中有数。这样，根据条件才能制订出切实可行的锻炼计划。

四、坚持与系统性原则

坚持性原则要求参加体育锻炼者有合理的锻炼制度，常练不息，持之以恒，以达到良好的锻炼目的。

在体育锻炼中，一个动作掌握到熟练，必须经过多次重复练习，历经“泛化、分化、巩固、自动化”四个生理过程才能实现。体育锻炼对机体生理功能的影响并不是短时间内能见效的，例如，锻炼使心肺功能增进，使其他系统功能提高，而系统适应性的提高加强并非一朝一夕之功，而是天长日久的锻炼而逐渐获得的积累。

选择一项简单易行的运动项目。结合个人的实际，选择一项安全、方便能满足你的需求以及兴趣、有可能坚持下来的项目进行锻炼是一项明智的选择。因为综合性的运动计划难度较大，往往会半途而废，而简单易行的运动健身项目则更容易执行和完成，特别适合初练者。一开始就选择难度和强度大的项目进行运动和锻炼有一定风险性，会容易受伤和产生畏难心理。因此刚开始的锻炼者都应该遵守循序渐进的原则，逐步地加大运动量。体育锻炼能够增强体质，但是，不是随便怎样活动都可以达到最佳锻炼效果，只有结合自身的实际，有计划、有步骤、有针对性地锻炼，才能有效地增强体质。为了选择最适宜的锻炼内容，采取最佳的途径与方法，取得最佳的锻炼效果，同学们必须学会制订锻炼计划和运动处方。

第四节 运动锻炼计划与运动处方制定

锻炼计划和运动处方能保证身体运动与锻炼有目的、有计划、有步骤进行和完成。

有针对性地进行，克服体育锻炼的盲目性和随意性，以便更充分运用时间，选择科学有效的方法，取得预期效果。体育锻炼要注意系统性，要从简单到复杂，逐渐加大运动负荷，从低到高、有层次、有系统地进行。锻炼计划和运动处方恰恰能起到这种作用。

大学生随着年龄的增长和对体育理解的加深，逐步从单纯追求兴趣，向追求锻炼的实效性和社会价值转化。因此，制定锻炼计划与运动处方，对于结合自身特点，合理安排锻炼内容具有指导作用。

一、制订锻炼计划和运动处方的依据

（一）根据体育锻炼的“四条原则”，系统安排锻炼计划。

从实际出发。要根据个人的兴趣爱好、身体状况以及学习负担、学校、家庭、社区体育场地设备的实际，选择锻炼内容。

循序渐进。锻炼过程要循序渐进，逐步提高运动负荷和技术难度。

持之以恒。要坚持经常，不可间断。

全面发展。要选择多种方法进行身体全面锻炼。

（二）根据自身的形态、机能、素质现状，确定锻炼内容

有的同学脂肪较多、耐力较差，可确定长距离跑、越野跑、定时跑、变速跑、跑走交替等练习；有的同学身材瘦弱，可有目的地选择发展肌肉力量的系统练习；有的同学速度较差，可选择快速跑、冲刺跑、听信号变向跑等练习；有的同学协调性较差，可多练习一些球类项

目。总之，练习的内容要根据性别、健康状况和锻炼水平差异，因人而异，有的放矢。

（三）根据运动技术掌握的水平和体育课成绩，确定锻炼的内容

体育课程的任务之一是掌握基础知识、基本技术和基本技能。“三基”掌握的情况，是体育课程的成绩考核的重要组成部分。在制订锻炼计划和运动处方时，要考虑自己在体育学习中的弱项是什么，薄弱环节在哪里，可以有针对性地加强这方面的练习，使体育技术、技能和成绩尽快提高。

（四）根据学习、生活的规律，确定锻炼时间

学校每天要上 7 ～ 8 节课，晚上还要做作业，学习很紧张。如果不安排体育锻炼，身体会渐渐变弱。生命在于运动，每天都要有一小时左右的体育锻炼（包括体育课程），贵在坚持。锻炼的时间可以在早晨起床后，也可以在下午课后。这样才能使学习、生活更有规律和节奏，使身体健康，精力充沛地投入学习。

（五）根据个人兴趣、爱好，确定锻炼内容

高等院校的大学生，兴趣不再完全是参加体育锻炼的唯一驱动力。但是，兴趣作为一种心理需求，仍然是大学生们在体育锻炼中所追求的。根据个人的兴趣爱好，选择适宜的运动项目进行锻炼，能取得较好的效果。

（六）根据人体生理机能活动规律，合理安排运动负荷

要想获得身体锻炼的理想效果，必须掌握好适宜的运动负荷。运动负荷过小或过大，都不能对身体产生积极的影响；如果运动负荷过小，则对身体的刺激程度不够，达不到锻炼目的；如果运动负荷过大，超过了身体承受能力，反而会影响健康甚至损伤身体。

运动负荷（通常称运动量），是由负荷强度和负荷量组成。影响负荷强度的因素有练习的速度、高度、远度、重量和练习的密度（单位时间重复练习的次数）等。影响负荷量的因素有练习的持续时间、重复次数与组数、负重的总重量等。通常衡量运动负荷的方法，是测量运动时心率的变化情况。它是根据人体最大摄氧量的原理，即摄氧量越大，能源物质的消耗也越大的原理划分强度的。对青少年学生来说，运动时每分钟心率达到 170～180 次时，耗氧量接近于最大摄氧量的 90%～100%，为大运动强度；每分钟心率达到 140～160 次时，耗氧量为 70%～80%，是中等运动强度；心率在 120 次以下，是轻微的运动强度，锻炼身体的作用不大。这个标准也适合高中学生。但适应运动负荷的能力，还与年龄、性别、体质和健康水平、项目特点等各种因素有关；衡量运动负荷大小，也可根据自我感觉和恢复情况来判定。

二、制订锻炼计划和运动处方的步骤和方法

（一）制订锻炼计划与运动处方的步骤

（1）制订前要对自己的体能、健康状况、各项素质进行检查与预测。

（2）根据检查与测试结果确定锻炼计划或运动处方。

（3）按锻炼计划或运动处方积极锻炼。

（4）对锻炼的过程进行评价。

（5）适当修订锻炼计划与运动处方。

（6）按修订后的内容进行锻炼。

（7）经过一定的时间或一个学期、一个学年以后再进行评价，检查锻炼效果。

（二）制订锻炼计划与运动处方的方法

（1）划分锻炼阶段，通常以一个学期为一个阶段或者以月份为单位，把一个学期划分为几个阶段。

（2）确定每个阶段的锻炼任务、重点和指标。

（3）确定每周练习的次数和时间。

（4）确定每周练习负荷的节奏。

（5）确定每次练习的内容。

（三）锻炼计划和运动处方的格式与内容

（1）条目式。按纲目的形式，列出锻炼内容。

（2）表格式。将锻炼内容填入事先设计好的表格内。

无论采用哪种形式，都应包括锻炼内容、日期、时间和预计运动负荷几项。锻炼内容是指练习的名称、距离、速度、数量、重量、次数、间歇时间、练习方法等。

锻炼日期要注明某年某月某日。锻炼时间是指开始和结束时间。准备活动与整理活动的内容。

（四）制订锻炼计划与运动处方须注意的问题

（1）锻炼计划与运动处方制订得要全面。

（2）要从个人的实际出发，有针对性。

（3）要循序渐进。

（4）要有合理的运动负荷。

（5）要留有余地。

学会制定锻炼计划和运动处方，是提高自我体育锻炼中自测、自练、自调、自控、自评能力的基础，并对终身从事体育锻炼大有益处。制订锻炼计划和运动处方应从实际出发，循序渐进，持之以恒，全面锻炼。经过长期的身体锻炼，一定会练就一副强健的体魄。

第五节　运动环境因素影响与选择

运动环境对锻炼者的健康和运动效果有着密切的关系，由于运动时通过呼吸从外界摄入大量的新鲜氧气，以满足健康的需求，所以运动场以平坦开阔、空气清新的公园、沙滩、体育场等处为优。

一、空气污染

在体育活动场所附近的空气污染（工业废气、尘埃等）及吸烟引起的烟雾等，均降低运动能力并有害于健康，特别是吸烟引起的烟雾为害更大，烟雾里含有大量一氧化碳，吸入后使血液中一部分血红蛋白与之结合而丧失其应有的运输氧的作用。

二、噪声干扰

运动和锻炼场地周围环境的噪声，可以影响锻炼者注意力的集中，影响锻炼效果，并可能引起伤害事故。实验证明，噪声降低工作效率，加速疲劳的发展。

三、温度和湿度

环境的温度和湿度也影响着运动和锻炼。气温过高，出汗太多，会丧失大量水分和钾、钠、钙、镁等物质，如果不及时补充，就可能发生脱水现象。如在炎热的环境中进行耐力性项目的比赛，其无氧代谢的能量供应相对增加，结果血液和组织中的乳酸堆积就会增加，使工作能力下降，并提前出现疲劳状态。在热天进行体育活动或曝晒在日光下，可使体温升高，当超过一定限度时，可发生中暑；在寒冷的环境中进行训练或比赛，要消耗更多的热量，人体为了维持一定的体温，可能产生寒颤和不适；所以适宜的温度是运动员发挥最好竞技能力的一个因素。湿度太高，会影响汗的蒸发，低温度和高风速，可促进汗的蒸发。寒冷而潮湿的气候以及发潮的衣服，都对训练有不利影响。人体对热环境的适应，要比对冷环境的适应快一些。前者一般要 7～8 天，而后者约需 3 个星期。但热环境对人体的生理影响则比冷环境大。在高原上训练，低氧分压和温度对人体的影响也是很大的。安排训练时，必须考虑到这一点。

四、运动与锻炼环境的选择

（一）尽量避开高楼大厦

高楼大厦周围由于楼房林立，楼群之间往往容易形成忽强忽弱的风，称之为高楼风，容易使人受凉感冒。此外，楼群之间也非安全之地，楼上坠落的物体可威胁到锻炼者的安全。

（二）避开空气污染区域

如工业区、化学气味较浓的场所、烟囱、餐馆附近等，有害气体与浮尘污染空气的情况十分严重。在这些地方，吸入有害物质增加，运动不但无益甚至有损健康。电磁波干扰严重的区域诸如高压线、变电站、广播电视发射塔、卫星通信及导航系统附近，都不同程度地存在着电磁波辐射，并形成一种“无形烟雾”，对人体健康极为不利。

（三）交通要道及交叉路口

这些地方的空气中含有大量微尘，微尘混杂着多种有害物质。运动时吸入肺部的有害物质增加，可诱发哮喘发作，还会“株连”心、肝、肾等器官，甚至引起癌症，危害可想而知。

第六节　安全运动与自我评估

从安全角度来看，体育运动本来就是一项附带一定危险因素的活动，而在运动中一味为提高运动成绩而不断挖掘人的潜能，甚至挑战人体能力极限的运动其危险的概率则更大。无论有多么科学和完善的恢复措施，过度训练和比赛对身体造成的伤害是不可逆转的。不惜伤害身体，甚至不惜牺牲身体的健康去追求一个目标，这都是不可取。大学生在锻炼中应该认识到运动项目本身的安全、运动场所安全以及锻炼者自身的安全等方面的因素，并要引起足够重视。在运动前必须做好健康状况评估，确保运动的安全关卡，同时也要认真关注运动项目、运动场所环境安全因素，做到防患于未然。

一、体育锻炼前的安全措施

（1）把握当日的身体状况，在当日运动前，若出现不适，应终止激烈运动或强度过大的运动（超长距离跑），改换为轻度运动。

（2）注意运动的环境条件，在过热或过冷的环境条件下进行运动，存在一定的危险。尤其对中老年人来说，危险会更大，因此，运动时应注意时间段的选择。夏季应选择凉爽的时间段运动，冬季则应在暖和的时间段参加运动。

（3）选择和穿戴好运动服装及运动鞋，运动服装应选择质地柔软、透气性能和吸水性好、有利于健康和身体自由活动的服装；运动鞋应选择符合自身尺寸大小、具有一定弹性及良好的透气性能、穿着舒适的鞋子，鞋跟不宜过高，并应符合季节要求和保持清洁卫生。

（4）充分进行准备活动，准备活动一般有快走、慢跑及原地连续性徒手体操等全身性活动形式。这些活动能使四肢关节活动度加强，有助于一般性运动能力得到提高。准备活动持续时间的长短、强度的大小，应根据运动者的年龄、身体情况、训练水平差异而定。在夏季时，准备活动就不要做得太久，以免引起疲劳。与正式运动之间有1～3分钟的间隔较为适宜，也可不休息直接进行锻炼，切忌准备活动后休息时间过长而失去作用。

二、体育锻炼中的安全措施

体育锻炼中的安全措施，最重要的是进行有效的自我保护。我们锻炼的目的是维持和增进健康，因此尽量避免运动量过大，也不能过于计较运动的胜负，而要注意在锻炼中及时发现各种不正常的症状并及时进行调整。以下是在体育锻炼中常见的几个需要引起警觉的症状。

（一）呼吸困难症状

呼吸困难时可中止运动，休息数分钟使身体恢复正常状态之后，再接着从轻运动开始练习。一般人只要运动强度不大，是可以顺利从无氧过程过渡到有氧过程的。10～20分钟的运动也能简单地完成。若连续在3分钟以内有呼吸困难症状者，就可认为该运动的强度过大，不适宜该人。

（二）腹痛症状

当腹痛发生时，终止运动或减慢运动速度，即可自然消除疼痛症状。容易发生腹痛者，还要认真对待准备活动，使机体逐渐进入运动状态。在跑步中要掌握正确的呼吸方法，尽量用鼻呼吸而不用口呼吸，还要根据运动量来调整。

（三）胸闷症状呼吸的节奏及深度

应避免腹痛发生，保证运动的顺利进行。现有研究表明，除心前区疼痛特别严重者以外，只要不引起其他临床症状，还是可以进行适当运动的，而且适量的运动还具有一定的治疗效果。对于支气管疼痛症状，可通过间隔运动使其自然消失。若在运动中发生干咳症状时，要调整呼吸方法使其缓解，寒冷季节还应加戴口罩进行运动，以防止冷空气对呼吸道的刺激。

（四）下肢疼痛症状

运动所引起的下肢疼痛有各种各样的症状，根据症状的不同，处置方法也各不相同。

（1）长期不运动者，初次参加运动时，次日晨起会感到小腿（腓肠肌）和大腿（股四头肌）部位的大部分肌肉疼痛。这是由于剧烈运动导致乳酸积累所引起的疼痛，不需做任何特别的处理，1～2日即可自然消失，所以对此不必过分担心。疼痛的反应可引起一次性的运动量减少，或 1～2 日的中断运动等，本人可根据实际情况进行判断处理，疼痛不严重时可坚持小运动量锻炼。

（2）从开始锻炼到坚持两周以上时，逐渐会出现足、膝的关节疼痛。此种疼痛比较顽固，这时应中止锻炼数日，待疼痛消失后再开始运动为宜。再度开始运动时，运动强度应该比之前减小。

（3）运动中突发的下肢疼痛，可能是由于扭挫、肌肉撕伤、肌腱断裂甚至是骨折等引起的。此时原则上要保持平静，应马上接受医生的诊断治疗，不及时治疗可能造成后遗症。

（五）中暑及日射病症状

运动引起的中暑性昏厥发生后，如果及时采取降温措施，即可很快恢复，但对身体会有一定损害，预防是上策。对日射病的应急处置原则是降温为主，一般用冷水袋和冰水湿敷治疗。当体温高达 39 摄氏度以上时，可将冰袋放置在患者前额及枕部、胸部、腋区、大腿内侧等部位，用物理疗法进行降温；中度发热时（38 摄氏度）可用蘸凉水的毛巾擦全身；微热时（37 摄氏度）可在阴凉的场所进行自然降温。

（六）补充水分的方法

饮水量应按照运动量和排汗量的多少来相应调整，不可暴饮。大量饮水会给心脏增加负担。轻度运动中发生口渴现象时，尽量不要饮水，这是由于口腔、咽喉黏膜干燥引起的，可以用温开水漱漱口，以缓解口干舌燥症状。运动中或运动后，每次饮水量要适度，绝不可开怀畅饮，一次水分的摄取量应在 100 毫升左右为宜，超长距离跑的途中，可根据发汗量的多少，以间隔 20～60 分钟一次进行补水调节。出汗失水也丢失盐分，大量的补水还有使血液渗透压降低的危险，因此，有必要在补水的同时加入一定量的盐，在运动员专用饮料中一般都加入了适量的盐分。切不可饮用生水和过量的冰水，水温约 15℃为宜。考虑到能量的补充，还应在饮料中适当添加一些糖分。饮料的渗透压比血浆渗透压低，吸收迅速，是有效的能量补充剂。但是，一般人为健康而进行的轻度运动，通常没有极端的脱水现象，所以一般不需要过分考虑水、盐、糖的补充问题。

三、体育锻炼后的安全措施

（一）整理活动

体育锻炼后的整理活动是加速代谢产物的清除、加快体力恢复及防止运动锻炼后昏厥，甚至是预防死亡事故发生的重要措施，因此要认真对待整理活动，不但要做，还要做好。为了预防不良症状的发生，应当注意在剧烈运动后不可立即进入安静状态，而应继续进行一段时间的轻量运动，使亢进的功能逐渐恢复到常态的基础水准。这种在高强度运动之后的轻量运动，称为整理体操或整理活动。整理活动的主要内容有：1～2 分钟的慢跑或步行；下肢的柔软体操和全身的伸展体操；上肢肌肉群的按摩（特别要针对运动后容易痉挛的肌肉群）或自我抖动肌肉的放松动作。

（二）淋浴和洗澡

在运动后进行淋浴，可使心情爽快，促进疲劳消除。特别是在大量出汗后，沐浴更是不可缺少的。洗澡不仅可以清洁皮肤，还可促进血液循环，加速体内废物的排出和促进疲劳的消除。洗澡有如下几方面的作用：促进皮肤和肌肉的血液循环；镇痛；加快新陈代谢；使肌肉放松，肌肉张力下降；可消除精神紧张，解除疲劳。

四、运动的自我评估

体育锻炼是提高健康水平、增强体质和提高运动能力的最有效方法。身体锻炼时，要选择一定的锻炼内容和方法，从而引起各器官组织、各机能系统发生一系列良好的生理变化，达到增强体质，提高健康水平的目的。身体锻炼选择什么内容，采用什么方法，安排多大的运动负荷，将直接影响到锻炼的效果。安排不当，盲目进行锻炼，不仅达不到增进健康的目的，甚至还会对身体造成危害，产生不良后果。科学的锻炼方法是在锻炼开始时，根据锻炼的目的选择能够反映状况的指标，进行准确的测量，作为锻炼内容、方法及运动量大小的依据。经过一段时间的锻炼，效果究竟有多大，是否达到目的，应从以下几方面进行自我评价。

（一）自我感觉

自我感觉是指在当天锻炼后特别是第二天，或锻炼一段时间后，在身体上和精神上的有无不适的感觉或异常的反应。应注意和记录的自我感觉包括：是否头晕、恶心、发烧、疲劳不堪、胸闷、腿部有浮肿；食欲是否下降，有无腹泻、腹痛或便秘现象；精力是否充沛、情绪是否饱满、心情是否舒畅等。如果在身体上和精神上感觉到了上述的不良感觉，一种可能是由于锻炼时运动负荷过大，而产生了过度疲劳；第二种可能是选择的运动项目难度过大或不符合自己的运动兴趣；第三种可能是自身的某些疾病和你选择的锻炼内容不相适应；第四种可能是在锻炼期间，身体患病导致不良反应发生。如果自己排除了疾病和锻炼期间患病的影响因素，说明是由于运动负荷过大而导致了过度疲劳产生或由于选择了自己不感兴趣的运动内容而产生了精神上的厌倦情绪。过度疲劳和精神厌倦都会降低锻炼的效果，甚至会损害身体健康。消除过度疲劳的方法是进行积极性休息，不良反应消失后再锻炼时首先要降低运动负荷，然后随着运动能力的提高不断加大运动负荷；消除精神厌倦的方法是重新选择自己感兴趣的锻炼内容，或变换锻炼环境和锻炼样式。

（二）形态、结构方面的变化

经常参见体育锻炼的人，四肢围度增加，腰腹部肌肉增加，肌肉发达健美。经过 X 光透视可见心肌增厚、心室容积增大，四肢骨骼都有不同程度的增粗变化。

（三）生理机能的变化

肺活量增加。与锻炼前相比，经过一段较长时期的系统锻炼后，肺活量有比较明显的增加。运动性心动徐缓。与锻炼前相比，经过一段较长时期的系统锻炼后，安静时的心率呈现逐渐下降的趋势。

（四）运动能力和运动成绩

经常锻炼的人，身体素质和运动能力提高，体魄强健，工作和体育锻炼时不易感到疲劳；身体素质测试成绩和运动成绩比原来有所提高。

（五）运动后的疲劳恢复

经常锻炼的人，运动时的身体各器官进入工作状态快，不适感觉没有或较轻，运动后虽有一定的疲劳感，但疲劳感消失得较快，而缺乏锻炼的人，其运动后的疲劳感消失得较慢。

（六）心理状态

经常锻炼的人，由于体质增强，身心健康，生活、工作和学习时会感到精力充沛、情绪饱满。

五、“超量恢复”原理以及应用价值

人体在运动后的恢复过程中，体内被消耗的能量物质（ATP、蛋白质、糖和无机盐等）不仅能恢复到运动前的原有水平，而且在一段时间内可出现超过原有水平的现象，称为超量恢复。超量恢复的生理机制十分复杂，在生理学上主要是一种刺激与反应的关系而形成的，在一定的生理范围内，运动强度（刺激）越大，造成能量短缺，而引起相应的反射性能量补充，同时身体其他器官的机能状态也是如此。超量恢复是客观存在的规律，人体在进行运动健身、训练和比赛过程中，如何正确运用和掌握这个规律，是目前正在不断探讨的课题之一。

（一）超量恢复的生理与实践意义

能正确运用超量恢复原理，能使身体锻炼、训练的效果更佳。一般来讲，在超量恢复阶段进行下一次锻炼或训练效果最好，运动成绩提高最快。因为在这个阶段体内能量物质最充足，机能水平也高，并可以适当加大运动负荷，形成更高一层次的超量恢复。下次运动时间过早或过晚都会影响运动效果，甚至是无效。

在一定生理范围内，可以最大限度提高人体机能和健康水平。运动负荷是施加于身体的一种综合刺激，根据刺激与反应的生物学原理，在一定的生理范围内，运动负荷越大，人体的机能反应也越大，能量也消耗的越多，引起的超量恢复越明显，锻炼或训练效果就越好。所以，超量恢复是人体从事大运动负荷（极限负荷）的十分重要的生理学依据。

不同性质的身体运动，可以引起不同营养物质和机能的超量恢复。力量性练习，主要是促使肌肉中蛋白质的超量恢复，肌纤维增粗，力量增大；速度性练习，主要促使肌肉中磷酸的超量恢复，肌纤维的收缩速度加快；耐力性练习，主要促使肝糖元的超量恢复，可以提高身体机能的耐久力。上述三种能量物质中，肌肉中的磷酸肌酸出现超量恢复最快，因此速度素质有时候提高较快，但消失也快；肝糖元较磷酸肌酸超量恢复慢；蛋白质的超量恢复出现最慢，但消失的速度也最慢。

（二）超量恢复的运用及其注意事项

身体进行不同性质的运动时或运动之后，要注意有严格的间歇时间。要强调是在超量恢复阶段进行下一次身体运动。有资料证明，跑 100 米后磷酸肌酸在 2～5 分钟时可出现超量恢复；在进行大负荷耐力练习后，肌糖元约在第 15 分钟时便出现超量恢复；力量练习后蛋白质到第三四天出现超量恢复；马拉松跑后，脂肪要在第三四天出现超量恢复；大负荷的游泳练习后，整个身体机能在第五至八天才会出现超量恢复。

并非是无原则的运动负荷越大，超量恢复越明显。无论是哪种性质的身体运动都要在生理“极限”范围内进行大负荷练习，负荷过小，则练习无效果；负荷超生理“极限”，则可能伤害身体，影响健康。生理“极限”要根据个人的特点，做到心中有数。

身体运动后的恢复手段要正确。如果运动后恢复手段不得力，一方面形成不了超量恢复，另一方面可能形成疲劳积累，出现明显的机能下降，影响锻炼效果和身体健康。

初次起步参加身体运动，特别是青少年身体基础较差者，不得急于求成。在这种条件下，首先要掌握一些超量恢复的原理和相关知识；另外，在追求超量恢复效果时，要注意循序渐进，掌握各种练习技能。

复习思考题

1．什么是“超量恢复”？对体育锻炼和运动有什么作用？
2. 如何进行运动和锻炼的自我评价？
3. 如何制定个人锻炼计划，设计自己的运动处方？
4. 运动中，如何科学地管理运动量？

第八章　现代社会与体育发展

摘　要

奥运会是现代人类实现自我完善和社会文明、进步的重要手段之一，对于当代大学生而言，大学体育教育是极为重要的一个方面；通过本章学习，使大学生了解竞技体育对于文化、政治、经济和社会以及人的发展所产生的重要意义。

引　言

现代社会是一个科学技术迅速发展、发明创造不断涌现的伟大时代。在生产力大幅提高，物质生活日益丰富，人们生活水平和现代化水平不断提高的情况下，也迅速改变着人们的生活方式和社会生产活动方式；这种方式的改变给人类生活带来极大好处的同时，也改变着人类的生存环境，给人类的生存发展与健康带来深刻的影响。例如：生存环境的恶化、青少年体质不断下降、“亚健康”人群不断上升、困扰人类的各种疾病越来越多，本应是许多与年龄老化有关的疾病呈现出明显的低龄化趋势等等,给人们的生活与社会的发展构成巨大的威胁。体育作为人类社会发展的一部分，是人类的共同财富，它从无到有从无意识的自然状态到有意识的理性状态逐渐完善，对人、人类社会的发展、进步和文明起到了积极的作用。体育运动作为是人类自我发展完善的重要手段之一，在与现代社会同步发展的过程中，已不只是满足简单的生理或生存需要，而是以提高人们的生物潜能、丰富人们的精神文化生活、促进人的身心协调发展和创造人们美好生活为目标。因此现代社会又从更高层次要求体育必须满足现代人们生活质量的需要，体育作为一种提高生活质量、满足人们身体需要和精神享受的重要手段的同时已成为现代人类文明、进步、实行健康科学生活方式不可缺少的组成部分，有专家预测认为：体育运动甚至有可能上升为未来社会人们业余生活的第一需要。

第一节　现代体育与社会发展

一、现代体育与社会经济

随着社会经济的发展，生活质量与市场化水平的不断提高，人们的生存生活方式也会逐渐发生变化，现代社会经济增长与发展的最终目标就是最大限度地满足人们的个人需要，使社会中的绝大多数成员达到身心的最大愉悦，然而现代社会经济发展过程中产生的负面现象，如扭曲的价值观、单纯的拜金主义、物质享乐等并不能使人们达到身心健康愉悦的目的，于是人们开始寻求身心的解放和回归自然，寻求生活方式的变化，这种变化将促使体育更普遍进入广大公众的生活领域，特别是当参加体育的人口达到相当的比例与数量时，就势必会促进体育经济和体育市场经营文化的繁荣。随着收入的增长和工作时间的缩减以及余暇的增多，人们一种“花钱买健康”的意识逐步增强。因此可以预见，今后未来一段时间体育在人们生活和社会经济发展中的地位将得到进一步的加强与拓展，同时人们的体育健康观念也将会发生根本性的变化，体育的社会经济功能日益凸显。不难看出，无论是竞技体育还是大众体育，开始都是依靠体育项目本身的魅力来吸引广大参与者参与消费，特别是当社会经济继续发展，人们生活水平再上一个平台时，可供娱乐休闲的时间不断增多时，体育经济产业也必将发展成为最大的社会化产业。而由它开辟和带动的体育市场经营文化和体系，必将影响到人们的生活观念进而改变人们的生活方式，反之这种改变又会为体育经济和产业发展提供更为广阔的消费市场和发展空间。

现代体育市场的经济效益到底有多大？据不完全统计目前，全世界体育产业的年产值约为 4000 多亿美元，而且还在以每年 20%的速度在增长。在体育经济产业发达的国家和地区如美国、日本、法国和意大利以及西欧等国体育经济产业的年产值都排在国内十大产业之内。美国是世界上经济最发达的国家，也是体育产业最发达的国家。据有关资料显示，在 20 世纪 80 年代，美国体育产业的营业额就已高达 631 亿美元，居全美经济产业的第二十二位，产值占美国当年 GDP 的 1%，到 90 年代中后期产值升至 GDP 的 2%，排名升至第十一位，仅体育相关产业的营业额就已超过 1000 亿美元，同时还为数以百万计的人提供了就业机会，现在已达到 4%。意大利单就足球联赛一项收入就列国民经济收入的第三位；日本体育产业的总收入为 4.2 万亿日元，列全国七大产业的第六位。日本、澳大利亚、加拿大、英国、法国、德国、意大利等发达国家的体育经济产业的产值也大都占本国 GDP 的 1%～3%不等。就发达国家体育消费情况来看，美国同时也是体育消费大国，20 世纪 90 年代中后期，美国人参加体育活动以及观看体育比赛等的开支达到 441 亿多美元，用于购买体育用品和享受服务的体育消费开支达到 931 亿多美元，美国大约有 33%的家庭拥有运动与健身器材；加拿大家庭平均年体育消费达到 720 加元，而德国每年的家庭消费中约有 640 亿用于购买体育器材及用品消费。日本每年每个家庭平均体育消费达到近 8 万日元，日本政府有关部门还进一步提出，应扩大国内需求，使国民增加体育消费。相比之下我国的体育产业与消费与发达国家无法相比，从整体上讲，我国的体育产业还处于起步阶段，市场发育不平衡，整体水平相当低。目前，我国体育产业的年产值仅占 GTP 的 0.2%。这几年，我国开始重视对体育产业的投入与扶持，将其列为朝阳产业，出现许多地方政府每年都拿出相当的资金来引导与扶持体育产业的开放与发展。

现代社会经济的快速发展为现代体育经济发展提供了契机与机遇，而现代体育为社会经济发展拓展了空间、提供了条件。现代社会已经进入信息社会时代，随着人们生活水平的不断提高和工作条件的改变，人们的余暇时间和参加体育运动的人口越来越多，可用于体育消费的开支也将越来越多，届时将为体育消费和体育产业的发展提供无限广阔的前景。

二、现代体育与生活方式

生活方式是指人们为了适应内外部环境在某种价值观的影响下，形成的各种生活活动形式。它包括人们的社会生活、精神生活、物质生活与政治生活。生活方式是可以由人们直接掌控和调节的。众所周知，科技进步引发的力量正在日新月异地改造着社会和自然，现代人类将进入一个信息时代，现代信息技术将世界连成一片，人们足不出户就可知晓天下所发生的事情，越来越多的人依赖于现代信息科研社会给人们带来的便利，使人们的体力活动和活动空间明显减少，营养过剩和用脑过度已成为人们生活的常态。新技术革命和社会文明的飞跃发展，虽然把人们从繁重的体力劳动中解放出来，但新的生活方式给人们带来新的健康问题，各类疾病尤其是衰退性疾病发病率不断升高，人们因为运动不足而带来的所谓“文明病”成了威胁人类健康的主要杀手。研究表明，精神高度紧张，环境污染，运动不足，营养过剩导致肥胖而引发的心脑血管疾病对人的健康都构成了严重的威胁。现代生活方式的这种急剧变化，造成了现在人们的机体结构和机能与生活环境之间产生了不平衡。但是，我们必须看到社会发展给人类带来的文明与进步，人们在改造社会的同时，也在不断地改变着自己的生存环境，矫正着自己的生活习惯。体育作为一种特殊的社会文化现象，在与社会同步发展过程中，对促进与改善人类自身的特殊作用也越来越被人们重新认识和重视。而且它与人们的生活越来越密切，体育作为一种提高生活质量，满足人类自身身体需要和精神需要的重要手段，在体育活动中，人们可以释放紧张的情绪，使人们忘却工作中的压力，对获胜的渴望可以激励人们积极向上的精神，从中人们可以体会到集体、团队合作精神的重要性。在我们学校大学生中最重要的就是建立一种体育与健康的意识，建立这种意识，体育对他来讲就不再是简单的练练玩玩而已，而是一种争取健康的手段和现代人的一种科学生活方式。个体受教育和熏陶的程度越高，这种意识就越强烈。随着科学技术的迅猛发展和信息知识经济时代的到来，人类对体育健康的认识日益深入，对体育健康的要求日益提高。体育健康对于提高我们的生活质量，成就我们的事业具有重要的意义。健康并不代表一切，但失去体育健康，便会丧失一切，这句话深刻地阐明了生活、事业与健康的辩证关系。

三、现代体育与自然生存环境

环境和资源是人类赖以生存、繁衍和发展的基本条件，当今的生态失衡和环境污染已经严重威胁着人类的生存和健康。在第二次世界大战之后短短几十年的光景中，环境与生态问题迅速从地区性问题蔓延成为波及世界各国的全球性问题。首先是全球性的现代化进程在带来物质文明的同时，生态恶化、环境污染也跟着接踵而至，如空气中迷蒙的烟雾、气候的变化；自然界生物数量的锐减和多样化种群的减少；森林的大量砍伐带来的土地沙漠化；臭氧层破坏与海洋污染；有毒化学品污染和全球性的温室效应等后果为现在人们所始料不及的，其问题的严重性已引起世界各国的高度关注。各个国家城市化进程加快，都市化生活对人体发展带来了很多不利的条件，如城市人口的高度集中，高层建筑密集林立，使人们难以接受到大自然的阳光和陶冶。人体在日光、空气、水等大自然环境下进行活动的机会大大减少，加上城市工业化进程带来的大气毒化、淡水污染、水土流失、植物品种减少、生态环境平衡遭到严重破坏等都对人类健康很大的威胁。体育运动对人们自身做好承担风险的心理准备有很高的价值，对增强自身自救与适应能力更有重要的实际意义。当今世界各国除了认真保护自然，改善环境，维护生态平衡以外，普遍重视体育事业，各国政府都先后制定和推行了有关制度，用立法的形式保证体育的广泛开展。经济发达国家都把体育场馆设施列为城市建设规划的重要内容，斥巨资修建各种体育运动场馆，充分显示对体育的重视。工作时间减少、余暇时间的增多进一步为人们从事体育活动提供了时间的保证。据有关资料显示，德国参加体育活动的人数占总人口的近80%、美国占77%、加拿大占57%、挪威占70%，以上数字可以看出各国对体育重视的程度可见一斑。

四、现代体育与现代人

在现代社会中，人们工作、学习和生活的节奏越来越快，由于社会发展带领的竞争机制日趋激烈，人们所承受的环境、工作和生活压力也随之越来越大，这就需要现代人必须具备良好的体质、强壮的体格和有连续紧张工作能力和尽快恢复体力的能力。现代体育运动作为现代社会文化的一项内容，对于现代人的发展具有深远的影响。小至一个人的成长，大到一个契约社会的建立，体育运动无处不在、起着不可忽视的作用。这是因为体育运动是通过一种竞技比赛的形式具体表现出来的，这种表现形态不仅仅是体力和体能的较量，也是心理和智慧的运动和历练。现代社会与经济发展带给现代人心脑血管疾病、肥胖、体质下降等现代社会文明病和亚健康症状，而这些疾病在经常从事体育运动和锻炼的人群中发病率却极低。由此可见，体育运动和锻炼是人们保持强健体魄、促进身心健康的最有效、最重要的手段。经常参加体育运动与锻炼能有效地刺激人体的心血管系统，使其强壮更具活力；能有力地调节内分泌系统，使其更好地分泌有利于人体健康的微量元素；能有效地改善人体神经系统的功能，使人们保持良好的体能和精神状态，思维更加活跃；能锻炼人们的肢体使其更加发达，促进人体耐受力大幅度提高。随着现代社会的进步、经济的快速发展、现代人们观念的不断更新，人们越来越关注自身的成长与健康，并且认识到体育与人们的密切关系。体育运动和锻炼涵盖的内容也更加广泛，其表现形式也更加多种多样，越来越多的人被现代体育与锻炼的大环境所熏陶、所感染，从而更加热爱体育关注体育，积极投入到当今体育运动大潮中去。

第二节　大学体育与终身体育锻炼

一、终身体育与健康新观念

当前，我国高等教育正在经历着一场前所未有的发展和变革，高校体育作为高等教育的一个重要组成部分，也同样面临着改革。高等教育不是终结性教育，而是人生接受学历教育的高级阶段，在此阶段学校不可能解决学生终身需要的知识和机能。学校体育教育也是一样需要接受终身体育的理念和思想。在现阶段，大学阶段仍然是绝大多数人一生中唯一能系统、持续接触和接受体育教育的阶段，因此学校特别是大学阶段应该担负起为学生终身体育奠定基础的责任。社会的发展进步、教育的终身化趋势以及体育运动的发展规律，必然相应地形成终身体育观为同学们所接受。所以终身体育是学校体育教育中一个非常重要的有机组成部分。

在现代社会，体育与健康已经成为人们享有的一种权力，同时参与体育也被视为人权的一部分，在校大学生更应充分享受这一权力，让大学生在校期间通过体育教育建立起良好的体育健康观、营养观、环境观、卫生观、生活观、运动观、休闲观以及相应体育权力意识，并学到相关的知识、技术和技能，养成终身的体育兴趣和运动习惯，为他们建立终身体育观念打下坚实的基础。终身体育意识、终身体育能力和终身的身心健康是紧密的联系在一起的，它的观念的形成是人们在实践和生活中不断地追求和完善而来。终身体育能否真正实现，在很大程度上取决于学校体育教育理念、教学观念的根本性改变。大学体育作为终身体育的关键环节，要使学生们通过体育知识技能的学习和运动实践，提高运动机能、养成运动习惯、培养运动意识和健身能力，为将来大学生走上社会体育兴趣的迁移、内容的改变提供可能的依据和实践基础。大学体育是整个学校体育与社会体育的接轨点，也是每个学生一生中接受体育教育的高质期。在这个时期，体育活动进行的如何，不仅影响着大学生在校期间学业的完成，而且将直接影响到大学生的体育价值观的形成。因此，在大学的体育教学中，要根据大学生的身心特点和运动基础，在实现学校体育多功能的目标基础上，侧重激发学生对体育的高层次需求，提倡自主学习、自主锻炼，促进大学生体育素养的形成和创造力的提高。“健康不仅仅是没有疾病和衰弱的状态，仍是一种在身体上、精神上和社会上的完美状态以及良好的适应能力”。世界卫生组织的这个关于健康的定义在现代社会得到了更好的解读。人们也公认健康是社会进步的一个重要标志和潜在动力，健康新观念在全球得到广泛的传播，并且为人们所接受。目前在学校体育教育中要贯彻“健康第一”的指导思想，学校体育教学已成为贯彻体育健康新概念的一个重要环节和活动场所。

二、体育是人才素质的重要组成部分

未来的社会竞争就是经济竞争，社会经济竞争其本质就是人才的竞争，决定国家经济稳定、繁荣发展的首要因素就是人才因素。哪个国家和哪个地区如果培养和拥有大量符合现代社会发展和建设的高素质人才，那么这些国家和地区才能在未来的社会竞争中处于战略主动地位。什么是现代人才的素质？就一般而言，现代人才要具备高尚的道德品质、强健的体魄、健全的智能和良好的心理调节与适应能力等素质。在现代社会中，接受高等教育的人群占总人口的比例越来越高，人们的知识水平越来越接近。那么如何才能成为未来高素质的人才，它应具备那些素质，在《未来教育面临的困惑与挑战》一书中认为：“未来的人才第一必须具备良好的思想道德品质；具有正确的人生观、价值观、责任感和协作精神，只有具备了这样道德素质的人，才能适应未来社会的快速发展。”第二具备良好的科学文化素养。全面系统掌握多学科的基础理论知识，并能在实践中熟练运用和不断学习，使这些知识与社会发展需求相吻合。第三具备较强的竞争意识和创新能力。这种竞争意识和创新能力能促使人们不断探索和实践。第四是要具备良好的心理素质。现代社会复杂多变，快速发展的社会、经济科技文化等多方面因素，对人才的心理素质要求更高，要求人才要具备较好的应变能力和较强的承受能力。第五是具备良好的身体素质。健康强壮的体魄是人的其他方面存在和发展的基础，没有健全的体魄，一场都无从谈起，所谓“身体是载知识之舟”就是这个道理。未来怎样才能具备健康良好的体魄？那就是从现在做起，从大学阶段做起，因为大学阶段的体育教育是最完整、最系统的体育学习。只有把体育运动作为未来生活的一部分，养成良好的生活习惯，使自已身心得到较完美和谐的发展，才能称得上是现代社会合格的人才。

三、体育与现代人的心智发展

随着信息时代的到来，现代社会对人的心智发展提出来更高的要求，除了掌握应有的扎实的基本知识、精深的专业知识和丰富的工作经验以外，还要求有重新学习和创新能力、观察和判断能力以及心智的发展。其实体育运动对人们的心智发展有着不可忽视的作用。心智往往表现在人的机智上，而机智往往又是一种经验方式的体现。通常人们对某一件事情知道得越多，知识越丰富，经验越复杂，联想也就越频繁，越敏捷。在体育活动过程中，当人们全身心投入到体育运动时，往往会出现一些意想不到的表现和动作，实际上是处于机智状态的人把平时所学的东西最大限度地、创造性地、发挥出来。在学习运动技术过程中，战术掌握的程度和在体育活动中表现出竞技能力都能反映出人的机智水平，其中对抗性的球类项目就能典型地反映出人的机智。我们都喜欢看足球和篮球，这两项运动可称得上当今技术最为丰富也最为复杂的运动项目，这种丰富和复杂里面充满了机智和智慧。足球运动中的高难度技术，篮球技术中的“假动作”都充满了复杂和难度，正是这种难度和复杂，才给了机智者以机会。另外，在体育活动中，特别是在有对抗性的体育活动中，面对瞬息万变的情况，人们必须具备良好的观察能力，能够仔细地观察出对手、环境以及自身的状况；面对对手的现状，必须具备准确的分析能力，能够对得到的情况作出快速、有效、合理的分析；面对双方的形势，必须具备良好的决断能力，对分析的结果筛选出最有效、最合理的方案。由此可见，体育运动与锻炼对现代人的心智发展起着重要的促进和锻炼作用。

四、现代体育与社会契约的建立

如果现代体育从社会学发展的层面来认识和理解，体育运动与社会发展形成的契约和法的观念的形成和确立具有相当的内在的一致性。在体育运动的发展过程中，体育运动在发展的原初状态时，与人类的生存、劳动、嬉戏娱乐以及人类的战争有着不可分割的联系。那么它与法又是怎样的关系呢?现代体育史学的研究成果告诉我们，最初的体育竞赛无非是这样几种情况：一是供上层贵族享用；一种是普通劳动者的宣泄，即在繁重的劳动之余求得放松与快乐；再一种就是人与人之间能力的较量和显示，以赢得对手的服从或异性的欢喜。因为这当中都会产生激烈的竞争，所以要使竞争正常进行，就需要有一种法则来衡量，这就是我们体育竞赛规则最早的起源。而人类社会法则的起源，从本原意义上讲，与体育比赛的规则有着一致性。从社会发展来看，法的起源是为了维护社会和环境不被无序或毁灭，于是产生了一种协调力量，从另一种意义上也可以理解为一种社会竞争，这种社会竞争和协调力量形成一种惯例，这种惯例就是社会法律形成的雏形。这种惯例的形成实际上就是要求人们在共同的生活、生产和共同的对外斗争中都要尽共同的义务和获得共同的权力。这与我们在体育竞赛中强调的对等原则是非常一致的。古代奥运会体育竞赛期间交战各方要实行“圣神休战”，为此现代体育学家们把体育竞赛看成是“礼仪化的战争”。可见承认共同基础、承认法则、遵守规则是建立与遵守社会性契约的重要原则。

发展到今天的现代体育运动是一种特殊的社会文化活动。共同的原则基础，强烈的自身参与性、激烈的竞争对抗性和频繁的人际交往以及多种形式的群体活动，是这一文化活动的最鲜明特征。在这一活动领域中，必须确立一种明确、严格而又细则的各种行为规范，比如：比赛规程、竞赛规则、奥林匹克原则、奥林匹克精神、体育道德风尚、运动员行为守则等契约，并通过裁判、仲裁、公众舆论和大众传播媒介等进行实施和监督。体育运动中的行为规范是具有强制性的。在体育比赛场合，人们深知这些行为规范是使这些体育活动得以延续下去的必要条件，因此对遵守这些行为规范有着共同的要求。行为规范培养是儿童、青少年进入社会前必不可少的社会化过程，是人生建立社会契约意识和强化培养的重要阶段，而体育活动的行为规范训练是一种可以经常重复和可以加以控制的并不会给社会造成伤害的过程。这一过程可以被视为人对社会法规和伦理道德学习和培养的模拟过程。正是体育运动竞赛与社会契约和法规存在着内在的一致性，人们还可以从它的社会文化学研究中得到启示。体育运动竞赛无论是大规模或正规比赛或是个体间的游戏，它是一种在特定的时间和地点限制下，根据自愿接受，但却具有绝对约束力的规则下进行的。尽管这样但毕竟是在运动和游戏娱乐中体现出来的，体育运动为人们提供了近乎孩童般的“游戏感”概念。这种概念分别表现在各种不同的运动游戏形式中，这些形式有些是严肃的，有些是游戏性的，但他们始终使人类对竞争、节奏、对比、变化、和谐、体验高潮等内在需要能够得到充分展现，伴随着这种游戏感的是追求荣誉、优越和健美的精神。可见体育运动与竞赛不仅仅维护了社会法的对等的规则性，而且提升了社会文化的精神境界。

第三节　奥林匹克与竞技体育

一、奥林匹克历史概述

1894 年 6 月 23 日，这是世界体育史上一个非常重要的日子。在现代奥林匹克运动创始人法国教育家顾拜旦的努力下，参加“国际体育运动代表大会”的 12 个国家的 79 名代表一致同意成立国际奥林匹克运动委员会，并决定把国际奥委会总部设在巴黎，规定法语为法定语言，推举希腊诗人维凯拉斯为国际奥委会第一任主席，顾拜旦为秘书长；同时产生了第一批共 15 名国际奥委会委员，与会代表一致同意顾拜旦的主张决定复兴奥林匹克运动会。会议决定每四年轮流在世界各个城市举行一次奥林匹克运动会，同时决定第一届现代奥林匹克运动会于 1896 年在希腊的雅典举行。从此，一个规模宏大的以体育运动为载体的大型国际社会文化运动——现代奥林匹克运动正式诞生。现代奥林匹克运动会主要由夏季奥运会、冬奥会和残奥会组成。

奥林匹克运动会按时间分为古代奥运会和现代奥运会。古代奥运会起源于古希腊，因举办地点在奥林匹克而得名。第一届古代奥运会于公元前 776 年举行，运动会每隔 1457 天即每四年举行一届，后来人们将这一周期称之为奥林匹克周期——“奥林匹亚德”，至公元 394 年共应该举行 293 届，但实际上举行的次数要少得多。不过古代奥运会有规定，一个奥林匹亚德为一届，不管举行与否届数照算。古代奥林匹克运动会创造了一种综合性运动会的竞赛形式，形成了一种体育与文化并重的独特体系，并对现代奥林匹克运动的发展起到了一种启蒙和借鉴的作用。古代奥运会所形成的奥林匹克精神，即和平与友谊的精神、公平竞争的精神、奋发向上的精神、追求人体完美的精神一直为现代奥林匹克运动所继承与弘扬。现代奥林匹克运动会至 1896 年发展至今，实际上已经举办了 29 届，至 2008 年北京奥运会参加的国家和地区达到 200 多个，参加比赛的运动员达到一万多名。比赛项目共分有 28 个大项 300 多个小项。纵观现代奥运历史轨迹，我们可以看到，在一个多世纪的进程中，现代奥林匹克运动始终紧扣体育与人和社会发展的这一主题。现代奥林匹克运动的影响力已远远超出了体育的范畴，在当代世界的政治、经济、哲学、文化艺术和新闻媒介等诸多方面产生了一系列不容忽视的影响。现代奥林匹克运动不仅构成了现代社会所特有的体育文化景观，还以其特有的文化魅力愉悦人们的身心，更以其强烈的人文精神催人奋进，它已成为人类社会友谊、团结的象征，为维护世界和平和人类社会的进步做出巨大的贡献。

二、奥运体育以及发展

奥林匹克运动自1894年国际奥委会成立至今，经历了许多复杂变化的社会环境，奥林匹克运动本身也发生了质的变化，其中四年一度的奥运会是奥林匹克运动中最重要的活动，是奥林匹克运动的主旋律。经过一百多年的不断发展和完善，奥林匹克运动逐步走向成熟，形成以奥运会为周期性高潮的综合而又持续的现代奥林匹克运动的活动形式和内容，成为当今世界上规模和影响力最大的社会文化活动。

（一）历届奥运会的举办情况以及变化

奥运体育包括了夏季运动会和冬季运动会以及残奥会，其中夏季奥运会最早始于1896年，到2008年北京奥运会时是第二十九届，实际举行了25届，因两次世界大战停了三次。2012年在英国伦敦举行的为第三十届夏季奥运会（附历届夏季奥运会简况表8-1）。

（二）历届奥运会的比赛项目的设项以及原则

所有奥运会比赛的内容的安排，都是由国际奥委会遵循广泛性、普及性的原则而进行设置的。每届奥运会设置的体育比赛项目都有所不同，随着体育运动的发展和推广，许多大众化或民族性的体育项目都有可能成为奥运会的比赛项目。细阅历届奥运会，就会发现很多项目可能因某些原因被取消，也有很多项目被吸收为奥运会项目。目前国际奥委会认定的奥运会比赛内容共有35个大项，其中夏季奥运会28个大项，主要包括田径、篮球、足球、排球、羽毛球、赛艇、棒球、拳击、皮划艇、自行车、马术、击剑、体操、举重、手球、曲棍球、柔道、摔跤、游泳、现代五项、网球、乒乓球、射击、射箭、帆船、垒球、跆拳道和铁人三项。冬季奥运会设7个大项，主要包括冬季两项、有舵雪橇、无舵雪橇、冰壶、冰球、滑冰和滑雪。凡是列入夏季奥运会比赛的运动大项，男子项目必须是在至少75国家和四大洲，女子项目必须至少是在40个国家和三大洲得到广泛开展的运动项目。冬季奥运会比赛的运动大项，必须至少是在25个国家和三大洲得到广泛开展的运动项目。凡是列入奥运会比赛的运动大项，至少在有关这届奥运会召开前7年确定，项目一经确定后不允许改变。奥运会的比赛内容在运动大项下分设运动分项和运动小项。运动分项是大项的分支，一个分项包括若干小项，如2008年北京奥运会的皮划艇大项中包括静水和激流两个分项，其中有16个小项；体操大项中设竞技体操、蹦床和艺术体操3个分项，包含18个小项；自行车大项中有场地、公路、山地和小轮车4个分项，共18个小项；游泳大项中包括游泳、跳水、花样游泳和水球四个分项，共有46个小项。排球大项中包括排球和沙滩排球两个分项。运动小项是运动大项或分项中的一项比赛。任何一个运动小项要列入奥运会比赛项目，除了按运动大项和分项相同的要求外，还必须至少两次被列入世界锦标赛和洲的锦标赛；运动小项列入奥运会比赛项目，必须在有关奥运会比赛召开前四年确定，确定后不得有任何变动。奥运会一百多年来，它的比赛内容无论是大项、分项还是小项的设置，时有变化和调整，但总体上呈发展和不断增多的趋势（附奥运会项目设置概况表8-2）。

表 8-1　　历届夏季奥运会简况

届数	时间	国家、举办地	比赛设项		参赛国家和地区	参赛人数
			大项	小项		
1	1986.4	希腊雅典	9	43	13	311
2	1900.5	法国巴黎	17	87	24	1330
3	1904.7	美国圣路易	14	67	14	689
4	1908.4	英国伦敦	24	109	22	2035
5	1912.5	瑞典斯德哥尔摩	14	106	28	2547
6	1916	因第一次世界大战取消				
7	1920.4	比利时安特卫普	22	154	29	2669
8	1924.5	法国巴黎	19	137	44	3092
9	1928.5	荷兰阿姆斯特丹	15	120	46	3014
10	1932.7	美国洛杉矶	17	124	37	1408
11	1936.8	德国柏林	20	142	49	4066
12	1940	因第二次世界大战取消				
13	1944	因第二次世界大战取消				
14	1948.7	英国伦敦	18	138	59	4099
15	1952.7	芬兰赫尔辛基	18	149	69	4924
16	1956.11	澳大利亚墨尔本	17	148	67	3184
17	1960.8	意大利罗马	18	150	84	5348
18	1964.10	日本东京	19	163	94	5140
19	1968.10	墨西哥墨西哥城	19	182	112	5530
20	1972.8	联邦德国慕尼黑	21	195	121	7147
21	1976.7	加拿大蒙特利尔	21	198	92	6189
22	1980.7	前苏联莫斯科	21	203	81	5872
23	1984.7	美国洛杉矶	21	221	140	6797
24	1988.9	韩国汉城	23	237	160	8465
25	1992.7	西班牙巴塞罗那	25	257	172	9364
26	1996.7	美国亚特兰大	26	271	197	10749
27	2000.9	澳大利亚悉尼	28	300	200	11000
28	2004.8	希腊雅典	28	302	202	10864
29	2008.9	中国北京	28	302	204	11020
30	2012.8	英国伦敦	26	302	205	10500

表 8-2　奥运会项目设置概况

序　号	大　项	分　项	运动小项
1	田径	男子、女子	共有 46 个小项
2	篮球	男子、女子	共有 2 个小项
3	足球	男子、女子	共有 2 个小项
4	排球	排球、沙滩排球	共有 4 个小项
5	羽毛球	男子、女子、混合	共有 5 个小项
6	赛艇	男子、女子（6 项）	共有 14 个小项
7	棒球	男子项目	共有 1 个小项
8	垒球	女子项目	共有 1 个小项
9	皮划艇	静水（男 9、女 3）、激流（男 3、女 1）	共有 16 个小项
10	自行车	场地、公路、山地、小轮车	共有 18 个小项
11	马术	盛装舞步、障碍赛、三项赛	共有 6 个小项
12	击剑	设男、女花剑、重剑、佩剑、团体	共有 8 个小项
13	体操	竞技体操、蹦床、艺术体操	共有 18 个小项
14	举重	男子、女子	共有 15 个小项
15	手球	男子、女子	共有 2 个小项
16	曲棍球	男子、女子	共有 2 个小项
17	柔道	男子、女子各 7 个级别	共有 14 个小项
18	摔跤	自由式（11 项）、古典式（7 项）	共有 18 个小项
19	游泳	游泳、跳水、花样游泳、水球	共有 46 个小项
20	拳击	男子 11 个级别	共有 11 个小项
21	网球	男子、女子	共有 4 个小项
22	乒乓球	男子、女子	共有 4 个小项
23	射击	男子、女子（6 项）	共有 15 个小项
24	射箭	男子、女子	共有 4 个小项
25	帆船帆板	男子、女子、混合（3 项）	共有 11 个小项
26	跆拳道	设男、女各 4 个级别	共有 8 个小项
27	现代五项	男子、女子	共有 2 个小项
28	铁人三项	男子、女子	共有 2 个小项

三、奥运会的精神符号

（一）奥林匹克运动会宗旨与原则

1. 奥林匹克运动会的宗旨

奥运会从它诞生起，就明确了它的定义，在《奥林匹克宪章》中表明：“奥林匹克运动，是从现代奥林匹克主义中诞生的一种社会活动，其目的是通过组织没有任何歧视和符合奥林匹克精神的体育活动来教育青年，从而为建立一个更加和平和美好的世界作出贡献。”具体的内容主要包括：（1）以竞技体育运动为基础，提高人的身体素质和优良道德品质，促进人类身心的健全发展。（2）通过竞技体育运动竞赛方式教育青年，建立彼此的友谊和了解，借以创造更幸福与和平的世界。（3）在世界各地推广奥林匹克原则，传播奥运会的精神，建立国际间的和平友好的亲善关系，以增进国际间的友谊。（4）使全世界运动员，参加四年一度的奥林匹克运动会。在运动会中使全世界优秀的运动员相聚在一起。

2. 基本原则

可将奥林匹克的本质精神分解为一系列的原则精神，主要体现在：

（1）参与原则。重在参与，参与比取胜更重要，这已成为奥林匹克运动原则的第一准则。每四年举行1次，自1896年首次在雅典举行第一届开始计算，如不能如期举办，届次照算，并不得延至另一届计算，这也是为了纪念古代奥运会遵守规律的循环及传统。

（2）公平竞争原则。参加奥林匹克运动竞赛的人必须树立起敢争高低的竞争意识；竞赛中，要求遵守规则，照章办事，光明磊落，平等公正。奥运会的竞赛应公正与平等，更不容许因种族、宗教或政治等因素，而对任何国家奥委会或个人有所歧视。

（3）友谊的原则，个人的竞赛。奥运会是个人及团队间的运动竞赛，而不是国家与国家间的竞赛，故国际奥委会仅公布运动员个人的名次及成绩，并不承认各国奥委会所得的团体积分或奖牌的累计等统计数字。奥运会把世界上各种不同的人聚集在一起，相互交往，增进了解和友谊，进而达到世界和平、团结和进步。

（4）鼓励原则。国际奥委会对于优胜运动员，着重于荣誉的表扬及精神鼓励，颁发前三名个人的金、银、铜奖牌，不再发给任何物质的奖励，以符合奥林匹克精神。

（5）发展的原则。凡因举办奥运会所得的任何盈余，均应使用于提倡促进奥林匹克活动或发展体育。

（二）奥林匹克仪式的精神象征

为了表达奥运会崇高的原则及理想，近代奥运会创始者顾拜旦先生，亲自设计了许多仪式及规章，并把它在奥林匹克运动会会场上具体化地表现出来，这些象征着奥林匹克精神的会旗、会歌、会徽、格言；奥运会的仪式等，均具有深刻的影响和教育意义，再由人们通过视听的感受，从肃穆的气氛中去领会、体味一番。顾拜旦曾一再地强调奥林匹克仪式的重要性，他说：“在奥林匹亚，人们聚集着，瞻仰过去并寄望未来，因此古代奥运的仪式亦适用于复兴中的近代奥运会，这种仪式是由飞逝的时光，将过去和未来联系在一起。同时这个盛会是由青春、美丽和力量三者所结合而成的……”奥运会的主要仪式可分为三个部分：开幕典礼、颁奖仪式、闭幕典礼。另外，还有奥运会开幕式中的宣誓仪式包括运动员、裁判员及国际奥委会新任委员的宣誓。

1. 奥林匹克旗、会徽

奥林匹克会旗是白底无边，中央绘有五色（蓝、黄、黑、绿、红）相交连环圈，蓝色位近旗杆左上方。会徽的图案设计乃遵照顾拜旦于1941年在巴黎献赠时的原来式样，五环为奥林匹克会徽。原始的五环旗子1913年由顾拜旦设计，长3米、宽2米，制作于顾拜旦出生地的一家商店，现悬挂于瑞士洛桑的国际奥委会总部大厅中。当时顾拜旦说明设计的用意：五色的环圈，蓝、黄、黑、绿、红，代表全世界的五大洲，现在已连接在一起，属于奥林匹克活动的部分，共同为接受运动竞赛良好的结果继续努力，它代表着奥林匹克友谊的精神及全世界运动员之间的平等。六种颜色（包括白底），则代表着当时全世界各国国旗的颜色，如瑞典的蓝色、黄色，希腊的蓝色、白色，法国、英国、美国、德国、比利时、意大利及匈牙利的三色旗，西班牙的黄色、红色，可说是一个真正的国际性的颜色与标志。

会旗是 1914 年国际奥委会庆祝成立 20 周年纪念、第十六届年会在巴黎召开时，由顾拜旦献赠并通过采用的。1920 年第七届奥运会在比利时的安特卫普举行时，会旗正式出现在奥运会大会场中并使用至今。奥林匹克宪章规定：奥林匹克旗、徽章及格言为国际奥委会单独特有资产，严禁使用于任何商业行为。各个国家奥委会必须竭其全力，采取必要的措施，使其国家参加保护奥林匹克标志的条约，如各国通过立法给予商标注册等方式。各国奥委会非经国际奥委会批准，不得使用此项权利。

2. 奥林匹克圣歌

奥林匹克圣歌《萨马拉斯颂歌》是一首优美、庄严的古曲。1896 年第一届近代奥运会前，由希腊人萨姆拉斯作曲，其友派勒玛斯作词。自第一届使用圣歌后，许多人认为它并不理想，因为奥运会的圣歌需要和五环旗、和平鸽、圣火互相配合，而且要能足以激励全世界的运动员，为此曾一度争论不休，前后亦有多次被提出来予以革新。然而虽经尝试，但均不如原有这首美好。直至 1958 年，国际奥委会终于正式采纳了这首圣歌为国际奥委会会歌而沿用至今。奥林匹克圣歌的歌词原文为拉丁文，曾被翻译成法文、英文、中文，其主要的意义是从奥林匹克活动中去追求人生的真、善、美的永恒精神。

3. 奥林匹克格言

奥林匹克格言（Motto）“更快、更高、更强”，是鼓励运动员要继续不断地参加运动，努力追求进步和实现自我的突破。原文为古拉丁语，由一位顾拜旦的好友、巴黎阿尔古依学院（Arcueil College）教师迪登（Henri Didon）于 1890 年前后首先使用。为使全班学生第一次到室外运动场上去参加运动，当时他以这种口号来鼓励学生。这三个词给了顾拜旦极深的印象及体会，决定为国际奥委会所采用，遂于 1920 年第七届奥运会在安特卫普举行时与五环旗同时正式出现在奥运会中。

4. 信念

另一个奥林匹克格言“重要的不是胜利，而是参加”，也有人称之为信仰或信念，有一个产生的过程。第四届奥运会（1908 年）在伦敦举行期间，于 7 月 9 日在伦敦圣保罗大教堂举行奥运会的宗教仪式时，由美国宾西法尼亚州大主教主持讲道，他使用了一段话：“奥林匹克运动会的要义，并不必太注重胜利，而是要参加。”这句名言使当时在座的顾拜旦非常感动与欣赏。几天后，顾拜旦在一次演讲中引用这位大主教的这句话，此后经过重新组合，演变成现在的格言，并开始在奥林匹克活动中流行。1948 年第十四届奥运会在伦敦举行时，这句格言首次在大会场记录牌上出现。此后每届奥运会在开幕典礼、闭幕典礼及许多公众场合中，均出现在电动记分牌上及各种文宣书刊中：奥林匹克运动会最主要的意义是重在参加，而非获胜，正如人生的真谛，不在于征服，而在于自我的努力及奋斗有方。

5. 誓词

在奥林匹克活动中，顾拜旦循着古代奥运会的传统，采用了宣誓仪式，例如开幕典礼中的运动员、裁判员，以及新当选的国际奥委会委员等，都必须遵从这个传统。近代奥运会的宣誓，是于 1920 年在第七届安特卫普奥运会上，由比利时击剑选手柏英代表运动员宣誓的。

宣誓誓词如下：

"我代表全体运动员宣誓，为了体育的光荣和本运动队的荣誉，我们将以真正的体育精神参加本届奥林匹克运动会的比赛，并尊重和遵守各项规则。"

裁判员、职员宣誓，由主办国裁判员一人登台，代表全体裁判员与职员宣誓，誓词如下：

"我代表全体裁判员和职员宣誓，在本届奥林匹克运动会上，我们将尊重和遵守奥林匹克运动会的一切规则，公正无私地执行大会所交付的任务。"

国际奥委会新当选的委员，必须在全体委员年会上举行宣誓仪式，他们左手执奥林匹克会旗边缘，右手举起宣誓：

"我深感荣幸，被国际奥林匹克委员会选任为委员，并派驻在我的国家（国家名称），我深切体会所负的责任，谨愿竭尽所能为奥林匹克活动服务，保证遵守奥林匹克宪章中所述各项原则与国际奥委会的决定，并永不提出上诉。我本身超然于任何政治、商业、种族和宗教的影响与考虑。"

6. 火炬、圣火

在奥运会上，点燃圣火的仪式，已成为奥运会开幕典礼的高潮。历届的奥运会、冬奥会筹备委员会均刻意注重奥林匹克圣火点燃仪式及奥运火炬传递接力活动并不断地翻新花样。同时，通过传播媒体告诉世人，奥运会即将到来。

当火炬自古奥林匹亚传递到开幕式的大会场上，在圣火台上点燃火焰时，全场观众在欢呼声与掌声中伴着兴奋而激动的情绪，揭开了奥运会的序幕。

1936年，柏林奥运筹备委员会总干事卡·丁姆，他也是国际奥林匹克学院创始人之一，正式向国际奥委会倡议，将近代奥运会的火炬接力跑及点燃、熄灭圣火列入开幕典礼、闭幕典礼的仪式中，依照古代奥运会的仪式，取自由上天所传的火种，以火炬接力跑的方式，将古希腊的传统与精神沟通、传承至现代奥运中。国际奥委会通过了卡·丁姆的建议，自1936年起将圣火传递的节目正式列为奥运会的重要仪式。1936年7月20日，第一次圣火点燃仪式在古奥林匹亚举行，已经退休的国际奥委会终身荣誉主席顾拜旦，已73岁高龄，不顾年老与病痛，自瑞士洛桑专程赶赴希腊，亲自参加了这次历史的盛会。

古代奥林匹克运动会点燃圣火的仪式，起源于古希腊人自上天盗取火种的神话，在奥林匹亚宙斯神前，按宗教的仪式在祭坛上点燃火种，然后持火炬跑遍各城邦，传达奥运会即将开始的讯息，各城邦必须休战，忘掉仇恨与战争，积极准备参加奥运会的竞技比赛。因此火炬象征着和平、光明、团结与友谊。

1912年，顾拜旦首次提出点燃圣火的建议。但因第一次世界大战爆发，奥运会未能如期举行，顾拜旦的建议也未能实现。战后的1920年举办了第七届安特卫普奥运会，在大会场上燃起了火焰，以悼念在大战中阵亡的奥运选手以及协约国的将士们。同时这也象征着和平的来临，光明普照大地。在1928年举办阿姆斯特丹奥运会时，曾在希腊的古奥林匹亚，以凸透镜借助太阳光引燃火种，然后经过希腊、前南斯拉夫、奥地利、德国至荷兰，第一次在大会上点燃了圣火。

依据奥运会的传统，火炬应于开幕前一天抵达主办城市，于开幕式当天点燃圣火。火炬在旅途中，或是抵达主办城市的各项庆祝活动地点时，必须遵守奥林匹克的礼制仪式，不得被用来作广告宣传之用。各主办国常在最后一段路程中，安排具有代表性的人物或有特色的人物，如为国争光的奥运金牌选手等，在狂热的观众前高举火炬，绕场一周后，跑上圣火台点燃圣火。如1964年的东京奥运会，即以原子弹投掷广岛当日出生的人点燃圣火，以祈求世界和平。四年后的1968年墨西哥奥运会首次由女性运动员点燃圣火，以象征女子得以自由进入奥林匹克殿堂。1992年巴塞罗那奥运会，则以射箭选手，以射箭方式点燃圣火。各届奥运会表达方式虽然不同，但不可否认，奥林匹克圣火代表了神圣、纯洁及完美，是不容置疑的。

火炬作为正式的一种奥林匹克仪式，象征着奥林匹克精神的神圣。它除了传达体育上的信息、表达艺术上的意念外，更具有历史性的意义。圣火必须位于大会场的明显位置，并应具有良好的视野，最好在大会场外也能看到圣火。在奥运会期间，圣火不可熄灭，当圣火熄灭时，奥运会即告结束。

奥林匹克思想和主义是一个完整的理论体系，奥林匹克的原则、标志、仪式以及围绕它产生的各种社会形式是代表世代相传的奥林匹克精神和主义的象征，它将随着社会的发展要求而不断地得到充实和提高。

四、奥运竞赛与文化活动

奥林匹克运动毫无疑问的已是当今举世瞩目的而又耐人寻味的社会文化现象，其在全球的广泛影响力是其他任何国际性社会活动都无法比拟的。在当今世界的政治、经济、哲学文化艺术和新闻媒体等诸多方面，产生了一系列不容忽视的影响。奥林匹克所产生的文化是体育与文化的结合而形成的，它体现了以奥运会为核心的体育活动中所产生的充分体现奥林匹克精神的象征物、奖励制度和宣传措施以及一系列旨在弘扬奥林匹克精神的文化活动。奥林匹克运动发展到今天已远远超出了体育竞赛的单一主题，这是因为现代奥林匹克运动一直伴随着许多社会活动事件，如文化艺术节、世界博览会、世界大战、恐怖活动、抵制运动和商业渗透等；更重要的是奥林匹克运动是有理想、有主义的。它一直高悬着“更高、更快、更强”；“参与比取胜更重要”等奥林匹克理想。为此在《奥林匹克宪章》中言明，“奥林匹克的宗旨是：通过没有任何歧视、具有奥林匹克精神、以友谊、团结和公平精神互相了解的体育活动来教育青年，从而为建立一个和平的更美好的世界作出贡献。”“奥林匹克主义是增强体质、意志和精神并使之全面发展的一种生活哲学。奥林匹克主义谋求把体育运动与文化和教育融合起来，创造一种在奋斗中获得快乐、发挥良好榜样的教育价值并尊重以基本公德原则为基础的生活方式。”可见，现代奥林匹克运动一开始就是以追求社会文化方式而存在着，所以奥林匹克文化始终是以体育运动为主要载体，以奥林匹克精神为核心，并结合多种文化宣传形式，共同构成奥林匹克运动文化的丰富内容。

奥林匹克运动文化的表现形式主要体现在奥林匹克主义指导下，以四年一度的奥林匹克庆典为主要活动内容，以奥运会为周期的一系列活动体系。奥林匹克运动文化的表现形式主要体现在以奥林匹克为核心的思想文化内涵；独特与鲜明的象征性标志；奥林匹克运动仪式；展现人体美与拼搏精神和内涵丰富的艺术节活动等几个方面（附奥林匹克文化活动简况表8-3）。

表 8-3　　奥林匹克文化活动简况

图形与标志	仪式	奖励	音乐	文化与艺术	教育与培训
标志物	圣火转递	优胜者奖	会歌	科学大会	教育计划
会旗	开幕式	勋章	主题歌曲	博物馆	学院
会标	闭幕式	奥林匹克杯	主题音乐	邮票展览	青年学习班
吉祥物	颁奖仪式	纪念牌		体育艺术节	国际研讨班
宣传画		荣誉册		奥林匹克日	青年营
纪念章		主席科学奖			教练员奖学金
项目图案		体育科学奖			奥林匹克课程
雕塑		金环奖			
绘画		媒介奖			

五、奥林匹克竞技体育对社会发展的影响

随着奥林匹克运动的发展，奥运会对竞技体育的发展和国际社会的影响也会与日俱增，特别是到了 20 世纪后半期，奥运会的规模和水平都有了快速增长，越来越多的国家都积极投入到申办奥运会之中。因为竞技体育曾被认为是和平时期的“战争”，是展示国家形象和体育实力的最佳窗口。支持本国运动员在奥运会上取得优秀成绩更具象征意义和实际影响，这都成为促进竞技体育发展的强大动力，所以奥运会对社会发展的影响已远远超过任何其他重大活动。

首先奥运会是一个巨大的政治性的国际社会活动，通过这一影响巨大的活动，国家政府对外可以树立起更加开放、强大的形象，在国际社会中得到更多的认同，而其深远的意义将体现这个国家在政治、经济、外交、军事、能源、环保、知识产权等众多领域获得更多的话语权，提升国家的国际地位。因此，奥运会绝对是展示一个国家政治的绝好舞台，对内而言，政府可以向民众展示自己卓越的工作和服务能力，借此提高政府在国内的威望和凝聚力，增加社会稳定性。其次在奥运会对社会经济的推动中，长期影响远远大于即时效应。纵然奥运会规模再大，短短十几天比赛，对经济的直接影响力是有限的。但通过举办奥运会，对城市的基础设施的建设与改造，城市发展的推动，对国际投资的吸引和体育产业的长远推动作用才是奥运会的经济魅力所在。正如萨马兰奇所说：“体育对经济的要求是有限的，但体育给予经济的回报是无限的。”再其次，奥运会对一个国家的社会体育发展更具影响力，现代奥运会作为一个大型体育文化活动，是一个国际化程度最高的体育盛会，在组织管理方面涉及众多因素，影响范围之广、工程量之宏大，是考验各级政府和组织能否进行高效、协调地管理是决定其成功的重要因素。通过奥运会将为国家体育体制改革提供创新和发展动力；通过奥运会与其他国家进行交流，对西方国家的体育发展模式与格局全面了解，为民众体育观念的改变和现代“体育生活方式”的建立提供良机；通过奥运会促进国家和社会体育产业的发展和进步，为体育产业的腾飞提供起飞的平台；通过奥运会为国家传统体育文化提供一个展示的舞台。可以想象，在今后一段时间里，在中国经济、社会发展和世界体育发展的双重推动下，中国体育仍将保持一定的发展规模和速度，反之这种发展速度和规模又将促进社会向前发展。

六、奥林匹克与现代科技因素

（一）百分之一秒的技术力量

奥运会以计算时间的项目首推田径。田径比赛是古今奥运会的主体竞技项目，与游戏性项目、表演性项目不同，它是纯粹的人体自然素质的较量，纯粹的人体运动能力的竞赛。所以通过激烈的争先形式，展示在人们面前的，既是人的最基本的动作技能（跑、跳、投），又是对人类机能极限的冲击，田径比赛的魅力正在于此。这里我们就以 100 米跑为例看看其中的奥秘。洛杉矶奥运会以后的数届奥运会，男子 100 米金牌的争夺，成了北美两强美国刘易斯和加拿大约翰逊的对手战。

美国的刘易斯成名于洛杉矶奥运会，加拿大的约翰逊则是作为挑战者而崛起的。汉城奥运会前的两年中，刘易斯和约翰逊在国际田联的巡回赛和田径锦标赛中数度交手，互有胜负，引人注目。这种较量在汉城奥运会上发展到极致，刘易斯试图成为奥运史上第一个蝉联 100 米跑冠军的人，约翰逊则想重温前一年在罗马田径世锦赛上击败刘易斯并破世界纪录的美梦。后来大家知道的结果是，约翰逊先以一个光辉至极的名字被加拿大的媒体奉为民族英雄，后因服用兴奋剂丑闻而遭人唾弃。其实我们可以从中看一看世界级的短跑运动员的技术特征。100 米跑的技术环节主要是三段：起跑、途中跑和后程冲刺。电动记时，起跑反应时最快的运动员是美国的有“子弹头”之称的卡森，史无前例地达到 0.090 秒。如此快速起跑反应不能不被疑为抢跑。但唯一测量运动员起跑反应的是测量器，这个设备连在起跑器上，只有它能决定运动员是否抢跑。可见，起跑是个关键环节，但运动成绩是整体综合能力的评价。

总之，100 米跑起跑是最基础的一环，但要使好的起跑能形成成绩上的优势，还要看途中跑和后程的冲刺能力。然而，迈克尔不负众望地创造了世界纪录，成为亚特兰大奥运会上最出彩的明星，也为在美国举行的奥运会赢得了国家荣誉。所有反映这些百分之一秒记录和运动过程分析的手段充分反映出现代最先进的科学技术在奥运会上的运用。

（二）竞技运动成绩与运动技术装备

1. 生物力学技术的运用

美国女排 20 世纪 80 年代初曾是中国女排的强劲对手，说到美国女排的兴起，不能不提起艾里尔博士的生物力学领域的高级技术研究。20 世纪 70 年代初，美国排坛名帅塞林格结识了艾里尔博士，他带领美国女排在加利福尼亚艾里尔博士主持的科多研究中心实验场地训练。当时美国女排是不入流的，在世界排名 50 位上下，尽管美国人发明了排球，也是美国人最先玩排球，且把排球运动推向了世界，然而，20 世纪 70 年代初期的美国人对怎么打好排球则很惘然。塞林格接手教练工作，大刀阔斧，大兴改革，并且充分利用现代科技手段，以求高效率提高运动技术水平和运动成绩。他与艾里尔博士合作，向当时世界上女排运动最好的国家学习先进的排球技术。

借助计算机收集优秀运动员的各种技术数据，采用高速摄影，每秒 5 000～10 000 个画面，对被摄对象的俯视图和侧视图进行三维标定和分析，高速摄影影片通过数字化光电系统对运动轨迹和感兴趣的坐标点进行分析，分析结果由电脑储存起来，可以在监视器上看到动态的棍状图，一目了然。艾里尔拍过美国女排主要队员的比赛动作，由测力台可测出许多数据，还可与生理指标、心肺功能等测试同步起来，脑电、心电、肌电、血压、体温等数据在监视器上直接显示。艾里尔还分析过中国女排、日本女排、古巴女排在各种国际大赛上拍摄的高速影片，以及主力队员的技术特征，给塞林格主教练提供了极为有用的资料。艾里尔曾说：“我们对中国女排比赛情况的了解与美国女排一样多。”他通过中国女排多场次比赛各位置队员棍状图的叠加，分析标出防守的“盲点”和进攻的特点。这使塞林格欣喜若狂，他据此调整自己的训练，并在实战中针对性地运用战术。

艾里尔为美国女排做了许多有实效的针对性研究，比如：基于提高主攻手心肺功能的测试，拦网起跳反应时等等。艾里尔还专门做过运动员扣球时视力聚焦的问题。艾里尔为了进一步研究运动员与运动中球的关系，还专门测过网球运动员击球时眼睛究竟看哪儿，以及接球队员判断来球时眼睛注视的地方，结果表明网球运动员做好移动和做接球准备是在对方击球前就作出判断的。总之，借助现代科技使美国女排登上世界强队。

2. “肌肉电刺激器”给国际体育界出的一道难题

肌肉电刺激器是一种可以增加运动员肌肉力量的辅助性训练器械。这种器械的诞生和使用给国际体育界反兴奋剂专家出了一道难题，使用“肌肉电刺激器”是否应视为与服用兴奋剂一样违法？

时任国际奥委会委员、医务委员会副主席的比利时著名医生雅克·罗格博士，在 1994 年底出版的《奥林匹克通讯》杂志上撰文，就这一问题发表看法：运动员只是坐在椅子上不需付出任何努力，也不会有任何参加训练时的痛苦和疲劳感觉，就能够提高肌肉力量。这种电子器械的功能与服用兴奋剂有同效，应当认定为非法。罗格博士的态度不可轻视，他曾经是欧洲国家奥委会联合会的主席，他的观点会影响国际体育界的一批知名人士。

罗格博士从体育竞技中公平竞争的运动员道德观念出发，竭力反对把肌肉电刺激器作为一种训练方法运用于竞技训练。但罗格博士支持运动员为提高运动成绩所采取的高原训练法，以为这两者并非有些人认为的“大同小异”，性质是截然不同的。高原训练是在缺氧的环境中大运动量训练，运动员需要经过自己的努力和艰苦的拼搏才能见效，人们已明了这样的事实，高山民族的运动员从事耐力性运动项目有着良好的先决条件。非洲山地国家，如肯尼亚、阿尔及利亚等在中长跑上的突出贡献便是明证。平原地区的运动员到高原山区进行训练，不过是在付出努力后取得了在那些地区居住的人们相同的身体适应能力，这是合理也是合法的。肌肉电刺激器引带出的竞技运动中的违禁问题，势必会进一步讨论。我们认为一个基本的原则应该得到尊重：竞技运动要依靠科技发展，但更应尊重人性。

3. 运动场上从头到足充满科技“密码”

科技因素越来越显示其重要推进作用，一双跑鞋都可以是协助人类攻破一个又一个难关的因素。30 年前，人类第一次利用电动计时，纠正了手控计时的误差。当时记录的 200 米跑，男子世界纪录是 19 秒 83，这个纪录经过几代运动员的努力都没能突破。直到 20 世纪 90 年代，迈克尔·约翰逊的出现，以 19 秒 32 的成绩刷新 28 年无人问津的男子 200 米世界纪录。这 0.51 秒的细微差别，是数代运动员共同努力的结果。然而迈克尔的那双金色跑鞋同样非常惹眼，当电视媒体上不断重播的奔跑和冲刺慢镜头，迈克尔颈下胸前晃荡的金项链和脚上金色跑鞋不时被特写强调着。这是镜头在告诉你，那双耐克公司专门为迈克尔定做的跑鞋，匪夷所思地竟然比金项链还要轻。耐克公司和其他运动装备公司一样，借助现代科技，不断推陈出新，创造奇迹。运动鞋发生着日新月异的变化。外形的变化自然是大，五颜六色，千变万化；所用材料和工艺设计以及为创造运动成绩的专门科技攻关，也是时时翻新的。迈克尔 0.51 秒的突破中，还真少不了运动鞋等运动装备提供的帮助，可以说运动装备的发展是与运动成绩同步并进的。

在今天的设计理念下，运动装备的更新已不是靠无尽地发挥想象力。在创造的过程中，往往是与优秀运动员协作完成的。世界各大运动装备公司都分别与著名运动员签约，由他们做测试，度身定做，甚至参与到训练计划中去，以各运动项目优秀运动员为标准，经过查询、探究、创造、测试和完成的项目分类产品已趋高度专业化。这些经优秀运动员测试和改良的运动装备，也为一般运动员提高运动成绩带来了物质上的保证。

现代化的进步，也是精确化、数字化的过程，人们求美求新，追求卓越，在竞技运动世界更是如此。运动装备的设计与时装设计一样，成为时尚，成为创造惊喜的催化剂，满足了人们对竞技运动观赏的需求。运动设备制造商们不忘全面的创新意识，几十年中他们推出了一代又一代革新的产品。每个项目都挑选出具有品牌效应的运动明星，针对他们的需要而设计和创造，并且不断改良。如以美国球星加里·佩顿（Gary Payton）命名的篮球鞋“AirZoom GP”，就装备了专门防扭脚的“Monkey　Paw”　。

耐克公司推出“Nike Alpha Project”计划（简称NAP），针对每个运动项目去研究、去设计，强调个性化。NAP计划不仅仅是强调不同运动项目，而且从头到脚，全面地设计运动服、运动裤、运动鞋、运动眼镜等。运动背心和长袖、短袖运动服，采用具有快速排汗功能的“Dri FIT”布料，就算运动量大，也不至于汗流浃背。比如美国网坛明星桑普拉斯在1999年初的澳大亚利网球公开赛冠亚军比赛时，54℃的高温下，穿着Dri FIT做的运动服，其吸汗能力是普通棉质布料的两倍。这种运动服在腋下和下胸腔部位设置了透气通风系统，这是符合气体流动学基本原理的设计。肩下和手肘等关节部位没有多余的布料，与普通运动服不考虑个性化的尺码号数不同，工效学的优，化处理，使这种运动服合理而有效。

再来看看“NAP计划”推出的运动短裤和紧身比赛裤。分衩式的短裤要考虑到双腿的运动协调，活动自如是重要的。紧身比赛裤也是用“Dri FIT”面料制成，汗水挥发快速的同时，还可使运动员体温保持在均衡点，不像普遍运动裤面料，沾汗水即湿，稍后便湿漉漉的不舒服。“NAP计划”还设计了一种“Traix 250”型的运动员腕表。这种腕表从外形上看就不同寻常，最抢眼的是S形的表面和表带的整体设计，充分考虑到手掌骨和腕关节的结构和位置，可使运动员在跑动时双手保持自然摆动也能正视表面，超大的显示屏是为了运动员在跑动的疲劳状态下能一目了然。这种腕表还有很好的计划储存功能，能记录戴表运动员跑250圈的脉搏、即时速度、加速度、最大速度、每圈平均速度等资料。

在室外运动场地跑和越野跑运动项目中，不少运动员都选择比赛用眼镜，以求得最佳的视线状态。“NAP计划”设计了“Air elon”型运动眼镜，其外形奇特，与普通近视镜迥然不同，拱形的疏风镜片可以增加气流，从而减低雾气凝结。眼镜极轻，减去了一切不必要的装饰，镜片是直接连接在镜脚上的，没有普通眼镜的那种镜架。鼻托是考虑了各主要民族人种的鼻型而设计的，戴上与脸面完全协调而不觉累赘。这种高科技的产品有100%的透光率和100%的防紫外线效果。所以人们都说，现代竞技体育反映了当代科技进步和发展的诸多因素。

4. 奥运会与计算机技术

有人说，现今的奥林匹克运动就是高技术的竞技。这种言论的道理在于，奥运会的超大规模使其组织、管理和竞技比赛本身的每个环节都离不开科学技术的支持，1992年巴塞罗那奥运会已揭示了现代奥运发展的新趋向：信息和通讯技术达到更高水平，电视和计算机技术已成为那届奥运会成败的关键。到近几届奥运会，更上一层，数字网络技术已在更广泛的意义上运用于奥运会。

奥运会是当今世界上最重要的综合性运动会，以国家和地区为单位组队而吸引了所有参赛成员的关注。奥林匹克的宗旨强调“所有民族所有国家”的“奥林匹克大家庭”的意义。为此，世界五大洲的主要国家都是奥运会会员国，奥运会成为世界性的普遍关注的事件。奥运会信息的传播使得最新科技手段大有用武之地，计算机和网络技术在信息传播中赢得了时间和空间，计算机“比赛结果信息系统”提供了奥运史上传播最快的数据，满足了人们迫切了解即时赛况的愿望。在巴塞罗那奥运会的各赛场上就见到 IBM PS/2 计算机网采集比赛信息，并自动传送到两个大型 IBM ES/900 计算机中心，根据 EDS 公司编排的程序进行处理后，立即把信息发往各赛场的计算机终端和新闻中心，这个过程只需要几十秒钟。不说早期奥运会比赛的情形，就是 20 世纪 90 年代之前，往往采用摄影定像技术来确定比赛结果，既费工又费事。巴塞罗那奥运会率先采用了精工的“全能运动操作系统”，这种先进的快速录像技术，在两秒钟之内便可显示谁胜谁负，谁优谁劣，这种录像定像系统无需等待图像显示。从电视直播中看到，运动员冲刺后，回头远眺大屏幕，瞬间跳出的成绩排列表，“几家欢乐几家愁”一目了然，这对运动员和观众都是颇具诱惑力的。

以往去采访奥运会的新闻记者，不论是文字记者还是电视评论员，都要准备大量优秀运动员的个人资料、各项目运动成绩和世界纪录等资料，新技术已改变了资料信息以及电讯系统方面的障碍，洛杉矶奥运会在与比赛有关的 3 000 多个点设有电话、电传以及传真电讯设备。同一个系统还能用来查询任何一次比赛的结果，显示出即将举行的比赛项目参加者的名单。这些设备中最精彩的部分就是所谓的“电子邮递”系统，今天看来这种计算机网络已是常识，但是二十多年前，20 世纪 80 年代初最先进的计算机技术已运用于奥运会。这个系统不仅仅只是一种附设电视荧屏的、奇特的电话打字机装置，它最基本的作用还是在不用纸张的情况下，通过电子系统来接收、储存和递交信息。比如，某个教练要为队里的运动员留个通知，通知他那天的练习时间有了变更，这位运动员只需到离他最近的“电子邮递”终端机处（这种电脑终端在洛杉矶奥运会场区几乎都有），按揿键钮输入本人的身份电码，终端机就会显示出教练给他留下的所有信息——从练习时间的变更到新闻界的采访预约等等。身份电码具有密码性质，任何人可以在绝对保密的情况下方便地使用这个系统。洛杉矶奥运会第一次在运动场的记者席设置了电脑终端机，终端机能与世界范围内的电传机和传真网相通，一位新闻记者可以端坐在记者席上直接发送信息。

洛杉矶奥运会通信中另一项新技术是与“电子邮递”系统相连的便携式记录仪，这玩意儿与我们常见的 BP 机大小相仿。在收到紧急电文或电传以后，这种记录仪会发出声音或数据反应。组委会把这种仪器提供给新闻记者和官员以及组委会成员，可以及时传达信息。记录仪能够显示电文开头的 40 个字母，起到了传达全部电文要点的作用。收讯人接到仪器发出的简单信息之后，只需走到最近的“电子邮递”的电脑终端，便可取得储存着的电文的全文，省去许多查找的时间。在国际奥委会和主办国组委会的网址上，你可以得到你所需要的一切资料，可以说是“就怕你想不到，不怕它没有”。另外，新闻中心还提供一些专门服务，比如巴塞罗那奥运会，马德里 UAM IBM 研究中心为广播电视记者研制了“体育评论员系统”，记者们通过计算机触摸式显示屏，更简捷方便地跟踪所有比赛的进展情况；不仅能及时得到比赛结果的信息，还可以获得所有参赛运动员和运动队的成绩信息以及简历等背景信息。当今奥运会比赛，电视评论员面对运动场或身前台子上的跟踪监视器，用鼠标从电脑上点取各种解说资料，方便迅速。文字记者也一样，按一下感应式显示屏就可以得到信息资料。

奥运会赛场上处处离不了计算机，奥运会信息系统是个计算机世界，奥运会的管理也是一个计算机世界，从下飞机会集到比赛城市的那一刻起，奥运会的参加者就能感受到他们已被计算机控制得有条不紊，按部就班。

5. 现代奥运会召开与气候

在古希腊竞技会中，气候状况就已受到重视。一开始古奥运会不是单纯的竞技比赛，而是被赋予了社会文化的仪式内容，为此，择吉选时便是要充分考虑的话题。除了适宜的季节，还要选择风和日丽、气温冷暖舒适的天气。现代奥运会自然对气象要求更为精确，1996 年亚特兰大奥运会正值现代奥林匹克运动 100 周年，联合国世界气象组织专门确定“气象为体育运动服务”为当年度“世界气象日”的主题。

有学者统计过一百多年来已举办的 26 届奥运会气象资料，起初的 9 届奥运会因赛期拖得过长，不便评价；再除去二战期间停赛的两届，在其余的 15 届奥运会中，有 6 届是在伦敦、柏林、赫尔辛基、蒙特利尔、慕尼黑和莫斯科这些高纬度城市举办的，七八月份的比赛期，应说气温是适宜的。但高纬度地区夏季多雨，气旋过境时风速又较大，对比赛成绩影响较大。洛杉矶、罗马、巴塞罗那奥运会虽避免了赛期雨水，但气温偏高，巴塞罗那奥运会只好把马拉松比赛安排在傍晚，有些决赛项目安排到夜间，这都是有违大多数运动员正常训练和比赛的生物节奏的，为此也影响运动员成绩的充分发挥。1956 年墨尔本奥运会，因七八月份的澳大利亚是冬季，极冷，奥运会被安排在 11 月下旬到 12 月上旬。比赛气候条件是好的，但从训练周期来看，当时许多国家的运动员此时进入冬训时节，不利于创造好成绩。相比之下，只有 1964 年东京奥运会和 1988 年汉城奥运会的安排是奥运会比赛的最佳气候时区。奥运会竞技项目绝大多数是在室外运动场进行的，竞技成绩与自然和气象条件密切相关，就是室内竞赛项目，气温、湿度和微气流也影响着比赛成绩。气象专家们研究了奥运会竞赛项目与气象要素的关系，按影响程度提出风、气温、降水、雾和气压从大到小的排列是列于各气象要素最前端的 5 项。降水对比赛的影响。它的影响主要有两个方面：一是降水本身的影响，许多奥运会项目在雨雪过大时被迫停止；二是降水使能见度变低，一些高速运动项目可能因此产生危险。雾会造成能见度降低，雷电和冰雹则会伤人致命，这些都是竞赛中需要尽力避免的。以亚特兰大奥运会为例，夏季的亚特兰大，雷雨天气频频，因此，气象预报工作受到了极大的重视。美国国家气象中心负责亚特兰大奥运会气象服务的官员在报告中写道：根据美国国家雷电实验室气象研究表明，佐治亚州在美国雷电伤亡率中排名第九位，夏季亚特兰大雷雨天每小时闪电 1 000 多次，平均每 3 秒钟就有一次，这种气象状况将给参加室外比赛项目的运动员造成极大威胁。

亚特兰大奥运会选用了闪电传感器，这是奥运会比赛中第一次采用这种最先进的气象科技设备。比赛期间，一旦风暴袭击地面，该服务系统将跟踪其发展，气象服务人员据此可以及时地告知暴风雨将袭击哪个赛场。IBM 公司和美国国家气象局及预报系统实验室协作研制了区域大气模拟系统，此系统可对一个局部地区上空采集的大气数据进行分析，作出极其准确的短时预报，预报的“分辨率”可达到两平方公里。该系统预报的时间为 6 小时或 6 小时以上，它不仅能告诉你何时下雨，甚至还能告诉你雨下在街道的哪一边。

气候对于运动竞赛的影响是重要的，但相对于运动技术来说，它又显得不那么重要了。毕竟，主导运动成绩的是运动技能，气候只是一个不容忽视的因素。

第四节　校园体育文化

学校体育作为学校教育的重要组成部分，在贯彻德、智、体、美全面发展的教育方针中，对培养身心健康的和具有现代意识、创新精神的现代化建设人才，都有着至关重要的作用。由学校体育教育形成的校园体育文化更能反映出学校体育教育的宗旨和肩负的教育使命。校园文化是指在学校这一特定的范围内，学生们在实践过程中所创造和形成的一种有形和无形的体育活动形式的总和。它指校园师生员工的体育观念和体育意识与学校的特色体育、传统体育和现代体育共同组成校园体育文化。校园体育文化包括学校体育教学、课外活动、运动竞赛、运动协会、体育娱乐与欣赏、体育表演与文化活动等多种多样的体育运动和体育文化手段和方法。通过这些形式可以使人身心得到和谐、健康发展，培养集体和与人合作观念、学会协调人际关系，拓宽学生的知识面和视野，促进学生创造性能力的发展。

一、特色性体育文化

特色性体育文化是指具有鲜明特色的体育文化活动形式，特色性校园体育文化是属于某一个学校或某一些学校的，了解特色性体育文化单从它的表面看是不够的，还要从学校的体育整体去考虑，也就是说，特色性体育文化是根植于学校体育文化土壤之中，学校体育文化越发达，特色性体育文化发展水平越高。例如，我们现在的许多高校根据自身学校的专业、地域和规模特点大力开展特色性体育项目，逐步形成特色性体育文化，如：地质、地矿类大学开展登山、定向越野；信息类大学开展航模活动；北方高校开展冰上运动、南方高校的游泳项目；有些学校定期开展体育文化节、体育周、体育知识竞赛等具有特色性体育文化活动。随着我国高校体育工作的深入发展，校园体育文化活动越来越被人们所重视，在重视与发展的过程中，具有鲜明特色性的体育项目和体育文化逐步为学校青睐。

二、传统型体育文化

传统体育文化是一个学校在长期的实践中形成的为广大师生员工所共识的体育活动形式的总称，也有人认为，传统体育是具有悠久历史本土风情和本校特色的以增强体质为目的的各种身体练习和娱乐活动。校园体育文化集中体现在校园文化精神上。传统体育作为校园体育文化的一个部分，其自身又有传承体育文化，宣传体育参与活动、扩大校园活动和交流空间的作用。传统体育文化不同的项目均有不同的表现形式，例如大学里一年一度的田径运动会，各个学校都非常重视，师生员工共同参与，运动会中开幕式、各种娱乐活动与宣传活动将运动会开成体育的节日盛会。另外学校长期形成的冬季长跑比赛、拔河比赛、武术比赛、体育协会的单项比赛逐步形成了校园传统体育文化。校园传统体育文化的发展，反映出一个学校的精神面貌和对体育重视的程度。我国是个高校众多的国家，不同行业的学校受学校性质的影响，进而形成不同的体育传统项目和体育文化。

三、现代性体育文化

现代性体育文化是通过校园体育文化以及身体运动的方式来体现的，现代性体育文化也是学校体育工作最主要的内容之一，它体现在学校体育教学、课外体育活动、运动训练和学生体育协会活动方面。首先学校通过缜密、系统的体育教学包括实践和理论教学使学生接受现代性的体育文化教育，它以最直接的形式向学生传播体育文化及综合知识，以促进大学生们身体正常发育、增强体质、增进健康为最根本的目标；通过实践教学培养学生体育能力和锻炼习惯；注重体育文化知识、卫生保健知识的传授；结合身体练习；形成体育、卫生保健教育相结合的新体系，辅以课堂教学与课外活动互补，实现体育教育的现代性。其次大学生课外体育活动是实现现代校园体育文化的重要途径。学生的自我锻炼、有意识的群体小型竞赛，参加体育协会和体育俱乐部，参加体育节和体育周活动是主要手段。通过学校之间、学校与社会之间频繁、广泛的体育与体育文化活动内容的交流与接触，增加学生对社会的了解，开阔学生的视野，在各种体育活动中，培养大学生的社会适应能力和工作组织能力，为社会培养具有现代性体育文化素养的人才。第三是学校体育运动竞赛，作为现代化校园体育文化活动的重要内容之一，各种校内体育竞赛，为大学生们的运动才能提供了发挥和发展的机会和空间，使大学生们有机会发展自己的运动特长和爱好。另外积极参加和观赏各级大学生体育比赛和国内高水平比赛，如全国大学生篮球超级比赛、“CUBA”篮球联赛、大学生足球比赛和田径比赛以及省内高校间各级各类体育比赛,丰富自己的体育知识水平和体育运动意识。第四，大学里建有现代化的体育场馆和较为齐全的器材实施、加上高水平的体育师资和图书资料，为开展大学生校园体育文化提供了良好的物质保证。近些年来，在大学校园里兴起的各类体育文化节、体育知识竞赛、体育摄影、球迷协会以及跟体育文化相关的讲座、书法、美术、邮展等活动为大学校园体育文化增添了无穷的魅力。使大学的校园文化更具高层次现代化的特征。

四、体育运动欣赏

现代体育运动作为一种特有的社会文化现象，它既是社会文化的产物，又是促进人类社会文明进步的重要因素。它的生存、发展和变化始终没有离开过人们的视线，它以其自身特有的运动魅力冲击着人们的视觉，人们除了自身参与体验运动之美以外，还有一种体育运动欣赏之美。身体运动是最能直接展示人类自身美的本质的，在观看各种体育运动比赛时，我们可以观看到各种体育运动的美，静态的身体美，如形体、形态、姿态仪表、体格素质、肤色；动态的运动美，如动作、技术战术以及反映出来的意志、风格、拼搏进取的精神美；运动场所所展示出来的服装、场馆、设备、灯光等装饰美。观赏体育运动已经逐步成为人们现代健康生活方式的内容之一。

随着现代高水平竞技体育竞赛越来越多,吸引着越来越多的人们直接和间接去观赏比赛。直接欣赏运动比赛，是指观众亲临现场观看比赛。这种方式使人们置身于现场之中，消除了距离感，使欣赏者完全沉浸在竞技运动的魅力之中，得到赏心悦目的享受。间接欣赏运动比赛是指观众通过广播、电视、报刊等新闻媒体来实现欣赏比赛的目的。间接欣赏受影响的因素较多。有人把体育运动欣赏依据情感分为三个层次：即感性层次、理性层次和欣赏层次。感性阶段的欣赏主要是通过视、听觉逐步过渡到感觉系统，随着各人的喜好对体育比赛产生不同的感受。理性层次通过真正了解体育比赛的真谛，以公正客观的理性认识去欣赏比赛，得到一种心理的满足与需求。而达到欣赏层次的人在欣赏比赛时不光要知其然，还要知其所以然，通过以自己良好的道德修养和理智的言行去观看比赛，还要从比赛的表面欣赏到比赛的内在美，以获得自己心情的愉悦。

体育运动欣赏的范围很广，主要从以下几个方面欣赏。

（1）从人体美学角度的欣赏，主要体现在对身体美的欣赏。人体机能组织结构的均衡对称的形式构成的天赋的艺术美，健康的体魄产生的自然美，由健康的人群进行的竞赛构成了运动美，都形成了欣赏的要素。身体美的内容非常丰富，主要表现在身体的体形、肤色、健壮等外在美和体态、素质、风度等内在美。由此观赏某一运动员的身体美而扩展到其他方面。

（2）从运动美学角度的欣赏：在体育欣赏中主要是对运动美学的欣赏，在运动中人体的形态或部位形成的变化和造型给人以赏心悦目的美感。运动美主要体现在运动的动作、运动技术和战术之美，在这些动作达到天衣无缝、炉火纯青的地步时，更给人以美的享受。

（3）从运动风格美的角度欣赏：对运动风格美的欣赏主要体现在思想和运动技术风格上。思想风格主要指运动员在比赛中表现出来的道德品质和行为修养，当人们在观赏体育竞赛时，看到运动员在运动场上所表现出来的优秀品格，也会产生一种美的享受。

（4）对体育项目的美学欣赏：这主要体现在对运动项目特点的美感产生的欣赏。因运动项目很多，根据其特点主要分成测速类、测距类、计分类和计量类。这类欣赏取决于观赏人对运动项目的取舍和爱好。

（5）对运动员心理素质和运动行为的欣赏：这是的体育运动高一层次的欣赏，主要体现在欣赏运动员良好的运动行为和心理素质上。越是高水平的比赛，对运动员的心理素质要求越高。这类欣赏能使欣赏人从中受到深刻的教育和熏陶。

（6）对体育场馆及建筑艺术的欣赏：现代体育的大型运动场馆整体设计美观大方、造型优美本身就是一件艺术品，都具有很高的观赏价值，每当观众进入在这些雄伟壮观的现代建筑之中时，面对他们千姿百态的外在造型和内部的音响设备，仿佛到了一个现代化的艺术天地，使人赏心悦目。

（7）对运动服饰的欣赏：不同运动项目的运动服装，除了运动本身实用性以外，还能使运动员的身体美、动作美和行为美得到充分的展现，运动员的形体、发式配上漂亮、合体、新潮的运动服都会使人体美锦上添花；各种款式新颖的运动服装，不仅给体育比赛带来新的视觉享受，同时也引起人们对展现自己形体美和精神美的追求。运动服饰现已成为人们现代生活的一种时尚和标杆。

现代竞技体育发展到今天，其意义大大超出了体育本身的范围，它与当代社会发展的步伐紧密相联。它所形成的奥林匹克运动力图从不同的角度和不同的层次去挖掘、去展示人类社会中一切美好的东西，以促进人类文明的发展，推动着人类文明的进步。

复习思考题

1. 阐述奥林匹克运动的意义，简述它的发展与社会发展的关系。
2. 述说奥林匹克运动的文化作用，说出三种以上奥林匹克文化象征标志。
3. 何为校园体育文化，如何参加校园体育文化活动?
4. 怎样去观赏体育竞赛?

第九章　传统养生与健康生活

摘　要

通过本章学习使学生了解我国传统养生知识与养成健康生活习惯，学会利用传统的养生方法和科学的健康生活方式再吸取现代体育锻炼的方法手段达到防病治病，消除疲劳，强身健体，改善运动能力的作用。

引　言

从体育运动不同的活动主体来看，体育运动的所表现的形式主要为：竞技体育活动、社会体育活动和学校体育活动三个方面。竞技体育活动是体现人类追求生命价值过程中不断证明自身极限的一种能力过程；社会体育活动是以群众广泛参与为主要特征、以强身健体为主要目的的社区活动过程；而学校体育活动则是以培养学生体育运动技能和体育精神为主要形式，以促进学生身心健康和提高学生体育素养为主要目标的教育过程。如果从体育的文化层面上来看，它可以分为西方现代体育文化和中国传统体育文化。中国传统体育注重内在的以保健、养生和表演性为基本模式，以重人体自身的统一性及与自然界的和谐，带有某种经验、直觉和模糊的性质。而西方现代体育则注重外在的以科学实验、生理解剖学和现代医学的综合运用为基本模式，带有冒险、公开与趣味性的性质。中国传统体育形成以追求“健”与“寿”为目的的民族性格，融进了以身心合一，动静结合的导引养生、武技的提高，注重人的个人修养；而西方现代体育以追求“强”与“壮”为目的的人体价值观，始终向着竞争与惊险性，健美与趣味性方向发展，注重人的全面发展，形成了两条明显的体育文化发展脉络。中国传统体育秉承着重于修身养性，而轻于定时定量的运动模式；愉悦身心宣泄情感的表演形式；以心静神凝、延年益寿、生活情趣构成的有机统一，以达到强身益智，祛病增寿的养生之目的。目前中国的传统养生体育逐渐为西方所接受，而西方的竞争观念也为我们所认可，使之共同为人类的发展和健康服务。

第一节　中国传统养生的特点

一、注重整体性

中国养生学认为，人体内部是一个整体，人体的各个部分是有机联系的，这样相互联系，在脏腑与脏腑之间、脏腑与形体各组织器官之间，不论从生理和病理方面，都可以体现出来，真可谓局部的安危影响到整体的安危。所以，中国养生学讲爱护牙齿、保养耳目、按摩脚掌，就绝不仅仅是牙齿、耳目、脚掌的局部保健问题，而都包含着灌溉全身、补益生命的深刻意义。

二、注重形神兼养

形神兼养是养生的一个重要原则。所谓“养形”，主要指对人体的脏腑、皮肉、筋骨、脉络及充盈其间的精血等摄养。所谓“养神”，主要指安定情志、调摄精神。我国古代哲学家荀子说　“形具而神生”，肯定了有形体才有精神、情志。因此，健康的精神活动、情志变化，必须有健康的形体作基础。

三、强调掌握适度

（一）精神情志活动的适度

情志变化（如喜、怒、忧、思、悲、恐、惊七情）是人之常情，然而这七情过度则会“过喜伤心、暴怒伤肝、忧思伤肺、大恐伤肾”。暴怒可导致吐血、腹泻、昏厥、突然失明与耳聋。经常发怒的人，俗称“肝火重”，容易患肝炎、肝癌。人在发怒时，胃的肌肉骤然收缩，心跳加快，血压升高，因怒而致胃肠病者竟高达74%。所以，在日常生活中要避免过分激动，要努力控制自己的情绪。历代养生家均主张和喜怒以安神气，少思虑以养神气，去忧悲以悦神气，防惊恐以摄神气。

（二）饮食五味的适度

《皇帝内经》认为，人体虽然因饮食五味以生，但如果过量、过偏，亦可因饮食五味以损。这包括两方面的意思，一是饮食过量可以致病；二是过于偏食也能致病。此外，饮食过冷、过热也不适宜。《皇帝内经》还提倡一种科学的混合型食谱：“五谷为养，五果为助，五畜为益，五菜为充，气味合而服之，以补精益气。”总之，饮食五味要适度，不要暴饮暴食，并以谷、菽、果蔬自然冲和之味来纠正体内代谢的不平衡。

（三）体力、房事的适度

体力适度，指体育活动和体力劳动要注意适度，也就是“劳逸结合”。正常的体育运动和体力劳动，有助于气血流通，增强体质，提高机体的抗病能力；适当的休息，可以解除机体的疲劳，恢复体力。

四、注意顺应自然

人生活在自然界之中，自然界的各种条件及变化，也必然直接或间接地影响人体，而人体对这些影响也必然相应地产生生理或病理上的反应。人们若生活在突变的环境、条件之中，超过人体的适应机能，不能对外界变化作出适应性的调节时，就会发生疾病。顺应自然，并不是消极的、被动的。人类还能逐渐掌握和利用某些规律，主动改造自然，增进健康，免患疾病，如加强体育锻炼，避免致病因素侵袭，人工免疫，搞好饮水、环境和个人卫生等。

五、强调养生生活化

中国养生学认为，道不远人，只在平常生活之中。养生之术无须远求，只要在饮食、起居、行住、坐卧之间，时时留意调摄，就会受益无穷。迅速得到的东西，也会迅速消失；得来缓慢的东西，消失也会缓慢，养生不能搞速成。

第二节 中国传统养生的方法

我国是世界上研究养生学最早的国家，从古至今各家都提出了自己的养生长寿之论和不同的养生方法。若将其继承和发扬，必有益于防治疾病和延年益寿，提高全民族的健康水平。

一、情志调摄

人的生活包括物质生活和精神生活两大类。喜怒哀乐是人类精神生活中的重要内容，也是正常的精神活动。但是，情绪一旦失控就易导致神经系统功能失调，甚至引起整个机体功能的紊乱，从而导致百病丛生、早衰或短寿的结果。所以，古往今来，情绪调摄一直得到人们高度的重视。

（一）清心静神

清心静神是指保持心神清静，合理用神而言，它包括清心寡欲、抑目静耳和神用专一等三种方法。

清心寡欲。中医学认为，妄思嗜欲出于心，嗜欲不止，则会扰动神气。只有降低嗜欲，才能减轻思想上不必要的负担，使心胸开阔、襟怀坦荡、有助于神气的清静内守，保持身心健康。必须养成高尚的道德情操，充分认识追求名利、地位的危害性，正确对待个人的利害得失，否则，万事纠心，神难得清静。

抑目静耳。中医学认为，眼耳的功能受心神的主宰和调节，眼耳是心神接受外界刺激的主要器官，要维护心神内宁，应注意避免外界事物对心神的不良刺激。只有做到适当的抑目清耳，才能减少外界对神气的不良刺激，这样才能有益于身心健康，延年益寿。

神用专一。动而不妄，同样可以收到"精神内守"的效果。绝对的静神是很难做到的，这就需要在清心静神的同时，还要以动养神，使"静为动根，动为静用"。在学习时，专心致志，神用专一，名利欲望丢之一边，亦可使心神内守。工作学习之余，寄情于一技、一艺、一诗、一花、一草，兴趣盎然，凝神定志，也有利于安定心神。

（二）怡养情志

怡养情志是指保持心情舒畅悦乐，并适应外界刺激的变化，控制情绪，以调节自己的情志活动。它包括和畅性情、循理乐俗和七情调节等三个方面。

和畅性情。中医学认为，保持良好的情绪，乐观地对待生活，是人生不可缺少的修养，也是维护健康、防治疾病、延年益寿的重要方法。

循理乐俗。循理乐俗是指一切从客观实际出发，理解现实，并以积极的态度面对现实，善于适应周围环境，适应一般世俗的生活方式和习惯。在生活条件、环境、方式等发生重大变更时，绝不焦虑、苦恼、沮丧、不满或忧心忡忡，而应及时适应新的客观条件、环境和生活方式，力求在新的客观条件和生活环境中，寻求新的乐趣。

七情调节。中医学认为，人的喜、怒、忧、思、焦、恐、惊与五脏有密切关系。七情不调，对内脏会造成一定程度的危害。通过音乐和舞蹈可以有效地调节人的情绪。人在欢快的音乐声中，轻松愉快地起舞，大脑的抑制部分会处于最佳的休息状态，从而可以消除疲劳、解除烦恼。

二、饮食调理

饮食调理是养生防病的重要方法之一，它主要包括调和五味、定时定量、合理烹调、四时调食等四个方面。

（一）调和五味

食宜清淡。即以五谷杂粮为主食，以豆类、蔬菜、瓜果、植物油等为副食，少食酒肉甘肥之物。

食戒偏嗜。以“五谷为养、五果为助、五畜为益、五菜为充”。此外，饮食要寒温适宜，不可过凉或过热。

因人制宜。人的体质不同，对食物的选择、搭配要因人而异。凡属于木火体质者，应多食清淡、润燥类食品，少食辛辣生热助火之品；痰湿体质者，宜多食清淡食物，少食油腻、生痰助温之品；阴虚体质者，应多食辛温类食品，如鱼、禽等，不宜食用冷荤、冷饮及水果等。

（二）定时定量

定时定量是指在饮食的时间和数量上保持一定的节制和规律而言，也就是说要饮食定时和饥饱适度。

（三）合理烹调

合理烹调方法，能防止食物中营养成分的丢失，增强食欲，有利于胃肠的吸收。

（四）四时调食

四时调食是指顺应四时之变化，适当调节自己的饮食而言。

三、生活起居安排

起居，主要指作息，也包括平时对各种生活的细节的安排在内。慎起居，即指要妥善处理好生活的各方面，这是避免意外（伤害与疾病），保持体力以及防老延年的重要方法。

四、身体运动

对运动养生，我国古代早有较深刻的认识，如《吕氏春秋》说：“流水不腐，户枢不蠹，动也，形气亦然。形不动则精不流。精不流则气郁。”

（一）静功

是指保持一定练功姿势以后，以调心为主，调息为辅，或不作调息，只要求排除杂念，宁心人静，而进入气功入静状态。静功一般以坐式为主，对于神经官能症、高血压、冠心病等患者练静功效果更佳。

（二）松功

松功又称放松功，是靠主观意念使某些部位肌肉和神经放松的一种身、心锻炼方法。练放松功，对于高血压，神经官能症的焦虑状态，以及紧张性头痛等症患者，效果更加显著。

（三）五禽戏

五禽戏是后汉名医华佗根据前人的经验，把“熊经鸟伸”等动作发展而成，是我国第一个系统的健身操。练习时要全身放松，情绪乐观，呼吸平稳，采用腹式呼吸，均匀和缓，吸气用鼻，呼气用口。要排除杂念，精神专注，以保证意气相随，动作力求舒展大方。

（四）易筋经

“易”，指变化、运动；“筋”，泛指肌肉、骨骼；“经”，指常德、规范。易筋经是一种活动肌肉、筋骨使其变得强有力，以增强体质，祛病延年的养生方法。在古本十二式易筋经中的动作均是仿效古代的各种劳动姿势演化而成的，如舂米、载运、进仓、收囤等动作。易筋经以形体屈伸、俯仰、扭转为特点，锻炼效果较好。

（五）八段锦

八段锦是由八种不同动作组成，故以此得名。八段锦术式简短，效果良好，有南派北派之分。南派有立式、骑马式、坐式等，动作简易；北派多行骑马式，动作较为繁难。北派又有文、武之分，文八段锦多为坐式，强调静思集神与呼吸吐纳；武八段锦多为立式和骑马式，侧重肢体运动。

（六）六字诀

六字诀是吐气六者，谓吹、呼、唏、呵、嘘、呬，皆出气也，故以此得名。纳气有一，吐气有六。吹以治热，呼以去风，唏以去烦，呵以下气，嘘以散寒，呬以解极。心脏病者，体有冷热，吹呼二气出之；肺脏病者，胸膈胀满，嘘气出之；脾脏病者，体上游风习习，身痒痛闷，唏气出之；肝脏病者，眼疼愁忧不乐，呵气出之。

第三节　个人生活卫生

一、合理的生活制度

这是指对一定周期内的睡眠、工作、学习、休息、饮食以及体育运动等各项活动，做出合理的有规律的安排。建立合理的生活制度，养成有规律的生活习惯，根据神经系统活动的规律，同样也会在大脑有关区域建立起一定的活动秩序，从而使人的学习和工作效率上升，发挥自身的最佳效能。每个学生应根据自己的年龄、性别、健康状况、学习情况、季节条件等因素来制定相应的日常生活制度，以促进学习和增进健康。

二、科学安排休息

一般说来，人一天的工作时间不应长于 9 小时，中学生一天的学习时间不超过 6 小时。考虑到少年、儿童的神经系统兴奋和抑制容易扩散，情绪不稳定，小学生的学习时间还可相应地缩短。过多地安排一天或一周内的学习，会占用更多的休息、娱乐和运动的时间，这不仅会影响身体健康，还会影响心理健康，甚至妨碍个性发展。

根据人体机体的运作机制，持续一定时间集中注意力的工作学习，就会使机体产生疲劳感。反应时间延长、效率降低，产生厌倦和单调的情绪。所以，我们应注意合理安排工作和休息之间的间隙，使疲劳的机体能得到充分休息与恢复，有张有弛，劳逸结合。

三、保证充足的睡眠

睡眠是人体维持机体正常生命活动的自然休息，粗略估计约占人一生时间的三分之一左右。睡眠时，大脑皮质广泛抑制，许多生理功能如嗅、视、听、触等感觉功能暂时减退，骨骼肌反射活动和肌肉紧张减弱并伴有一系列的植物性神经功能的改变（血压下降，心率变缓、体温下降、呼吸减慢、发汗功能增强等）。人类睡眠分为两个时期，其一是慢波睡眠期，其二是快波睡眠期。在慢波睡眠时期，人体生长激素成分明显升高，提高慢波睡眠对促进生长和体力恢复有利。在快波睡眠期，人通常会产生梦觉，若在快波睡眠经常被打搅觉醒，会影响到人体的健康。为了保证良好的睡眠，应养成按时睡觉的习惯，睡前不进行剧烈活动和进食过多，并用温水洗脸洗脚，同时还要营造一个良好的睡眠环境。正常成人一天睡眠为 7～9 小时，中学生不低于 9 小时，小学生则需 10 小时左右。

四、良好的饮食卫生习惯

要建立合理的膳食结构。膳食结构是指一天各餐中食物的组成，若膳食结构不合理，会导致多种营养性疾病的发生。如西方传统的高蛋白、高脂肪、高热量膳食会导致冠心病、糖尿病、肠癌等疾病。因此，在建立膳食结构时，需考虑到经济收入、身体素质和固有习惯等因素，不搞西方型的“三高”结构，也不搞东方型的植物性食物为主的结构，而要走东西方结合型的路子，逐步提高动物性蛋白类食物的比重。

定时就餐，不挑食，不偏食，不暴饮暴食，更不能在就餐时饮用酒精含量高的饮品，否则会导致消化功能的紊乱。不要食用不洁食物（如变质发霉的食物，未经清洗的瓜果），不要饮用生水，不要用手直接抓食物，饭前饭后不做剧烈运动。

五、积极参加体育锻炼

体育锻炼的内容包括早操、课间操、体育课、课外活动。学生每天总活动时间应达 1 小时左右。

六、服装卫生

学生平时的穿着应提倡舒适、清洁、美观，兼顾个性。青少年仍处在生长发育阶段，故不宜穿过紧的衣裤和后跟过高的鞋子。参加运动时选择大小合适、轻柔、透气性好的服装，不宜穿易引起过敏反应的化纤内衣裤。运动时不要穿皮鞋和高跟鞋，口袋里不要携带刀、笔、笔、钥匙等杂物。运动后湿衣袜应及时换掉，并擦干身体，以防感冒。

七、皮肤和牙齿卫生

皮肤内有丰富的神经末梢、汗腺和皮脂腺，皮脂腺能分泌皮脂以保持皮肤的润滑。汗腺能分泌汗液、排出部分代谢产物、调节体温。若汗腺和皮脂腺的开口堵塞时，可引起细菌繁殖而发生毛囊炎或疖肿。因此，平时，特别是体育锻炼后要用肥皂和温水擦洗皮肤以保持皮肤清洁。要勤洗手，勤剪指甲，无论男女都应养成睡前清洁下身的习惯，以免引起各类炎症。

牙齿是人体最坚硬的器官，齿缝间常留有食物残渣引起细菌繁殖，所以每天要刷牙，切实保持口腔卫生。由于牙釉损伤后不可能自然修复，所以要避免用牙齿咬切坚硬物质（如瓶盖等）。

八、眼睛卫生

近年来，我国学生的眼睛状况不好，除沙眼的发病率上升以外，患近视眼的人数也显著增多，其他视力不良因素还有远视、散光等。由于在全世界范围内仍然没有一种简便易行的治疗近视眼的方法，所以应将工作重点放在预防上。要注意培养良好的卫生习惯，全面增强体质。读写姿势端正，眼与书本距离保持在 30～35 厘米之间，角度应垂直。切勿在走路时和车厢中看书读报，也勿在暗淡或强烈的光线下看书。用眼 0.5～1 小时，应休息片刻。多做眼保健操，少看电视和玩游戏机。

九、克服不良嗜好

不吸烟。烟草中的化学成分十分复杂，在燃烧时会产生烟碱（尼古丁）、吡啶、烟焦油、一氧化碳等多种有毒物质。

吸烟会对神经系统有短暂的兴奋作用，但接着会产生持久性麻痹，扰乱大脑皮层的兴奋和抑制过程，引起植物性神经功能紊乱，久之会出现神经过敏、记忆力减退、失眠、多梦等不良反应。烟雾对呼吸道损害很大，吸烟时烟焦油和其他致癌物质强烈刺激呼吸道，引起咽喉炎、气管炎、肺气肿及肺癌的发生。烟草中的烟碱会刺激植物性神经系统，引起血压升高、血管痉挛、血流变慢，甚至出现心率不齐，并可使冠状动脉功能不全的人诱发心绞痛。据调查，吸烟者的急性心肌梗塞发病率比不吸烟者高 3.2 倍，猝死率高 4.7 倍。烟碱还能抑制某些酶的活性，减少消化液的形成，改变胃液的酸碱度，扰乱胃肠道正常活动。因此吸烟者慢性消化道疾病（胃炎、胃和十二指肠溃疡）的发病率超过不吸烟者一倍以上。此外，烟中的一氧化碳会降低血红蛋白的携氧能力。

不酗酒。人在大量饮酒后，酒精首先降低大脑的抑制过程，表现为兴奋性增强的假象。如继续加大饮酒量，则大脑从兴奋转向抑制，并向周围扩散，表现为步态、动作的失调，反应迟钝等。如再继续饮酒，则中枢神经受深度抑制，出现嗜睡、昏迷，甚至因呼吸中枢麻痹而死亡。经常饮酒者会导致慢性酒精中毒，引起大脑功能紊乱、记忆力下降、肌肉震颤等反应，严重者会患酒精中毒性精神病。大量饮酒会影响人的脂类代谢，刺激咽、胃等消化道，影响消化功能。过多饮酒会加重肝脏负担，引起乙醇中毒性肝硬化。酒精还能刺激人体体温中枢，使血流加快，血管扩张。可少量饮酒，但每天不应超过 40 克。

第四节　性生理卫生

性生理发育有两个明显的标志：一是功能性的，即男子遗精和女子月经来潮；二是体征性的，即男子体格长得高大，出现胡须和其他体毛，喉结突出等。女子体态丰满，乳房发育，开始长阴毛、腋毛。在性生理发育上，男女是有差别的，一般女子的性发育早于男子。

一、性成熟的生理特征及卫生要求

性成熟最主要的生理特征是女子的月经来潮和男子的遗精现象。

月经是指有规律的、周期性的子宫出血。一般 28～30 天为一周期，是青年女性青春期开始的重要标志。是发育正常、身体健康的重要标志。月经第一次来潮称为初潮，大约发生在13～15岁之间，初潮最迟者可达16～18岁，一般初潮的迟早受遗传、营养、健康、体育运动和社会环境的影响，假如16～18岁仍没有月经来潮，可能会是身体有某些疾病，或是生殖器发育不良，应到医院就诊。

在月经期间，卵巢和子宫内膜都有周期性的变化。卵巢内卵胞成熟、排卵。黄体形成又退化，并有雌激素、孕激素及少量雄性激素的分泌，这些激素的分泌可以造成月经前的乳房胀痛、精神和情绪轻度的改变（如紧张、易怒或抑郁）、手脚轻微水肿、头痛或心跳加快等。一般在经期2～3天后即会自动消失，不必治疗。有专家认为经前少吃盐会有帮助。

月经周期的调节是十分复杂而又精密的，应注意预防失调和可能发生的疾病，经期抵抗力减退，容易发生疾病，因此应注意避免精神及体力的过度劳累，避免剧烈运动，避免寒冷刺激。经期大约有一半人可感不适，约10 %的人可有痛经，多数为原发性痛经（即没有器质性疾病、医学上已证明是由于子宫内膜分泌的前列腺素比正常高的缘故）。而一部分痛经可能由于子宫颈较紧或子宫位置前屈或后倾使经血流出不畅，以致子宫必须加强收缩才能将经血排出。强力的子宫收缩可致腹痛甚至相当剧烈的腹痛，但服用止痛片可以奏效。

经期中子宫内膜有创面，应注意外生殖器的清洁，以防止上升感染引起炎症，经期应停止性生活。有痛经、月经紊乱或月经失调的女子，月经期应停止体育活动。

据对548名女大学生的调查显示：有54.4%的女大学生顾虑自己乳房太小，这可能是受当前开放的社会风气的影响。女子进入青春期，乳房开始发育，先是乳头膨胀，继而乳头和乳晕部位呈圆锥状隆起，随着乳腺的发育和脂肪的堆聚，隆起的范围也逐渐扩大，使乳房挺起而坚实，乳头明显向前突出。成年后乳房内的脂肪、血管逐渐增多，乳头、乳晕和浑圆的乳房融为一体，形成成熟而健康的女性体态。对乳房左右略有大小，或认为发育太小的人，不必顾虑。乳房的大小犹如人的高矮一样，与遗传、种族、营养状况、体育锻炼等因素有关。对于“丰乳药”和“隆乳术”（特别是植入硅化物已知有致癌的可能），应谨慎从事。

男子性成熟后就有遗精现象。遗精是精液在无性活动或是无性交时射出的现象。未婚青年绝大多数都有正常的遗精，一般是两周左右或更长时间一次。性器官不断制造精子和精液，如果没有排出来，会被吸收或积聚起来。积聚多的精液会引起射精的刺激强度的低限大减。而在睡眠中，大脑高级中枢的抑制又减低，故身体转动，内裤过紧或棉被的压力就有可能足够的刺激射精。如果遗精时正在做梦，便叫梦遗。如果遗精达到一周数次，甚至一日数次或是在清醒状态下由于性的欲望或意识而发生遗精者，才算不正常，可请教医生。流白是在性兴奋时，尿道旁腺的分泌物由尿道口溢出的现象。所谓性兴奋即是受到有关性的刺激，可以是意识上或是视听上或局部接触后，流出少许稍亮的分泌物称为流白，里面没有精子，故不是遗精。

精液由精子和精浆组成。成年男子每次排出精液量3～5毫升，95%以上是精浆。精浆的分泌和补充是很迅速的，唯精子产生过程需要较长时间，具有一定的周期性，一个周期约74天左右。精子排出后又有新的产生。临床研究已经观察到连续射精时仅1～2次的精液中精子较多，以后的排出物中含精子很少，这是人体的一种自我保护作用。一个健康男子一次射精后，大多在1～2天可使精液补充到正常范围。若无限制地纵欲，违背自身的生理活动规律，则会影响健康。

据650名男大学生调查资料，有45.2%的人认为自己阴茎太小，担心影响生殖，影响性的欢悦。经有关专家调查了1 000例正常中国男子，在常态下阴茎长度4. 5～8. 6厘米均属正常范围。常态下虽有大、小之分，但在完全勃起时，其长度并无显著差异。因此，凡是正常长度范围内的阴茎，均可满足正常的性需要。只要生理发育正常，就不会影响结婚和生育。

二、男性性器官的卫生

男性性器官的卫生指的是男性外性器官——阴茎、阴囊及睾丸的卫生。

阴茎是男性性交器官，其中包括尿道，所以它有射精和排尿两种功能。阴茎表面的皮肤较厚且柔软，可移动，在龟头部排成双层包皮，内层包皮与龟头部皮肤之间的间隙形成包皮腔。龟头附近的小皮脂腺不断分泌出淡黄色油性物质，与残留的少量尿液以及脱落的包皮混合成为包皮垢，集存于包皮腔内。包皮垢长期刺激龟头，特别是冠状沟部，容易引起炎症，而且是阴茎癌的诱因。因此，应经常冲洗包皮腔，以利除垢。

包茎与包皮过长是不少成年男性常见的。包茎指的是包茎口狭窄或者包皮与龟头粘连，使包皮不能上翻露出尿道口和龟头。包皮的正常长度，以其上翻时能露出冠状沟为标准。如果包皮过长，此部位卫生不佳，往往引起包皮与龟头的多次炎症，则可形成包茎。

因此有包茎和包皮过长的成年男性应去男性科就诊，考虑手术治疗。

男性须经常仔细清洗性器官及其附近区域，包括阴茎、阴囊表面和肛门。清洁阴茎时应把包皮引向阴茎根部，缓缓翻转，露出龟头。一般清洗时先用肥皂清洗，后用清水冲净。

研究发现，温度变化会影响睾丸的生精过程。睾丸正常时处阴囊内。人类阴囊温度比腹腔温度低1.5～2. 0℃。因此，洗澡不宜用很热的水。

三、女性性器官的卫生

女性性器官的卫生主要指女性外性器官即外阴部的卫生。由于女性外性器官许多部位有较多的皱褶及缝隙，容易积存月经血、白带、腺体分泌物、残留尿液及其他污垢，如不经常清洗，容易引起炎症及搔痒，而且这些污垢便于病原体的滋生，增加病菌侵入阴道的机会。

女性亦须每日仔细清洗外阴。清洗时按以下顺序较好：大阴唇内侧——小阴唇——阴蒂部位——阴道前庭——尿道口——阴道口——大阴唇外侧——阴阜——大腿根部内侧——肛门。

清洗用水在正常情况下不宜添加药剂，若需要，应在医生指导下使用。

四、当代性传播疾病的特点

（一）“超级瘟疫”艾滋病的发现与流行

艾滋病是英文AIDS的音译。该病的全称是获得性免疫缺陷综合征。1981年，美国首先发现艾滋病病人，接着世界范围内相继报告发现艾滋病人。由于该病在世界范围内迅速蔓延，一些国家与地区病人数成倍激增，而且确诊后缺乏有效的治疗方法而有极高的死亡率（年死亡率约75%，五年死亡率90%以上），因此被称为“世界超级瘟疫”、“超级癌症”。根据联合国儿童基金会公布的一份《1999年各国发展》的报告所说，1998年全世界有50万15岁以下的少年儿童死于艾滋病，另有60万儿童染上了这种病，其中18万是通过母乳受到感染的婴儿。这已引起各国政府和人民的震惊及强烈关注。

1985年以前我国还不存在艾滋病，但是在1985年发现首例艾滋病人（外籍）后，至2006年1月25日，卫生部、联合国艾滋病规划署和世界卫生组织公布了我国艾滋病疫情的最新数字，目前，我国艾滋病病毒感染者有 65 万人，其中艾滋病人 7.5 万人。已死亡的艾滋病患者有 22 万人。与其他各国一样，我国也已经开始面临艾滋病的严重威胁。

（二）难治性新病种的出现

难治性新病种的不断出现，已成为当代性传播疾病的又一特点。这些新病种包括男女均可感染的衣原体病、生殖器疮疹、生殖器疣及人巨细胞病毒感染，甚至还包括了病毒性乙型肝炎。对这些性传播疾病目前尚无有效药物，所以近几年这几种性传播疾病的发病率呈上升趋势。

性病不但侵犯性器官引起病变，而且侵犯淋巴、神经及内脏，造成复合性病变，甚至可以传给胎儿而贻害后代。重型的性病可造成不育、失明、残疾及死亡。

顾名思义，性传播疾病主要通过不洁性交，特别是性乱行为而得的传染病，也可通过拥抱、哺乳、输血、不洁血制品等各种间接途径而患病。控制性病流行，关键在于积极的防治，尤其要注意预防，预防措施应包括：

对有性乱行为的人要加强教育。发现性病及时治疗，务求彻底。医务人员应尽保密的义务。

严格婚前检查，性病未治愈者不得结婚。

加强旅馆、游泳池、浴室等公共场所的卫生管理和监督。

大力开展性卫生、性道德、性知识的卫生管理和监督。

大力开展性卫生、性道德、性知识的宣传，普及性病防治知识，坚决推行一夫一妻制，禁止同性恋，反对乱搞不合法的性关系。

未经彻底消毒的医用器械、未达到消毒要求的注射剂、血制器，未经规定程序而随便献血、采血或输血等，均可能给健康者带来严重的危害，必须特别注意。

制定有关法规和管理办法。

五、对性传播疾病的自我防护原则

性传播疾病是一种主要以性接触方式传播的特殊传染病，因此与其他所有传染病一样，有着共同的基本传播规律，即传染源、传染方式与易感人群。这三个环节也正是我们制订各种性传播疾病自我防护措施的基本依据。

（一）性传播疾病的传染源

性传播疾病的传染源首先是各种性传播疾病患者或已受感染的带菌者。因此自我防护的第一原则应是对性传播疾病患者或病原体携带者的识别。在选择性伴侣时，要注意对方是否有过性乱史，是否是性传播疾病患者或致病病原体携带者。同样，在婚前要主动要求双方做全面的婚前检查。

（二）性传播疾病的传播途径

性传播疾病有别于其他传染病的根本点即在于特定的传播方式——性行为传播。当前所谓性行为已远远超出婚后夫妻间正常性生活的范围。在西方腐朽的“性解放”、“性自由”观念的影响下，一些人热衷于追求性刺激，从而出现了一些畸形、丑恶的病态性交方式。此外，在西方严重的性混乱亦成为司空见惯的社会现象，如婚前性交、婚外性交、乱性交、同性恋、嫖娼等，所有这些情况是当代性传播疾病临床表现复杂化、多样化的主要原因。在另一方面，研究已经证明性行为是性传播疾病最基本的传播方式，但并非唯一方式。在我国，由于传统观念的影响及对性病或性传播疾病字面上的误解，普通群众中有一种错误的观点，认为性病或性传播疾病患者一定是性乱者，性乱者即是道德败坏者。这种情况对于性传播疾病的防治也是极为不利的。作为病人，常因“舆论”压力讳疾忌医；作为清白无辜的受害者（经非性行为传播方式染病者），在强大“舆论”压力面前有口难辩，难以做人，甚至有人难以承受巨大的精神压力而轻生自绝。因此，在强调性传播疾病的性行为传播方式的同时，亦应看到非性行为传播方式在性传播疾病中的危害。所谓性传播疾病的非性行为传播方式主要包括：

接触性传播疾病病人分泌物、排泄物污染的物品、器具而被感染。如出差住宿在卫生条件差、管理不善的旅馆时，接触没有严格认真消毒的被褥、便盆、浴盆等即可能被感染；唯利是图的不法商贩出售的从国外收购的旧衣物中即可能有病人用过的东西，买者未做彻底消毒穿用时亦可感染。

使用不合格的血液及血制品而被感染。当前，社会上存在大量的病原体携带者，因为没有症状，病人很难意识到自己已成为“传染源”，当他们未经严格认真的体检而成为献血者时，其血液中的病原体则可被传播。不久前，报纸上曾披露，在法国许多人因使用了带有艾滋病毒的血液或血制品而感染上艾滋病。另外，吸毒者使用同一个注射器静脉注射毒品，已证明是吸毒者中艾滋病高度流行的重要原因。医院内器械物品消毒不严，亦可造成所谓的医源性感染。

母婴间传播。母婴间传播，包括垂直传播和接触传染两类，前者指母亲体内病原体可经胎盘传至胎儿，如梅毒、艾滋病、乙型肝炎病毒等；后者指新生儿娩出时，通过产道接触母亲阴道内带有病原体的分泌物而被感染，如淋病、衣原体病、生殖器疮疹、生殖器念珠菌病、滴虫病等。

家庭内传播。主要指有病的祖父母或父母对孩子的传播。主要是通过共用浴盆、便盆、床单、毛巾，或儿童与有病的双亲或老人同睡等方式将病原体传染给儿童。

（三）易感人群

性传播疾病在社会的流行与蔓延，相对集中于一定的人群当中，这部分人群即称作性传播疾病易感人群或高危人群。国外报告及我国的有关资料表明，下述人员属易感人群：

卖淫者、性乱者及性病患者；外宾及海外侨胞；边境居民及部分少数民族；男同性恋者、静脉注射毒品成瘾者；劳教人员或社会流氓；宾馆服务员；使用进口血制品者（血友病者）；与性传播疾病病人密切接触者。

以上从流行病学的三个环节介绍性传播疾病的传播与流行特点。不难看出，性传播疾病作为一种兼有社会病性质的传染病，通过政府和全体人民的努力是可以控制和消灭的。对个人而言，首先对这个问题在思想上要有足够的认识，掌握必要的预防知识，以保护自己，保护家人，保护人类。

第五节　体育运动卫生

一、运动前后的饮食

（一）跑步前

跑步前两小时内不应该吃量大的正餐。食肠的消化吸收需要 1～2 小时，而跑步时胃里还没有排空是很不利的。上下“颠簸”的胃会引起腹部不适或绞痛，从而终止跑步。跑前也应避免油腻或调味太重的食物，因为脂肪延长消化时间，过于咸、甜、辣的东西会使人大量饮水。跑步前半小时左右，喝一小杯水是有益的，尤其是在晨跑前，水能稀释血液，预防晨跑时由于血液粘稠而带来的不利因素。

（二）跑步中

任何延续一小时以上的长跑，无论是练习还是比赛，都应该在途中补水。如果在高温天气，每半小时至少要喝 2 杯水，以保证身体散热的需要。人体运动的能量——糖元，只能在连续运动中维持 90 分钟左右，所以长于一个半小时的跑步也应该在途中补充能量，一般是饮用加糖及含有一些必须矿物质的饮料来补充。

有些人在跑步中喝下饮料后出现胃部不适甚至痉挛的现象。主要原因是体内血液在运动中大多集中到肌肉中去了，从而降低肠胃的吸收能力，这种现象是因人而异的。对于那些比较敏感的人来说，首先要注意喝些补充水，每次量要小。第二是尝试不同的饮料浓度与成分。糖分越多，吸收越慢。所以可从清水开始，慢慢加入能量补剂。糖的种类也有关系，蔗糖与葡萄糖较易吸收，果糖慢些，但它的优点是不会造成血糖浓度波动太大。第三是避免有气或太凉的饮料。

对于连续时间长、强度较小的运动，可以尝试以固定食物补充能量，香蕉、葡萄干、糖果、巧克力，甚至面包都在选择范围之内。需要量是 90 分钟后每 30 分钟摄入 100 大卡热量。相当于一个大香蕉或两薄片面包，也可以是 25 克糖。

（三）跑步后

以前有一种说法运动后要休息半小时再吃东西，现在新的实验证明，运动后越早补充能量，体内血糖恢复得越快，从而有利于提高下一次训练的体力。赛后餐与赛前餐一样，要避免一次吃得太多，原则是少量多次，以碳水化合物丰富的食物为主，辅以适量的蛋白质与脂肪，水分的补充比食物更迫切。身体缺水状态得到缓解的一个标志是排出的尿液清澈透明了。有些人喜欢运动后喝啤酒解渴，但需记住酒精是一种利尿剂，不利于体内水分的补充。在喝啤酒之前或之后仍需多喝水或果汁来保证身体恢复。

二、腰背疼痛的防治

腰背疼痛是个症状，在现代人群中十分常见。调查表明，有 80%的人在人生的某一阶段都存在过这个问题。无论是办公室工作人员、知识分子，或是工人、农民，其腰痛发病的比率并无显著性差异。体力劳动者的腰痛是由于过劳、损伤等因素所致；脑力劳动者的腰背痛的原因既非过劳，又非损伤，主要是腰背部、腹背肌力减退或肌张力亢进所致。而这种肌力减退则是由于运动不足造成的，肌张力亢进则是精神紧张、心理压抑造成的。还有一些损伤症状也是因肌力减退时急速变化姿势所致。缺乏运动还能导致骨和关节的退变加速等等。总之，此类症状是与当今社会现代化生活有密切关系的。当腰部、腿后部肌肉变短、收紧，腰背疼痛就会出现。

日本曾有一则报道，让患有腰痛症状的一组患者做广播体操或跑步运动，并坚持练习。半年后进行调查，结果是 80%以上的患者自觉疼痛症状消失，15%以上疗效显著。广播体操或跑步等形式的运动强度并不大，主要是加强了腰部的柔韧性，调整了局部肌肉的紧张力，并有效地限制了骨质退化，所以才对缓解腰背痛症状十分有效。

三、大脑休息的最好方式

人体有两个耗氧“大户”一是大脑二是心脏。他们的能量主要来源于葡萄糖和脂肪，但大脑只依赖葡萄糖氧化过程产生的能量，而心脏的能量来源于两者兼得。人体内的葡萄糖储量有限，常常会出现供应不足的情况。这时心脏就将有限的葡萄糖供应大脑，自己则去利用脂肪氧化产生能量，从而取得两者的平衡。吸氧能使更多的脂肪得到氧化，保证心脏工作的需要，从而腾出更多葡萄糖来专门满足大脑对能量的需求。大脑获得了充足的能量，就会思维敏捷，这就是吸氧可以醒脑的道理。

加拿大多伦多大学健康教育家莱斯通过对 800 人的长期观察和 300 多个有关实验发现，当人们感到大脑疲劳时，到室外跑步，可以使大脑的功能恢复到 58%，而不做运动改吃药的话，脑的功能只能恢复到 40%～50%。

“大脑累了”是因暂时缺氧所致，而慢跑是最佳有氧运动，故对醒脑有奇效。

美国特菲里教授也主张，根本之计在于一般身体锻炼。因为运动锻炼能加快人的血液流动，增加脑血流量，从而供氧能力相应地提高 20%，葡萄糖供应也随之增多。这时全身肌肉和内脏器官的毛细血管会大幅度地开放，参与血液循环的毛细血管数量比安静时多 10～30 倍，从而使得每分钟血液可周流全身七次，比安静时每分钟周流全身 4～5 次至少多了两次。这就能有效地改善脑部的血液供应，解决“需氧饥饿”和葡萄糖供应上的“赤字”。脑体交替互动还能使疲劳了的脑神经得到适当休息、保护，从而延长并扩大脑的功能。

四、恢复身体最佳状态的方法

美国加州的医学专家认为，要使身体恢复最佳状态，就要掌握十点秘诀：

（1）用热水和冷水浴加速血液循环，先热水浴 2 分钟，再冷水浴 2 分钟。

（2）用毛巾包着冰块，敷在脸上半分钟。

（3）加强脸部、面部肌肉的运动，先两眼看自己的鼻尖，然后向远望。

（4）用双手指尖按摩、梳理自己的头发，刺激头部的血液循环。

（5）每天散步 15 分钟，加强心脏的功能。

（6）做颈部运动，先把下颔俯至胸前，让颈背肌肉拉紧，然后放松，在把头部向左右两旁倾侧 10～15 次。

（7）促进手指的灵敏，两手分别握住两个网球，握紧 10～15 次。

（8）将双手高举过头，然后放下，做 10 次，以松弛肩背的关节和肌肉。

（9）面向墙壁，双膝微屈至膝盖贴墙，然后站直，做 10～20 次。

（10）松弛神经是最重要的，所以每天起码要有一次坐在椅上，把双脚放在另一张椅子上，然后听音乐休息 10～15 分钟。

五、健康的生活习惯

一个人的生活习惯，与其健康息息相关。有人说得好，良好的习惯是健身之本，不良的习惯是百病之源。也有人说，好习惯是健康的伙伴，坏习惯是疾病的朋友。这并非言过其实。国内外发表的许多关于对长寿老人的调查报告，在总结他们的长寿经验中，几乎都有良好的生活习惯这一条。绝大多数的老寿星都是生活有规律、起居有时、饮食有节、讲究卫生、喜欢运动或坚持劳动的人，没有一个是生活懒散、饮食无度的人。

良好的生活习惯之所以能增进健康和延年益寿，是由于这些习惯本身对健康是有益的。

为了健康长寿，每个人都要养成良好的生活习惯，从衣、食、住、行到生活的其他各方面，都应该如此。那么，应该怎样做，才能养成这些好习惯呢？

在校时就要养成。大学的学习生活环境，更能帮助你养成良好的生活习惯。大学里有严格的生活学习制度，有良好的生活环境，有丰富的课余活动与身体锻炼场所，按时起床、按时吃饭、按时学习、按时锻炼、按时就寝……这一切为你养成良好的生活习惯创造了条件。如果你再不吸烟、不酗酒、注意饮食结构，你健康的生活习惯就初步养成了。

要有恒心和毅力。有人说得好，办一件好事谁都能做到，天天办好事就难了。良好的生活习惯也是如此。在学校学习时能做到，毕业后走上工作岗位也要能做到，这就要有决心、恒心和毅力。

破旧才能立新。好习惯和坏习惯本身就是水火不相容的两回事，人们不断克服不良习惯的过程，就是培养好习惯的过程，也只有不断地把坏习惯消除掉，才能把好习惯建立起来。良好的习惯不仅是健康的朋友，而且是一个人事业成败的重要条件。古今中外，任何一个伟人，任何一个有成就的科学家和艺术家，他们都是在年轻时就养成了一系列良好的习惯，这不仅仅有利于他们的健康，为他们献身事业提供了“资本”。同时，好习惯也有助于他们更好地发挥自己的聪明才智，取得辉煌的业绩；相反，不良的生活习惯，不仅仅毁坏了无数人的健康，也断送了他们的事业。这是每个人都应该牢牢记住的。

总之，中国的传统体育，尤其是中国的传统武术体育和传统体育养生堪称以其深层次的文化内涵，成熟的训练方法和练习效果，完美的艺术形象和回归自然的情趣为人们所向往。如果将中国传统体育与西方体育这两种文化结合起来，形成虚实相宜，实用性与观赏性互补，表现行为与内涵哲理相结合，将为全人类的健康发展提供极好的运动方式和思维轨迹。

复习思考题

1. 中国传统体育的特点是什么、怎样理解它的内涵？
2. 中国传统体育与西方体育的文化区别是什么？
3. 现代健康生活要做到哪些？

第十章　运动项目的学习价值与锻炼作用

摘　要

研究表明，运动项目对人在身体机能方面、心理健康方面、社会交往能力方面、运动技能方面等都有很大的帮助，通过参与锻炼，能够改善人的身心健康，提高社会交往能力，增强运动技能。特别是对促进生长发育、提高身体素质，掌握运动技术和能力有着显著的作用。由于不同项目有着不同的运动特点和锻炼价值。同学们在这里根据需要，将分别了解不同项目的不同特点和作用。

引　言

每一次足球世界杯的比赛、每一次 NBA 的总决赛、每一次美式橄榄球超级碗的总决赛、每一次奥运会的排球比赛、每一次手球世界锦标赛都可称为球迷和电视观众的节日。每一场精彩的巅峰对决，都吸引着成千上万的现场球迷和数以亿计的电视观众，成为世界各地电视节目的重要内容，世界上的各种媒体也争相报道与此类运动相关的消息。大球类运动项目之所以有如此大的吸引力，如此大的影响力，不仅在于此类项目本身所特有的内涵，而且也与此类项目本身的特点息息相关。

第一节　大球类运动项目的学习价值与锻炼作用

大球类运动项目是指用手或脚直接支配球，以得分为主要目的，两个队在同一场地进行攻守的体育运动项目。包括足球、篮球、排球、手球、橄榄球等项目。此类运动项目在世界上深受人们喜爱，开展广泛，有着巨大的影响力。

一、大球类运动项目概述与特点

（一）团队合作性

大球类运动项目比赛每队均由多人上场参加比赛，场下也有多名替补队员根据比赛需要随时准备上场。一个队伍是由教练员、多名运动员、球队工作人员组成的团队，在比赛过程中，要求全体人员思想统一，行动一致，团队意识突出，只有形成整体的攻守，才能取得比赛的主动权以及良好的比赛结果。

（二）高度对抗性

大球类运动项目是竞争激烈的对抗性项目，比赛中双方为了取得比赛的主动权，每时每刻地展开积极的拼抢、短兵相接。足球、橄榄球运动中因冲撞而倒地的情景时常发生；篮球、手球运动中在双方的篮下、球门前位置的争夺，身体的对抗无处不在；排球运动中网上的对抗直接关系到比赛的胜负。在高水平的竞技过程中，除了身体的对抗，同时也是心理较量的过程，比赛前、比赛过程中的心理对抗，对比赛的结果有着很重要的影响。

因此，现代大球类运动项目对运动员的身体训练水平提出了越来越高的要求，运动员不仅要有强健的体魄、充沛的体能，而且要具备优秀的专项身体素质和心理素质，以适应高度对抗的比赛。

（三）多样性、多变性

大球类运动项目属于技术上丰富多彩、战术上变化多端、胜负结局难以预测的非周期性运动项目。

技战术的多样性一是体现在基本技战术的多种多样，分为有球的、无球的。二是体现在不同位置具有不同的技战术，例如篮球的中锋与后卫、足球和手球中的守门员与场上运动员、美式橄榄球中进攻队员与防守队员、排球中主攻与二传之间等，他们之间的技战术有着很大的差别。

技战术的多变性是由于比赛中运用技战术时要受到对手直接或间接的干扰、限制和抵抗，所以这些技战术的运用又不是一成不变的，又有一定的变化，要求运动员根据临场具体情况而灵活机动地加以运用和发挥。

（四）易行性

大球类运动项目的竞赛规则一般都比较简单、明了，器材设备要求不高。一般性的比赛可根据情况安排比赛时间、参赛人数、场地器材等，不受很多限制，因而十分便于开展，因此具有广泛的群众基础。

二、大球类运动项目的锻炼效果与实用价值

大球类运动项目有许多共同的特点，但是每个项目由于竞赛方法、规则、场地器材等的不同，因此锻炼效果与实用价值也有着各自的特点。

（一）篮球运动项目

篮球运动是同场对抗的命中类技能体能类项目，以球命中篮圈得分多少决定胜负。它是1891年由美国马萨诸塞州斯普林菲尔德市基督教青年会训练学校教师詹姆士·奈史密斯博士借鉴其他球类项目设计发明的。起初，是为了改变在寒冷的冬季人们缺乏室内进行体育活动的球类竞赛项目的窘况而设计，将两个桃篮钉在健身房内看台的栏杆上，桃篮上沿离地面约3.05米，用足球作为比赛工具，利用传递、运拍，将球投入篮内，按得分多少决定比赛胜负。就是当初这么一项创新运动，经过一百多年推广与发展，场地、器材不断改善，竞赛制度、办法、规则不断演变，技术不断进步，从而成为世界上最受欢迎的运动项目之一。80年代中期以来，世界篮球职业队伍参加奥运会，推动世界篮球运动跨入了一个崭新的创新发展、达到技艺化的新阶段。1992年巴塞罗那第二十五届奥运会篮球赛中美国梦之队的绝妙表现，显示着篮球运动整体内容结构和优秀运动队伍综合智能、技能、能力结构发生了质的变化。现今高水平的篮球运动是全面的、高度的、高速的对抗项目，主要表现为：高大运动员趋向技术全面、快速灵活，不仅参与快攻与快速防守，而且对抗中更加具有威力，身高与速度的结合，加快了全队的速度，典型的代表就是 NBA 魔术队的德怀特·霍华德；运动员的身体素质普遍提高，为激烈对抗条件下完成技术目标奠定了基础。

1. 篮球运动的特点

篮球运动由于规则对比赛方法、队员行为以及活动时间、空间等都有具体规定和制约，所以队员要熟悉规则、利用规则，才能更好地在比赛中获得行动自由。

图 10-1　篮球

篮球运动的技术动作是由各种各样的跑、跳、投等基本动作所组成的，是以积极争夺控球权为手段，以投篮为目的进行运动的（见图 10-1）。比赛的双方多在两边篮下有限的地面和空间展开激烈的争夺。因此，篮球技战术的运用复杂而多变，队员需要具备随机应变的能力。

篮球运动具有较强的集体性，要求队员在比赛中必须齐心协力，密切配合，相互帮助，发挥团队的力量，更好地争取比赛胜利。

篮球运动的形式多样，具有更强的参与性、趣味性、应变性、娱乐性和竞技性等，能满足不同人群的多种需求。篮球活动的形式可因人而异，运动量可随意调节，因此适宜于各类人群的广泛参与。各类不同的参与者都能在活动场上找到展示自我的方式，满足自己的不同层次的需求。

2. 篮球运动的锻炼价值与效果

（1）篮球运动的文化价值篮球运动是世界通用的特殊身体语言，由专门的技术动作、战术形式、比赛方法、竞赛规则及裁判手势组成一套严密的运动语言体系。可以学习传授，交流传播，是世界范围内共有的一种文化现象。深入了解了篮球运动的技战术及规则，可形成一种与其他国家篮球爱好者交流与沟通的方式，是一种特殊的语言。篮球运动讲求竞争与合作。篮球运动中，为了体现自身价值，同伴之间，对手之间存在着激烈的竞争，而为了取得比赛的胜利，同伴之间必须合作才能完成任务。合作是取胜的基础，集体的合作又为个人的魅力展示提供了保证，这种沟通、合作与理解具有普遍的社会意义。

篮球运动能促进个性发展与完善，促进创新能力的培养。通过练习和比赛的过程，能使参与者的个性、自信心、情绪控制、意志力、进取心、自我控制与约束等方面都有良好的发展，以及培养团结拼搏、努力协作、文明自律、遵纪守法、尊重他人等的良好道德品质和集体主义精神。篮球活动是一项创造性的活动，所有技、战术都既有原理和规格，又包含着个人的不同表现风格，没有固定的、僵死的模式，每个人、每个队都可以用自己的方式来诠释自己对篮球的理解。也正是由于它的复杂性和多变性，需要参与者必须根据当时情况随机应变，及时、果断、快速地作出应答行动。通过观察进行分析判断并作出行之有效的应对措施，而所有这一切，都需要参与者用自己的智慧创造性地去应对场上出现的各种问题，从而有效地提高创新能力。

（2）篮球运动的健身价值。篮球运动涵盖了跑、跳、投、身体对抗等多种身体运动形式，且运动强度较大，能全面有效地促进身体素质和身体机能的发展，提高和保持人的生命活力，提高生活质量。例如，一场篮球比赛有四节，需要具备一定的耐力，对心肺功能提高明显；比赛中的快攻，能提高速度能力，从而改善中枢神经系统，肌肉的兴奋性；篮下的对抗中，对全身力量都有要求，腰部、腿部、上肢等的绝对力量都得了加强，跳起争抢篮板球时，又是对爆发力的一种锻炼；传球时要求手眼合一，运球突破时要求快速灵活，行进间上篮时要求动作协调舒展，这些都是对协调性的很好的促进。长期参与篮球锻炼，对身体各项素质和机能改善明显。

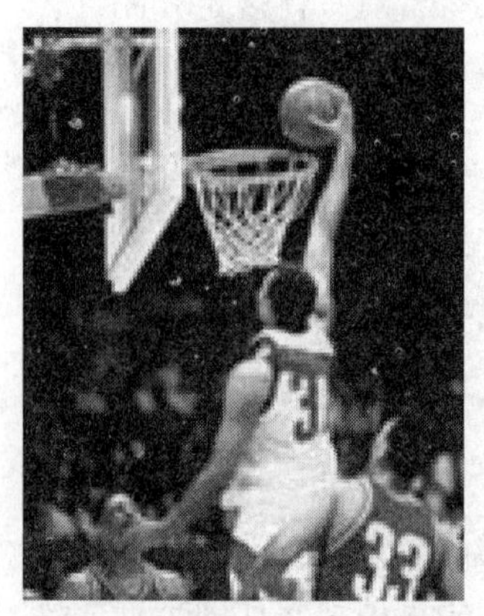
图 10-2　投球

（3）篮球运动的社会价值。篮球运动的形式和内容满足了人们对身心、娱乐健康的需求，增进了世界各成员、群体之间的交流，增进了友谊。同时，篮球运动在国内，业余文化生活中也起到了交流媒介的作用。各个单位之间、单位内的部门之间，常常以篮球活动的形式以促进交流，加强了解，增进友谊，为各单位部门的合作打下了基础。通过对篮球运动的了解以及对篮球技能的掌握，对个人融入社会有很大帮助，可通过篮球与社会的许多方面交流交往，结交很多有共同爱好的朋友，提升自身社会价值（见图 10-2）。

（二）足球运动项目

足球运动是以脚支配球为主，也可用头、胸等部位触球，两个队在同一场地内进行攻守的体育项目。是世界上最受欢迎、开展最广泛、影响最大的体育运动项目，被誉为“世界第一运动”。1863 年 10 月 26 日，由英国伦敦 11 个最主要的俱乐部和学校，在伦敦弗里森酒店举行会议创立了英格兰足球协会，与此同时也产生了世界上第一个统一的足球规则，共有 14 条，这一日被世界公认为现代足球的诞生日。此时的英国正处于世界头号大国的巅峰期，随着商人、军官向世界各地移居，并将足球带到了澳洲、印度、南美洲，由于足球的开展不需要特别的装备和器材，很容易就被当地居民接收。在鼓励进攻、加快比赛节奏、保护进攻队员、增强比赛观赏性的原则下，足球规则不断完善，从而使得当今足球发展成为对抗激烈，攻防转换快速，战术风格多种多样，球场上的创造性越来越丰富，精彩层出不穷，吸引更多的人参与到足球的运动当中，成为生活中不可或缺的一部分。

1. 足球项目的运动特点

足球运动是一项竞争激烈的对抗性项目，足球场上由于争夺控球权，常常要短兵相接，人仰马翻的场面时有发生，一场高水平的比赛，双方争夺和冲撞倒地达 200 次以上。在两个罚球区附近时间、空间的争夺异常凶猛，身体接触频繁。足球比赛中，运动员要在近 8000 平方米的场地上奔跑 90 多分钟，跑动距离在万米左右，而且还要反复的短距离 10～15 米（80%～90%）、长距离 30～50 米地冲刺。此外要完成上百个有球、无球的技术动作，有的比赛平局后还要加时 30 分钟决出胜负，如仍无结果，还需要踢点球决定胜负，因而运动员能量消耗巨大，高水平的足球比赛是体能与意志的较量（见图 10-3）。

图 10-3　足球

足球运动参与人数众多，只有比赛思想统一，行动一致，整体意识强，才能取得比赛主动权。战术打法众多，有攻守平衡的 4-4-2 阵型，有注重中场争夺的 3-5-2 阵型，有注重防守的 4-5-1 阵型等，有以快速反击为指导思想的直传身后的打法，也有以控球为指导思想的地面渗透打法等，技战术的运用需要依据临场具体情况而灵活机动地加以运用和发挥。

足球运动的比赛形式多种多样，有 11 人制、7 人制、5 人制、街头 3 人足球赛、沙滩足球等，参赛要求不高，易于开展，深受人们喜爱，参与人数众多。

2. 足球运动的锻炼价值与效果

（1）足球运动的文化价值。足球运动丰富了人们业余文化生活，人们从踢球中得到运动体验、从看足球中体验快乐、在谈论足球中交流思想，提高了生活的质量。足球也成了一座城市的政治、经济、文化、生活的重要组成部分，反映了城市的精神，如西班牙的巴萨俱乐部，已经是巴塞罗那的城市标志；中国的大连，也有足球城的美名；广州的恒大俱乐部，更是因为足球而广为人知。

足球运动可谓是不见硝烟的战场，球队在重大的国际比赛中取胜，能激起人民团结拼搏、进取、上进的精神和爱国主义热情。1987 年 10 月，当中国队战胜日本对获得进军汉城奥运会资格时，2002 年获得世界杯决赛资格时，举国欢庆，极大地鼓舞了国民；当韩国队取得 2002 年世界杯季军时，汉城百万人欢呼集会，盛况空前。足球运动振奋了民族精神。

足球运动能培养人的责任感、意志力、自制力及勇敢顽强、机智果断、勇于克服困难、团结合作、集体荣誉感、守纪律等优秀的品质。

（2）足球运动健身价值。足球运动是全面锻炼和健全体魄的良好手段。常从事足球运动，可以提高人们的力量、速度、灵敏、耐力、柔韧等身体素质，并能改善中枢神经系统，尤其能增强心血管系统、呼吸系统等内脏器官的功能，从而促进人体健康。足球比赛中力量素质是基础，特点是以爆发力为主的肌肉活动，短距离快速起动加速跑、突然变向或转身、大力射门、空中争顶等均是爆发力的体现。耐力素质对一个足球运动员来说是至关重要的，足球场上中小强度的奔跑以及相应的肌肉活动归为有氧耐力，大强度连续反复快跑及伴随的肌肉活动列为无氧耐力。灵敏素质是足球运动员的运动机能和各种素质在运动过程中的综合表现，需要运动员在对抗激烈、快速多变、极其困难的条件下瞬间完成各种动作，如假动作、突然加速或变向的摆脱跑位、在夹击和冲撞下完成射门、高速跑动中的接球过人等。足球比赛中运动员常常要做一些幅度大、速度快、用力突然的动作，例如倒地铲球、凌空倒钩射门等，对柔韧素质要求很高。另外，比赛过程中，要求运动员注意力保持高度集中，视野要开阔，头脑要清晰冷静。通过长期锻炼，能强健体魄，尤其是腰腿腹部力量及耐力，同时可以培养沉稳冷静的性格（见图 10-4）。

图 10-4　足球

（3）足球运动的社会与经济价值。在国际上，足球已成为各国之间政治、经济、文化交流的一种工具，可以加强各国人民的相互了解，扩大文化交流，增进友好团结，促进世界和平，现代足球的影响和作用已超出了足球运动的本身。在国内，各种各样的业余比赛赛事频繁，这些比赛增强了社会交往，协调了人际关系，有利于创造一个安定团结、健康文明的社会环境，也为个体加入到社会中提供了一个好的机会和平台，可以结交不同领域的朋友。

足球运动已经由一项运动变成了一项体育产业。在足球运动发达的巴西，2004 年的 857 份转会费高达 150 亿美元，占到 2004 年巴西全面 GDP 总量的 3%；2012 年，中超联赛各俱乐部引援投入达到 30 亿元人民币；每次世界杯的举办地，都是各个商家的盛会，都希望通过世界杯赚得一杯羹；欧洲五大联赛的电视转播权、球场广告、球队的胸前广告、纪念品，每年都给俱乐部带来不小的收益，也给国家带来了大量的税收。这均受益于第一大运动在世界范围内有着亿万计的球迷，影响力巨大。

（三）排球运动项目

排球比赛是两队各上场 6 名队员，在用球网隔开的各自的场地上，按照规则运用发球、垫球、传球、扣球、拦网等技术进行攻防对抗，不使球在本方落地的一种体育运动项目，因双方是按“排”站位的，故称为排球。它是唯一隔网对抗的大球类运动项目。排球运动是 1895 年由美国人威廉·莫根发明的，最初是在室内网球网两边用篮球胆拍来拍去，使球不落地的一种游戏，后来不断发展完善演变成今天的排球运动。当今排球运动要求运动员身材高大，弹跳高；各项技术全面，进攻防守技术都要熟练掌握；进攻中各种快攻速度以及配合节奏快；进攻中变化要多，一攻、二攻都要有多种准备。现代排球项目现已演化为室内排球和沙滩排球项目（见图 10-5）。

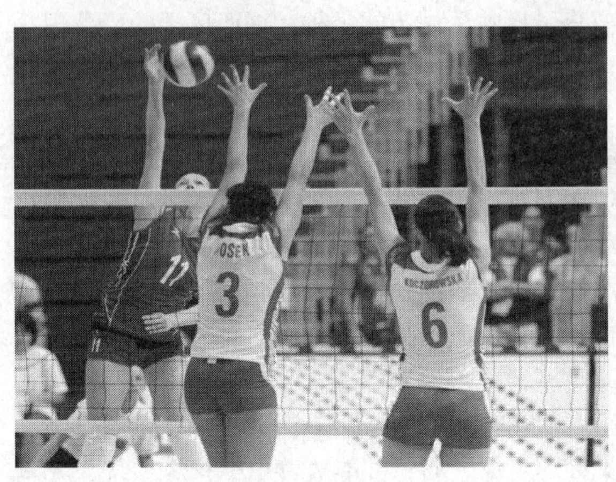

图 10-5　排球

1. 排球运动项目的特点

第一，排球场地简单，比赛规则容易掌握。既可在球场上比赛和训练，也可以在一般空地上活动，运动量可大可小，适合于不同年龄、不同性别、不同体质、不同训练程度的人。第二，排球运动的技术具有很强的全面性，根据规则的规定，每个队员都要进行位置轮转，既要到前排扣球与拦网，又要轮到后排防守与接应。要求每个队员都必须全面地掌握各项技术，能在各个位置上比赛，排球的各项技术动作既能得分，又能失分，因此要求熟练，准确地掌握各项技术动作。第三，排球运动具有高度的技巧性；根据规则的规定，比赛中球不能落地，不得持球、连击。击球时间的短暂，击球空间的多变，决定了排球的高度技巧性。第四，排球运动具有激烈的对抗性。在排球比赛中，双方的攻防转换始终是在激烈的对抗中进行。高水平比赛中，对抗的焦点在网上的扣拦上。在一场比赛中，夺取一分往往需要经过六七个回合的交锋。水平越高的比赛，对抗争夺也越激烈。第五，排球运动要求攻防技术的两重性。排球是多种技术都可以得分，也能失分的项目，这种情况在决胜局比赛中更加突出，所以说每项技术都具有攻防的两重性，既要有攻击性，又要有准确性。第六，排球运动要求严密的集体性。排球比赛是集体比赛项目，除发球外，都是在集体配合中进行的。没有严密的集体配合，再好的个人技术也难以发挥，更无法发挥战术的作用。水平越高的队，集体配合就越严密。排球运动要求运动员技术全面，能攻能守，进攻上既能强攻又能快攻，既能前排攻又能后排攻，前后排融为一体。根据运动员不同特长，有效地组合不同的战术，使战术组合更具个性化，发挥整体优势。

2. 排球项目的锻炼价值与效果

排球运动起源于学校，是大学生们比较喜欢的一项运动，同时也是大学重要的体育教学课程。排球项目具有很高的锻炼价值和参与性，经常参加排球运动能发展人体力量、弹跳、速度、灵敏、耐力等身体素质，特别是对人体弹跳力和协调性的提高，效果更为明显。经常从事排球运动的人，弹跳力比一般人要高出 30～40 公分，比从事其他活动的人要高出 20～30 公分。排球运动具有提高人体中枢神经系统和内脏各器官的功能，增进身体健康，并培养勇敢顽强、机智灵敏、吃苦耐劳、遵守纪律、团结友爱的集体主义精神。经常参加排球运动，可以改善体形及姿态，排球运动员那高挑流畅的身材和优美坚实的体形，常常使人羡慕不已。经常从事排球运动锻炼的人还能促进其身体机能改善，改进心肺功能，改进肌肉力量，改进肌耐力，改进新陈代谢，减低血压，促进身体的生长，减少痴肥的机会，增进体力。

（四）手球运动项目

手球运动项目是综合篮球和足球的特点而发展起来的一种用手打球、以球攻入对方球门得分的一项球类运动。19 世纪末，手球运动作为一种游戏流行于欧洲。1926 年由德国发起并组织首次国际手球比赛。此后，逐渐在欧洲的罗马尼亚、捷克、南斯拉夫、波兰等国家传播开来，之后向挪威、瑞典、芬兰、冰岛等国家发展。1950 年以后逐渐传入美洲及亚洲等世界各地。

1. 手球运动的形式与特点

（1）7 人制手球比赛是在长 40m、宽 20m 的场地上进行的。规则规定比赛时，双方各出场 7 人，其中包括守门员 1 人，队员 6 人。其余为替补队员。比赛由进攻队从球场中线的中央开球。在规则允许的情况下，进攻队可以使用各种各样的技术动作和战术方法，力求在对方球门区外将球掷入对方球门中（见图 10-6）。每射进一球得一分。进球后，由失分的队在球场中央重新开球继续比赛。防守队为了阻止对方的进攻，采用相应的技术和战术，以达到获球的目的，获球后立即转守为攻。双方为了获球射门得分，攻守交替地在场上展开激烈争夺。在规则规定的时间内，根据双方进球的多少决定胜负。

图 10-6　手球

（2）手球比赛是由两名裁判员，一名记录员和一名计时员共同主持。比赛是从裁判员鸣笛开始，并对违犯规则的行为和动作进行判罚。对于不影响对方传球或射门的一般犯规可不必追究。但由于犯规造成了传球失误，可判罚任意球。若严重犯规，可能影响射门得分时，则判罚 7 米球。

（3）比赛中，攻守双方都不可踏越球门区线。进攻队员踏线射门或传接球，则判侵区违例。射中球门无效，由对方在违例地点掷任意球。防守队员踏线防守，如果对进攻没有影响，为了有利于比赛的进行，可不判罚。如果抱有明显的防守目的，踏线或进入球门区内进行防守，叫越区防守。球射中有效，若球未射进球门应判罚 7 米球。

（4）临场裁判对场上队员的非体育道德行为或粗暴举动，故意犯规及严重犯规，都有权判罚。可根据情节，对犯规队员出示黄牌给予警告或判罚出场两分钟。严重的也可不经警告而直接判罚出场两分钟或取消比赛资格。对故意延误比赛时间的队应该判罚，剥夺其控球权，由对方掷任意球。裁判员工作应公正准确，严肃认真，手势清楚，哨声及时，相互协作。根据比赛情况经常交换位置，便于观察和掌握整个比赛，以利于比赛的顺利进行。

2. 手球项目的锻炼效果与运动价值

（1）手球运动是一项比赛激烈，对抗性强，速度快，运动量大及对投掷力量有特殊要求的运动项目。它不仅包括田径中的跑、跳、掷等各项技术动作，同时还具有各种球类项目的技术特色。有人说，手球运动既是一项带球的田径运动，同时也是一项带球的体操运动，所以说它是技术全面的运动项目，有很高的运动与锻炼价值。

（2）手球运动的设备简单，技术动作容易掌握。只要有跑跳、投掷和一定的球类基本技能，就可以参加比赛。手球运动对促进青少年身心的正常发育，身体素质的全面提高及增进健康，都起到积极的作用。经常参加手球运动，还能为学习其他项目打下良好的身体素质基础。手球运动的对抗性与游戏性均适合青少年的生理、心理特点。所以，在中小学开展手球运动是非常适宜的。

（3）手球运动是一项综合性的竞赛项目，它要求运动员在错综复杂、变化多端的比赛中能够作出正确的判断。合理运动技术动作，并与同伴协同配合完成战术任务。这对改善中枢神经系统的机能，提高身体各部分机能之间的相互协调，从而使人体的各个器管得到改善和增强，对身体素质的全面提高和发展等都起着明显的促进作用。

（4）由于手球比赛对抗激烈，身体接触频繁，要求队员克服种种阻力和困难，完成进攻和防守的任务，因此它又能培养人的勇敢顽强、机智灵活、吃苦耐劳、坚韧不拔等意志品质。手球比赛是集体的对抗，要想取得胜利，就要在比赛中团结协作，既要发挥个人的作用，更要充分发挥集体的力量，所以它还是一项能培养良好集体主义精神的体育运动项目。

（五）橄榄球运动项目

橄榄球运动项目是 19 世纪 20 年代发源于英国的一项体育运动，距今已有 170 多年的历史。经过漫长岁月的演变，发展成为当今的英式橄榄球和美式橄榄球。这里介绍的是在世界大多数国家开展的英式橄榄球。在我国，随着社会和经济的不断发展，橄榄球运动已逐渐为人们所了解，通过电视屏幕可以欣赏到一些精彩的、高水平的比赛。但总的来说对这项运动大多数人还不很熟悉，甚至非常陌生。只是在一些大中等城市或高等院校得以开展，1994 年，从中国农业大学成立了我国第一支橄榄球队起，现有许多高校都开展了橄榄球运动项目，但因起步较晚，还有待于进一步的普及与提高，尚需广大体育爱好者的广泛支持。目前，为了推广橄榄球运动，橄榄球运动项目已被列为我国下一届全运会的运动比赛项目。

1. 橄榄球运动项目的特点

图 10-7　橄榄球

（1）英式橄榄球，运动员不穿护具，基本上采用足球运动员的服装（见图 10-7），故其有软式橄榄球之称。上场队员每队由 15 人组成，8 个前锋、7 个后卫。规则规定上场队员不许替补，即使因队员受伤或被罚出场，替补人数也是有限制的，且换下场的队员不得再上场比赛。全场比赛为 80 分钟（上、下半场各 40 分钟）。其得分办法为：攻入对方场区达阵得分为 5 分；达阵得分后，在球门线前 25 米线上，加踢一次定位球或反弹球，如射中得 2 分；对方犯规，罚踢任意球，射中得 3 分。

（2）比赛开始时在中线踢定位球开球。开球队的队员应站在中线后面，而防守队的队员则要站在本方 10 米线的后面。每次得分后由对方在中线重新开球，继续比赛。根据规则规定，传球时，不得向前传只能回传或横传。比赛中不得冲撞或阻挡不持球队员，而对持球队可以采用抓、抢、摔等方法阻碍其前进，并可进行合理冲撞。如严重犯规要由对方队员在犯规地点罚踢任意球；一般犯规则要在犯规地点进行争球。

2. 橄榄球运动项目的锻炼与观赏价值

（1）极具运动与锻炼价值。橄榄球运动是一项两队相互对抗的剧烈而且又富有欣赏性的球类运动项目。橄榄球比赛时通过运用个人技术的相互配合，以达攻守的目的。它的特点是参加比赛的人数最多，是所有球类项目无法比拟的。一场比赛有 30 人在场上奔跑争夺，场面十分壮观；其次场地最大、技术复杂、战术多样。在比赛中，不仅要求运动员有强壮的体魄、高大的身材、快速的奔跑能力和勇敢顽强的意志，而且还要求运动员在有对手阻拦的情况下完成复杂的身体接触的技术动作和战术配合。它要求运动员要有篮球运动员的手法灵活性和弹跳能力，又要有足球运动员娴熟踢球脚法的功夫，还要有田径短跑运动员的快速敏捷的速度。它是一项集篮球、足球、田径为一体的综合体育项目，具有很高的趣味性和观赏性。

（2）提高身体能力与素质。在所有的球类项目中，橄榄球比赛参赛的人数最多、场地最大、身体对抗也最为激烈，场面甚为壮观。它对运动员的速度、耐力、柔韧性、协调性及爆发力等都有较高的要求，特别是能培养勇敢坚毅、机智灵活、吃苦耐劳的意志品质。经常参加橄榄球运动能有效地发展身体素质，增强体质，提高人体各器官系统的功能。长期参加橄榄球运动，不仅能培养勇敢顽强、机制果断、坚韧不拔、勇于克服困难、团结协作的优良品质和集体主义精神，还可以培养高尚的人格、绅士的风度。

（3）有较强的观赏性。橄榄球是流行于世界许多国家的饶有趣味且极具观赏性的一种体育运动。它是从足球中变化而来的可以用手抱球跑的体育项目。橄榄球比赛时双方各出 15 名队员，通过相互之间的跑动传球以及冲撞等动作来突破对方的防守，以达到得分的目的。全场比赛共 80 分钟（上、下半场各 40 分钟），最后以得分多的一方为胜方。初次观看橄榄球比赛的人往往会因场地上参赛队员过多等原因而感到场面错综、不得要领，但当你熟悉了以后就会觉得比赛并不复杂，而且规则也较简单。其实橄榄球比赛就是队员持球向前跑动，遇到对手的阻拦时，把球传给后边的同伴，再寻找机会得分。比赛中没有严格的规则限制，队员可以有很大的发挥余地。出现犯规时，通过正集团争球（指争球时，双方队员在场内低头抵肩，互相争取把投进的球踢给在后面的本方队员的球方法）或罚踢使比赛重新开始。

第二节　小球类运动项目的学习价值与锻炼作用

一、小球类项目概述与特点

小球类运动项目是指用手或手持器材支配体积较小的球，以得分为主要目的，两个队在同一场地进行攻守的体育运动项目。包括乒乓球、羽毛球、网球、高尔夫、毽球和曲棍球等项目。这些运动项目深受人们喜爱，有着广泛的群众基础。小球类项目在大学中有着广泛的群众基础，是高校体育课程教学的主要学习内容，曾经有人做过调查，大学必修课中有近三分之一的人喜欢学习小球类项目。

在高校和大学生中，小球类运动之所以有如此大的吸引力，如此大的影响力，不仅在于此类项目本身所特有的内涵，而且也与此类项目本身的特点息息相关。小球类运动项目自身有着共同的特点：

（一）个人作战与团队合作性

小球类运动项目比赛一般以个人或以每队均由多人上场参加比赛，场下也有多名替补队员根据比赛需要随时准备上场。一个人对抗，需要完全的个人对抗与作战能力，全队比赛队伍是由教练员、多名运动员、球队工作人员组成的团队，在比赛过程中，要求全体人员思想统一，行动一致，团队意识突出，只有形成整体的攻守，才能取得比赛的主动权以及良好的比赛结果。

（二）对抗性

小球类运动项目也是属于竞争激烈的对抗性项目，比赛中双方为了取得比赛的主动权，展开积极的拼抢、短兵相接。曲棍球运动中因冲撞而倒地的情景时常发生；运动中在双方球门前位置的争夺，身体的对抗无处不在；乒乓球、羽毛球、网球运动中网上的对抗直接关系到比赛的胜负。在高水平的竞技过程中，除了身体的对抗，同时也是心理较量的过程，比赛前、比赛过程中的心理对抗，对比赛的结果有着很重要的影响。

现代小球类运动项目运动员的身体训练水平提出了越来越高的要求，运动员不仅要有强健的体魄、充沛的体能，而且要具备优秀的专项身体素质和心理素质，以适应高度对抗的比赛。因此，从事小球类项目的体育锻炼，可以达到事半功倍的效果。

（三）多样性、多变性

小球类运动项目属于技术上短兵相接、战术上变化多端、胜负结局难以预测的非周期性运动项目。技战术的多样性一是体现在基本技战术的多种多样，分为进攻方、防守方。二是体现在不同位置具有不同的技战术，例如曲棍球的中锋与后卫，乒乓球与羽毛球、网球的单打、双打，他们之间的技战术有着很大的差别。技战术的多变性是由于比赛中运用技战术时要受到对手直接或间接的干扰、限制和抵抗，所以这些技战术的运用是一成不变的，有一定的变化，要求运动员根据临场具体情况而灵活机动地加以运用和发挥。

（四）易行性

小球类运动项目的竞赛规则一般都比较简单、明了，器材设备要求不高。一般性的比赛可根据情况安排比赛时间、参赛人数、场地器材等，不受很多限制，因而十分便于开展，具有广泛的群众基础。

二、小球类运动项目的锻炼效果与实用价值

现代运动项目竞赛表明，小球类运动项目更适合于的我国人们的身体特点，有利于我们的学习与锻炼。小球类对人在身体机能方面、心理健康方面、社会交往能力方面、运动技能方面等都有很大的帮助。通过参与锻炼，能够提高人的身体素质，特别是对人的灵敏协调性、反应能力以及人体平衡能力都有较好的促进作用。通过对小球类运动项目的学习，可以起到改善人的身心健康，提高社会交往能力，增强运动技能的效果。

小球类运动项目有许多共同的特点，但是每个项目由于竞赛方法、规则、场地器材等的不同，因此锻炼效果与实用价值也有着各自的特点。

（一）乒乓球运动项目

乒乓球是我国的传统的体育项目，把乒乓球作为国球的国家，对于这一项运动的热爱就

可想而知了。乒乓球运动在我国赢得了不同阶层、不同性别、不同年龄阶段人群的喜爱和欢迎，乒乓球运动项目在学校不但显示出它的观赏性、娱乐性，而且给大学生们带来了不可估量的运动价值和锻炼效果。

1. 乒乓球项目的特点

乒乓球运动的特点是球小、速度快、变化多、趣味性强。项目所需设备比较简单、投资少，又不受年龄、性别和身体条件的限制，很容易被大众所接受。乒乓球运动是上下肢配合的一项全身运动，经常参加这项运动可发展人的灵敏性和协调性，增强体质，并能培养人的意志、品质；其负荷量可自我高速控制，对练双方球台相隔又恰好避免了身体接触；只要按照自身素质训练强度适量，运动外伤的可能性几乎为零，而且具有广泛的适应性和较高的锻炼价值，容易被人接受（见图 10-8）。

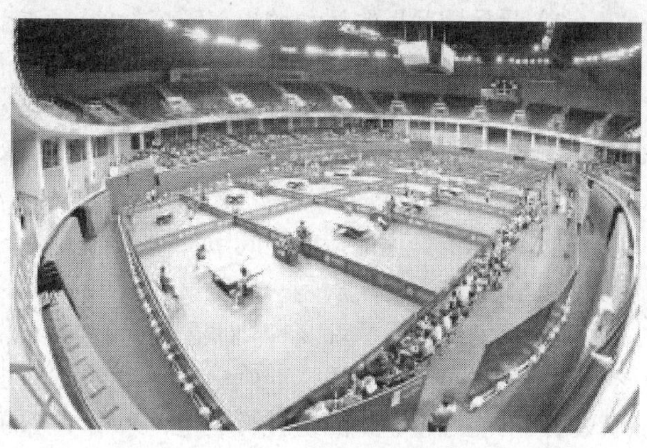

图 10-8　乒乓球

2. 乒乓球运动的锻炼效果与实用价值

（1）乒乓球运动的教育与育德价值。任何教育活动都是为了满足人的某种需要，因而总是具有某种价值指向。教育之所以又是一种有价值性的活动，关键就在于教育是一种主体性的活动。乒乓球运动既然是一种主体性的活动，它就具有一定的教育价值取向。它反映的是教育活动过程及其结果对教育活动主体需要的适合或满足程度。对教育活动有某种需要和期望的现实的人，都会把自己的需要与期望赋予教育活动，力图按照他们的愿望和目的去规范、建构教育活动，从而实现某种教育价值目标。从一定程度上说，没有任何一种教育活动不包含有教育活动主体对教育价值的追求，这本身也是教育活动得以发生和发展的主要前提。由于乒乓球运动教育活动主体的社会地位、价值观念、思维方式、行为习惯不同，他们对教育活动也就会有各自的期望和需求，因而，乒乓球运动的教育价值必然具有多元性。

美国著名学者 J·P·蒂洛曾经断言："只要我们还活着，就要同道德这样的价值问题打交道。"的确，道德价值与人类社会相伴而生，形影相随。在我国社会主义现代化建设中，乒乓球运动具有广泛的群众基础，其参与主体不受年龄、性别、社会地位等客观条件的限制，从而为男女老少、高官布衣之间提供了彼此沟通与交往的机会，也为主体责任心的培养提供了发展的平台。在乒乓球运动的过程中，主体借助乒乓球与球拍实现健身的目的和超越自己的愿望，因此在练习或训练中，每个人都有接好每板球的责任，这样才能增加回合次数，达到提高技术水平和健身的目的。在乒乓球运动中，参与主体在规则的约束下，不断提高自己的技术水平，不断完善自己的人格魅力，当主体把自律性内化为实现自身价值的动力时，在自己的行为规范中就会充分地体现出诚实、义务、尊重他人、公正等一些与社会进步所需一致的道德价值内容，自由意志的形成就会水到渠成。据不完全统计，在我国的众多体育项目中，参与乒乓球运动的人数是最多的，具有强大的号召力与影响力。2008 年 5·12 汶川大地震后，我国的乒乓器材经营者无偿向灾区捐增器材，大多数的乒乓人士在救灾活动中无偿对灾区人民传授乒乓球技术，从而丰富了灾区人民的生活，更重要的是灾区人民从乒乓球运动中体验到了顽强拼搏的快乐，感受到乒乓球巨大的精神魅力，同时也坚定了他们重建美好家园的信念。在现阶段，社会道德价值成为和谐、公正、安定团结、诚信友爱的综合体时，我国的乒乓球运动之所以能教育人们形成与社会一致的道德价值观念，不仅是因为乒乓球运动是文明的体育运动行为，更重要的是有广泛的参与主体，为社会道德价值的形成提供了重要的质和量的保证。

（2）乒乓球项目的运动效果与锻炼价值。它能改善心血管系统、发展人的灵敏素质和协调能力、促进视力改善等多种锻炼价值。

改善心血管系统。乒乓球运动要求运动者在较小的范围内做快速往返移动，还要配合上肢做各种技术动作，因而要求参与者有较好的身体承受力。有关专家测得参与乒乓球运动者的平均心率在 160 次/分左右，最大心率可达 190 次/分，而且运动者在运动中的心率变化比较明显，体现了乒乓球运动的间歇性特点。从这个意义上讲，经常从事乒乓球运动对改善现代人多发的心脑血管疾病是一个很好的锻炼手段。

发展人的灵敏素质和身体协调能力。在乒乓球比赛中，乒乓球的飞行速度可达 20m/s，这就要求运动员不仅能迅速准确地判断对方来球的速度、旋转、落点以及战术意图，而且在有效时间内能迅速、果断地进行决策，采用相应的击球技术进行还击。因而，从理论上讲，长期参与乒乓球运动，积极进行乒乓球锻炼，能使锻炼者中枢神经系统工作能力得到改善和提高，最后使其自身的灵敏素质、身体协调能力都得以充分发展。

改善和提高视觉能力。从运动生理学来讲，由于乒乓球的体积小、速度快、旋转变化多，这就要求参加乒乓球运动的锻炼者，两眼必须始终盯住来球，并且随着球的运动轨迹和落点变化，需要时刻调节晶状体屈光度，使晶状体和睫状肌不断产生收缩、放松。青少年打乒乓球，可以有效地改善睫状肌的功能，对保护视力，预防近视都有积极作用。从以上的研究分析看，乒乓球运动不愧是改善视力的帮手，也是提高视觉机能的能手。另外，经常从事乒乓球运动还可以起到健脑作用。乒乓球因球体小，速度快，攻防转换迅速，技术打法丰富多样，在参与乒乓球运动时，机体要求大脑快速紧张的思考，并且脑手并用，从而提高大脑的判断力和反应能力。所以经常参加这项运动，有助于促进大脑的血液循环和供给大脑充分的能量，从而对大脑的健康发育和发展起到很好的作用。

乒乓球运动的育智价值。在众多体育项目中，乒乓球不仅是一项集力量、速度、柔韧、灵敏和耐力素质为一体的球类运动，还是一种最有益于大脑记忆力增强的运动。乒乓球易学易会，不受场地、年龄等限制，并且技战术打法丰富多样，可以最大限度地满足不同年龄智力的发展需求。同时，对处于不同层次、不同社会地位的人们而言，也可以更好地锻炼他们的意志品质等。我国心理学人士曾对部分优秀少儿乒乓球运动员的心理品质进行研究，结果表明：他们普遍表现为智力水平较高，操作能力优于普通学生，情绪稳定，自信心、自持力、独立性较强，思维敏捷，智力因素与个性因素发展协调。在日常生活中，这些人也常常显得机敏过人，动作灵活、协调（见图 10-9）。

乒乓球运动的育美价值。一场乒乓球比赛，无处不渗透着美的元素。感受参赛运动员强健的体魄、高超的技艺、顽强拼搏的精神，感受赢得胜利的快乐，体验失败后运动员战胜自我的强大力量。欣赏一场乒乓球比赛，也是人们闲暇时间在体验运动之美、欣赏运动员动作之美的关键所在，同时也是欣赏者实现着一种对完美人的重塑的过程。重大国际乒乓球比赛之所以拥有数以亿计的观众，在于乒乓球运动员所展示的精湛的技术。他们向观众奉献娴熟的弧圈球、熟练的发球、准确的攻球、果断的接发球和完美的左推右攻，所有这些美的动作，美的技术元素都会使观众主动的以此为参照，去评定自己对技术动作和战术水平，同时从精神上去感受到运动员那种追求完美的精神和对乒乓球运动如痴如醉的热爱。

图 10-9　乒乓球

如今，乒乓球比赛已触及全球的角角落落，观看乒乓球比赛已经成为人们闲暇生活中的一种享受。在观看乒乓球比赛时或参与乒乓球运动的过程中，乒乓球运动所蕴涵的美的元素不断被参与主体吸纳，乒乓球运动所赋予的丰富的教育价值也不断地促进教育主体对道德美、健康美、心智美的追求。

（二）羽毛球运动项目

羽毛球是一项全身运动项目，不论是进行有规则的比赛还是作为一般性的健身运动，羽毛球运动都需要在场地上不停地进行脚步移动、跳跃、转体、挥拍，合理地运用各种击球技术和步法将球往返接送，增大了上肢、下肢和腰部肌肉的力量。长期进行羽毛球锻炼可以使心跳强而有力，肺活量增加，耐久能力提高，还可以提高人体神经系统的灵敏性和协调性。

1. 羽毛球运动项目的特点

羽毛球运动（见图 10-10）是一项在室内外均可进行的小型球类运动。场地适中、器材简便，既充满乐趣又能强身健体的一项大众化的体育活动，也是竞技性较强的比赛项目，有着广泛的群众基础，它具有以下特点。

图 10-10　羽毛球（一）

运动量可根据各人的年龄、体质、运动水平和场地环境的特点而定。不同的人可通过该项活动进行锻炼：身体状况好的，运动量可适当加大，活动范围可为全场；身体状况不好的，可适当缩小活动范围，达到舒活筋骨从而增强心血管和神经系统的功能。羽毛球拍便于携带，参加锻炼的羽毛球爱好者，只需带上羽毛球拍和球在平整的空地上就可以对击了。把打羽毛球作为娱乐活动，休闲养性，活动身体，从而达到全面提高身体机能的目的。羽毛球运动具有独特的娱乐功能。根据现代体育的理念娱乐体育才能健康强身，任何一项体育运动，必须具有娱乐功能，使练习者产生兴趣，自发地投身于练习，才能实现娱乐体育、强身健体之目的。跑步当然可以改善和提高呼吸、循环等内脏器官的功能，跑完后即测试各项生理指标可达最高值，对增强体质十分有利，但运动时毕竟枯燥、单调，缺乏娱乐性质，往往不被练习者所接受，尤其是不被青少年所接受，羽毛球运动则不同，它有竞赛技能对抗、休闲娱乐之功能，所以，深受喜爱。

2. 羽毛球运动的锻炼价值与效果

（1）羽毛球的运动学价值。一场高水平羽毛球比赛下来，运动量相当于一个足球运动员踢一场足球赛的运动量。羽毛球需要在球场进行不停的脚步移动、跳跃、转体、挥拍，合理运用各种击球技术、步法和战术在场上往返对击。经常参与羽毛球运动可以发展人体的灵活性、协调性，提高反应与判断能力，同样可以增强人们上下肢及躯干的活动能力，改善呼吸系统和心血管系统的功能，提高有氧供能和无氧供能的能力。

（2）羽毛球的运动生理学价值。据统计，大强度羽毛球运动者的心率可达到每分钟 150～170 次，中强度心率可达到每分钟 140～150 次，低强度运动心率也可达到每分钟 100～130 次。长期进行羽毛球锻炼可使心跳强而有力，肺活量加大，耐久力提高。羽毛球参与者需要对变幻莫测的现场情况作出准确的判断与估计，迅速采取措施，改变自己的动作方向或节奏感，甚至改变技、战术组合。因此，在比赛条件下，运动员的注意力非常集中，精神高度紧张，这对中枢神经系统调节、运动性机能的提高有着良好的训练作用；同时也有利于运动员的均衡性和灵活性的提高。

（3）羽毛球运动的美学价值。由于羽毛球技术的千变万化，使羽毛球运动有很高的可观赏性。解祥梅在羽毛球运动赏析一文中提出了从体育文化、羽毛球竞赛的体育精神、羽毛球的运动史、羽毛球的技战术、比赛形式和过程、比赛结果等角度，来欣赏羽毛球运动。欣赏羽毛球比赛总能让观众产生一种强烈的移情作用，给人以精神上的满足与升华，得胜时的欢呼雀跃，失败后的沮丧与忍耐，特别是升国旗、奏国歌时那激动人心的时刻，无不牵动着亿万观众的心，无不给人以强烈的振奋作用。看完一场比赛后，总能给我们一种精神的鼓舞。看那运动员高高跃起的大力扣杀、迅速上网的搓球、队员的团结协作和默契配合等，让我们每个人都不难体会到努力拼搏、自我超越、团结协作的精神，以及体育比赛永恒的魅力（见图 10-11）。

图 10-11 羽毛球（二）

（4）羽毛球运动的社会学价值。羽毛球运动具有广泛的群众基础。在对我国城市社区实施全民健身工程现状的调查中显示，群众喜爱的项目排在第二项的就是小球。从位于前几项的运动共同点看，都具有花钱少、场地器材简单、易于开展等特点。羽毛球运动在我国的普及率从公园、广场，甚至马路边男女老少打球活动的人群就能反映出来。近几年，随着体育场馆对外开放，羽毛球更是成为了人们双休日家庭体育的首选项目。在对我国备有健身器械的家庭调查结果表明，占比例最高的是羽毛球拍。

（三）网球运动项目

网球是集健身、娱乐、对抗为一体的运动项目。它既有易于普及、便于开展的特点，又有健身、健心的运动价值，对于人们参与全民健身、增强体质、实现终身体育将起着重要的推动作用。

1. 网球运动的特点

目前，网球已逐渐受到越来越多的人的喜爱，究其原因在于这项运动具有普遍性、趣味性、游戏性、综合效能性、可调节性、审美观赏性等特点（见图 10-12）。

2. 网球运动的锻炼效果与实用价值

（1）网球运动的健身价值。网球运动不仅能使肌肉和关节的力量得到增强，而且能帮助发展各种运动记忆。众所周知，思维是发生在运动之前并体现在运动之中的，最初是在运动者的头脑里以心理想象的方式诞生的。能正确提出运动方式，并在活动中把它变为现实或实现几种运动方式的转移，这需要经常进行练习，在练习中会不断发展各种视觉记忆、提高观察力。网球运动还能提高人们新陈代谢的质量。在网球锻炼中，要承受一定的运动量，大量的出汗是一个好现象，能清除机体内各种沉渣，可改善生化反应生成更多有利物质，使工作中产生的紧张情绪得到较好的缓解。对于那些患有轻微神经官能症的人，网球运动是一种天然的运动疗法。由于在运动中不断跑动，还要应付不断变化的各种情况，所以能改善和发展人的平衡能力。打网球可以培养人们速度、力量、耐力、灵敏等素质。由于手握网球拍击球，在拍与球撞击时，需要根据来球的具体情况，随时挥拍应变处理，因此，对调节肌肉用力的紧张度与肌肉感觉有良好的影响，对发展协调性有积极的作用。

图 10-12　网球

（2）网球运动的健心价值。情绪影响健康状况。前苏联心脏病中心医院主任、医学博士、国家奖金获得者莫哈尔杨莫夫，多年来一直用慢跑来加快自已的脉搏频率，一个偶然的机会，使他接触了网球，进而有规律地坚持网球锻炼。他指出："我的运动并不是很好的。虽然开始得很晚，但这项运动对于我来说，不在于技巧上如何而在于身心巨大愉快。"另外，在从事网球运动过程中，由于运动本身的需要，在感知觉、思维、记忆、情感、意志品质、个性心理特征等方面都有着积极的影响。如在回击对方来球时，首先要对来球的力量，空中运行速度、落点、旋转性能等作出判断，并针对来球有的放矢地采用相应的战术行动，这就要求视觉、听觉等感觉机能的高度兴奋，从而提高了中枢神经系统的灵活性和思维的敏捷性；在完成各种技术动作和与对手斗智斗勇的拼搏过程中，会体验到兴奋、喜悦、激动、遗憾等强烈鲜明、丰富多样的情感，对于疲劳的大脑和紊乱的情绪都能起到一种积极有益的调节。

（3）网球运动的社交价值。打网球可以增进友谊、加强团结。通过打网球，可以结识许多新朋友，扩大自己的生活圈子。加入到网球队的集体中，能体会到团体、队友之间的友谊，消除孤独感和寂寞感，特别是进入老年后，由于年龄的老化和离退休后无所事事，会产生一种灰色的失落感和孤寂感。这种情感对人的健康是极为不利的。参加网球运动，其运动本身不仅能很好地消除心理上的抑郁，还能促进人际交往。

（四）高尔夫运动项目

高尔夫运动是现代竞技体育发展进程中一项古老的体育运动。然而，在现代社会经济文化一体化发展的影响下，高尔夫运动以其自身的文化内涵和运动魅力，迅速发展成为一项备受人们喜爱，并对社会经济与文化的发展产生巨大影响的运动。因此，现代高尔夫运动的社会发展，已不仅仅是体现以竞技运动为目的的单一的体育运动了，而是形成了以社会文化和经济发展为一体化的、新兴的、具有高附加值的体育运动。高尔夫运动的特点与实用价值如下。

（1）高尔夫运动具有竞技与休闲双重文化特征。高尔夫运动不仅具有以竞技比赛为目的的文化特征，成为今天竞技体育的组成部分；同时，也成为被现代社会日益推崇的休闲体育文化。当人们漫步在绿草荫荫，植被茂盛，鲜花盛开，鸟儿争鸣的自然环境中，充分享受大自然所赋予人类的恩惠时，人们潇洒挥杆，忘却都市的喧嚣，使身心得到无限的快慰。因此，高尔夫运动，体现了竞技文化和休闲文化双重性发展的社会特征。

（2）高尔夫运动体现了现代社会个体对高雅、文明、健康的文化消费方式的心理诉求。从高尔夫运动的历史发展过程来讲，最初作为一种趣味游戏，其本身并没有太多的文化内涵，而在这项游戏的社会传播过程中，受到中世纪欧洲社会文化发展的影响，逐渐成为反映中世纪欧洲社会人文特征、个体的情感动机、社会制度、传统观念以及各种社会文化现象的特殊文化载体。我们从有关高尔夫运动发展的历史资料中可以看出，在早期，从事高尔夫运动的人们，无论是在着装、交往礼仪以及在运动中的行为特点，都反映出中世纪前后欧洲社会发展的诸多特征。高尔夫运动成为当时备受推崇的“绅士文化”的象征，以致今天人们还把高尔夫运动称为“绅士运动”。高尔夫运动所推崇的礼仪规范和行为自律，作为历史文化发展的积淀，符合了现代社会个体的心理发展诉求，同时，也是高尔夫运动发展的重要社会基础（见图 10-13）。

图 10-13　高尔夫运动

（3）高尔夫运动具有很强的社会文化向心力和经济包容性。自 20 世纪 80 年代中期以来，经济的快速发展，为以文化为依托的社会生产和实践，提供了广阔的经济发展空间。高尔夫运动所表现出的丰富的文化发展内涵，不仅为高尔夫运动的社会发展拓展了广阔的市场发展空间，高尔夫文化所表现出的文化向心力，也带动了社会相关产业的发展，形成了经济发展的互补互动和优势整合的产业经济链。如在城市规划与建设方面，高尔夫运动的社会发展，不仅改善了一个城市的投资环境，而且也大大提高了城市总体建设与发展的文化品位，促进了城市绿色工程建设和可持续发展。在城市房地产开发与建设方面，高尔夫球场的规划与建设，不仅改善了球场周围的用地环境，促进了高尔夫球场周围的房地产开发，提高了废弃荒地的经济价值，而且也带动了一个城市旅游、酒店、餐饮等服务行业的发展，拉动了社会消费，增加了城市就业机会。因此，高尔夫运动的发展与推广，体现了其本身所特有的社会文化向心力和经济包容性的社会发展特征。

（五）毽球运动项目

历史记载，踢毽子起源于我国汉代，盛行于六唐和隋朝。20 世纪 30 年代，涌现了一批全国毽球高手，如谭俊川等前辈，这时候的毽球技巧难度很高。1947 年，我国南方一些城市开展“网毽”活动是我国毽球运动的雏形；1957 年，武汉市把毽球运动纳入比赛项目；1987 年，在北京成立了中国毽球协会。在当今国家推行全民健身运动和教育实施“应试教育”向“素质教育”转轨的热潮中，毽球运动以它特有的功能在学校体育中慢慢传播开来。毽球运动的锻炼效果与实用价值如下。

（1）毽球运动的健身价值。毽球运动的产生和发展变化，都符合人的生理、心理特点，符合人体动作技能形成的客观规律。所有毽球动作都反映了人体基本活动在日常生活、工作、学习及生产实践中为适应自然环境所需要的一种能力，能全面锻炼人体各个环节；长时间坚持毽球运动可提高参与者的有氧耐力，扩大肺活量，提高心脏功能，从而提高青少年的耐性，改善代谢能力；毽球运动有利于培养学生对时间、空间的立体感觉，有利于锻炼踝关节、膝关节、髋关节等关节的灵活性，使身体的协调性、柔韧性得到进一步的改善和发展，从而增强身体素质，符合体育教学原则；毽球运动具有简单易行的特点，既不受场地的限制，也不受器材、天气的约束，老少皆宜，四季可行，符合循序渐进、科学地锻炼身体的原则。

（2）毽球运动的心理价值。随着社会的不断进步与发展，高效率、快节奏的生活为现代人带来了来自社会、工作、学习及人际交往等各方面的压力，往往使人们的身体处于“亚健康状态”。毽球运动对改善人的适应能力、稳定情绪，发展个性心理素质有着独特的作用。毽球运动娱乐性强、趣味性高、简单易学、老少咸宜。人们可通过毽球运动比赛，在比赛中展现智慧和技巧。在与同伴的合作中，能战胜自我，感受美妙的心理满足和快感，它可使人产生自信、自尊，满足人们交往的需要。它使高强度学习、工作带来的紧张和压抑得到缓解或消除，使参与者能够正确对待成败，认识自我，充分发挥自己的潜力，提高自信心和承受挫折的能力，不断磨炼意志，在失败中看到成功的希望，在成功中接受新的挑战。毽球运动各种不同形式的运动，使人们享受不同体验，心理、身体机能得到充分的调节，学习、生活质量都得到进一步完善和提高。

（3）毽球运动的审美价值。美是人类社会实践的产物，劳动创造了美，美从劳动中分离出来，艺术或运动作为美的一种高级形式存在，人们对于它们的审美现象也就自然产生和发展起来。毽球是一项艺术性、娱乐性很强的民族体育运动项目，具有丰富的美学内容。首先，踢毽通过肢体动作及对毽球飞行的控制向人们来展示“人球合一”的和谐美，在重复对美的内在体验中，能大大增强感受性，使内在美与外在美结合起来，从中获得美感，并成为他人的审美客体。其次，练习者还可以自己制作毽球、自创自编动作和踢法，充分发挥个性想象力，使美的新颖性得到无限创新和延伸。同时毽球运动的全、快、变风格的形成和发展，为推动毽球运动的理论与实践的提高和发展创造了条件，这是实践主体实践活动和认识活动结果，也是体育审美价值功能的体现。

（4）开展毽球运动的社会价值。毽球运动有各种的技术踢法，其活动也有一定条件或规则的限制，调节和约束着参与者之间的行为及彼此的关系，对培养新一代学生遵守社会生活准则和行为规范具有强化作用。同时，毽球运动活动构成一个临时社会互动场所，在活动过程中个人之间、集体与集体之间的相互合作交流。运动中自然产生协同配合，团结合作，为学生进行自我教育提供良好契机。课外的毽球练习还能够打破班级上课的那种相对狭小的空间，学生的锻炼空间可以延伸到整个学校，甚至是社会，这种扩大锻炼空间的特点为学生创造了交往的机会，为学生改善人际关系提供条件。在毽球运动中，参与者的社会功能、社会适应性和遵守社会规范的意识会得到迅速发展，在娱乐和健身中能有效地实现个体社会化价值。

第三节　体能类运动项目的学习价值与锻炼作用

体能即人体适应环境的能力，包括与健康有关的健康体能和与运动有关的运动体能。

健康体能指人体参与身体活动的能力。健康体能以增进健康和提高基本活动能力为目标，竞技运动体能以追求在竞技比赛中创造优异运动成绩所需体能为目标。体（适）能的最高层次是机体对竞技运动的适应，运动训练是对人体极限能力的开发，要想创造优异运动成绩，必须将影响运动成绩发挥的各种机体适应能力进行综合性的训练，并将其调整到最佳状态。

一、体能类运动项目概述与特点

运动体能指人体参与体育运动的能力，泛指运动员身体素质水平。即运动员在专项比赛中体力发挥的最大程度，也标志着运动员无氧训练和有氧训练的水平，反映了运动员机体能量代谢水平。竞技体育领域所讨论的体能，特指运动体能，运动训练界习惯将之简称为体能。运动体能是运动员为提高运动技术水平和创造优异运动成绩所必需的身体各种运动能力的总称。它是运动员机体对外界刺激或外界环境适应过程所表现出来的综合能力，与人的运动能力有关，与人体适应能力有关，与人的心理因素（主要是意志力）有关。

有人认为，体（适）能可分为竞技体（适）能和健康体（适）能。竞技体（适）能即运动体能，特指运动员为追求在竞技比赛中创造优异运动成绩所需的体（适）能。健康体（适）能是为促进健康、预防疾病和增进日常生活工作效率所需的体（适）能，包括心肺耐力适能、肌力适能、肌耐力适能、柔韧性适能、适当的体脂肪百分比。

也有人认为，体能分为大体能和小体能。大体能泛指身体能力，它包括身体运动能力，身体适应能力，身体机能状态和各种身体素质。小体能即运动训练中的体能训练和体能性项目训练。还有人认为，体能包括人的有形体能和无形体能，前者指身体能力，后者指心智能力，体能由身体结构、身体机能和智力意志三部分组成。从社会生活角度而言，体能是积极适应生活的身体能力、工作能力和抵抗疾病的生存适应能力。更有人认为，体能特指身体健康方面的状态。人体对环境的良好适应，包括对基本生存的适应，对日常生活和基本活动的适应，对生产劳动的适应，对竞技运动的适应。对基本生存的适应、对日常生活和基本活动的适应、对生产劳动的适应是体能的最基本状态，对运动训练和运动竞赛的适应是体能的高级适应。综上所述，体能是人体对环境适应过程所表现出来的综合能力。

二、体能类运动项目的锻炼效果与实用价值

（一）田径运动项目

田径运动的项目分类较多，训练形式多种多样，场地要求较低，所需的设备和器材相比

其他项目较简单，练习时基本不受性别、人数、时间和季节等条件限制，有利于在群众中推广和发展。

1. 田径运动项目的名称与特点

田径运动主要由走、跑、跳跃、投掷及全能运动组成。按田径比赛分类要求分为；田赛项目（包括跳跃项目，如跳高、跳远、撑竿跳；投掷项目，如铅球、链球、标枪、铁饼）和径赛项目（包括短跑、中长跑、长跑、马拉松跑、跨栏跑、障碍跑、接力跑）及全能项目。学习田径运动项目知识有利于了解各田径运动项目的特点，从而选择最为适合个体锻炼身体的练习项目和方式方法，为达到锻炼身体的目的奠定科学合理的理论基础。

2. 田径项目的学习价值与锻炼作用

（1）田径是运动之母，是各项体育运动的基础。它能全面且有效地发展人的身体素质和各种运动技能，对其他运动项目的技术发展和成绩提升都有良好的促进作用。因此，各体育运动项目都把田径运动作为主要体能训练手段。田径运动不但是各种体育运动的基础，也反映出各项体育运动之间内在的、必然的联系。

田径运动是增强体能的重要方法之一，经常从事田径项目练习，不仅可以锻炼心肺，促进身体机能循环，改善和提高内脏器官机能，还可锻炼肌腱、骨骼、协调性。因为涉及体育锻炼最基础的动作，所以，进行田径运动项目的练习，是所有运动项目发展身体素质的必修课（见图 10-14）。

（2）长期进行跑步练习可以磨炼人的意志和毅力，增强身体的韧性和耐心，提高身体反应速度和灵敏度，促进身体对环境的适应能力。长期坚持跑步锻炼的人，在完成定量工作时行动一般比没有进行身体锻炼的人要快；工作潜力较不经常锻炼的人更大，经常参加锻炼的人在工作中能发挥最大的机能和潜力去完成任务；经常参加锻炼的人较不参加体育锻炼的人更容易从繁重的体力或脑力工作中恢复过来。心脏是全身血液供应的总枢纽，生命的动力。长期坚持跑步锻炼，会使心肌强壮有力，蛋白和肌红蛋白量增加。经常参加跑步锻炼的人心脏比一般人大，外形丰满，搏动有力。一般人心脏容血量为 765～785 毫升，而坚持锻练的人容血量可达 1015～1027 毫升，心跳可比正常人减慢 10～20 次/分，这样心脏的工作就减轻了负担。另一方面，跑步能增强心脏的耐受力，不经常参加跑步锻炼的人当心跳超过 100 次/分时，一般会感到头昏、心慌、气喘；而长期坚持跑步锻炼的人，可忍受到 150 次/分。 骨骼是身体的支架，是人体活动的杠杆。处在生长发育期的青少年，长期坚持跑步锻炼能显著改善身体血液循环，增加骨细胞营养物质的供给，提高骨细胞的生长能力，从而促进了骨骼的正常发育。老年人，新陈代谢减弱，肌肉逐渐萎缩，骨骼出现退行性改变，骨与关节疾病也越来越多。经常坚持跑步锻炼能提高机体新陈代谢能力，延迟骨骼的退行性改变，预防老年性骨骼与关节病的发生，从而起到延缓衰老的作用。

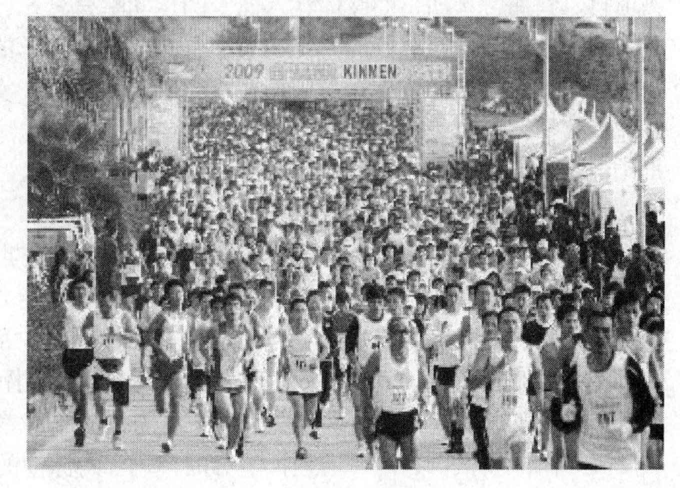

图 10-14 长跑

（二）游泳运动项目

1. 游泳项目的特点与分类

从游泳的意义上来说，游泳应该分为两类：第一种是以竞技为目的游泳竞赛，分为以速度为主的竞速游泳和以表演为主的花样游泳；第二种是以在生活中能产生具有较大的使用价值和作用为主的游泳称为实用游泳，如爬泳（自由泳）、蛙泳、侧泳、潜泳、踩水（立泳）、水上救护、仰泳。

图 10-15　游泳

竞技游泳是有特定技术动作要求，按照游泳竞赛规则规定进行竞赛的游泳项目。它可以分为在室内外游泳池进行的比赛和在公开水域进行的比赛两大类。按照技术动作要求，游泳又分为自由泳、蛙泳、仰泳、蝶泳和由这四种游泳组成的个人混合游泳，以及接力游泳比赛游泳。竞技游泳主要是以速度来决定名次的游泳，是根据游泳竞赛规则进行的，称为竞技游泳。（见图 10-15）。

花样游泳也称为“艺术游泳”。是集舞蹈、体操、游泳等项目于一体的竞技体育项目，对运动的身材、泳装、头饰、音乐及动作编排都有很高的要求。它分为单人、双人、集体的比赛项目。它通过运动员的肢体在水面上的运动配合音乐，展现出各种优美动作和各种造型的艺术技巧，带给群众美好的享受，故享有“水上芭蕾”的美誉。

实用游泳指人们在生活中依据在水中的现实情况和实际需要，所进行的没有固定规范的游泳方式使用价值较大的游泳方法称为实用游泳。如爬泳（自由泳）、蛙泳、侧泳、潜泳、踩水（立泳）、水上救护、反蛙泳（仰泳）等。

2. 游泳的学习价值与锻炼作用

（1）游泳有增强心肺的功能。和一般人比起来，长期进行游泳锻炼的人的心肺功能较好。这是因为游泳时水的作用使肢体血液易于回流心脏，使心率加快。长期游泳会有明显的心脏运动性增大，收缩有力，血管壁厚度增加，弹性加大，每搏输出血量增加。所以，游泳可以锻炼出一颗强而有力的心脏，这对于心血管系统疾病的预防和治疗也有一定的好处。另外，游泳时，呼吸肌负担大大加重，12～15 千克的水压压迫着整个胸腔，也有助于肺活量的增加。

（2）游泳有抵御寒冷、增强抵抗力的作用。游泳池的水温一般低于体温 10℃左右，在水中浸泡散热快，耗能大。为尽快补充身体散发的热量，以供冷热平衡的需要，神经系统便快速作出反应，使人体新陈代谢加快，增强人体对外界的适应能力，抵御寒冷。经常参加游泳的人，由于体温调节功能改善，就不容易伤风感冒，还能提高人体内分泌功能，是脑垂体功能增加，从而提高对疾病的抵抗力和免疫力。

（3）游泳有减肥的功效。游泳时身体直接浸泡在水中，水不仅阻力大，而且导热性能也非常好，散热速度快，因而消耗热量多。人在标准游泳池中跑步 20 分钟所消耗的热量，相当于同样速度在陆地上的 1 小时，在 14℃的水中停留 1 分钟所消耗的热量高达 100 千卡，相当于在同温度空气中 1 小时所散发的热量。由此可见，在水中运动，会使许多想减肥的人，取得事半功倍的效果，所以，游泳是保持身材最有效的运动之一。

（4）游泳有健美形体的功效。人在游泳时，通常会利用水的浮力俯卧或仰卧于水中，全身松弛而舒展，使身体得到全面、匀称、协调的发展，使肌肉线条流畅。在水中运动由于减少了地面运动时地对骨骼的冲击性，降低了骨骼的劳损概率，使骨关节不易变形。水的阻力可增加人的运动强度，但这种强度，又有别于陆地上的器械训练，是很柔和的，训练的强度又很容易控制在有氧域之内，不会长出很生硬的肌肉块，可以使全身的线条流畅优美。

（5）游泳有护肤的作用。人在游泳时，水对肌肤、汗腺、脂肪腺的冲刷，起到了很好的按摩作用，促进了血液循环，使皮肤光滑有弹性。此外，在水中运动时，大大减少了汗液中盐分对皮肤的刺激。

（6）特殊的生存能力。游泳算是一种生存技能，当人意外落水或者遭遇洪涝灾害时会游泳的人自救存活的概率要远远大于不会游泳的人。在特定的水环境下遇到危险时，起到救命的作用。

（三）举重与健美运动项目

1. 举重项目与健美项目的特点

广义的力量训练是指一切有助于增强骨骼肌的运动项目，包括大家熟悉举重与健美训练与比赛等。狭义的力量训练，指以举重和器械为主的力量型练习。

2. 力量项目练习的实用价值与锻炼效果

能快速增强肌肉力量，缓解日常工作疲劳；燃烧体内脂肪，加速“制造”肌肉；锻炼出具有美感的肌肉线条；增加骨骼密度，降低患骨质疏松症的概率；减少肌肉酸痛和背部疼痛；增强心血管功能，降低患糖尿病的概率；增强自信，提高自我承受能力。

事实证明，传统的有氧运动强度低、持续时间长，只能在一定程度上促进新陈代谢和心肺功能，并不能从根本上改变人的体形。特别是女性，如果某位女性的体形是梨形，即使长期坚持有氧锻炼，其结果也只是小了一号的梨形而已。对于希望塑身修形的女性，最佳的方法还是有氧运动配合适当的力量训练，这样不但能增强心肺功能，还能“制造”肌肉消耗脂肪。对于中老年人来讲，进行力量训练的最大益处则是改善心血管机能和增加骨骼密度。老年人同样可以在专业教练的指导下，和年轻人一样进行举重训练。对于首次接触举重等力量练习的人来说，每周 2～3 次，每次一组练习就可以使肌肉组织更加紧密。而对于已经练习了 3 个月以上的人来说，每次只做 1 组练习虽然可以维持体形，但如果希望有更好的效果，就必须做够 3 组以上的练习。

（四）自行车与划船运动项目

1. 自行车与划船运动项目的运动形式与特点。

自行车运动项目（见图 10-16）和划船项目两腿为静力性工作，手臂和躯干多为动力性工作，因此，运动过程中在血液重新分配时，参与动力性运动的肢体所获得的血液供给量较多，心率的变化也依据运动动作的速度和环境变化，身体内部急需补充养料和排出废料，所以心跳往往比平时增加 2～3 倍。如此反复练习，就能使心肌发达，心脏变大，心肌收缩有力，血管壁的弹性增强。此外，还能使肺通气量大，肺活量增加，肺的呼吸功能提高。

图 10-16 自行车

2. 自行车与划船运动项目的运动与锻炼价值

由于骑自行车和划船运动是室外项目，在运动过程中能吸入大量新鲜空气，会觉得大脑思路更清晰。在进行骑自行车和划船运动时，运动者不仅会有非常自由且畅快无比的感觉，而且，还可以起到娱乐身心的作用。这两项运动对提高人的体能作用非常大，但开展这两项体育运动需要特定的条件与环境，所以受客观条件限制比较大，在大学中开展的不太普遍，如果具备开展这两项运动项目的条件时，倒不失为是一项非常好的体育运动和锻炼项目。

三、体能类运动项目训练时常见的误区

（一）体能训练只适合运动员

运动员也是普通人，只不过是他们在某一些方面的身体条件优于常人，比如高大、强壮、快速、精准等。他们在很小的时候就接受刻苦的训练，再加上本身所具有的天赋，使他们在自己的项目里具有好于一般人的优势。但是，这并不能说明运动员的体能训练不适合普通人群，只要热爱你所喜欢的项目，坚持不懈地练习，一样可以成为优秀的体育运动人才。

（二）体能训练只能提高心肺功能

体能训练的种类很多，有人认为它只有提高心肺功能一种作用，这样认为过于片面，无法还原和体现体能训练的精华。只有真正的开始了体能训练，才能充分体会到体能训练给你带来的快乐和惊喜。

（三）健美训练就是体能训练。

这也是一种片面的认识，健美训练的要点是发展身体各部分肌肉群围度的同时提高自身的力量，以达到健美的目的，磨练人的意志力。而体能训练的要点是，综合性地提高身体速度、力量、爆发力、敏捷、反应等多方面的能力。

（四）年龄太大的人不能进行体能训练

很多人都有这样的误区，认为年龄过大的人无法适应体能训练中的高强度练习，从而放弃了体能训练。其实不然，根据不同的身体情况制定不同的体能训练方法，依然能够起到提高体能的作用，这充分说明只要保持好的运动状态，年龄不是什么问题，除非自己选择放弃。

（五）体能训练可以快速减肥

体能训练确实可以达到控制体重的效果，但是减肥是一个专业而且持续的问题，只有在体能训练的同时结合饮食调整，才可以更快更容易达到减肥健身的目的。

（六）在家里无法进行体能训练

体能训练的项目非常多，可以根据不同运动项目和所需要的技巧粗略地划分，体能训练完全可以安排室内进行，所取得的效果不会比在室外的差。

（七）只有赛前才可以进行体能训练

体能训练时时刻刻都可以进行，只要充分把握好训练者的身体状况和体能要求，就可以制订出详细的体能训练方案。

（八）只有男性才适合体能训练

许多女性认为，体能训练不适合女性，但是越来越多的女性在生活和工作上的压力不比男人少，大多数女性每天的工作姿势是单一固定的，依照“用进废退”的原则，体质慢慢退化。因此，女性同样可以进行体能训练。还有女性认为体能训练会让女性变得粗壮，实际上体能训练会使女性的肌肉变得发达，肌肉线条更有美感，健康发达的肌肉可以更好地控制身体，但不会使女人变得特别粗壮。

（九）体能训练是一种折磨

很多人都会有这样的想法，其实这种想法是错误的。任何身体训练都是在挑战自己的体能，训练过程中都会出现各种不适应的状态，但是当训练者按照合适强度去练习的时候，会发现体能训练不仅会带来身体上的改变，而且也会使心情变得更加愉悦。另外，还有人认为青少年不适合进行体能训练，实际上，青少年是一个特殊的群体，他们的生理、心理都在发育期，适当的体能训练可以有助于他们生理的发育，同时还可以加强他们的交际能力和大脑反应速度，百利而无一害。有研究表明，具有运动爱好的青少年犯罪率明显要低于没有运动爱好的青少年。但在青少年时期不宜进行极限体能训练，以防出现伤害事故。

第四节　搏击类运动项目的学习价值与锻炼作用

一、搏击类运动项目的特点与分类

现代搏击类运动项目种类丰富，各个国家、地区基本上都有富有特色的徒手对抗性搏击运动。这些运动项目都带有明显的地域和民族文化特征和传统风格。它为许多国家和人群所接受，成为人们喜爱的运动和锻炼项目。如中国有散打运动、日本有柔道运动、韩国有跆拳道运动，除此之外，还有拳击、泰拳、传统武术、空手道、截拳道、法国踢拳、巴西柔术、合气道、桑搏、忍术格斗、相扑、卡拉里帕亚茶、艾斯克瑞玛、班卡西拉、欧洲自由搏击、希腊罗马式摔跤、以色列格斗术等。

二、搏击类运动项目的学习价值与锻炼作用

（一）武术运动项目

武术是以搏击为主要内容，以套路和搏斗为运动形式，注重内外兼修的中国传统体育项目，是中国人民长期积累起来的一宗宝贵文化遗产。

中国武术（见图 10-17）不仅仅是一项搏击术，它是民族智慧的结晶，也是中华民族传统文化的精粹，是世界上独一无二的“武文化”。它的思想核心是儒家的中和养气之说，同时又融合了道家的守静致柔，释家的禅定参悟，从而构成了一个博大精深的武学体系。

图 10-17　武术

1. 武术运动项目特点

（1）既有搏斗动作，更有套路运动。武术是中国最具特色的传统体育项目，中国武术运动最大的一个特点是：既有擂台对抗形式的搏斗运动，又有包含丰富多彩的套路运动。在古代，武术由军事技能发展为搏斗运动的体育项目，有“角抵”、“手搏”、“相扑”、“击剑”，以及较棒、较枪等；发展为套路运动的体育项目，有“打拳”、“舞剑”、“盘戟”、“舞轮”、“使棒”、“使枪”等。自产生以来武术一直是沿着搏斗运动和舞练的套路运动相结合的方式演绎发展。随着岁月的流逝，套路运动在发展过程中逐步占有了武术的主要地位，而且内容、形式和流派越来越绚丽多彩。根据拳种和类别的不同，套路有长有短，有刚有柔，

有单练有对练，有徒手有器械。风格不同，各具特色。

（2）具有攻防技击性特征。攻防技击性，是武术运动的主要特点。即使是套路运动，在它的动作和练法中，一般也都具有攻防技击的意义。如组成武术套路运动主要内容的踢、打、摔、拿、击、刺等动作，它们都有着不同的技击特点和攻防规律。

（3）具有内外合一、形神兼备的练功方法。内外合一、形神兼备的练功方法，也是武术运动的另一大特点。所谓内，指的是心、神、意、气等内在的心志活动和气息运行。所谓外，指的是手、眼、身、步等外在的形体活动。许多拳种和流派，都十分强调内外合一、形神兼备的练功方法。例如：查拳强调“精气神”；华拳强调“心动形随，意发神传”；太极拳强调“以心使身”，“用意识引导动作”；形意拳强调“心与意合，意与气合，气与力合”，“手与足合，肘与膝合，肩与胯合”；南拳强调“内练心神意气胆，外练手眼身腰马”；通背拳则强调“势要稳固”，“气要下沉”。

（4）具有广泛的适应性。武术运动不仅锻炼价值高，而且内容丰富、形式多样。不同的拳术和器械有着不同的动作结构、技术要求、运动风格和运动量，它可以不受年龄、性别、体质、时间、季节、场地和器材的限制，人们可以根据自己的需要和条件，选择合适的项目来进行锻炼，这给开展群众性的体育活动提供了方便。

2. 武术类运动项目的锻炼效果和实用价值

（1）提高素质，健体防身。武术套路运动其动作包含着屈伸、回环、平衡、跳跃、翻腾、跌扑等，人体各部位几乎都要参与运动。系统地进行武术训练，对人体速度、力量、灵巧，耐力、柔韧等身体素质要求较高，人体各部位“一动无有不动”，几乎都参加运动，使人的身心都得到全面锻炼。实践证明，对外能利关节，强筋骨，壮体魄；对内能理脏腑，通经脉，调精神。武术运动讲究调息行气和意念活动，对调节内环境的平衡，调养气血，改善人体机能，健体强身十分有益。武术套路运动和搏斗运动，都是以技击作为它的中心内容的，通过武术锻炼，不仅能够达到增强体质的作用，而且能够学会攻防格斗技术，特别是武术功力训练，更能发挥技击的实效性。

（2）强身健体，陶冶情操。武术不仅有健身和技击的价值，而且富有浓郁的艺术色彩。表现在运动中攻与防、虚与实、刚与柔、开与合、快与慢、动与静、起与伏等交替变化形成的强烈的动感、均衡的势态、恰当的节奏、和谐的韵律，使人百看不厌。就单个动作而言，讲究的上、中、下三盘错落，高有鹰击长空的气概，低有鱼翔浅底的雅趣，如“大跃步前穿”，忽地凌跃而起，忽地又伏身而下，似长风出谷，若燕子抄水，妙不可言。其套路运动变化，讲究动之如涛、静之如岳、起之如猿、轻之如叶、重之如铁、缓之如鹰、快之如风等充满着矫健、敏捷、洒脱、舒展而遒劲的美，使人的情操在演练中受到陶冶，提高自身的修养和审美能力。

（3）锻炼意志，培养品德。练武对意志品质考验是多面的。练习基本功，要不断克服疼痛关，磨炼“冬练三九、夏练三伏”，常年有恒，坚持不懈的意志品质。套路练习，要克服枯燥关，培养刻苦耐劳，砥砺精进，永不自满的品质。遇到强手克服消极逃避关，锻炼勇敢无畏、坚韧不屈的战斗意志。经过长期锻炼、可以培养人们勤奋、刻苦、果敢、顽强、虚心好学、勇于进取的良好习性和意志品德。“教武育人”贯彻在武术教习全过程中，“未曾学艺先学礼，未曾习武先习德”，传统中始终把武德列为习武教武的先决条件。武术在中国几千年绵延的历史中，一向重礼仪，讲道德，“尚武崇德”。诸如尊师爱友，包含了深刻广泛的道德内容，互教互学，以武会友，切磋技艺，讲礼守信，见义勇为，不凌弱逞强等品德。激烈的攻防技术和人生修行结合起来，是中国武术传统道德观念的体现。在社会的发展中，武德的标准和规范也不尽相同，尚武而崇德不仅能很好地陶冶情操，还会大大有益于社会精神文明建设。

（4）竞技观赏价值。武术具有很高的观赏价值，历来为人们喜闻乐见。唐代大诗人李白好友崔宗字赞他“起舞拂长剑，四座皆扬眉”。杜甫在《观公孙大娘弟子舞剑器行》著名诗篇中有“昔有佳人公孙氏，一舞剑器动四方。观者如山色沮丧，天地为之久低昂”的描绘。汉代打擂台，“三百里内皆来观”。都说明无论是显现武术功力与技巧的竞赛表演套路，还是斗智较勇的对抗性散打比赛，都会引人入胜，给人以美的享受，都具有很高的观赏价值。通过观赏，给人以启迪教育和乐趣（见图 10-18）。

图 10-18　武术

（5）交流技艺，增进友谊。武术运动蕴涵丰富，技理相通，入门之后会有“艺无止境”之感。群众性的武术活动，便成为人们切磋技艺、交流思想、增进友谊的良好手段。随着武术在世界广泛传播，还可促进与国外武术爱好者的交流。许多国家武术爱好者喜爱武术套路，也喜爱武术散打，他们通过练武了解认识中国文化，探求东方的文明。武术通过体育竞技、文化交流等途径，在与世界各国人民友好交往中发挥着越来越大的作用。

（二）拳击运动项目

拳击是运动员双方通过两只拳头的对抗，进行体能、技术和心理的较量。拳击竞技的具体表现形式，是两人在正方形的绳围比赛场地中，戴着特制的柔软手套，按一定的规则和技术要求，进行攻防对抗。攻防的武器只能是戴上特制手套的两只拳头，攻防的目标只限于对方腰髋以上的身体部位。拳击被人们称作“艺术化的搏斗”。

1. 拳击运动项目特点

（1）拳击同其他体育项目一样，既具有一般体育项目的运动特点，又具有它自己的特殊性。拳击的特殊性，就在于它是运动员双方通过两只拳头的对抗，进行体能、技术和心理的较量。因为高水平的拳手在比赛时，表现出强劲有力的攻防动作，拳法突然迅速、攻势凌厉，令人眼花缭乱，并且动作潇洒自如，姿态优美，给人以艺术性的美感。拳击不但表现出力量、技术、意志、心理、智慧的竞技和健美的艺术，而且可以培养人崇高的审美观，塑造人的心灵。

（2）拳击运动的比赛规则有自己的独特之处。在国际业余拳联（AIBA）自 1997 年开始实行的新规则中，规定业余拳击比赛实行 5 个回合制，每个回合打 2 分钟，回合间休息 1 分钟；职业拳击比赛一般是实行 10～12 回合制，回合中间休息 1 分钟。业余拳击比赛主要靠技术得分来判定胜负，所用拳击手套大而且厚，比赛时运动员要穿背心、短裤、软底拳鞋、戴护头盔。职业拳击比赛主要靠强烈攻击或将对方击倒判定胜负，被击倒一方如果在 10 秒钟内不能站立起来恢复比赛，就判对方获胜；比赛时职业拳手的手套小而且薄，赤裸上身、头部不戴头盔进行比赛。业余拳击比赛设有 12 个级别，职业拳击比赛设有 17 个级别。

（3）由于拳击需要肌肉的强大爆发力，需要完善的技术和战术。比赛时面对瞬息万变的赛场情况，要求运动员能在极短的时间内准确地了解对方的基本状况，同时还要迅速作出相应的判断并采取相应的行动，利用强有力的身体和娴熟的技术、多变的战术进行攻击和防守，并且要具有战胜对手的信心和勇敢顽强的意志品质，才有可能战胜对手。参加拳击比赛必须经过长期系统的训练，练就强健的体魄，掌握优良的技术，能灵活运用多种战术，还要具有顽强拼搏、勇于争胜的意志品质。这不仅对拳击爱好者和拳击运动员的身体素质和心理素质提出了很高的要求，而且，对增强拳击爱好者和拳击运动员的身心健康具有极大的锻炼价值，这是拳击运动具有的最明显、最优秀的特点（见图 10-19）。

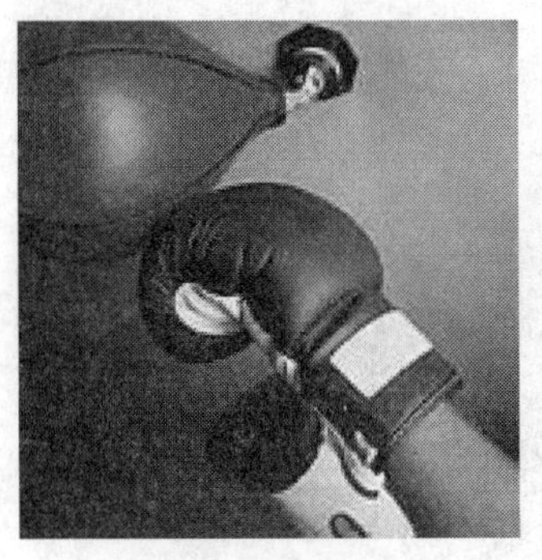

图 10-19　拳击

2. 拳击运动项目的实用价值和锻炼效果

（1）拳击可以增强人体的力量。拳击比赛时要靠人体的爆发力来完成攻防动作，只有在最短的时间内将最大的力量发挥出来，才能够达到攻防的目的，有效地完成攻防动作，这就要求拳手具有强劲的爆发力。训练有素的拳手肌肉工作时的弹力和出拳时的爆发力，要比一般人高出几倍，同时其出拳的速度也会相应增快。拳击可以增强练习者的绝对力量。在拳击练习，特别是拳击比赛时，拳手必须具有较大的绝对力量，才能达到攻防的目的。也就是说，必须具有重创对方的力量，才能在拳击比赛中占据优势和主动。所以，大部分拳手都十分重视绝对力量的练习，经常做大量的上肢力量以增加进攻时的威力。据测定，世界优秀拳手的发拳力量可以达到 500 公斤。具有较大力量的拳手在比赛中会使对方心理上产生畏惧，丧失比赛的信心。但要注意，绝对力量要和速度结合在一起才能发挥作用，只有强大的绝对力量，而速度较慢，就很难打倒对方，使力量失去意义。所以，在拳击练习的过程中，一定要注意绝对力量和速度的结合，通过最快的速度发挥最大的力量，是取得拳击比赛胜利的关键条件之一。

（2）拳击运动可以提高人的灵敏性和反应能力。拳击运动中最基本、最重要的素质之一，就是要具有高度的灵敏性和快速的反应能力。在拳击比赛和训练时，运动员要熟练地掌握运用各种技术方法，灵活地变化运用各种战术，并且要随机应变地随场上情况及时调整自己的技战术，同时要完成各种技术组合等，所有这一切，都需要拳手具有高度的灵敏性，具有快速的反应能力，否则就会受制于人，处处被动。经常练习拳击和参加拳击比赛的人，他们灵敏性和反应能力就会得到充分锻炼和提高，这种灵敏性和反应能力表现在日常工作和生活中，就会使你觉得生活轻松自如，从而增加人的生活乐趣和情趣。

（3）拳击可以促进人的身心健康发展。拳击运动是手脑并重、全身活动的运动项目，练习拳击或参加拳击比赛时，人一直都是在不停地跳动和运动之中，而且，拳手所采取的每一个行动都是在大脑缜密的、快速的考虑之后进行的，所以，这对人体的运动器官和大脑的分析反应都有极高的要求，使人体的运动器官和大脑得到充分的锻炼。又由于拳击训练和比赛时，需要在高度紧张状态下进行高强度对抗，所以对拳手的呼吸系统、循环系统、神经系统、运动系统都有非常高的要求和充分的锻炼。据实验测试，拳击比赛时运动员的氧吸收量每分钟达 3000 毫升、脉搏每分钟达 200 次左右。生理测试表明，训练有素的拳击运动员的心脏体积有增大现象，心肌搏动强而有力。拳击运动员的竞技年龄比其他竞技项目的竞技年龄要长得多，一般可保持到 40 岁左右。比如像美国拳王阿里 38 岁时，仍在参加职业拳击比赛；美国拳王福尔曼 45 岁时还在参加职业拳击比赛；战胜泰森的美国拳手、新的世界拳王霍利菲尔德，是在 35 岁时第三次获得这一殊荣的。所有这一切，都说明拳击运动对人体的良好作用（见图 10-20）。

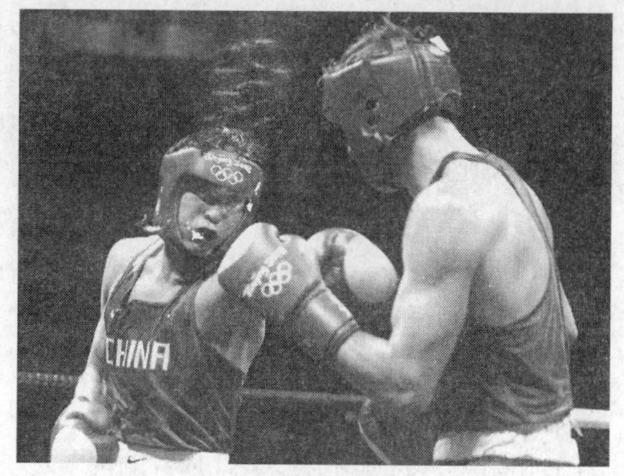

图 10-20　拳击

（4）拳击运动可以培养优良的心理素质。拳击既是人体能力的较量，同时也是心理智慧的较量。长期从事拳击运动，会培养人们顽强拼搏、敢打敢拼、百折不挠的意志品质，也培养人们对事业的专注和执著追求的精神。由于拳击运动具有极其强烈竞争的特点，可以锻炼拳手临危时的应急能力，培养拳手在危险状况和高度紧张状况下沉着冷静的心理素质，这不仅对拳击运动有利，而且对于拳手在日常工作和生活中遇到困难时进行冷静处理，有着极大的帮助作用。

（5）拳击是防身自卫的有效手段。拳击作为一种空手格斗技能，学习掌握好拳击技术之后，就可以把它运用于实战之中。拳击的攻防技术比较简单，容易掌握，经过反复训练实践后，作为防身自卫的一种手段是非常有效的。通过拳击的击打和抗击打能力训练，可以提高练习者的防身意识和自卫方法，在打和被打的练习中自然而然地掌握了防身自卫的本领，提高练习者遇到侵犯时自我保护能力。

（6）拳击具有广泛的社会影响作用。拳击运动已经在社会上引起了极大的影响和起到了轰动效应。现在几乎在全世界都知道泰森口咬霍利菲尔德的事情，这既是拳击事业的耻辱，同时也是拳击在社会上引起社会效应的一个途径。当然，拳击对社会的影响并不只是这些丑事或花絮，最主要的还是拳击本身具有的粗犷与野性的魅力，拳击运动表现着较高的力度美、健康美、技艺美，具有强烈的吸引力和刺激性。

（三）摔跤运动项目

1. 摔跤运动项目的特点

古代奥运会在公元前 776 年诞生之时，摔跤就是其中的一项比赛，而且一直是历届奥运会的比赛项目。摔跤在奥运会中分为古典式和自由式两个跤种，又统称国际式摔跤。古典式摔跤，起源于古希腊，以前被称为希腊罗马式摔跤。19 世纪，英国人制定了较为明确的自由式摔跤规则，所以自由式摔跤最后定型于英国。二者的基本区别在于：古典式摔跤禁止抱握对手腰以下部位、做绊腿动作以及主动用腿使用动作。中国摔跤运动有悠久的历史，它是一种民族形式的体育项目，也是中国文化遗产之一（见图 10-21）。

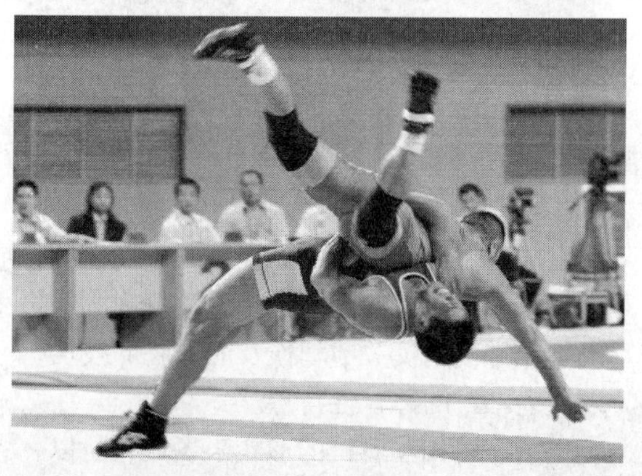
图 10-21　摔跤

2. 摔跤运动项目的运动价值与健身作用

（1）摔跤运动项目是重竞技运动项目之一，指两人徒手相搏，按一定的规则，以各种技术、技巧和方法摔倒对手。摔跤被公认为是世界上最早的竞技体育运动，希腊、埃及、中国以及日本等国家的古代文明中都有摔跤的文字记载。现代摔跤运动起源于希腊，古希腊人非常崇尚摔跤运动。相传，神话中的英雄捷谢伊——雅典民主奠基人，从雅典女神那里学来了摔跤规则，从而发展了摔跤运动。当时有人这样说："摔跤是最完善、最全面、最协调的一项运动，它是全部体育运动的结晶。"当时希腊有许多著名的哲学家、诗人和军事将领都是摔跤手，如古希腊著名的唯心主义哲学家柏拉图，就是当时的摔跤名将。

（2）摔跤的特点是两个人徒手较量，把对方身体某一部位摔到地上或是制伏对手。两人对摔要求运动员手、腰、腿协调配合，在对抗中充分发挥自己的力量，既要有劲，又要会用劲，善于抓住时机，积极主动地进攻。从事摔跤运动和锻炼能促进人体全面发展，增强人的力量和耐力，特别是对人的协调性和耐受力有重要的作用，能提高人体平衡能力和灵敏性，对培养勇敢、顽强的意志品质有积极促进作用。

（四）散打运动项目

散打运动项目也叫散手运动，古时称之为相搏、手搏、技击等，这个项目的起源与发展，与中华民族悠久历史同步发生发展。它从缘起于先辈的生产劳动、生存斗争，又服务于此，两者相互作用，共同促进并演化至今，已经成为华夏民族灿烂文化遗产中的瑰宝。原始社会人类为了猎取食物，长期与野兽搏斗，学会了与野兽搏斗所使用的不同方法，如拳打、脚踢、抱摔等简单的散打技术，并学会了一些野兽猎取食物的本领，如猫扑、狗闪、虎跳、鹰翻等。散打是现代体育运动项目之一，双方按照规则，利用踢、打、摔等攻防战术进行徒手搏击、对抗。散打是中国传统武术的擂台形式，也是中国武协为了使武术能够与现代体育运动相适应整理而成的新式武术运动项目。

1979 年，散打在我国成为竞技的比赛项目。散打经过多年的总结、改进和发展，已成为现代体育竞赛项目，它本着"更快、更高、更强"的奥林匹克精神，已逐步与国际竞技体育接轨。散打运动不仅在国内，而且在世界五大洲的 70 多个国家和地区广泛开展和普及。

1. 散打运动的项目特点

（1）体育与锻炼性。散打（见图 10-22）比赛与人们想象的武术徒手搏击形式截然不同，有人甚至认为散打不是真正的武术，而只是"拳击加腿击加摔法"。因为民间流行的武术搏击，一般都认为是防身自卫，一招致敌；或者像电影、电视、武打小说中描述的那样出神入化、风雨不透。这是武术在许多形式上给人以神化夸张的错觉而造成的误解。从现在的散打运动形式来看，散打与其他运动项目基本相同，属于体育，但又突出地反映出武术的特殊本质——技击性，同时又明显地区别于使人致伤致残的技击术，不包含致人于死地的绝招妙计。散打规则严格规定了不准向对方后脑、颈部、裆部进行攻击，也不允许使用反关节动作及肘、膝的技法，但可以运用武术各种流派的技法，充分体现出"以人为本"的体育性特点。

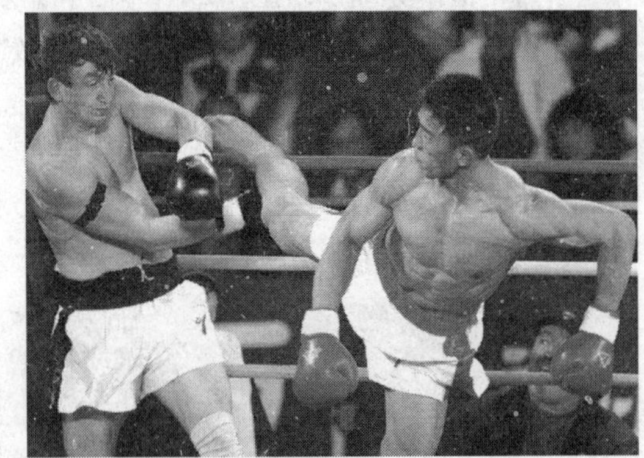

图 10-22　散打

（2）对抗与比赛性。散打运动的内在特点，决定了它以相互对抗的形式来表现，所以，散打的基本形式就是对抗性。这种对抗，是在双方掌握了散打的基本动作和基本技术，经过一段的训练，在没有固定格式的情况下，在规则规定的范围内进行较技、较勇、较智，一分上下。

（3）民族与文化性。散打是中华民族的优秀文化遗产，是在中国特定的社会历史条件下逐渐演变发展形成的，因此它具有鲜明的民族特色。中国散打不同于拳击、跆拳道，不同于用头顶、肘撞、膝击的泰拳和不能用脚只能用掉、拌、擒方法的柔道等项目。武术散打要求“远踢、近打、贴身摔”，但它的这种民族形式不是凝固的，也不能理解为“过去形式”、“历史形式”或“传统形式”。但是，民族形式有鲜明的时代性，不是僵化单一的，而是不断演进和发展的。

2. 散打项目的锻炼效果与实用价值

（1）提高素质、健体防身。散打比赛较力、较技、斗智、斗勇，对抗性强，尤其为广大青少年所喜爱。它对提高人体的速度、力量、灵巧、耐力等身体素质，提高内脏器官的机能，特别是对提高神经系统的灵活性有较大的帮助和明显的作用。通过散打实用性的攻防技术的习练，并在交手比试中不短体验战术的运用，提高应变能力。同时，经过艰苦的功法练习，增加了功力，更能发挥攻防技术的时效性，无疑这对提高人们克敌制胜和防身自卫的能力是行之有效的。

（2）锻炼意志、培养品德。散打的练习过程对意志品质考验是多方面的。如功力练习要克服疼痛难忍关，从不适应到适应。赛场上，首先要克服胆怯怕打关，逐步增加胆量。比武中遇到强手时，要克服消极逃脱关，敢于拼搏，提高以弱胜强的智慧。耐力训练或比赛到最后一局时，要以顽强的毅力坚持到底，以及在比赛中正确对待胜负的心理锻炼等。经过这些锻炼，可以培养人的顽强、果断、坚毅的精神，锻炼人摒弃软弱、怯懦而敢于进取、积极向上的品质。贯彻于散打教习全过程的武德教育，如尊师爱友、讲礼仪，教师在“喂手”、“递招”中传艺授徒的师表作用。学员在与对手比试中提倡相互学习，切磋技艺，培养胜不骄败不馁的谦逊品德。针对练习中难免出现的失误磕碰现象，提倡互相爱护、团结友爱的精神，切忌报复。这无疑对培养习练者的优良品德有积极的作用。

（3）竞技观赏、丰富生活。散打以对抗形式比试技艺高低，历来为人们喜闻乐见。许多古籍史料和文学名著中有关于打擂台的描写，围观者都是“人山人海、群情沸腾”。自 1979 年我国开展散打以来，全国性和各地举办的散打表演赛、擂台赛都深受群众喜爱。散打，不仅是斗勇，更讲究斗智，在赛场出现巧招妙计时，观众都会报以热烈的掌声。这说明散打具有很高的观赏价值。而且，习练者也深感其奥妙、精深，给人以启迪和乐趣。

（4）交流技艺、增进友谊。继承和发扬中国武术中的散打运动，提高攻防技能，不仅对武术套路技术的提高、突出武术的攻防特点有促进作用，还可以促进与国外武术爱好者的交流，增进友谊。许多国家的武术爱好者不仅喜爱套路运动，更有试图通过习练散打增进自己的健康水平，提高攻防能力。

（五）跆拳道运动项目

跆拳道是朝鲜半岛较普遍流行的一项技击术，是一项运用手脚技术进行格斗的民族传统体育项目。它由品势、搏击、击破、特技、跆拳舞五部分内容组成。跆拳道是创新与发展起来的一门独特对抗运动，具有一定的防身自卫及强壮体魄的价值和功能。它通过竞赛、品势和功力检测等运动形式，使练习者增强体质，掌握技术，并培养坚韧不拔的意志品质。跆（TAE），意为以脚踢、摔撞；拳（KWON），以拳头打击；道（DO），指技击方法、心得、精神、文化及道德伦理的结合。跆拳道是一种利用拳和脚的艺术方法，其脚法占 70%。跆拳道的套路共有 24 套；另外还有兵器、擒拿、摔锁、对拆自卫术及 10 余种基本功夫等。跆拳道级别从低到高分白带到黑带等 10 级，其中黑带又分 1～9 段。2000 年奥运会上跆拳道被列为正式比赛项目。

1. 跆拳道运动项目的特点

（1）以腿法为主，拳脚并用。由于竞赛的需要、规则的限制和跆拳道进攻方法的特点，使得跆拳道是已腿法攻击为主。据统计，在跆拳道技术当中，腿法约占总技法的 70%。腿击无论在攻击范围、攻击力量等方面都远远超过拳法的攻击，而拳法的招式，一般偏重于防守和格挡。（见图 10-23）。

图 10-23　跆拳道

（2）动作追求速度、力量和效果。跆拳道不讲究花架子，所有动作都以技击格斗为核心，要求速度快，力量大，击打效果好。在功力的检测方面，则以击破力为测试的手段。就是分别以拳脚击碎木板等，以击碎的厚度来判定功力。

（3）强调呼吸，发声扬威。在跆拳道的练习当中，要求在气势上给人以威严的感觉，练习者常以洪亮并带有威慑力的声音来显示自已的威力。据日本有关研究资料证明，人在无负荷工作时，10%的肌肉会由于发声使他们的收缩速度提高 9%，在有负荷工作时更是可以提高 14%。这就是在比赛当中运动员会发出响亮的喊叫声的原因。在发声的同时停止呼吸，可以使人体内部的阻力减小，提高动作速度，集中精力，使动作发挥出更大的威力。

（4）以刚制刚，方法简练。受跆拳道运动竞赛的影响，运动员在比赛当中多是直击直打，接触防守、躲闪技术运用得比较少。进攻都采用直线连续进攻，以连贯快速的脚法组合击打对手。防守多采用格挡技术，或采取以攻对攻，以攻代防的技术。

（5）礼始礼终，内外兼修。在任何场合下，跆拳道练习者始终以礼相待。练习活动都要以礼开始，以礼结束，以养成谦虚、友好、忍让的作风。在道德修养方面的践行是跆拳道项目的显著特点。

2. 跆拳道项目的锻炼效果与实用价值

（1）改善和增强体质。跆拳道的技术动作是由全身协调配合，主要通过各种各样的腿法来表现。它能很好地促进人体的力量、速度、灵敏、耐力、协调等全面身体素质的发展，具有强身健体的作用。由于练习者在比赛和平时训练中要经常临场应变战术，或是快速进攻，或是主动后撤再反击，或是腾空劈腿，或是后踢接后旋踢，这对提高神经中枢的灵活性和支配各器官的能力起着良好的作用。

（2）增强防身自卫能力。跆拳道是武技中的一项。通过跆拳道练习，不仅可以掌握各种踢法和拳法，提高身体的灵活能力和反应能力，还可以经过长时间训练后形成一定技能，具备防身和自卫的能力。

（3）磨炼意志，提高修养跆拳道推崇“礼始礼终”的尚武精神。其宗旨是礼义廉耻，忍耐克己，百折不挠。通过跆拳道的训练，可以培养练习者坚韧不拔，勇敢无畏，顽强坚毅的意志品质，尤其讲究"未曾学艺先学礼，未曾习武先习德"。使练习者从开始就养成谦虚、宽容、礼让的高尚品德和尊师重道、讲礼守信、见义勇为的情操。

（4）娱乐与观赏价值。跆拳道是一项很具有观赏性的运动项目。在功力测验中，练习者轻松击破木板、砖瓦，使人为之惊叹。而竞技跆拳道则是两人激烈的对抗，双方选手斗智斗勇，比赛中常有凌空飞腿和组合腿法令人眼花缭乱，具有极高的观赏价值。

第五节　技能类运动项目的学习价值与锻炼作用

一、技能类运动项目概述与特点

技能类运动项目的内容很多，这里主要学习和介绍健美操、瑜伽、轮滑体育舞蹈等几个运动项目。健美操是融体操、音乐、舞蹈于一体，通过徒手、手持轻器械和专门器械的操化练习达到健身、健美、健心的目的的一种新兴娱乐、观赏型体育项目。健美操动作来源于人体复杂的结构，多变的动作和丰富的情绪和感情，以及生活中丰富多彩的环境等，这些都是健美操编排创新的源泉。健美操大多数为多关节的同步运动，因此赋予健美操多方位、多变换的运动组合形式，形成了丰富多彩的动作。健美操的动作虽然多变，但是保留了徒手体操中各种类型的基本动作，经过加工、提炼、操化，使之成为具有健美操风格的动作。而瑜伽则起源于5000多年前的印度，原本是印度僧人修行的一种方法，来源于他们对大自然万物的细心观察和模仿，经过数千年的流传和发展，现如今，已经成为风靡全球的健身方式。据报道，在美国有3/4的健身中心开设有瑜伽课程；英国有超过50万人练习瑜伽；国外还开设有专门的瑜伽学院，将瑜伽视为一种科学来研究。近年来在我国兴起，迅速成为都市女性喜欢的一种时尚健身运动方式，瑜伽俱乐部和各类瑜伽培训班越来越多，更多的高校也开设了瑜伽班，学生的积极性很高。瑜伽的发展不仅仅是大众健身方面，而且瑜伽的辅助医疗作用也是受到实践的证实，并且受到部分医生的青睐，将瑜伽纳入了"健康处方"当中。轮滑运动则起源于北方的滑冰运动。

二、技能类运动项目的学习价值与锻炼效果

（一）健美操运动项目

1. 健美操运动项目的特点

（1）本能性。健美操（见图10-24）区别于其他项目的一个显著特点是以自身作为对象，运用自己的力量实现自我塑造。健美操遵循人体的可塑性，通过对人体具有可变因素的身体成分，如肌肉的强弱、发达程度与形状、脂肪的堆积程度、脊柱和胸廓的形状及关节灵活程度等的塑造，达到改变身体形态、身体姿态的自我塑造过程。

健美操是在众多科学理论指导下的追求和塑造美的人体运动，通过身体各个部位的正确姿势练习，培养练习者健美的体形和气质，塑造健美的自我。通过练习健美操，不仅可以塑造健美的体形，而且能够强调内在美的培养，提高人对美的理解能力和欣赏能力。健美操运动中能够体现出人体运动过程的内在美，又能体现出外在美，内外兼修，构成健美操的自然美。

（2）力度性。健美操是以力量性为主的徒手动作为基础，其表现出的力是力量、力度、弹力、活力的综合。健美操动作要求的力度和力量性很强，不论是短促的肌肉力量、延续力量，还是瞬间的控制力量都展现出较高的力度感。健美操的力量性最能发挥人的个性，具有强烈的表现力、感染力和吸引力。

图 10-24　健美操（一）

（3）节奏性。健美操是在节奏鲜明、欢快奔放的现代乐曲伴奏下进行的身体练习，其节奏性的特点主要表现在音乐节奏、生理节奏、运动节奏、时空节奏、色彩节奏上。健美操锻炼时的节奏感是通过身体运动表达的，这样的表达方式能够充分表现出人体运动的艺术美。这种在振奋人心的音乐伴奏下，将上百个动作一气呵成并使练习者始终保持激昂情绪和饱满精神的运动表达手段和特殊的锻炼身体的方式，是其他体育项目不能相比的。

2. 健美操的锻炼作用

（1）增强体质，增进健康。健美操锻炼能够对身体的许多脏器、系统产生良好的影响。长期进行健美操锻炼，能够使心肌增厚、心搏有力、心腔容量增大、心输出量增加、血管弹性增强，从而可以提高全身供氧能力。健美操锻炼，能够增加呼吸深度和呼吸肌的功能，提高肺活量，从而提高呼吸系统的机能。同时，还能提高消化系统的机能，增进胃肠的蠕动和消化机能，更有利于营养物质的吸收和利用。长期进行健美操锻炼，还可以提高关节的灵活性、增强肌肉和接地组织的弹性、增加柔韧性，增强机体的免疫能力和对周围环境的适应能力。

（2）改善体形，提高气质。健美操能够消耗体内大量的热量，消除体内囤积的多余的脂肪，改变肌肉形状，塑造体形美，矫正驼背含胸等不良的身体姿态，培养正确的身体姿态和姿势，培养端庄的体态，使练习者线条健美、优美。此外，通过长期健美操的练习，还能够提高练习者对美的追求和欣赏能力，进而使练习者的举止和风度产生良好的变化，使练习者举止优雅、提高对生活的热情和品位。

（3）调解心理，陶冶情操。音乐是健美操的灵魂。锻炼时合着节奏感强的音乐，在教师或教练的带领下，或在其他人的影响下进行练习，通过明快的节奏和活泼愉快的健美操动作，每个练习者陶醉在动感的音乐中，对练习者个体心理的影响是很积极的。练习者能够通过这种练习减少心理压力、有效排除烦恼和困惑，调解紧张的情绪，还能够增进友谊、结交朋友、提高人际交往能力和群体意识，有效地陶冶情操。

（4）调节神经，提高身体素质。健美操是在神经系统的调节支配下进行的，而且在健美操运动过程中，这种影响并不是单向的。神经系统在调节支配的同时，健美操也影响着神经系统的机能，通过练习提高神经系统的技能水平。健美操能够锻炼人的注意力，增加记忆能力，使人注意力集中、思维更灵活、分析综合能力增强，使人视野开阔、生命力旺盛。同时，健美操能够全面提高身体综合素质。健美操能够提高肌肉的力量、柔韧、肌肉耐力、肌肉弹性，提高协调能力和平衡能力，提高机体抗疲劳的能力和均衡性，进而全面提高人的身体素质。

3. 健美操对大学生的锻炼价值

（1）对大学生的健身价值。健美操是属于有氧代谢运动，运动过程中，心率必须保持在个体所能达到的最理想的有氧代谢心率区域内（同年龄组最高平均心率的 60%～80%）才有健身锻炼效果和价值。大学健美操的动作选择和编排主要考虑的是学生的基础水平、安全性和可操作性、动作的活泼多变、具有吸引力，必须根据学生的身体形态，皮下脂肪厚、以胸式呼吸为特点等实际情况，有针对性地进行健美操动作的筛选和创编，使学生在健美操锻炼后能够将平均心率控制在最高平均心率的 60%～80%这个健身指标区域氛围内，使学生达到健身的作用（见图 10-25）。

图 10-25　健美操（二）

（2）大学生通过练习健美操，能够发展学生的力量、耐力、柔韧性、协调性、灵敏性等身体素质。同时，还能提高内脏器官、呼吸系统、消化系统、循环系统、神经系统的机能能力，提高机体的免疫能力和对外界环境的适应能力，锻炼健美的体形，培养正确的身体姿态，充分活动全身的各个关节和肌肉，全面发展学生的身体机能能力。

（3）对大学生的健心价值。大学生练习健美操是在强劲音乐的伴奏下，以课堂集体练习的形式进行的，这种练习的环境能够使学生之间形成良性竞争。通过集体练习、互助练习和个体练习，不仅可以形成健美的体魄，而且对人的心理状态也有良好的影响。活泼愉快的动作和明快节奏的音乐，能激发人的情趣，提高人的精神面貌和气质，使人产生积极的生活态度，排除心理紧张和烦恼，使身心得到全面调节。同时，增强克服困难的能力，增强集体意识，增强人际交往能力。

（二）瑜伽运动项目

瑜伽运动项目中的“瑜伽”是梵文，意思是自我和原始动因的结合或一致。瑜伽是一门现实的哲学，并不是宗教信仰，不需要忠贞于某个特定的信念或理论体系，而是属于一种传统的印度哲学，通过身心结合来获取健康和幸福的意识。相信天人合一，将瑜伽的练习方法融入日常生活，将意识与人的关系结合得更加紧密。

1. 瑜伽运动项目的特点

瑜伽属于一种柔缓的运动。安静清晰的练习环境将人的运动和意念深度结合，使人精神放松、呼吸平缓。瑜伽练习过程中，注重呼吸方式与心灵的融合，意识与姿势、人与自然的和谐统一。瑜伽采用胸式呼吸与腹式呼吸相结合的呼吸方法，通过意念将其融合，使人身心变得更加放松。瑜伽通过意念的提升来发挥人体的潜能，通过各种易于掌握的瑜伽姿势改善人的身心、人的情感和精神，从而达到身、心、精神、自然的和谐统一。

2. 瑜伽对身体机能的影响与作用

（1）促进心肺功能，身心和谐发展。瑜伽（见图 10-26）的动作幅度大，包括前屈、后仰、扭动、倾斜、挤压等动作，因此，加快了周身血液循环和耗氧量，这在一定程度上加大了心脏的工作负担，改变了心输出量和心搏量，因此可以使静息心率下降，达到平静心率的作用。由于瑜伽的呼吸方法为胸式呼吸与腹式呼吸相结合的完全式呼吸，因此，整个肺部都参与到了呼吸过程，甚至腹部、胸部乃至全身都在起伏张缩。这样的呼吸方法有效地按摩了内脏器官，刺激了生理腺体良性分泌，激活筋络及穴位的潜在力量；通过这样深层的呼吸增加了肺活量，有助于机体纳入更多的氧气，排出更多的废气，从而能够更好地清洁身体，帮助机体吸收更多的养分。这样的练习还有助于增加全身血液循环、增大了心脏工作负荷，进而使心率下降，心肺功能增强。

图 10-26　瑜伽（一）

（2）促进代谢，增体减脂。瑜伽通过呼吸与意念将各种瑜伽姿势连接起来，增强了机体热能消耗，提高机体代谢率，消耗了体内的多余脂肪。瑜伽不但有明显的减肥效果，而且可以增加瘦体重、改变身体成分。在瑜伽练习过程中，如果用正确的、最大限度的姿势练习配合深度呼吸，很快在手心、脚心、背部就会有微汗排出，从而达到排毒减脂的功效。

（3）减压，提神。大学生处于学校和社会接轨的关键位置，其特殊的身份和对外界社会环境的向往与恐惧，使他们面临复杂的多重压力，心理比较脆弱，容易产生抑郁等各种心理疾病。瑜伽独特的锻炼方式和方法，将呼吸与支配情绪的自主神经紧密联系，互相支配，互相调节，能够使学生在舒缓宁静的心理环境和外部环境中体会瑜伽带给人的心灵的启迪和净化。瑜伽在高校的开展，能够有效地缓解学生的精神压力和心理负担，帮助他们调节情绪、净化心灵、缓解疲劳、增强自信、理解自我价值、完善人格、增强意志，从而很有效地降低抑郁、减少心理疾病的发生。瑜伽练习时要求呼吸顺畅平缓，配合伸展姿势，思想完全平静下来，意念高度集中。瑜伽可以完善人体神经系统和内分泌的功能，能够使人心神宁静，因此能够有效地缓解现代人快节奏的生活和工作等外界环境带来的压力，缓解疲劳，提神醒脑，促进思维，使练习者进入无忧无虑、平静淡定、舒适愉悦的精神状态（见图 10-27）。

（4）增强意志力，增加自信。瑜伽练习过程中并不是每个姿势都能轻而易举做到的。在练习过程中，每一次意念的集中、每一个姿势的伸展和控制、每一次呼吸的配合，都需要顽强的意志品质来克服精神、思想、肢体、呼吸的配合和全面集中带来的困难。只有意念、肢体、呼吸、精神达到高度统一和协调的时候，才能够达到自己的最大限度，从而安全有效地达到练习的目的，从中得到满足感和自信心。

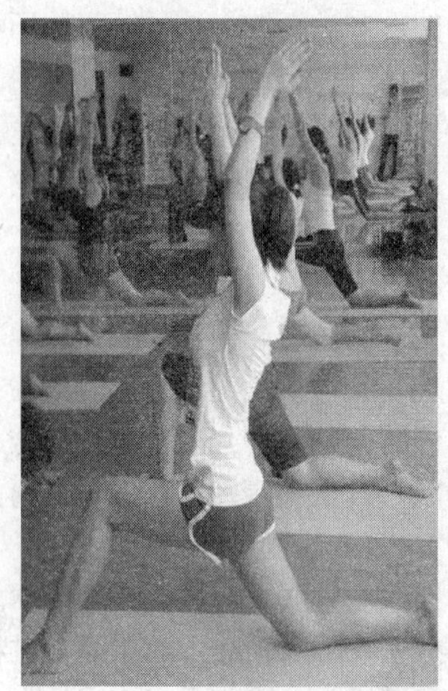

图 10-27　瑜伽（二）

（5）瑜伽对大学生身体形态及柔韧性的影响。瑜伽特有的练习方式，使练习者能够体会到通过瑜伽的呼吸、伸展和冥想达到舒展筋骨、神拉肌肉、通畅筋络、美化体形、轻松身心的独特功效。我们发现有许多瑜伽姿势能够塑造强健和柔软的身体，增强肌肉的力量，提高身体平衡能力和柔韧性，提高机体的控制能力，从而达到全面促进身体健康的目的。瑜伽练习能够使人紧张的心情完全平静下来，同时改善人的身体形态，舒展肌肉，使练习者的体形匀称、线条优美。很多实践证明了瑜伽练习能够使身体围度有明显的下降，使身体得到全面的伸拉和放松，往往使人在不知不觉中保持了优雅的体形和轻盈的姿态，从而塑造了自然、美丽、年轻的体形，有针对性地进行瑜伽练习，对塑造身体各个部位的完美体形具有良好的效果，因此现代人们又根据其不同功效把瑜伽分为美颈瑜伽、瘦腰瑜伽、塑臀瑜伽、纤体瑜伽、美容瑜伽等。瑜伽运动对大学生来讲具有较高的健身价值，它是形式较为新颖、时尚、趣味性较强的健身项目，其条件简单、方法科学，运动量不大，减压、减脂、健身效果明显，是大学生喜爱的一项课程。

（三）轮滑运动项目

轮滑运动是一项有益于人们身体健康的体育项目，经常参加轮滑运动，对改善心肺功能、增强四肢和躯干的肌肉力量、提高身体的协调和平衡能力都有着积极的作用。

1. 轮滑运动发展及特点

轮滑运动包括速度轮滑、花样轮滑、轮滑球、自由式轮滑、极限轮滑。轮滑是 19 世纪初兴起的一项体育运动，深受人们的喜爱。在国际轮滑联盟的推动下，轮滑运动近几年发展很快，现已是国际奥委会所承认的运动项目。

据史料记载，轮滑是从滑冰运动过度而来。最初是一位荷兰的滑冰运动员，在自然冰融化后不能继续训练的情况下，将木线轴安在皮鞋下，试图在平坦的地面上滑行，在不断尝试之后获得了成功。从此，轮滑运动便在欧洲兴起。1860 年，比利时的一位技工与乐器制造工约瑟夫·默林合作，用手工制作了一双轮滑鞋，但是当他们把自己的杰作展示给观众时，却发生了意外事故，因而轮滑运动一度被认为是一项“危险运动”而被冷落。1863 年，美国人詹姆斯·普利姆·普顿，发明了以金属轮子代替木制轮子的新型轮滑鞋，深受各国轮滑爱好者的欢迎。金属滑轮的发明推动了轮滑运动的发展。詹姆斯·普利姆·普顿于 1866 年又在纽约建造了室内轮滑场地，并组建了纽约轮滑运动协会，从此轮滑运动成为体育运动的正式比赛项目。

2. 轮滑运动的健康效果（见图 10-28）

轮滑运动是一项有益于人体健康而且易于普及的体育运动项目。经常参加轮滑运动可以改善人体的心肺功能，促进心脑血管系统和呼吸系统机能的改善和代谢；增强四肢和躯干的肌肉力量，对提高身体的协调性、灵敏性、平衡能力及培养胆量、增强意志品质和艺术素质都起到良好的促进作用。据相关研究指出，进行轮滑运动，可以减去多余的脂肪：缓步持续进行轮滑运动 30 分钟，平均消耗热量为 285 卡；间断式轮滑（1 分钟低姿冲刺+1 分钟的直立式轻松滑）30 分钟，可耗掉 450 卡热量。据测试，轮滑运动对关节所造成的冲击力比跑步低。进行轮滑运动可使人们紧张的神经得到放松，起到减压、愉悦的作用。

图 10-28　轮滑

同时，轮滑运动不消耗能源，也不造成环境污染，还可充当便利的交通工具。轮滑运动这种不受场地、设施的限制，运动技术易于学习和掌握，趣味性、刺激性、娱乐性都很强的项目特点，深受广大青少年的喜爱。

3．进行轮滑运动应注意的一些事项

（1）活动与练习前，应做好充分的准备活动，使全身的关节都能得到伸展，尤其是手腕和下肢各关节及韧带要充分活动开。这样跌倒时才不致造成关节、骨骼的伤害。如有可能，应戴一些防护用具，如轮滑专用的护腕、护肘、护膝及头盔等。

（2）活动与练习前要检查运动器材，特别是轮滑鞋的螺丝等紧固部件，以免滑行中轮滑鞋出问题而受到意外损伤。

（3）初学者应在初学场内或规定范围内练习，或尽可能在人少的地方练习，最好有滑行熟练的同伴陪练指导。不做危险或妨碍他人的动作，如几人拉手滑行，在速滑跑道上逆行，乱蹦乱跳，横插乱穿，追逐打闹等。

（4）学习轮滑过程中，摔跤是不可避免的，但要学会合理摔跤。跌倒时，要拉紧颈部、腰部等处肌肉，以防止身体直接撞击地面，滑倒时要能利用腰力扭转身体顺势站起。当向前或侧向摔倒时，要主动屈膝下蹲，用双手撑地缓冲；当向后摔倒时，也要主动屈膝下蹲、降低重心，尽量让臂部先着地，注意保护尾骨处，低头团身，避免头部后仰着地。摔倒时，手会自然而然地放在地面上撑住身体，但手指应该指向前方，让身体顺着关节弯曲的方向下压，否则会造成骨折。同时也应尽量避免直臂单手撑地。

（5）轮滑时常见的损伤是擦伤、腰扭伤、踝关节和膝关节韧带扭伤。对较轻的擦伤，用清水清洗伤处后涂红药水或碘酒消毒即可。对于肌肉撞伤、摔伤等，可当即用冷水或冰块敷在伤处，使毛细血管收缩，以免大量淤血；24 小时后可用热敷。

（四）体育舞蹈运动项目

1．体育舞蹈的概述与特点

体育舞蹈始于国际标准交谊舞，作为一项新兴的体育运动项目，它的发展和普及深受人们的喜爱。体育舞蹈的前身是交谊舞，正式名称为“舞厅舞”或“舞会舞”；我国和学校范围习惯上称为交谊舞。体育舞蹈起源于西方的一种舞蹈形式，大多由民间舞蹈发展演变而来的，如华尔兹舞起源于奥地利和美国波士顿；四步舞起源于英国；探戈舞则是阿根廷和西班牙的产物；伦巴舞、恰恰舞起源于古巴等。由于体育舞蹈具有一种集艺术、表演、比赛、观赏社交等多种功能和具有很强、独特的运动健身价值而风靡全世界，成为人们进行日常运动的重要手段之一。

2．体育舞蹈的运动价值与锻炼效果（见图 10-29）

（1）作为体育运动项目体育舞蹈项目具有明显的节奏性。体育舞蹈是在节奏鲜明、欢快优美的现代乐曲伴奏下进行的身体练习，其节奏性的特点主要表现在音乐节奏、生理节奏、运动节奏、时空节奏、色彩节奏。体育舞蹈在锻炼时的节奏感是通过身体运动动作表达的，这样的表达方式

图 10-29　体育舞蹈

能够充分表现出人体运动的艺术美。这种在令人陶醉的音乐伴奏下，将动作协调优美的完成并使练习者始终保持激昂情绪和饱满精神的运动表达手段和特殊的锻炼身体的方式，是其他体育项目不能相比的。

（2）长期进行体育舞蹈锻炼能够对身体的许多脏器、系统产生良好的影响。长期进行体育舞蹈锻炼，能够使心搏有力、血管弹性增强，从而可以提高全身供氧能力。进行体育舞蹈项目锻炼，能够增加呼吸深度和呼吸肌的功能，提高肺活量，从而提高呼吸系统的机能。还能提高消化系统的机能，更有利于营养物质的吸收和利用。长期进行锻炼，还可以提高关节的灵活性，增强肌肉和接地组织的弹性，增加身体的柔韧性，增强机体的免疫能力和对周围环境的适应能力。

（3）改善体形，塑造高雅气质。体育舞蹈能够消耗体内大量的热量，消除体内囤积的多余的脂肪，改变肌肉形状，塑造体形美，矫正驼背含胸等不良的身体姿态，培养正确的身体姿态和姿势，培养端庄的体态，使练习者线条健美、优美。此外，在长期的练习中，还能够提高练习者对美的追求和欣赏能力，进而使练习者的举止和风度产生良好的变化，使练习者举止优雅、对生活充满热情和提升生活品位。

3. 体育舞蹈的基本技术与步伐

从十种舞步中选择华尔兹、探戈、伦巴、恰恰和街舞的基本步伐作简单介绍。

（1）华尔兹舞。华尔兹又名圆舞，这是因为华尔兹在整个舞程中大部分时间在不停地旋转。华尔兹根据舞曲演奏时的速度，又分为快华尔兹和慢华尔兹。华尔兹的特点是属于对角线舞步结构，多回转，身体在升降起伏时带有倾斜。华尔兹不论舞步和乐曲，都有和其他舞步显著的不同之处，主要区别是华尔兹是3拍子的舞步，每小节3拍音乐，第一拍是强拍，第二、第三是弱拍，舞步每小节有3步，二三步略小。华尔兹舞步最大的特点是：左脚开步一定是左脚收步，右脚开步一定是右脚收步，永远是左右脚交替移动，绝不能这一步是右脚先出，下一步又是右脚先出，这就没办法跳下去。不论男、女方都是这样。基本舞步如下：

前进后退步：左脚向前一步（一拍），右脚沿左脚前进的方向，向斜右方伸出（一拍），左脚向右脚拍合（一拍），右脚向后一步（一拍），左脚向右脚后退的方向斜左下方伸出（一拍），右脚向左脚拍合（一拍）。

左转与右转，以左转为例；左脚伸出一步（一拍）；右脚经过左脚后，左脚同时用脚掌左移转配合，同时右脚再向前伸到合适地点（一拍）；左脚向右脚拍合（一拍）；右脚向前伸出一步（一拍）；右脚伸出后马上用脚掌向左移动；左脚配合移动在经过右脚后伸至合适地点（一拍）；右脚向左脚拍合（一拍）；以上两个练习不论男子或女子都可用来练习之用。

左转身：左转身一共有6步，1～3为一段，4～6为一段。左脚向前伸出一步之后，同时用脚掌贴地转约 90° （一拍）；右脚自左脚之后横过，配合左脚贴地转向，到达合适地点；左脚向右脚拍合（同时转约90° ）（一拍）；右脚后退一步，同时脚掌贴地转约90”（一拍）；左脚自右脚之前横过，到达适合地点（一拍）；右脚向左脚拍合。女子舞步先做后3项，后做前3项。右转身同左转身一样，也是6步组成，只是先出右脚，方向相反。

摇步是华尔兹舞中应付因不停旋转感到眩晕或拥挤时避免碰撞的一种间歇式舞步。摇步可自由向前、后、左、右地摇步，这里只介绍前后摇步的方式：男子舞步共6步6拍。

左脚向前一步，同时左脚掌贴地面转约 90° （一拍）；右脚横过左脚后方再向右移出，达到合适地点（一拍）；左脚向右脚拍合（一拍）；右脚直线后退一大步（一拍）；左脚退至右脚的右前方（一拍）；右脚后退一步（一拍）；

（2）探戈舞是一种异常突出的交际舞，它的舞姿特别，另有风格。它的特点是：当舞步需要前进时，它不直接地按舞程线前进，而是作横行前进。在探戈进行中，舞者需要略微将两脚脚跟提起，两膝微弯。探戈的舞步以刚为主，一步一步清清楚楚，绝不拖泥带水，也没有什么倾斜动作。

探戈的舞曲是两拍子的，其乐曲的表现是每小节两拍，一个四分音符作一拍，其乐曲演奏时节拍的演奏也有特异之处，不是单纯地用“蓬测、蓬测”来表现。而是用一种间歇性的、尖锐的鼓声表现。通常用得最多的表现方法如下：

①“蓬——测测，测——”，第二、第三两个“测”是相连而且又是短促的、尖锐的，到了第三个“测”时，有一个极小的停顿。然后，再奏出第三个“测”。

②“蓬、蓬一测、测”。第一个“蓬”声较短，第二个“蓬”声紧贴在一起，短促而又尖锐。

③“蓬、蓬、蓬——蓬”第一、二个“蓬”声，短促而突出，表现得很清晰、明确。第三个“蓬”声较长，第四个“蓬”声则短促而急。

有的乐队在演奏探戈舞曲时，会有其他形式，但都是根据上述 3 种变化而成。探戈的进行速度，因舞步的特别，通常固定在每分钟演奏 32 小节上面，很少会太快或太慢。基本舞步（均以男步为例，女步与男步相反）如下。

横进步是探戈舞步中最常用的一种基础舞步，加入一两种其他形式的舞步来完成整个舞程。整个舞步的节拍是：快、快、快，一共 3 拍。

① 起步时，左脚在右脚前小半步，两膝微屈。将左脚提起，略微离地，向左上方移动。——快（一拍）。

② 右脚自左脚之后横出一步，此步不是直线形前移，而是向右上方的角度移动。——快（一拍）。

③ 左脚在右脚的前方横移一步，移到右脚的右方才完成这一步。——快（一拍）

并进步：整个舞步节拍是：快、快、快、快，一共 4 拍。

① 左脚与髈儿乎行横出一步，——快（一拍）。

② 右脚横过左脚之前，向前伸出去，与左脚基本平行，——快（一拍）。

③ 左脚经右脚之后横出一步，这一步成步行形状，——快（一拍）。

④ 右脚向左脚拍合，——快（一拍）。

侧退步：整个舞步的节拍是：快、快、快、快，一共 4 拍。

① 左右脚作一前一后的姿势站立，两膝微屈。左脚横平退一步，——快（一拍）。

② 右脚在左脚的后方经过，斜退一步，——快（一拍）。

③ 左脚在右脚之前横过，到达合适位置，——快（一拍）。

④ 右脚向左脚拍合（左右脚一前一后），——快（一拍）。

摇转步：摇转步的特点是在前进中转身，然后再后退一步。整个舞步的节拍是：快、快、快、快、快、慢、快，一共 8 拍。

① 第 1 步用右脚开步，到达合适地点不做移动，——快（一拍）。

② 左脚跟着移动，在右脚后方移动到达合适地点，——快（一拍）。

③ 右脚用脚掌贴地转向，——快（一拍）。

④ 左脚略微提起移动半步（向左方半步后退），——快（一拍）。

⑤ 右脚向后退一小步，——快（一拍）。

⑥ 左脚在右脚之前横过后退一步，在后退时与右脚保持一定的距离，——慢（两拍）。

⑦ 右脚向左脚拍合（左脚在前右脚在后半步的拍合），——快（一拍）。

横进左转：一共用十步组成，整个舞步的节拍是：快、慢、快、快、慢、快、快、快、快、快，共12拍。

① 左腿向前伸出一步，同时脚掌贴地而转，——快（一拍）。

② 右脚在左脚后横出一步，——慢（两拍）。

③ 左脚向左上角作一曲线伸出一步，——快（一拍）。

④ 右脚在左脚之旁前进再伸出一步，——快（一拍）。

⑤ 左脚在原来位置，原地摇一步，——慢（两拍）。

⑥ 右脚作一步平行的横移（距离很小），——快（一拍）。

⑦ 左脚后退一步，——快（一拍）。

⑧ 右脚后退一步，——快（一拍）。

⑨ 左脚在右脚之前横过一步，——快（一拍）。

⑩ 右脚向左脚拍合，——快（一拍）。

右并转身：整个舞步的节拍是：快、快、快、快，一共4拍。

① 左脚稍微向左后方横出一步，——快（一拍）。

② 右脚在左脚之前横过。左右两脚始终保持一定的前后平行距离，——快（一拍）。

③ 右脚到达合适地点之后，用脚掌贴地转身，——快（一拍）。

④ 左脚移动时，整个身体随着转动，右脚再向前伸出一步，——快（一拍）。

（3）伦巴舞起源于古巴，是人们一向所喜欢的舞步，享有“拉丁舞之灵魂”的美誉。伦巴的特点是在一个固定的地方进行舞蹈；在举步时身体的重心发生缓慢的改变。伦巴的音乐，是由非洲黑人的民谣演变而成的。懒洋洋的音乐，加上拉丁美洲特有的打击乐，使伦巴舞充满了浪漫的情调。伦巴的音乐节拍是4/4拍，重音在第一和第三拍。标准的伦巴韵律一节中有8拍。

伦巴的基本舞步是合着音乐节拍，由快、快、慢的动作所合成的。其韵律如下：4拍，快快慢、快快慢。两个快步是横步，跟着一个慢步；再重复两个快的横步，接着又是一个慢步，就完成一个步法。每一个伦巴步有两个动作，一是迈步，另一个是重心的移动；一只脚踏在地上，重心保持在另一只脚，在跨步时逐渐改变重心。伦巴的基本舞步如下：

矩形舞步。准备姿态为合对位。整个舞步的节拍是：快、快、慢、快、快、慢，一共8拍。

① 左脚向左侧跨步，膝部弯曲，重心在右脚，——快（一拍）。

② 将重心改换到左脚，右脚靠左脚，右膝弯曲，——快（一拍）。

③ 将重心改换到右脚，左脚向前伸，膝部弯曲，——慢（两拍）。

④ 将重心改换到左脚，右脚向右边跨，膝部弯曲，——快（一拍）。

⑤ 将重心改换到右脚，左脚靠右脚，左膝弯曲，——快（一拍）。

⑥ 将重心改换到左脚，右脚向后放，膝部弯曲，——慢（两拍）。

左转身舞步。准备姿态为合对位。整个舞步的节拍是：快、快、慢、快、快、慢，一共8拍。

① 重心在右脚，左脚向左侧放，膝部弯曲，——快（一拍）。

② 将重心改换到左脚，右脚靠左脚，右膝弯曲，——快（一拍）。

③ 将重心改换到右脚，同时向左转身，左脚向前伸，膝部弯曲，——慢（两拍）。

④ 继续转身，将重心换到左脚，右脚向右侧放，膝部弯曲，——快（一拍）。

⑤ 将重心改换到右脚，左脚靠右脚，左膝弯曲，——快（一拍）。

⑥ 将重心换到左脚，同时向左转身，右脚向后伸，膝部弯曲，——慢（两拍）。

（4）恰恰恰舞：恰恰恰，是来源于古巴的一种舞蹈，原来是仿效企鹅的姿态而创造出来的。恰恰恰的特点是：没有快慢，如走路，只要跟着拍子，一步接着一步就可以；此舞的男、女舞伴可离身，各不接触，步伐不必一致，懂得基本步伐便可。恰恰恰的风格轻松、活泼，音乐节拍是 4/4 拍。恰恰恰在美国是两步一组式，但在香港流行的是四步一组式，四步之中又分一二步重踏式和三四步重踏式两种。目前我国流行的是香港的四步一组，三四步重踏式。恰恰恰基本舞步如下：

基本步

① 左脚向前，——快（一拍）。

② 右脚略横步，——快（一拍）。

③ 左脚并右脚点步，——快（一拍）。

④ 左脚后退，——快（一拍）。

⑤ 右脚后退，——快（一拍）。

⑥ 左脚略横步，——快（一拍）。

⑦ 右脚并左脚点步，——快（一拍）。

⑧ 右脚向前，——快（一拍）。

右半转、左半转

① 左脚向前，向右 180° 转身，——快（一拍）。

② 右脚略横出一步，——快（一拍）。

③ 左脚并右脚点步，——快（一拍）。

④ 左脚向前一步，——快（一拍）。

⑤ 右脚向前，向左作 180° 转身，——快（一拍）。

⑥ 左脚略横出一步，——快（一拍）。

⑦ 右脚并左脚点步，——快（一拍）。

⑧ 右脚前一步，——快（一拍）。

恰恰恰练习 1

① 脚向前一步，——快（一拍）。

② 脚略横出一步，同时左脚略弯曲提起，——快（一拍）。

③ 脚向后跳出一步，——快（一拍）。

④ 脚向后一步，——快（一拍）。

⑤ 脚向后一步，——快（一拍）。

⑥ 脚略横一步，同时右脚略弯曲提起，——快（一拍）。

⑦ 向前跳一步，——快（一拍）。

⑧ 脚向前一步，——快（一拍）。

恰恰恰练习 2

① 脚向前一步，——快（一拍）。

② 脚略横出一步，——快（一拍）。

③ 脚后退交叉在右脚前，——快（一拍）。

④ 脚后退一步，——快（一拍）。

⑤ 脚后退交叉在右脚前，——快（一拍）。

⑥ 脚向后点步，——快（一拍）。

⑦ 脚并右脚，——快（一拍）。

⑧ 脚向前一步，——快（一拍）。

（5）街舞：美国黑人由一种发泄情绪的运动演绎成的街边文化。它热情奔放、不拘一格，因此又被称为“穷人的娱乐”。它的动作是由各种走、跑、跳及其变化，以及头、颈、肩、上肢、躯干等关节的屈伸、转动、绕环、摆振、波浪形扭动等连贯组合而成的。在舞动时，肢体动作较其他舞蹈夸张。最吸引人之处，就是以全身的活力带来热情澎湃的感觉。街舞起源于美国纽约，是爵士舞发展到 20 世纪 90 年代的产物，最早的爵士乐和爵士舞是由非洲奴隶带到美国的。在第一次世界大战末期，爵士舞逐渐地发展起来。在经历了 30 年代、40 年代的却尔斯登舞、摇滚狂舞，50 年代、60 年代的摇摆舞、队列舞，70 年代的迪斯科舞，80 年代的太空舞，到 90 年代最耀眼的爵士舞已发展成今天的街舞。

街舞最初是黑人、墨西哥人一些街头舞者的即兴舞蹈动作，久之则形成了各种派系，发展成了不同风格的街舞，其中有 Guy sand Dolls（人与玩偶）、razy for you（为你疯狂）、Snowboat（演艺船）等。街舞在英文中被称作“Hip-Hop Dance”。Hip-Hop 的真正含义不仅是街舞，更是一个文化概念。从字面上来看，“Hip”是臀部，“Hop”是跳跃。从它的中文名字和英文名字便可以理解：在街边随着音乐的节奏或者干脆不要音乐，摆动自己的身体，是一件轻松、放纵、愉快的事情。街舞所要表达的是对一切都无所谓：无论是眼前的人群，还是跳舞的地点——只要是一块独立的、不妨碍别人的空地，如路边、广场、楼顶、舞厅、家中庭院、客厅等皆可以用于发泄情绪、愉悦身体。

街舞经过日本、韩国，辗转来到中国。在中国，街舞作为一种健身练习方式，最先是由北京体育大学孟宪军于 1995 年引入的。他舍去了街舞中难度较大、较有危险的地面动作，吸取了健美操中的有氧练习，使跳街舞者既能释放激情、体现活力，又能达到健身安全的效果，形成了中国式的街舞。中国式的街舞可以在街上跳，更多的是被人们作为健身房里的一项健身项目而选用。对此，虽然有争议，但并不影响人们学习街舞的激情。街舞的服饰：大的 T 恤、拖地的多兜裤、棒球帽、紧身背心、运动鞋。在追求时尚个性化的同时，不要忽视美观。如果穿着不适合你，让别人看上去只是感到你“怪”，但并不感到你美。街舞的音乐可以选择一些适应 Hip-Hop 节奏特点的音乐，并可以随意舞动几下试试音乐与动作节奏是否合适。在跟教练学习时，按着教练的分解动作的程序进行，比如先学好下肢动作，再逐渐加上上肢、头部动作，先慢后快，不要急于求成。

街舞的练习方法与步骤。练街舞时通常要先做热身活动，将身体的各个关节、韧带，尤其是膝、踝关节要充分活动开，以免跳动时损伤，而后进入一定强度和时间的练习。初学街舞时，切不可一下子就加大运动量，要循序渐进，最后采用各种拉伸练习使身体放松。由于每个人的体质、年龄和健康状况不同，跳街舞时最适宜的运动强度可以通过下列公式计算出来，通过每个人的心率即（220−年龄）×（60%−75%）来掌握运动量的大小。

六步基本动作有六步。第一步：尽量让音乐放大声，跟着音乐的“咚哒”节奏练习肩，只上下前后抖动肩部是最重要的感觉部分；第二步：继续上一步骤，练习您的腿膝部的上下弹性；第三步：跟着音乐练习左右腿一步一步向后退，同时也可练习向前进；第四步：练习手关节的柔软性（像波浪一样从手指尖到肩膀，左右手都要练）；第五步：练习脚尖，跟随音乐练习只用脚尖来走步，用您的脚尖前后左右弹跳；这样一来您的感觉也会更上一层楼；在练习此步骤时您一定要注意，不要让全部脚平面都搭地，第六步：结合以上的所有步骤随意地摇摆您的全身。

常见街舞技巧动作：大风车。大风车是霹雳舞动作中比较基本的动作，做大风车时不能让背着地（见图 10-30）。

动作一：把左手放在腹部下面，然后把右腿向你左耳的方向拉，左脚在一个水平面上使劲踢出后使身体向右快速转动；动作二：在两条腿上使劲，促使动作固定；动作三：跟第一个动作很像，以两手做支撑点把右腿和左腿按一先一后的顺序向一个方向转动，要注意头部的安全；动作四：利用腿部和腰部的力量回转身体，反复以上动作。

练习中常见的问题：起步时常摔倒是因为你起步时腰没抬高，着地点太低而导致成的；再接圈时脚会碰到地板是因为你腰没抬高，然后再接圈时身体必须比脚先转到半圈，才能接。练习风车的关键：腰要抬高；起步时脚要用力扫；起步手放开的时机要对；转风车时切记脚一定要张得很开不能闭合。

常见街舞技巧动作：托马斯。双脚张开呈大字形，然后左手伸直撑地，左脚用力往右脚脚跟的方向扫，右脚朝头的方向用力踢高，同时左脚也必须往头的方向用力踢高，使两只手撑着地面，双脚腾空，腰往前挺直，然后左脚继续保持在空中，右脚往斜后方拉回原来右脚起步的方向，左手远离地面仅剩右手撑住整个身体（见图 10-31）。练习的要点：要有一定的臂力，脚扫地的力量和腰力要足够大；脚要有画圆的感觉；要掌握好换手的时间。

图 10-30　街舞大风车

图 10-31　街舞托马斯

常见街舞技巧动作：无限头转。无限头转是在做动作时看着自己所转方向的脚跟（见图 10-32）。练习的要点：固定腰部，将身体以垂直的角度转动，并保持好身体的重心；以不失重心为目标，使腰部沿人体纵轴转动；转完一圈后用双手重新找回重心，在不断地增加回转圈数的同时注意速度；随着回转速度的加快，在重心平稳的同时放开双手；要以腰和腿平衡重心；弓腰，力用在脖子上，把腿慢慢往下拉，用手抓住腿，注意把握重心。

常见街舞技巧动作：1990 双手转。1990 双手转，意思是把地球举起来转，是霹雳舞动作之一，把支撑手一侧的肩膀用力挺直（见图 10-33）。练习的要点：为了回转身体，在准备时就要转动身体；为了让身体倒立，所以右手要靠近左脚，然后让左脚向上；左手在适当的时候要调整位置，把右腿向后上方提起后做出树一样的动作；把分叉的腿回收，用左肩支撑身体后，使身体和腿部转动。

图 10-32　街舞无限头转

图 10-33　街舞 1990

街舞的编排动作组合原则。编排动作要合理，动作的难度要循序渐进，要保持有氧运动，杜绝猛烈突然的动作。主要有六个方面的技巧：

技巧一：难度选定。要选择自己有十分把握完成的难度动作，切记不要单纯求难。

技巧二：了解音乐。要清楚自己选择的音乐要表达的是什么样的情节。

技巧三：分析音乐。要把音乐分成主旋律、副旋律、过渡等不同的段落。

技巧四：路线设计。编排操化前，先把要出现的路线或队型设计出来。

技巧五：步伐设计。有了明确的路线，步伐则可根据路线的方向来选择。

技巧六：手臂设计。步伐设计把成套框架组成起来之后，用手臂操化来体现音乐的情绪。例如，主旋高潮时，手臂操化设计可选用放射性的动作或难度动作等。

街舞比赛的评分。

自由式的评分标准：编排分 25、难度分 25、音乐分分 20、整体协诱分 20、服装分 10；劲舞评分标准：编排分 20、难度分 40、创意分 20、现场发挥分 10、礼仪分 10；评分平均分高者名次列前：两组比赛满分均为 100 分，附加裁判评语作为参考，比赛结果为各位裁判的平均分，平均分高者名次列前。

第六节　户外运动项目的学习价值与锻炼作用

随着我国社会、经济的不断发展，人们的工作节奏越来越快，工作压力不断增大，而大学生的学习压力也越来越大。为了缓解这种压力，我国在《关于加强青少年体育增强青少年体质的意见》中，“明确要求广泛开展全国亿万学生阳光体育运动。鼓励大学生们走向运动场、走进大自然、走到阳光下，形成青少年体育活动的热潮”。户外体育运动就是大学生们走进大自然，挑战自我的一项极好运动。

一、户外运动的主要特点与形式

在科技进步、社会发展的今天，人们的业余生活与文体活动也越来越丰富。在日常学习、工作之余已不再满足传统的休闲方式，于是户外运动渐渐地出现在人们的视线之中，并很快成为社会的热点。经过 10 余年的发展，户外运动从初期的郊游野营、背包自助，到专业人士参加的攀岩、探洞、雪山攀登等活动，使得越来越多的普通人群投身进来。户外运动渐渐成为一种以亲近自然、挑战自我为基础的新兴运动领域。在户外，人们倡导“自然、环保、健康、自由”的生活态度，崇尚“平等、真诚、挑战、互助”的人文精神。目前户外运动的主要形式有：徒步穿越、登山、攀岩、拓展、溯溪、探洞、漂流、滑翔、帆板、潜水、蹦极、滑雪、骑马、热气球、定向越野、越野自行车，等等。这里主要学习具有代表性的徒步穿越、登山和定向越野等户外运动项目。

二、户外运动的学习价值与锻炼作用

伽利略曾说过：“你无法教别人任何东西，你只能帮助别人发现一些东西。”阿尔伯特·爱因斯坦也曾说过：“我从未教过我的学生，我只是创造了一个让他们学习的环境。”参加户外体育运动，能使人们在以下方面有所价值：

户外运动能满足人们渴望大自然，回归大自然的愿望，重新发现自我，认识自我。参加户外运动可以使人们远离现代生活的一切压力，放松身心，磨炼意志。户外运动可以再次激活个人价值。回到自然，人的头脑会变得敏锐，心胸变得博大。给每个人的意志、精神、智商、气质等都提供了一个攀升的机会，亲善大自然会改变人们对人生的看法。

户外运动可以使人体会到最大的敌人不是外界的一切，而是自己的恐惧。户外运动可以增强人的团队精神，充分体现个人价值。通过参加户外运动可以提高一个人冷静思考问题、理性分析问题、妥善解决问题的能力，提高自信心。

三、户外运动项目知识与运动方法

（一）徒步穿越

徒步穿越也可以称为徒步远足或徒步探险，是户外运动中一般人都能参与的项目。徒步穿越行进路线的难易可以根据自己和团队的情况而事先选择、设计、制定，所以很适合学生在余暇时间组队进行（见图 10-34）。

图 10-34　徒步

1. 徒步穿越的基本装备

徒步穿越需要准备睡袋、帐篷以及铺在地上的防潮布、合适的衣物、炊具和食品。即使是当天返回的旅行，也需要携带雨衣、水壶、长裤、保暖上衣、急救包、照明灯以及食品。携带正确的装备可以降低户外旅行的危险程度。

（1）个人装备有背包、水壶、保暖衣物等。

背包：这是装备的第一项内容，一个适合的背包，应该与自己身高成比例，能容纳所有的物品，背在身上要感到舒适，最好挑选可调节腹带的背包，这样可以分散重量，减轻肩膀的压力。

水壶和头灯：即使在水源充足的地区旅行，也要随身携带水壶，不经过净化的天然水不适于饮用；在丛林、山区行进时，一盏电力强劲的微型头灯，可以增加安全系数。同时应备有备用灯泡和电池。

保暖衣物：为避免天气突然变化，徒步旅行者最好带上运动长裤、保暖上衣和帽子；随身携带一件高质量的雨衣，可以在阴冷潮湿的环境中起到隔离作用。

（2）救生用品：在背包中的右侧，一般设有救生用品包，主要盛放一些零碎救生用品，主要有以下用品：

塑料袋：用来盛水的结实塑料袋；橡皮膏：准备大小不同的橡皮膏，要做防水处理；小型指南针：选购荧光型的，经常检查，以防生锈。

锯条：用来锯开粗壮的树枝，应涂上油脂，用塑料袋包好；手术刀片：用来削掉老茧、死皮以及用于其他方面；放大镜：用来点火，也可以方便挑出扎在手上的刺儿。

防水火柴：可以直接购买防水火柴，也可以用普通火柴沾上热腊自制；蜡烛：并不是用来照明的，而是用来生火；打火石（燧石）：通常附带有镁块儿，用镁块儿摩擦后点火更容易。

医用缝合线：用来缝合伤口；针线：用来缝补睡袋和衣服；钓鱼钩；选用小型鱼钩，如5号鱼钩即可，鱼钩上还要带有豌豆粒儿大小的铅坠儿。

（3）药品包：药品包中备有常用的药品有止痛药，如扑热息痛等；止泻药，用于止泻；抗组胺类药物，对付蚊虫叮咬、抗过敏；还要带绷带、消毒纱布、橡胶手套。

2. 徒步旅行的事前准备

徒步旅行虽是一般的户外运动，但事前也需要在思想上、体能上、物质上做好准备。进行户外运动要牢记一条原则：任何时候都不要抱有侥幸心理，应根据“最大可能需要装备量”进行准备。具体地说就是按照应对最坏天气状况和最长的旅途耗时所需的装备量来做计划，并在此基础上增加一定的保险量。

（1）设计线路。为确保旅途的安全，设计路线时，要尽量避免涉险。首次进行时宜设计在市郊一日往返或两日往返的行程，在取得一定的经验后再设计离城市更远、时间更长、路线更复杂的行程。要多收集所设计路线沿途情况，如村庄、山川、河流、植物、风土人情等。沿途信息掌握越多，徒步旅行成功的把握越大。

（2）体能上的准备。体能不是户外运动的第一要素，但健壮的人参加户外运动更占优势。所以在开始徒步旅行前，身体健康状况必须是处于良好状态，特别是不能有牙科疾病、慢性病和肌肉拉伤、韧带拉伤等伤病。

（3）思想上的准备。在户外运动中，可能遇到各式各样的问题，甚至面对各种危险，对这些，在开始前就得有充分的思想准备。在户外运动中，坚强意志才是制胜、成功的法宝。每一个人在户外运动中都要适应新的思维方式、行为模式、穿衣模式、用水方案以及领导方式等。

（4）选出团队的领导。任何团队都是由体能不同和性格各异的人组成的，这些差异可能影响集体的团结和团队抵抗危险的能力。所以，选择一位坚定而不失灵活的团队领导就显得格外重要了。团队领导应具备以下素质：

首先，能谅解团队的每个成员的困难和需要；具有分配水、食品、药品、器材等物品的绝对控制权；能够指挥大家的行动，给每个队员分配任务；征求集体意见后做出的决定，不能让任何人感觉受到冷落和孤立；能做出灵活性的决定，但同时注意避免摇摆不定。

其次，在一定的情况下，愿意暂时或永久地移交领导权。比如遇到急救问题时，把指挥权交给团队中掌握更多医疗知识的人。即使心中忐忑不安，也要表现出自信和乐观的精神。

3. 徒步穿越中的注意事项

（1）走路。徒步穿越中的第一基本功就是走路。如果会走路，徒步穿越成功就有20%的把握；如果善于走路，徒步穿越成功就有45%的把握。在徒步穿越走路时，要注意以下几点：

首先，不要一边走路一边想如何走路，而是把走路当作呼吸一样的事情，不要让大脑为走路耗费精力。要有意识地离开道路而走，故意绕远路也有一番乐趣。看看周围不同的自然环境，会越觉愉快。走路不要穿新鞋，穿新鞋易使脚疲劳、受伤。所选择的鞋要结实、鞋底要厚，鞋底部有大而深的花纹，可以起到防滑作用。

其次，当连续走了两小时以上，就应该补充碳水化合物，以防出现头痛、头晕目眩症状。行走中如感到脚的某个部位有疼痛或摩擦感，可将一块医用胶布贴上，以防脚起泡。

第三，途中口渴时，可小口浅啜，频率要高，但每次量要少（水中要适当加些盐）。当行走了一天以后，用热水洗脚以消除疲劳，促进脚步血液循环，为第二天的行程做准备。

（2）扎营。简单的野外野营应该是十分有意思的，但要注意扎营地点不能选择在河岸和干涸的河床上，因为洪水一夜之间到来冲走干涸的河床上的营地时有发生。扎营时要注意以下几点：

首先，扎营地点应尽量在坚硬、平坦的地上，远离路径，以免被其他情况打扰。要选择在避风的地方。帐篷面最好朝南或东南，这样能够看到清晨的阳光。为了避免下雨时帐篷被淹，应在帐篷顶边线正下方挖一条排水沟，宽度、深度以能排水为好。另外，在帐篷四角要用大石头压住，特别是在多风的地区尤其重要。

其次，建一简易厕所。在扎营地的下风处，地点比营地稍低一些、远离河流的地方，挖一个宽30厘米、长50厘米、深约50厘米的长方形土坑，里面放些石块或树叶、青草，三面用塑料布围住，固定好，开口一面应背风。当露营结束时，用沙土将便坑埋好即可。

（3）寻找水源。在徒步旅行陷入困境时，食物和水的问题亟待解决。相对于食物来说，水对于人体更重要，所以首先要寻找水源。但因地球上的水源大部分已遭受污染，饮用前必须加以过滤和净化。如果没有携带过滤器，可以利用身边的资源自制。

首先，下雨的时候动用所有的容器尽可能多地存水。从竹子中取水，在一段竹子的底部割开一个小口，汁液就会流出。一般成熟的竹子比绿色的嫩竹子含有更多的可流动的水分。如果有雪的地方，将雪挤压成雪球盛放在不漏水的容器中，然后放在太阳下晒或放在身旁。

其次，干涸的河床深处往往存有水源。挖掘水源最佳的地方是植物生长的地方。如果身处于山区，可以在悬崖脚下或隐蔽的岩石裂缝处寻找水源。

（4）寻找食物。一般来说，猴子食用的东西也适合人类食用。其他的动物和鸟类食用的东西就不一定适合人类了，它们吃的很多植物都对人体有害。

首先，很多植物的果实都属于坚果类，而仅有极少数坚果会对人体带来副作用。坚果富含人体所需蛋白质，可以放心食用。松子是美味的坚果类食品，松树叶可以煮水喝。

其次，青苔食用之前需要用水煮，用青苔做汤也可以。昆虫、鱼类、软体动物和爬行动物、海鲜类、鸟类都是可以果腹的食物。但要注意那些色彩斑斓的昆虫往往是有毒的。

（二）登山运动项目

登山运动是在特定的地理环境中，参与者徒手或用专门的登山装备，从低海拔的平缓地带向高海拔山峰进行攀登的一项体育活动。世界上几乎每个国家都有山，古人为了生存，不得不翻山越岭，冒险攀登山峰，原本是一种生活、生存的需要，随着社会的发展演变为一项具有“自我挑战”的体育项目。登山运动根据其运动目的可分为旅行登山、竞技登山和探险登山。这里我们主要介绍旅行登山。

1. 旅游登山的运动价值与分类

旅行登山是以锻炼身心、观赏游览、领略大自然风光为目的的群众性登山活动。它不仅能锻炼体魄，而且能培养人的坚韧不拔、勇往直前的品质与精神，并且不受年龄、性别、器材装备的约束。旅游登山主要分一般的登山活动和登山比赛。一般登山是属于娱乐体育的一种，男女老幼皆可参加，而登山比赛的人是需要经过一定的登山训练的人。

（1）一般的登山活动。一般的登山活动是以游览和锻炼身体为主要目的的登山活动。攀登的山峰一般应选在风光秀丽、有名胜古迹的山区。山峰不宜过高，路线不宜太难，攀登时的运动负荷不宜太大。常常是边登山边游览人文景点和自然风光景点，途中可以休息，也可以进行一些其他活动，如观赏民俗风情、赏花观光、知识竞赛等。一般登山活动适合各种年龄段的人。

（2）登山比赛。登山比赛是按规定的路线，以到达顶峰或比赛终点的时间记录成绩和名次的登山活动。登山比赛一般运动量较大，适合于青年人参加。其主要有以下几种形式：

第一种形式：团体登山比赛。在规定的路线上，有两个以上的队进行比赛，以团体成员到达顶峰或比赛终点的时间记录成绩。团体比赛中，还可以让队员承受一定量的负荷来参加比赛。

第二种形式。个人登山比赛：在规定的路线上，同时组织数十人进行比赛，以个人到达顶峰或比赛终点的时间记录成绩。每组参加比赛的人数可根据登山路线的难易程度确定。

第三种形式。登山接力赛：在规定的路线上，根据登山的具体情况和比赛目的，可以进行登山接力赛。比赛中，以最后一棒队员到达顶峰或比赛终点记录成绩。

另外可以组织登山夏令营活动。登山夏令营是近几年发展起来的一项户外活动，为大中学生所喜爱。正式登山前组织者应先在适宜的山坡建立基地营，通过营地生活体验野营、野炊的乐趣。在营地还可以组织一些与登山有关的活动，如介绍登山知识、篝火晚会等。

2. 登山活动的组织工作

登山活动前一定要做好组织准备工作，才能保证活动的成功。

（1）应根据山峰的高度、距离的远近以及个人与团队的情况选择好攀登路线与决定参加登山者。对参加者进行适当的体能和适应性模拟训练，特别是耐寒、耐缺氧的训练。通过气象部门了解天气情况，确定旅游登山活动的日程。向参加者进行环境保护教育，不得损坏树木花草，不能污染水源，不能随地抛扔垃圾，不准吸烟等。

（2）参加者要备好野营帐篷、睡袋、防潮垫、吊床、炊具、食品、药物、通信工具等。旅行登山重点是游览，而不是登山，所以，要根据游览山峰的特点，安排好登山的节奏。将登山休闲与增进知识融为一体。旅行登山的组织工作要周密详细，重点突出。上山、下山安全尤为重要。

（三）定向越野运动项目

1. 定向越野的运动价值和学习功能

定向越野运动（见图 10-35）是一项应用和实用性价值都很高的运动项目。定向越野指的是在野外凭借指北针与标有若干检查点和方向线路的地图，按预先设定的陌生路线依次寻

图 10-35　定向越野

找到各个检查点后，用最短的时间跑完全部路程。定向越野运动可在野外、山区或公园以及校园内进行，通过定向越野这项运动的学习和锻炼，可以熟悉野外生存活动和行动的规律，提高识别复杂地理环境的能力，特别是对青少年和大学生，培养勇敢顽强的探索精神，掌握必要的野外生存、生活技能和自我求生的能力，最终达到克服自然障碍和预防意外事件的发生目的。

2. 定向越野运动的几种形式

参加定向越野活动和开展定向越野竞赛在现在主要有以下几种形式，可根据实际情况组织开展活动。

（1）积分式定向越野。方式是先在地图上将应设置的若干检查点表明，再根据各检查点所处地形的难易情况、距离远近以及相关位置的不同和难度，赋予不同的分值；参加者则在规定的时间内，由自己任选一条路线寻找检查点，最后按积分多少判断完成情况和确定名次。

（2）专线式定向越野。预先设置标准的路线图，然后在路线上设置若干个检查点，每个点可设置不同难度，参加者必须按照规定路线，将沿途经过的检查点逐一标志在地图上，以标绘的准确程度和时间的长短判断完成情况和确定名次。

（3）接力式定向越野。将全程路线分成若干段，规定各个队的每名队员完成其中一段，再以各队队员成绩之和为全队总成绩，如果积分相等，则以耗时少的队为胜。这种形式一般用在团体赛中。

（4）普及式定向越野。为了使更多的人能够参加到定向越野运动中去，人们设计出一种普及式定向越野，路径可设置在大家都比较熟悉的校园或公园内，简化比赛与参加方法。主要以通过检查点的时间确定完成情况和决定名次。

3. 定向越野的练习方法

定向越野的参加者平时要经常练习，主要掌握一些练习方法。

起点识别图：出发前，应准确识别地图，最好是直接从图上重点熟悉标明的路线、检查点和周围地物，并通过其他办法牢记。

定点对照图：为了快速核准实地固定点和地图标明位置，首先应抓准自己的站立点，再通过对照有明显地标标志的地图进行对照检查。如果无法明确站立点，则可先对照地图，利用站立点与明显地物标志的相互关系位置确定站立点。

途中对照图：按全程设置的路线，从起点开始，沿途逐一检查途中标定的检查点与地物标志是否与设置的标志相符。另外，可根据途中的地貌形态实地判断地貌的起伏和分布规律。

4. 定向越野的必备器材物品

地图是定向越野最重要的器材工具，地图绘制必须按照国际标准统一规范，如想知道地图上标明的路线长短，可按地图中的比例尺获得。如地图是按 1：10000 的比例绘制的，则直尺长度再乘以 10000 即获得实际距离。

地形是地物和地貌的总称，地物是地面上的固定性物体，如居民区、建筑群、桥梁、道路、河流和树木等；地貌是指地面上高低起伏的形态，如山地、丘陵、洼地和平地等。

第七节　休闲类体育运动项目的学习价值与锻炼作用

休闲类体育运动项目主要为棋、桥、牌类项目。它的主要特征为智力活动，经常参加这些活动可以达到提高智力、陶冶情操、调节身心、增进交流的目的。由于休闲类项目很多，这里主要介绍学习中国象棋、国际象棋和围棋。国际象棋起源于印度，而象棋和围棋则起源于中国，在中国有着广泛和深厚的群众基础。

一、中国象棋项目

目前，中国象棋已流行于几十个国家与地区，在东南亚、美国、日本、法国、德国等许多国家，还成立了中国象棋协会。1978 年成立了亚洲象棋联合会，并举行了多届亚洲比赛。目前，各国棋协正在准备筹划成立世界联合象棋协会，举办世界性的比赛。随着时间的推移，中国象棋必将成为世界文化的一部分，成为世界性的比赛项目。

（一）中国象棋的发展与特点

中国象棋，也称象棋，是一种历史悠久的文化体育活动。早在春秋战国时期，我国就有关于象棋的文献记录，如屈原在《楚辞》“招魂篇”中就描写了楚王宫中斗象棋的精彩场面。刘向在《说苑》“善说篇”里则说齐国的孟尝君“斗象棋而舞郑女”。象棋在古代是被作为模拟演习战争中的兵阵与战士的工具。尔后，逐渐成为人们进行智力较量的一种形式，为广大人民所喜爱而流传下来。古代象棋历尽沧桑变迁，经历了由简到繁、由粗到细的演变过程。一般认为，中国的象棋定型是在一千多年以前的北宋时期，到了明清时代，涌现出许多高手，棋谱著作大量问世。其中影响最广的是明代朱晋桢的《橘中秘》和清代王再越的《梅花谱》。

新中国成立后，象棋被国家体育局列为正式的体育项目，并且每年举办全国性比赛。目前，象棋活动十分普及，估计在我国会下象棋的人口达一亿。象棋的比赛活动遍及全国各地，深入城乡的街头巷尾。象棋书报、刊物大量发行，电视媒体的介入和互联网的发展更使象棋活动出现一派“欣欣向荣的生气”。象棋已经成为我国最古老、最普及、最受人们喜爱的传统文化娱乐和竞技体育项目之一。

（二）中国象棋的学习价值

象棋，是思维的艺术，是大脑的艺术体操。它蕴涵丰富，棋理奥妙，不但有利于人们陶冶情操，锻炼意志，而且通过下象棋还可以锻炼大脑的思维判断能力、创造力、想象力、综合分析能力、逻辑推理能力和计算能力等。随着经济的繁荣，社会的进步，信息与知识爆炸性增长，人们对怎样开发智力、锻炼大脑思考能力日趋重视。目前，在科学与文化较发达的国家，有许多已将棋类项目列入学校的课程，用于开发人的智力。随着时代的进步，人们对象棋会更加重视和喜爱。在漫长的历史中，随着中国与世界各国的经济、文化交流，中国象棋作为中国文化的一部分，也逐渐向世界各地传播。

（三）象棋的基本常识与学习方法

1. 棋子和棋盘

中国象棋是一种由双方对阵的娱乐竞技项目，红黑双方各有 16 枚棋子，分为 7 个兵种：红方是帅 1 个，仕、相、马、车、炮各 2 个，兵 5 个；黑方是将 1 个，士、象、马、车、炮各2个，卒5个。红方的帅、仕、相、兵，相当于黑方的将、士、象、卒，只是用字上有所区别。

（1）棋盘是棋子活动的场区，双方对弈的战场。象棋盘由9条直线和10条横线相交组成，共有交叉点90个。这些交叉点是棋子摆放和走动时起落的地方。横线的第五、第六条之间，不画直线，称为“河界”。每方第四条至第六条直线和第一至第三条横线之间的正方形部分，其画有交叉的十字称为“九宫”，这是将（帅）和士（仕）活动的范围。对局开始时，双方应按规定将棋中子摆在图（见图10-36）的位置上，然后对弈。由红方先行，每方轮换走子。

（2）将帅的每一着只准走一格，前进、后正退、横走都可以，但不准走出九宫或斜走。如图10-37所示，红帅不能走到①点，因为①点是黑马控制的位置。红帅可以走到②点。黑将可以走到③点或吃掉红马，但不能走到④点，否则就叫“明将”或“对脸”，要判负。“明将”是指将、帅在同一条直线上，中间又没有子遮拦。先“明将”则作负。

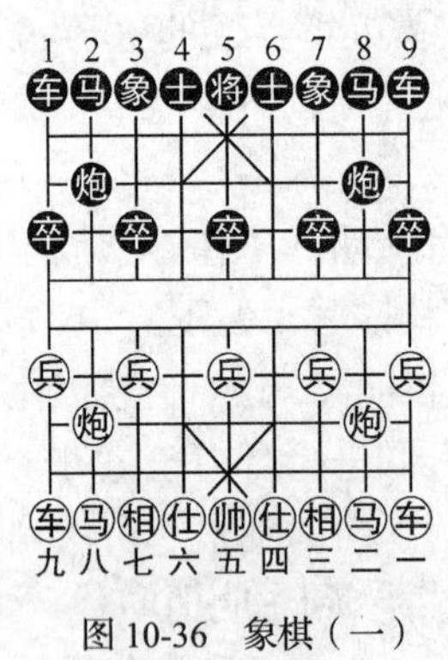

图10-36　象棋（一）

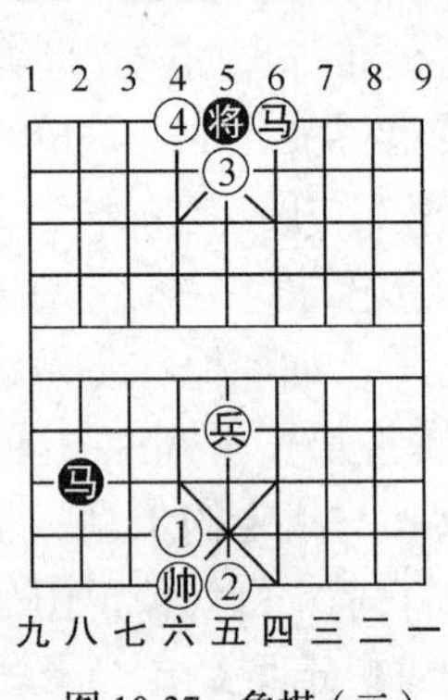

图10-37　象棋（二）

（3）士（仕）每一着只准沿“九宫”斜走一格，可进可退。如图10-38所示，红仕可走到①、②、③点或吃掉黑卒。黑士可走到④点。

相（象）不能越过河界，每一着斜走两格，即俗称相走“田”字。当“田”字中有别的棋子即所谓的“塞象眼”时，则不能跳过。如图10-39所示，红相可走到①，不能走到②点。边路相能走到③点，不能走到④点。黑方边象吃红马或走到⑤点均可。黑中象则可走到⑤、⑥、⑦点或吃掉边马。

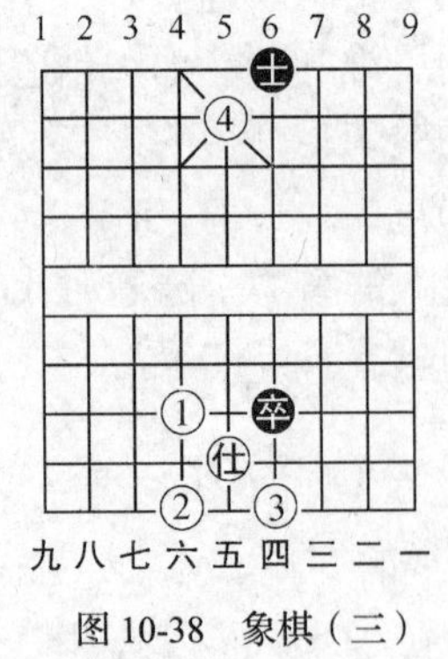

图10-38　象棋（三）

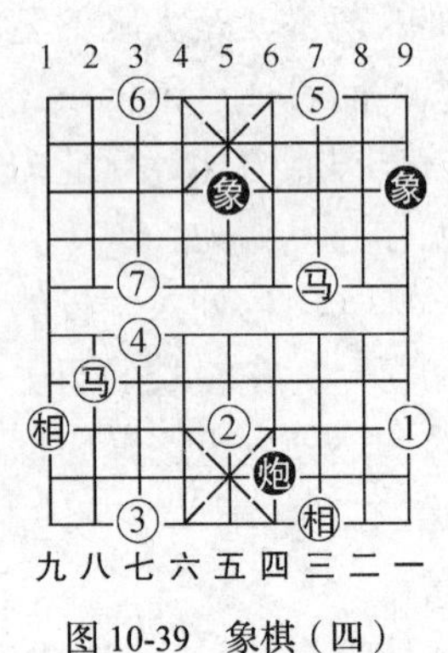

图10-39　象棋（四）

（4）车每一着直走或横走，进退都可，步数不限。但若有乙方棋子挡路时，则车不可越过。

（5）马每一着走一直（或一横）一斜两格，可进可退，即俗称马走“日”字。如果在一直或一横的地方有另外的棋子即称“绊马脚”时，则不能走过去，如图 10-40 所示。

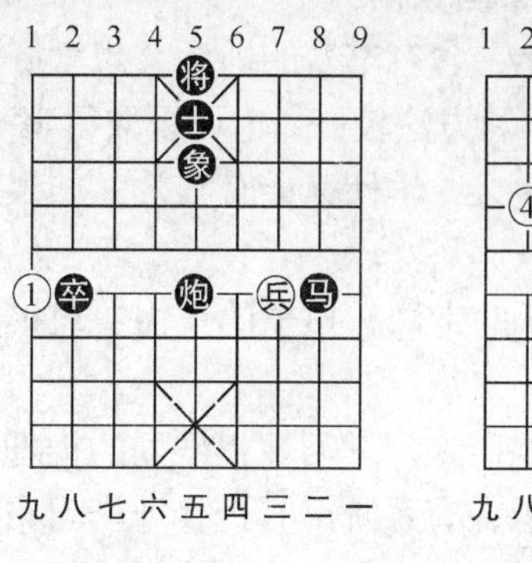

图 10-40　象棋（四）

图 10-41　象棋（五）

红马可走到①至⑧点八个位置，显示了马踩八方的威力。黑马仅能走到⑨⑩两点，⑩至⑩六个点则因“绊马脚”而不能走。

（6）炮在不吃子时走法同车。吃子时则必须隔一子才能吃掉另一子，也就是说，得有炮架。红炮可以像车那样直走或横走，可以吃掉黑马或黑士，但却不能吃黑将，隔两个子不许吃。另外，在不吃子的情况下不能跳过炮架行走，例如不能走到①点。如图 10-40 所示。

（7）兵（卒）在没有过“河界”时，每着只准向前直走一格。过“河界”后可前或横走一格，均不能后退。吃子是附带动作，只要是走到的地方就可吃子。红黑双方没过河的兵、卒，只能分别走到①②点，过“河界”的红兵可吃掉黑车或走到③④点，但不能后退走到⑤点。行棋以能先消灭对方的将（帅）为胜。反之，将（帅）先被消灭则为负。如双方都无法消灭对方的主将则作和。主将被吃掉则负，被困毙亦判负。该自己行棋而无子可动时，称为困毙，亦称“负行”。此外，有关胜、负、和的特殊规定，以现行的《中国象棋规则》为依据如图 10-41 所示。

2. 棋谱与行棋记录

棋盘上有九条纵线，双方各以自己为准从右向左，依次称为第一至第九路。按惯例，红方用汉字一到九表示；黑方则用阿拉伯数字 1 至 9 代表。红方的“一路”则为黑方“9 路”，余者类推。在棋谱中讲到某棋中子位于第几路时，都按此规定，如图 10-42 所示。

图 10-42　象棋（六）

红炮为二路炮，黑炮 8 路炮，红马则分别为八路马与七路马。行棋记录由 4 个字表示，第一个字是棋子的名称（如车、马、兵、卒等），第二个字是棋子现在的位置（指第几路），第三个是棋子的移动方向。向前叫“进”，向后叫“退”，横走口叫“平”，第四个字是棋子到达的新位置。如图 10-43 所示，红炮如走到①位叫炮二平五；走到②位叫炮二退一；走到③位炮二进四。黑炮如走到③位则叫炮 8 进 1。红底马走到④位叫马八进七，红七路马走到⑤⑥位分别叫马七退五和马七退九。在同一条直线上，如果出现己方有两个相同的棋子同时可以活动，则用“前”“后”

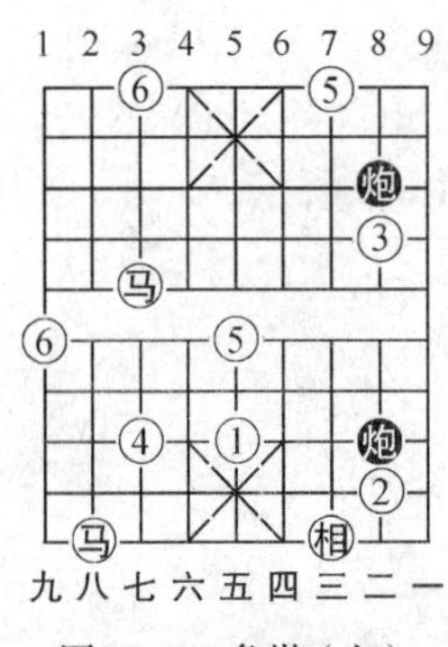

图 10-43　象棋（七）

来区别，如前车进四，前车平六等。双方的马、仕、相，只有进退而无平的记录，第四个字只表示到第几路，不像与炮那样表示进了几步或退了几步。

3. 如何学习中国象棋

象棋千变万化，含有丰富的内涵。想学好它，需要花一定的时间与精力，但如果学习方法较好，也可以取得事半功倍的效果。初学者，学象棋应该先学什么？学什么最有实效？如果从不会学起，可按下列次序学习：

（1）学习棋子的走法、棋子的作用、象棋的基本规则；学习基本杀着。

（2）学习象棋残局的例胜，例如基本定式。学习象棋残局的推理和分析方法。

（3）学习象棋布局的基本理论与知识，有系统、有选择地学习布局的基本变化。

（4）学习中局的基本理论与知识，学习中局的战略与战术。

（5） 学习初级排局，练习心算；学习名手对局及其分析、评注。

以上次序并不是一成不变的，初学者可以根据自己的兴趣和水平进行选择和安排。但要贯彻由简到繁，由易到难，由局部到全局的原则。上述各项有了基础之后，再向高深进展。对局实战是提高棋艺的主要手段。学是为了实战，只有实践才能加深对书本上的东西的理解、消化与吸收。只有多多实践，才会有直接的经验与体会，才不会“纸上谈兵”。

4. 初学者在实践中，应注意下列几个方面

（1）在实战时，对每一着棋，每一局棋都要认真地下，发挥自己的水平，认真思考，可使你的大脑机器最大限度地开动，使思维能力得到最大限度的训练与提高。有的初学者，对局时凭兴趣，不动脑筋下棋贪快，一下就是十几局，结果对水平提高帮助不大，还不如认真地下好一局棋更有成效。

（2）对局后要认真复盘，及时总结。这样可以下一局进一步提高，并加强大脑的印象，便于吸收与记忆。对局后最好把对局记录下来并加以整理，这样可以随时查阅分析，并作为资料保存下来。

（3）对局完后，有条件者可以请高手分析、指点，找出利弊得失，从中可以找到自己认识不到的不足之处，从意境上加以提高。分析自己的对局时，务必认真，要把分析的重点放在理论、思维方法、计算方法上，找出规律性的问题，不要拘泥于每着棋的好与坏。

（4）学习高手对局要认真思考，结合自己的实践对局，学习有关棋谱，找出不足，加以改进。结合自己的看法进行对比，这样可以找出自己在实践中与高手在思路方法上、棋的理论上的差距，使自己得以提高。对局时对手要与你水平差不多，高一点最好，这样的实践会对自己水平的提高较为有益，尽量不要找水平悬殊的对手对弈。

二、围棋运动项目

围棋运动起源于古代中国，它是一项智力游戏。早在中国战国时期，有一本叫《世本》的书，上面就载有“尧造围棋，丹朱善之”的故事。尧是中国人的祖先，丹朱是尧的儿子。丹朱少年时不思学业，时常与人无理争斗，尧对此感到十分苦恼。尧创造了围棋，就让丹朱学习下围棋。围棋的千变万化很快就吸引了丹朱，尧一面教丹朱下棋，一面因势利导，将围

棋的道理同社会、人生，同政治、军事等方面的事情联系起来，对丹朱进行教育。后来丹朱不仅成了一名好棋手，还成长为有用之才，当上了军事首领。这个故事是关于围棋最早的传说，它说明了围棋源远流长，自古以来就是传授知识、陶冶情操、教育人的工具。

（一）围棋运动项目的发展与特点

围棋诞生之后，踏上了漫长而曲折的发展道路，经千年岁月的洗礼，显示出强大的生命力。在南北朝时期围棋传到了朝鲜，唐代又传到了日本，从此围棋走出了它的故乡，将金子般的光辉撒向了全世界。1982 年，三十多个国家和地区共同组织成立了国际围棋联盟，宣告围棋已经成为世界性的文化体育活动。近年来，世界围棋格局呈三强鼎立之势，中国、日本、韩国各有特长。我国素以围棋人口众多居世界第一，日本则以职业棋手的厚度和数量称霸，韩国是后起之秀，世界冠军夺得最多，特别是代表韩国的李昌镐九段，是围棋史百年一遇的奇才。中国要想在三强中站稳脚跟，还有一段艰苦的路要走。可喜的是，日前举行的全国围棋甲级联赛，把围棋推向了高潮，不仅改变了旧的格局，而且吸引了大量的海外职业棋手参与，受到了世界围棋的关注。

（二）围棋运动的学习价值与作用

围棋是一项十分有益的体育文化和智力活动，是社会主义精神文明建设的组成部分。围棋事业发展的实践证明，开展围棋活动，学习下围棋，不仅能丰富人民大众的业余文化生活，还能增长知识，陶冶情操，锻炼意志，培养棋手不怕困难和勇于创造进取的精神。在青少年学生中开展围棋活动好处尤为明显，下围棋作为课堂教学的补充，能够帮助学生开拓视野，活跃思维、发展智力，增强进取心和责任感，有利于德、智、体全面发展。我们相信，在不久的将来，中国围棋能够更上一层楼，自始至终站在世界围棋的前列，我们祝愿这一时刻早日到来。

（三）围棋的基本知识和学习方法

1. 用具

学习围棋的用具很简单，只需棋子和棋盘。围棋的棋盘如图 10-44 所示。它是由纵、横各十九条等距离的平行线垂直交叉所组成。棋盘上共有 361 个交叉点，棋子就是下在交叉点上的。为了便于识别棋子的位置，棋盘上的交叉点有 9 处标了九个圆点，并称为“星位”，棋盘正中的星位又叫“天元”。以星位作基准，可把棋盘分成四个角、四条边和中腹，共九个部分。棋盘的四条边线称为第一线，向中腹推进一条线称为第二线，再向中腹推进一条线称为第三线，其余依此类推。为了视觉舒适，标准的棋盘是略具长方形。围棋子可用塑料、玻璃或其他材料制成，形状是扁圆的。棋子分黑、白两种，各有 180 个，稍有出入也无关大局。

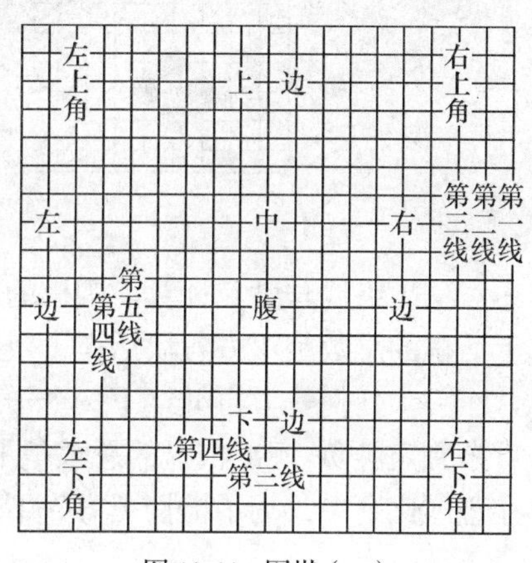

图 10-44　围棋（一）

2. 围棋的基本规则

（1）落子规则。对局时，一方执黑，一方执白，执黑的一方先行。棋子应放在交叉点上，放下以后，就不能再移动，以后双方轮流下一个子，直至终局。

（2）气与提子规则。提起围棋，人们很自然地想到四面包围而吃子。吃子规则如下：

气是指棋子在棋盘上与它有直线相连的交叉点。没有气的子就要被对方从棋盘上提掉。

（3）连接与切断。一方的两个子紧挨着，并由棋盘线直接相通，则这两个子就形成一个不可分割的整体，它们各自的气也共同享有。如图 10-45 所示。

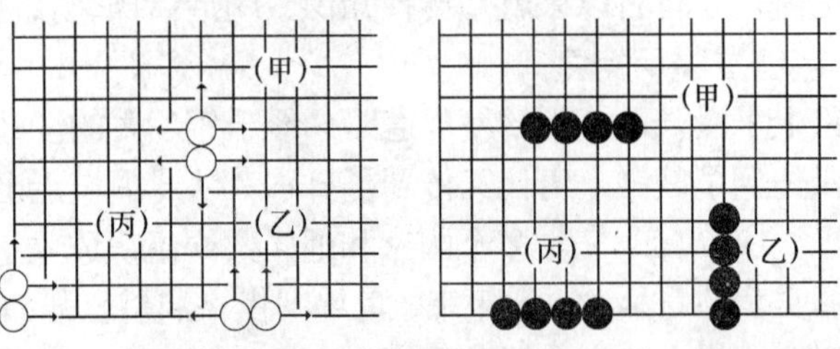

图 10-45　围棋（二）

斜方向紧邻的两个子，由于中间没有棋盘线直接相通，所以还不能算作一整体。

（4）提子的规则。由于棋子是靠气生存在棋盘上的，所以吃子的规则极其简单，即气尽提子。任何一部分棋子，只要成了无气状态，就应立即从棋盘上提掉。如图 10-46 所示。

（5）“眼”不易被消灭的气。由一方的子牢牢控制的点，对方一旦入侵就立即自灭，这样的点术语称为“眼”。由于“眼”这个点，对方不能随意入侵，故“眼”所形成的气就成为半永久性的气，如图 10-46 所示。当拥有两个“眼”时，敌方无法歼灭，所以有两个“眼”的棋，在棋盘上能够永久生存，就是通常所说的活棋，如图 10-46 所示。

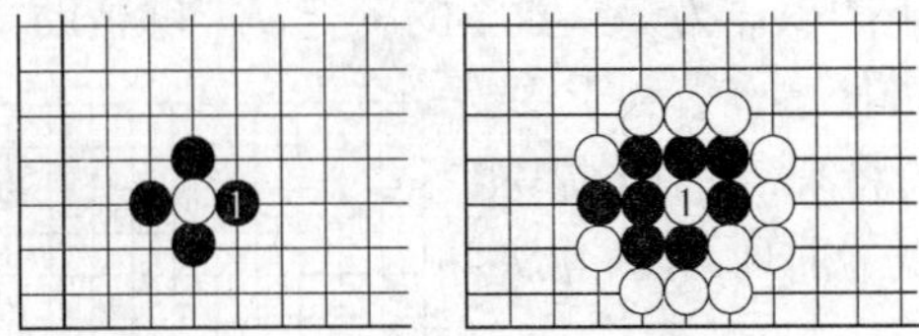

图 10-46　围棋（三）

（6）终局与胜负计算。围棋的胜负是以双方在棋盘上活棋的多寡来决定的。一方在棋盘上活棋的总数是该方各块活棋子数的总和。

（7）任何一方再继续下一个子也无法改变占地的现状，棋局就到此告终，随即可进行计算来判定胜负。标准棋盘的总数是 19×19 共有 361 个交叉点，每方应该占有 180. 5 个交叉点。在正式比赛中，为了抵消黑方先下子的利益，黑方应贴白方若干子，目前一般是贴 $3\frac{3}{4}$ 。所以，黑方应占有 $180\frac{1}{2}+3\frac{3}{4}=184\frac{1}{4}$ ，白方只需要 $176\frac{3}{4}$ 子。比如：黑方总数有 185 子，则胜 $185-183\frac{1}{4}=1\frac{3}{4}$ 子。

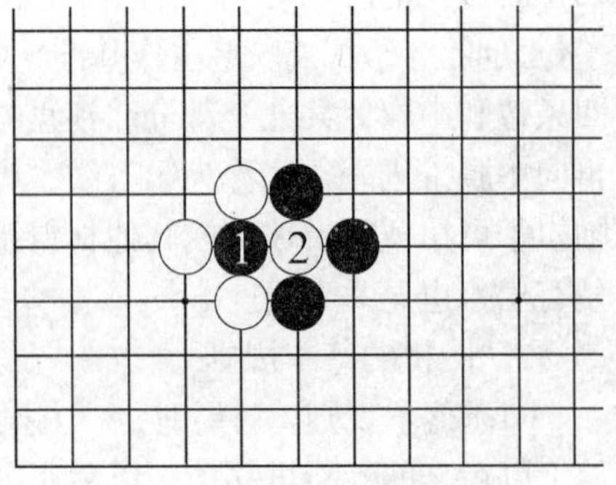

图 10-47　围棋（四）

（8）打劫规则。如图 10-47 所示；黑 1、白 2 后，黑方立即又在 1 位提掉白 2 一子，之后的又提黑，黑又提白，如此循环反复，将永无休止，棋就无法再进行下去了。针对这种情况，为了保证棋局能够顺利进行，规则中制定了一条特殊的规定，这条特殊的规定就是打劫的规则。如黑 1 后，白 2 首先提子，规则规定，白 2 提子的情况叫“劫”，也叫“打劫”或“劫争”。打劫时，当一方首先提子后，另一方不能立即回提，必须间隔一个回合，彼此各走一手棋后才能回提，这就是打劫的规则。初学者对以上规则有所了解后，就能够实际下棋了。

（四）怎样学习与如何提高围棋水平

1. 自学与辅导相结合

怎样学是围棋爱好者最为关心的问题。过去通常去书店买一些围棋书，在相对安静的环境中打谱研究，碰到疑难问题时记录下来，再向老师请教，多进行实战练习，积累经验，自然而然水平就会有明显提高。这种方法的缺点是老师不怎么好找，下棋的数量难以保证。

2. 网络围棋

近几年，随着网络技术的发展，网上对弈变成了现实。它不受时间、地点、空间的限制，是围棋爱好者理想的家园。目前，世界围棋网站较多，人气也不尽相同。在中国最具有代表性的当属联众网络世界了，我们向广大围棋爱好者简单介绍一下。打开电脑，连通英特网，点击联众游戏世界。要事先下载好对弈软件，申请好用户名，先进游戏大厅，然后再进围棋对局室。以上准备好了之后就开始下棋了，把输的棋存起来，下网后打开研究，省钱、省力。在联众，一般情况下高分不愿和低分下，所以每一位新注册者都得一盘盘下，等自己分涨高了自然就和水平高的下，自己的水平就会很快提高。唯一例外是网络比赛，随便哪个 ID 都可以开局。

3. 参加网络围棋赛时需要注意的事项

（1）要选择一个通畅的网络，机器的配置相对好些。熟悉围棋规则和网络赛的补充规定。比如，不满 50 手就下完的一律无效，如果断线必须在 6 分钟内接回，否则判输等。

（2）利用比赛的机会多向高手学。在平时，积分高的不和你下，在比赛时人人平等，可以遇上很多强手，检验自己的真功夫，知道自己的真实水平。通过比赛进一步熟悉网络上棋迷的情况。平时在网络上朋友来去匆匆，顾不上和你交流。比赛之后，大家相互了解了，会有很多共同语言，这对于初学者是非常重要的。

三、国际象棋项目

国际象棋，英文是“CHESS”，而中国象棋则是“CHINESE CHESS”。在中国，中国象棋简称象棋，所以 CHESS 就要加上“国际”的名称了。

（一）国际象棋的发展与特点

从历史记录看，国际象棋最早在公元 2～3 世纪流行于印度。作为世界性的游戏，在 6 世纪，它已经在中亚和阿拉伯各国流传，10 世纪传入欧洲，到了 16 世纪，它的所有规则已经完全定型，19 世纪初就和我们今天使用的规则完全一样。正式的国际象棋世界冠军赛始于 1886 年。1924 年，国际象棋被首次列入奥运正式比赛项目。以前的中国除有个别地区的少数人士因为和国外交流较多而接触国际象棋以外，基本上无人知道国际象棋。到了 1956 年后，国家体育局把它列为体育比赛项目，次年开始有了全国比赛，人们才逐步了解它的真面目。

（二）国际象棋的学习价值

国际象棋是有悠久传统的智力竞技项目，而我国开展的时间比较短，起步的水平比较低，前期基本上是在学习国外的理论、经验、战术。我国参加国际象棋的比赛是从 20 世纪的 70

年代开始，后来以女子项目的突破为契机，群众性的活动逐渐有所开展。客观地说，目前无论是参加的人数还是绝对、相对水平，都还远远落后于其他棋类项目。只有一个例外，那就是在女子国际象棋方面，以谢军等人为代表的我国年轻一代棋手已经达到目前世界的顶尖水平，谢军本人也夺得了世界冠军，大大促进了我国国际象棋运动的开展。此外，在我国的普及潮中还出现了卜祥志这样一位世界上最小年龄（13 岁）夺取特级大师头衔的少年，这也预示了 21 世纪我国的国际象棋活动会有巨大的飞跃。

国际象棋在一些国家，特别是欧洲，得到高度重视，政府和民间都以这一高雅而激烈的竞技运动为智力体操、逻辑训练工具、休闲休养手段。更有一些国家把国际象棋课列入小学生的必修或者选修课，甚至于在战火纷飞的时刻，棋迷们也忘不了忙里偷闲鏖战一番。

（三）国际象棋的基本常识与学习方法

1. 棋盘和棋子（见图 10-48）

国际象棋每方有 16 个棋子，分别是兵 8 个，王、后各 1 个，车 2 个、马 2 个，象 2 个。

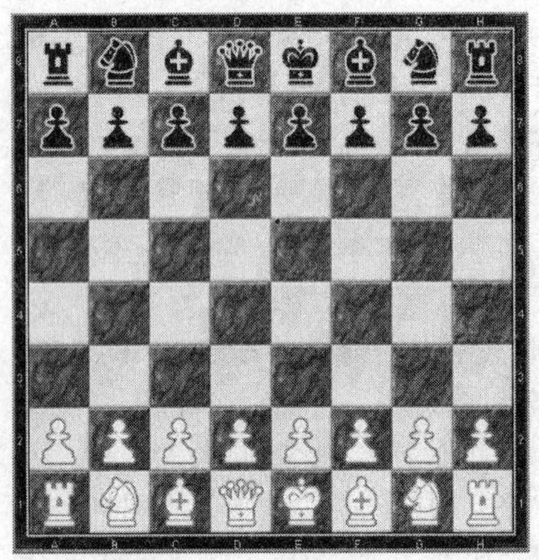

图 10-48　国际象棋

其实，车、马、象是中国人根据中国象棋的名称定的，正式的通用名称是堡垒、骑士、教士。这已经完全反映出欧洲中世纪风格了。国际象棋的所有大子（除兵以外的子），都可以到处跑，这和中国象棋将士不出九宫，象不过河协助攻击是不大相同的。特别是王可以满不在乎地离开自己的地盘到处参加战斗，这又和中国象棋大不同！另外棋力最强的是后，这也颇为引人注目。

2. 行棋规则

（1）王 K：横、直、斜都可以走，但每着限走一步。

（2）后 Q：横、直、斜都可以走，步数不受限制，但不能越子。它是国际象棋中威力最大的子。

（3）车 K：横、竖均可以走，不能斜走。一般情况下（除了王车易位）不能越子。

（4）象 C：只能斜走。格数不限，不能越子。每方有两个象，一个占白格，一个占黑格。

（5）马 N：每步棋先横走或直走一格，然后再斜走一格，可以越子，也没有“中国象棋中的“绊足腿”限制。

（6）兵 P：只能向前直走，每着只能走一格。但走第一步时，也可以直进两格。兵的吃子方法与行棋方向不一样，它是直进斜吃，即如果兵的斜进一格内有对方棋子，就可以吃掉它而占据该格。

3. 国际象棋的一些特殊着法

除了上面所有棋子的一般着法外，国际象棋还规定了下面三种特殊着法：

（1）吃过路兵：如果对方的兵第一次行棋且直进两格，刚好形成本方有兵与其横向紧贴并列（等于通过被吃格一次），则本方的兵可以立即斜进，把对方的兵吃掉。这个动作必须即刻进行，缓着后无效。

（2）兵的升变：任何一个兵直进到达对方底线时，即可升变为除“王”和“兵”以外的任何一种棋。

（3）王车易位：每局棋中，双方各有一次机会，让王朝车的方向移动两格，然后车越过王，放在与王紧邻的一格上。王车易位根据左右分为“长易位”和“短易位”。在下面四种情况下，王车易位不允许：王或该车已经移动过；王和该车之间有其他棋子阻隔；王正被对方“将军”；王经过或到达的位置受对方棋子的攻击。

4. 胜、负、和

国际象棋的对局目的是把对方的王将死。比赛规定，一方的王受到对方棋手攻击时，成为王被威胁，攻击方称为“将军”，此时被攻击方必须立即“应将”，如果无法避开将军，王即被将死。除将死外，还有“超时判负”与“和局”。

出现以下情况，算和局：轮一方走时，提议作和，对方同意；双方都无法将死对方时，经过裁判判定为和；一方连续不断将军，对方王却无法避开将军时，成为“长将和”；轮到一方走棋，王没有被将军，但却无路可走，成为“逼和”；对局中同一局面出现三次，而且每次都是同一方走的，判为和局。这种判和可由裁判直接宣判，也可根据某一方的提请审核。

这些判和的标准和我们常见的中国象棋比，差别还是比较明显的。初学国际象棋对以上规则了解后，基本上可以试着走一走了，但要下得好，还要花费一番工夫。

（四）如何快速提高棋技

1. 从残局学起

国际象棋分为“开局”、“中局”和“残局”三个部分，在通常人的眼里，按次序学习就可以了，这是一般思路。实际上学下国际象棋，最好从残局学起。理由是学会了最后怎么杀棋才能学会中局，把棋局引导到对你有利的结果去。举个例子说，在对方要吃你的马或者一个兵的时候，你是保马还是逃兵，当然是二者不能兼顾的情况。这就要具体分析，如果我方子比较多，兵的存在对于对方威胁不大，那么保马吧。而如果我方只有一兵一马，那么马是绝对不要保了。因为，保马而死兵，剩下的单马是无论如何不会赢棋的。相反，留下兵还有希望，如果兵到了底线就升变，那什么又都有了。所以要把残局下好，会杀棋，要注意以下两点：第一是防止漏算，就是说要把杀着计算得精密，不要计算得马虎，到了下出杀手时，对方的着法大出自己的意料，“煮熟的鸭子飞了”。第二是要快，能 3 步杀的，不要放到 5 步。学会了残局，再回头学开局相对简单多了。

2. 和电脑学开局

现代国际象棋开局已经被国际象棋大师研究透了，已经编成了应用程序，所以，电脑的开局当然是最厉害的。电脑设计专家把目前成熟的开局理论，全部收集，逐一分析。比如电脑首先对每个子给予评价，王 1 000 分、后 100 分、车 45 分、象马各 30 分、兵 10 分，然后对每个子控制的地域进行形势判断，计算出子力和地域的优劣之间进行综合平衡。牺牲子力而占领有利地形，是为了在适当时候利用有利地形再把子力夺取回来，做这一切，想得又快又好的电脑很快就完成，难怪人们见了它不得不小心。所以和电脑学开局是既省力又省时间的好方法。同样道理，把中局导向对我有利的残局，也是电脑的拿手好戏。举个例子：电脑“深蓝”1996 年和 1997 年与世界冠军俄罗斯棋手卡斯帕罗夫两度交手，第一次电脑输了，第二次人类的世界冠军输了。从这个意义上说，人类不再是国际象棋这个领域的智慧顶峰了。于是有人要问，既然人都已经输给电脑，再下棋还有什么意思？难道就是为了棋艺提高一点，等待一朝一日电脑提得更高来把人赢得一盘不剩吗？问题要这样理解：人是象棋的主体，所谓主体就是我们要享受它。虽然通过电脑把答案找出来非常容易，但是那是手段，不是目的。这就好比我们通过汽车或者飞机可以迅速而方便地实现身体在空间的任意长距离快速移动，而我们仍然需要跑步的比赛。所以，我们和电脑学习要避免陷入事事依赖电脑的怪圈中去，要多动脑筋，克服人类自身的缺点，做到独立判断，把在学棋中的一些思路有机地结合起来，举一反三，丰富自己的文化生活，做到这一点，也就不辜负作者的期望了。

复习思考题

1. 学校体育运动项目有哪些分类？列举两个项目说明锻炼价值。
2. 休闲类体育活动有哪些项目？请举例说明。
3. 哪些运动项目对增强体质作用最大？请分别详述。
4. 技能类运动项目有哪几种，他们有什么运动价值？
5. 请说出 6 个户外运动项目的名称。说明徒步旅行做哪些准备工作。

参 考 文 献

[1] 邹继豪，等主编．体育与健康教程．沈阳：辽宁大学出版社，2004.

[2] 陈贵平等主编．高校体育教程[M]．南京：河海大学出版社，2008.

[3] 陆耀飞．运动生理学[M]．北京：北京体育大学出版社，2007.

[4] 姚泰主编．生理学[M]．北京：人民卫生出版社，2001.

[5] 薛雨平，等主编．大学体育课程系列教材．南京：南京大学出版社，2002.

[6] 张得福，等主编．大学体育理论教程．北京：北京师范大学出版社，2004.

[7] 王正伦，等编著．科学健身新概念．南京：江苏科学技术出版社，2002.

[8] 程志理，等编著．奥林匹克文化教程．南京：江苏教育出版社，2007.

[9] 罗时铭，等编著．奥林匹克学．北京：高等教育出版社，2007，7.

[10] 邢登江，等主编．大学体育．北京：北京航空航天大学出版社，2004，1.

[11] 《标准》编委会主编.《标准》解读[M]．北京：人民教育出版社，2007.

[12] 教育部，国家体育总局.《标准》实施办法[S]北京　教体艺[2007]8 号.

[13] 赵家琪．实用运动生理问答[M]．北京：人民体育出版社，1993.

[14] 王步标，黄超文．体适能与健康[M]．长沙：湖南科技出版社，2003.

[15] 卢元镇，主编．体育社会学．北京：高等教育出版社，2001.

[16] 吴纪饶主编．大学生健康教育．北京：高等教育出版社，2005.

[17] 刘桂珍主编．现代健康教育学．北京：高等教育出版社，2005.

[18] 黄益苏主编．大学体育人文素质教程．北京：高等教育出版社，2007.

[19] 郑厚成主编．体育．北京：高等教育出版社，2003.

[20] 张雅云等主编．大学体育理论教程．北京：高等教育出版社，2001.

[21]《国家学生体质健康标准》编委会.《国家学生体质健康标准》解读[M]．北京：人民教育出版社，2007.

[22] 教育部，国家体育总局.《国家学生体质健康标准》实施办法[S]．教体艺[2007]8 号.

[23] 国家体育总局职业技能鉴定指导中心组编．社会体育指导员职业培训教材.北京：高等教育出版社，2005.